JOSEPH VON EICHENDORFF

Werke in sechs Bänden

Herausgegeben von Walter Dimter

Bd. 2

Joseph von Eichendorff

Erzählungen
2

Mit Radierungen von Christian Mischke
Herausgegeben
und mit einem Anhang versehen
von Walter Dimter

Bergstadtverlag Wilhelm Gottlieb Korn · Würzburg
1993

Die Deutsche Bibliothek – CIP-Einheitsaufnahme

Eichendorff, Joseph von:
Werke: in sechs Bänden / Joseph von Eichendorff.
Hrsg. von Walter Dimter. – Würzburg: Bergstadtverl.
Korn.
NE: Dimter, Walter [Hrsg.]; Eichendorff, Joseph
von: [Sammlung]

Bd. 2. Erzählungen. – 2 / mit Radierungen von
Christian Mischke. Hrsg. und mit einem Anh. vers.
von Walter Dimter. – 1993
    ISBN 3-87057-132-2

Dieses Buch ist aus säurefreiem Papier hergestellt und entspricht den Frankfurter
Forderungen zur Verwendung alterungsbeständiger Papiere für die Buchherstel-
lung.

Gesamtherstellung: M. Liehners Hofbuchdruckerei GmbH & Co.
Verlagsanstalt, Sigmaringen
Printed in Germany · ISBN 3-87057-132-2

Inhalt

VIEL LÄRMEN UM NICHTS

Novelle

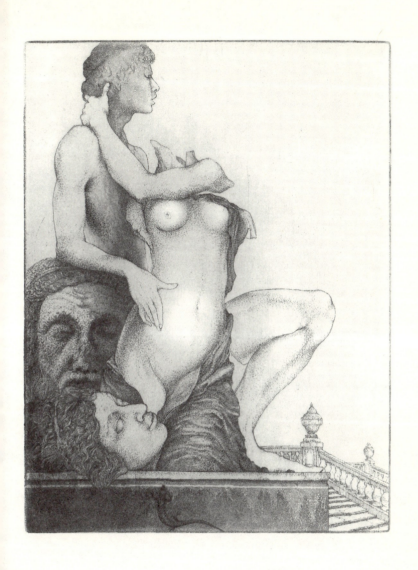

Wenn wir Schatten euch beleidigt,
O so glaubt – und wohl verteidigt
Sind wir dann! – ihr Alle schier
Habet nur geschlummert hier,
Und geschaut in Nachtgesichten
Eures eigenen Hirnes Dichten.

Shakspeare's Sommernachtstraum

»Wem gehört der prächtige Palast dort unten?« fragte
Prinz Romano, auf dem schlanken Engländer nach seinen
Begleitern zurückgewandt, indem sie soeben auf einer
Höhe aus dem Walde hervorkamen und auf einmal eine
weite, reiche Tiefe vor sich erblickten. – »Dem Herrn
Publikum!« erwiderte ein schöner Jüngling aus dem
Gefolge. – »Wie! Also hier wohnt der wunderliche Kauz?
kennst du ihn denn?« rief der Prinz verwundert aus. –
»Nur dem Rufe nach«, entgegnete der Jüngling, sichtbar
verwirrt und mit flüchtigem Erröten.

Die untergehende Sonne beglänzte unterdes scharf die
schönen Umrisse des Palastes; heiter und wohnlich erhob
er sich über die weiten, fruchtbaren Ebenen, mit den
Spiegelfenstern noch hell herüberleuchtend, während die
Felder ringsum schon zu verdunkeln anfingen. Ein schöner Garten umgab das Schloß und schien im Abendduft
mit der Landschaft und dem schimmernden Strome, bis
weit an die fernen blauen Berge hin, zusammenzufließen.

»Göttliche Ironie des Reiselebens!« sagte der Prinz zu
seinen Begleitern. »Wer von euch hätte nicht schon satt-
sam von diesem Publikum gehört, über ihn gelacht und
sich geärgert? Es juckt mich lange in allen Talenten, ihm
einmal ein Schnippchen zu schlagen, und wenn es euch
recht ist, so sprechen wir heute über Nacht bei ihm ein.

11

Laßt mich nur machen, es gibt die köstlichste Novelle!« –
Der Einfall wurde von der ganzen Gesellschaft mit lautem Beifall aufgenommen, und alle lenkten sogleich der breiten, glänzenden Kunststraße zu, die nach dem Palast zu führen schien.

Es war anmutig anzusehen, wie die bunten Reiter beim Gesang der Waldvögel langsam die grüne Anhöhe hinabzogen, bald zwischen den Bäumen verschwindend, bald wieder vom Abendrote hell beleuchtet. Am wohlgefälligsten aber spielten die Abendlichter über der zierlichen Gestalt jenes schönen Jünglings, der vorhin dem Prinzen den Besitzer des Palastes genannt hatte. Der muntere Bursch, soeben als ausgelernter Jäger aus der Fremde zurückkehrend, hatte sich im Gebirge verirrt. So traf ihn die Gesellschaft im Walde, welcher er sich nun auf einige Tagereisen angeschlossen. Sein frisches, fröhliches Wesen schien den ganzen bunten Trupp wunderbar zu beleben. Denn während seine Augen mit schalkischem Wohlgefallen auf den vornehmen Anführern des Zuges ruhten, führte er hinten ein unausgesetztes Witzgefecht mit den Jägern, oder er sang zu allgemeinem Ergötzen die herrlichsten Jagdlieder. Der Kammerherr des Prinzen schrieb die Lieder sorgfältig auf, und ärgerte sich dann, wenn der Bursch sie das nächste Mal wieder ganz anders sang, so daß er mit Notieren der Varianten gar nicht zu Ende kommen konnte. – Der Prinz aber hatte seine eigenen Pläne dabei: er gedachte sich des hübschen, gewandten Jungen in den nächsten Tagen als Pagen und Liebesboten sehr vorteilhaft zu bedienen. Die junge Gräfin Aurora nämlich, von deren poetischen Natur und Zauberschönheit bei allen Poeten im Lande groß Geschrei war, wurde aus Italien auf ihren Gütern in dieser Gegend hier erwartet, und Romano war soeben aufgebrochen, die Wunderbare kennenzulernen und ihr auf seine Weise den Hof zu machen.

Es war schon dunkel geworden, als die Gesellschaft fröhlich schwätzend in dem Park des Herrn Publikum anlangte. Mit Verwunderung gewahrten sie hier, je tiefer sie hineinritten, eine unerklärliche Bewegung und Unruhe; es war, als rührten die Gebüsche sich rings umher in der Dämmerung, einzelne Figuren schlüpften hastig da und dort hervor, andere schienen erschrocken dem Schlosse zuzueilen. Jetzt sahen sie auch in dem Palaste Lichter durch die ganze Reihe der Fenster auf und nieder irren, eine halberleuchtete Krone drehte sich oben, bald noch eine und wieder eine. Auf einmal stiegen draußen mehrere Leuchtkugeln empor, und ließen plötzlich in wunderbarem bleichen Licht eine stille Gemeinde fremder Gesichter bemerken, die fast gespensterhaft aus allen Büschen hervorblickten. »Meine Nähe und unser Entschluß hier einzusprechen muß auf dem Schlosse verraten sein«, sagte der Prinz mit vornehmer Nachlässigkeit; »es ist ein unbequemes Wesen um den Dichterruhm!«

In diesem Augenblick wölbte sich ein Mondscheinregenbogen luftig vor ihnen über die Wipfel, auf dessen Höhe eine goldene Lyra, von einem Lorbeerkranz umwunden, sichtbar wurde. – »Zart – sinnig!« rief der überraschte und geschmeichelte Prinz aus, mußte aber schnell abbrechen, um seinen Engländer zu bändigen, der immer ungebärdiger um sich blickte und schnaubte, als sie unter dem glänzenden Triumphtor einzogen. Unterdes gab der unversehene Knall eines Böllers das Signal zum Abbrennen eines ausgedehnten Feuerwerks, das plötzlich den ganzen Platz in einen feurigen Zaubergarten verwandelte. Jetzt war das Pferd nicht länger zu halten; pfeilschnell zwischen dem Sprühen und Prasseln, über Blumen und Hecken gerade fort, flog es an den Feuerrädern und Tempeln vorüber, die Begleiter konnten nicht so rasch nach, die Zuschauer aus den Büschen schrien: »Hurra!« Mit Schrecken sah der Prinz im Fluge immer näher und näher den Palast vor sich, Fackeln am Eingange, und die Herren des Hauses mit zahlreicher Gesellschaft zum Empfange feierlich die Treppe herabsteigen. Mitten in dieser Verwirrung begann endlich das geängstigte Roß auf dem freien Rasenteppich zu bocken, und so unter den wunderlichsten Sprüngen langte der Prinz wie auf einem toll gewordenen Schaukelpferde vor dem Palast an. – »Mein Gott!« rief ihm der Herr Publikum entgegen, »lassen Sie sich herab!« – »Bitte sehr, nichts von Herablassung«, erwiderte der Prinz, schon ganz schief vom Sattel hängend, während er den Hut vom Kopf verlor. Hier wurde ein zweiter Böller gelöst, das Pferd feuerte noch einmal wütend aus, und Romano lag auf dem Sande.

Während sich dieses vor dem Palast begab, sah man zwischen den Schlaglichtern des verlöschenden Feuerwerks eine junge Dame zu Pferde die Allee heransprengen. Die wunderbare Beleuchtung gab der hohen schlanken Gestalt etwas Wildschönes, und ein freudiges: Ach! begrüßte von allen Seiten die Erscheinung. Ein reichgeschmückter Jockei der Dame hatte unterdes Romanos lediges Pferd ergriffen. Sie selbst aber schwang sich schnell vom Sattel und trat mit besorgten fragenden Blicken zu dem gefallenen Prinzen. Dieser, als er die herabgebeugte Gestalt und die schönen großen Augen zwischen den herabwallenden Locken so plötzlich über sich erblickte, erhob sich gewandt auf ein Knie vor ihr, und sagte, zierlich ihre Hand küssend: »Nun weiß ich, an welchen Sternen sich diese verzauberten Gebüsche entzündet haben!« – Die Dame lächelte schweigend und schien unruhig und vergeblich mit den Augen jemand in dem Kreise der Umstehenden zu suchen. Prinz Romano aber sprang ohne alle Verlegenheit auf, schüttelte sich ab, reichte der Schönen seinen Arm und führte sie die breite Treppe hinan, während der etwas korpulente Herr Publikum, der gar nicht wußte wie ihm geschah, Mühe hatte, ihnen so rasch zu folgen.

Oben aber entstand nunmehr die größte Konfusion. Durch eine glänzende Reihe hellerleuchteter Gemächer bewegte sich eine zahlreiche Versammlung in festlicher Erwartung, alle Augen waren auf das eintretende Paar gerichtet, der Prinz grüßte vornehm nach allen Seiten. Da kam plötzlich Herr Publikum atemlos nach. »Romano?« hörte ihn der Prinz hinter sich eifrig zu den Nachfolgenden sagen; »Prinz Romano? Verfasser von –? ich wüßte nicht – habe nicht die Ehre.« – Die Dame sah verwundert bald den Sprechenden, bald den Prinzen an: »Wer von Ihnen beiden ist denn aber nun eigentlich der Herr Publikum?« – »Sind Sie denn nicht seine Tochter?« fragte der Prinz, nicht weniger erstaunt. – Hier wurden sie durch Herrn Publikum unterbrochen, der in eiliger Geschäftigkeit, mit dem seidenen Schnupftuch sich den Schweiß trocknend, der Dame seinen Arm reichte. »Konfusion, lauter Konfusion!« sagte er voller Verwirrung; »Mondschein, Regenbogen, Böller, Mißverständnis, ein unerwarteter Gast – Alles zu früh abgefeuert; sobald Sie kamen, Gnädigste, sollten sie abgebrannt werden.« – Hiermit war er mit der Gefeierten in der Menge verschwunden, alles drängte neugierig nach. – »Wer ist die Dame?« fragte der Prinz einen der Nachzügler. – »Die schöne Gräfin Aurora«, war die Antwort.

*

15

Es war noch alles still im Schloß nach dem Feste, das bis tief in die Nacht hinein gedauert hatte. Nur Prinz Romano, die Heimlichkeit der Morgenzeit benutzend, stand schon eifrig vor dem hohen Wandspiegel zwischen Kämmen, Flaschen und Büchschen, die auf allen Stühlen umherlagen. Dem Rausch einer wüst durchlebten Jugend war frühzeitig ein fataler Katzenjammer gefolgt, und sein Haupt insbesondere hatte in den mannigfachen Raufereien mit den Leidenschaften bedeutend Haare lassen müssen. Alle diese Defekte geschickt zu decken, war heut sein erstes Tagewerk, da er leider aus Erfahrung wußte, daß vor den Augen der Damen von Auroras Alter der Lorbeerkranz die Glatze eines Dichters nicht zu verbergen vermag. – Draußen aber ging der herrlichste Sommermorgen funkelnd an allen Fenstern des Palastes vorüber, alle Vögel sangen in der schönen Einsamkeit, während von fern aus den Tälern die Morgenglocken über den Garten heraufklangen. Da vernahm der Prinz zwischen den blitzenden Gebüschen unten abgebrochen einzelne volle Gitarren-Akkorde. Das konnte er niemals ohne innerliche Resonanz ertragen, die frühesten Jugenderinnerungen klangen sogleich mit an: ferne blaue Berge, Reisebilder, italienische Sommernächte, erlebte und gelesene. Auch heute vermochte er dem Zuge poetischer Kameradschaft nicht zu widerstehen, er warf Kämme und Büchsen fort und eilte die breiten stillen Marmortreppen hinab, in den Park hinaus.

Ein frischer Morgenwind ging durch die Wipfel, aber in dem Rauschen war ringsumher kein Lautenklang mehr zu vernehmen. Der Prinz horchte, schritt dann tiefer in das taufrische Labyrinth hinein, und lauschte wieder. Da glaubte er in einiger Entfernung sprechen zu hören, als eine plötzliche Wendung des Ganges ihm einen unerwarteten Anblick eröffnete. Ein junger Mann nämlich, in leichter Reisekleidung und eine Gitarre im Arm, hatte sich soeben über den Zaun in den Garten geschwungen; ein Jäger saß noch auf dem Zaune, beide waren bemüht, einem kurzen wohlbeleibten Manne gleichfalls herüberzuhelfen. »Sind Eurer nicht noch mehr dahinter?« – fragte der Jäger mit pfiffiger Miene. »Dummes Zeug!« erwiderte der Dicke, mühsam kletternd und halb zu dem andern gewendet; »ihr habt immer solche absonderliche Streiche im Kopf, und meint, es sei poetisch, weil's kurios ist. Da brauch' ich keinen solchen nichtswürdigen Zaun dazu, ich trage die rechte Himmelsleiter allezeit bei mir, die leg ich an gerade in die Luft, wo mir's beliebt, und auf der klettre ich fixer hinan, als ihr alle zusammen!« – Hier wandte sich der Fremde mit der Gitarre rasch herum, Prinz Romano blieb in höchster Überraschung wie eingewurzelt stehen.

»Mein Gott!« rief er, »Graf Leontin – aus ›Ahnung und Gegenwart‹!« – »Ist gleich an der Gitarre zu erkennen«, fiel ihm der Dicke ins Wort; »er kann nicht wohl gespeist zu haben sagen, ohne einen Griff in die Saiten dazu.« – »Der Dichter Faber«, sagte Leontin, den Dicken präsentierend, »noch immer der Alte; er kann, wie ein Bär, nicht ohne Brummen tanzen.« – »Aber, liebe Herzensjungen«, entgegnete der Prinz, »ich versteh' noch immer nicht – wie kommt ihr hierher, was wollt ihr?« – »Der schönen Aurora im Vorüberziehen ein Ständchen bringen«, erwiderte Leontin. – »Ständchen?« rief Prinz Romano begeistert aus; »Morgenständchen im Garten? O da muß ich mit! wo ist ihr Schlafgemach?« – »Der Jäger da will uns weisen«, sagte Leontin; »von ihm erfuhren wir's, daß die Gräfin hier ist.« – »Pst! pst! wir sind schon unter der Schußweite der Fenster!« unterbrach sie hier Herr Faber, indem er, ungeachtet seiner Korpulenz, gebückt und voller Eifer auf den Zehen fortzog, als wollte er ein Vogelnest beschleichen. Der Jäger führte ihn unablässig in die Kreuz und Quer, der breite Dichter stolperte und schimpfte, der Jäger sprach lustig Mut zu, die andern folgten lachend. So zog das wunderliche Häuflein zankend, schwirrend und sumsend durch die stille Morgenluft bis an eine Rosenhecke, wo ihr Führer sie endlich aufstellte. Die Schloßfenster leuchteten wie glänzende Augen zu ihnen herüber; Leontin griff, ohne sich lange zu besinnen, in die Saiten, Faber übernahm die Baßpartie, und sie sangen munter:

> In den Wipfeln frische Lüfte,
> Fern melod'scher Quellen Fall,
> Durch die Einsamkeit der Klüfte
> Waldeslaut und Vogelschall,
> Scheuer Träume Spielgenossen,
> Steigen all' beim Morgenschein
> Auf des Weinlaubs schwanken Sprossen,
> Dir ins Fenster aus und ein.
> Und wir nah'n noch halb in Träumen,
> Und wir tun in Klängen kund,
> Was da draußen in den Bäumen
> Singt der weite Frühlingsgrund.
> Regt der Tag erst laut die Schwingen:
> Sind wir alle wieder weit –
> Aber tief im Herzen klingen
> Lange nach noch Lust und Leid.

»Ein charmantes Lied!« unterbrach sie hier der entzückte Prinz. – »Still, still«, sagte Faber, »da wackelte eben die Gardine oben im Fenster!« – »Wahrhaftig«, rief Romano, »seht ihr, zwei göttliche Augen blitzen heim-

lich zwischen den Vorhängen hindurch!« – Sie sangen
von neuem:

> Dicke Liederknospen grünen
> Hier vom Wipfel bis zum Grund –
> Einen Blick aus den Gardinen,
> Und der Strauch blüht liebesbunt!

Jetzt öffnete sich wirklich das verhängnisvolle Fenster.
– Herr Publikum, eine schneeweiße Schlafmütze auf dem
Kopfe, lehnte sich breit und behaglich heraus und gähnte,
als wollte er den ganzen Morgen verschlingen. Die Sänger
starrten wie versteinert durch ihr Versteck in den unverhofften Rachen. »Danke, danke, meine unsichtbaren
Freunde, für diese angenehme Aufmerksamkeit!« sagte
der Mäcenas oben, noch immer gähnend und mit der
fetten Hand vornehm herabwickelnd. »Zu viel Ehre –
mein geringes Interesse an den schönen Künsten und
Wissenschaften – es freut mich, daß es solche zarte
Anerkennung –« – Aber Leontin ließ ihn nicht ausreden,
er griff wütend in die Saiten und übersang ihn:

> Was hast du für ein großes Maul,
> Kannst sprechen ganz besunder;
> Lob' mich auch mal, sei nicht so faul!
> Lobst sonst ja manchen Plunder.

Der ganz verdutzte Publikum, als er sich recht besann,
wie ihm eigentlich geschehen, geriet über diesen unerwarteten Gruß in einen unmäßigen Zorn. »Wer tat mir
das!« schrie er, »und in meinem eigenen Garten! Greift
mir die impertinenten Kerls!« – Er rief nun eine Menge
von Dienern bei ihren Namen, daß er ganz blau im
Gesicht wurde. Über dem Geschrei erhob sich durch den
ganzen Palast, treppauf treppab, ein verworrenes Rumo-

ren, von allen Seiten fuhren Gesichter neugierig aus allen Fenstern, durch den stillen Garten selbst hörte man schon einzelne Stimmen suchend schweifen. Der Morgenspuk in der Rosenhecke aber war bereits nach verschiedenen Richtungen hin zerstiebt. Leontin konnte vor Lachen fast nicht mehr weiter, der Prinz, aus Besorgnis sich in dem fremden Hause lächerlich zu machen, fand es am geratensten, mit den andern gleichfalls Reißaus zu nehmen; Faber dagegen, den gleich anfangs bei dem überraschenden Anblick des ungeheuren, butterglänzenden Gesichts im Fenster eine wunderliche Furcht ergriffen hatte, war schon ein gut Stück voraus, und keuchte und schimpfte auf Leontins unaufhörliche Narrenstreiche und auf den Jäger, der sie vor die falschen Fenster geführt. Der letztere hatte sich inzwischen verloren, Romano aber glaubte bald da bald dort in den Gebüschen neben sich kichern zu hören und Florentins, seines hübschen Jägerbürschchens, Stimme zu erkennen.

*

Als sie sich draußen im Walde in Sicherheit sahen, warf sich Leontin erschöpft auf den Rasen hin, Faber ging vor ihm mit schnellen Schritten auf und nieder, sich emsig die Hände reibend, wie einer der mit sich selbst zufrieden ist. – »Ihr seid an allem schuld, Faber«, sagte Leontin; »Ihr seid schon zu schwer, Ihr fallt überall durch auf dem Glatteis der Liebe, und reißt uns mit fort.« – »Was, Reißen! Durchfall« entgegnete der vergnügte Dichter; »der Publikum hat doch seinen köstlichen Ärger weg!« Dazwischen schwor er wieder, den schuftigen Jäger durchzuprügeln, und sollt' es am jüngsten Tage sein. – »Und Sie, Durchlaucht, haben als Volontär die Retirade mitgemacht«, sagte Leontin zum Prinzen. – »Was war zu

tun?« erwiderte dieser, »meine Freiersfüße mußten wohl
für eure Verse das Fersengeld mitbezahlen.« – »Wie!
Freiersfüße? wem setzen Sie darauf nach, wenn man
fragen darf?« – »Dem edelsten Wilde, mein' ich, um das
jemals ein Jäger Hörner angesetzt, in das jeder Waidmann
geschossen ist, mit einem Wort, meine Freunde: ich
möchte beinah gesonnen sein, um die Hand der schönen
Gräfin Aurora zu werben.« – Hier brachen Leontin und
Faber, zu des Prinzen Erstaunen, plötzlich in ein unauf-
haltsames Gelächter aus. »Die Gräfin Aurora?!« – riefen
sie, immerfort lachend, einer nach dem andern aus –
»eben so gut könnte man die Göttin Diana unter die
Haube bringen – oder der Thetis den Verlobungsring an
den rosigen Finger stecken – oder die Phantasie heiraten –
und alle neun Musen dazu!«
Der empfindliche Prinz hatte unterdes mit dem vor-
nehmsten Gesicht, das ihm zu Gebot stand, seine Lorgnette hervorgezogen und nahm die Gegend, und dann
die Lachenden ruhig in Augenschein. »Ich muß gestehen«, sagte er endlich, das unerträgliche Gelächter unter-
brechend, »Sie liebten doch früher eine gewisse geniale
Eleganz, lieber Graf; es fiel mir schon vorhin auf, Sie in
diesem wunderlichen, altmodischen Aufzuge wiederzu-
sehen. Nehmt mir's nicht übel, ihr Herren, ihr seht aus
wie die Trümmer eines reduzierten Freikorps.« – »Vortrefflich, Prinz!« rief Leontin, »Sie haben da recht den
Nagel auf den Kopf getroffen! Ja, das fliegende Korps der
Jugend, dem wir angehörten, ist längst aufgelöst, das
Handgeld flüchtiger Küsse vergeudet; diese ästhetischen
Grafen und Barone, diese langhaarigen reisenden Maler,
die genialen Frauen zu Pferde, sie sind nach allen Richtungen hin zerstreut; unsere tapfersten Anführer hat der
Himmel quiesziert, ein neues, aus unserer Schule entlau-

fenes Geschlecht hat neue, grade, langweilige Chausseen gezogen, und wir stehen wie vergessene Wegweiser in der alten, schönen Wildnis.« – Der Prinz fuhr fast verlegen mit der Hand über die Stirn, er konnte ein abermaliges Gefühl von Kameradschaft mit diesem verunglückten Freikorps nicht unterdrücken. »Teuerster Graf«, sagte er, »Sie pflegten von jeher gern zu übertreiben.« – »Ja, Pferde, Liebe, Lust und Witz«, erwiderte Leontin; »daher bring' ich sie nun alle ein bißchen lahm aus der Kampagne zurück.« –

Hier wurden sie durch Faber unterbrochen. Der ermüdete Poet hatte sich in die warme Morgensonne bequem hingelagert, und fing soeben auf die furchtbarste Weise zu schnarchen an.

»Gott behüt uns!« – rief der erschrockene Prinz aus, indem er den Schlafenden durch die Lorgnette aufmerksam betrachtete. – »Sehen Sie doch, wie er sich nun abquält, ein gelindes Tabaksmauchen nachzuahmen – jetzt bläst er sich wieder mächtig auf; das ist ja als wenn der Teufel die Baßgeige striche! – und nun auf einmal mit einem Schlagtriller alles wieder abgeschnappt – ich glaube, er erstickt an seinem Ärger über Herrn Publikum. Was hat er denn eigentlich mit dem?«

»Der Entschlafene«, erwiderte Leontin, »war in der letzteren Zeit als Hofdichter beim Herrn Publikum angestellt. – Das ging auch anfangs vortrefflich, er wurde gehau'n, geschnitten, gestochen, ich meine: in Stein und Kupfer, die Damen rissen sich ordentlich um seine Romantik. Als sie nun aber nach und nach ein wenig abgerissen wurde, da war nichts weiter dahinter. Es war ein Skandal! Er konnte nicht so geschwind die neumodische klassische Toga umschlagen, verwickelte sich in der Hast mit Arm und Beinen in die schottischen Plaids und gab immer mehr Blößen – ja zuletzt sagte ihm Herr Publikum gerade auf den Kopf: er sei nun gänzlich aus der Mode geraten, ja es gebe überhaupt gar keine solche humoristische Hagestolzen, wie er, in der Wirklichkeit, er sei eigentlich ein bloßes in Gedanken stehengebliebenes Hirngespinst, das für nicht vorhanden zu achten. – So hatte die atemlose Zeit auch ihn übergerannt, und ich fand den abgedankten Dichter, an seiner eigenen Existenz verzweifelnd, hier im Walde unfern von meinem Schlosse wieder.« – »Wie«, rief der Prinz aus, »so wohnen Sie jetzt hier in der Nähe?«

»Allerdings«, entgegnete Leontin. »Die spröde Welt, die wir als unser Lustrevier erobern wollten, hat uns nach und nach bis auf ein einsames Waldschloß zurückgedrängt, und die von der alten Garde tun mir die Ehre an, sich um die zerrissene Standarte der Romantik zu versammeln, die ich auf der Zinne des Kastells aufgesteckt. Dort rumoren wir auf unsere eigene Hand lustig fort, gefallen uns selbst, und ignorieren das andre. Rauschen und singen doch die Wälder noch immerfort wie in der Jugend, und jeden Frühling wirbelt die Lerche die alten Gesellen zusammen, und von Zeit zu Zeit besucht uns dort wohl noch unser schönes Waldlieb.«

Hier sprang Leontin plötzlich auf, und auch der Prinz wandte, angenehm überrascht, seine Blicke nach den Felsen; denn ein wunderschöner Gesang klang auf einmal aus dem Walde zu ihnen herüber. Sie konnten etwa folgende Worte verstehen:

> Lindes Rauschen in den Wipfeln,
> Vöglein, die ihr fernab fliegt,
> Bronnen von den stillen Gipfeln,
> Sagt, wo meine Heimat liegt?

23

Heut' im Traum sah ich sie wieder,
Und von allen Bergen ging
Solches Grüßen zu mir nieder,
Daß ich an zu weinen fing.

Ach, hier auf den fremden Gipfeln:
Menschen, Quellen, Fels und Baum,
Wirres Rauschen in den Wipfeln –
Alles ist mir wie ein Traum.

Jetzt erschien der Sänger im hellsten Glanz der Morgenlichter zwischen den Bäumen – es war Florentin, das Jägerbürschchen aus Romanos Begleitung. Er stutzte und brach schnell sein Lied ab, als er den Prinzen unten bemerkte.

»Dacht' ich's doch!« rief Leontin, die leuchtende Erscheinung freudig anstaunend. – Faber rieb sich verwirrt die Augen. »Es träumte mir eben«, sagte er, »ein Engel zöge singend über mir durch die Morgenluft.« – Unterdes aber war Florentin schon bei ihnen, faßte Leontin und Faber, wie alte Bekannte, rasch bei den Händen und führte sie tiefer in den Wald hinein. – Der Prinz hörte sie untereinander lachen, dann wieder sehr eifrig und heimlich sprechen; Florentins Stimme klang immerfort wie ein Glöckchen zwischen dem Vogelsang herüber.

Als sie zurückkehrten, schienen Leontin und Faber zerstreut und unruhig, wie Leute, die plötzlich einen Anschlag gefaßt haben. »Wir müssen schnell weiter, auf eine lustige Hochzeit dann!« sagte Leontin zum Prinzen, und lud ihn noch heiter ein, ihn auf seinem Kastell zu besuchen. Dann eilte er sogleich mit Faber den Berg hinab, wo auf einer Waldwiese ein Jäger mit ihren Pferden im Schatten ruhte.

Florentin aber war ebenso eilig im Walde wieder verschwunden.

Erstaunt und verwirrt stand nun der Prinz in der unerwarteten Einsamkeit. Da sah er unten die beiden Freunde schon fern zwischen Weinbergen und blühenden Gärten in die glänzende Landschaft hinausziehen, und Schlösser, Türme und Berge erglühten purpurn, und ein leiser Hauch wehte den Klang der Morgenglocken und Lerchensang und Düfte erquickend herauf, als läge das Land der Jugend dort in der blitzenden Ferne. Hoch oben auf den Felsen aber erschien Florentin noch einmal, schwenkte seinen Hut, und sang den Fortziehenden nach:

> Munt're Vögel in den Wipfeln,
> Ihr Gesellen dort im Tal,
> Grüßt mir von den fremden Gipfeln
> Meine Heimat tausendmal!

*

Vom Garten des Herrn Publikum bringt der Wind unverhofft ein sonderbares, unerklärliches Gesumse zu uns herüber, es scheint nicht Mühlengebraus, nicht Katzengefecht, noch Murmeln rieselnder Bäche, sondern vielmehr das alles zusammen. Je mehr wir uns indes mit gebührender Vorsicht nähern, je deutlicher unterscheiden wir nach und nach das verworrene Geschnatter verschiedener Menschenstimmen durcheinander, von Zeit zu Zeit von dem durchdringenden Schrei eines Papageis aus den Fenstern des Palastes überkreischt. Durch eine Öffnung des Gebüsches endlich übersehen wir den schönen Gartenplatz vor dem Schlosse, wo beim lieblichen Morgenschein viele wohlgekleidete Personen verschiedenen Alters und Standes zwischen den blühenden Sträuchern und funkelnden Strahlen der Wasserkünste zufrieden auf

25

und nieder wandeln und plaudern, häufig im Eifer des Gesprächs sich den Schweiß von der Stirn wischen und wieder plaudern. – Nur Herz gefaßt! noch einige Schritte vorwärts: und wir können alles bequem vernehmen.

»Nur das prüde Vornehmtun jener literarischen Aristokratie nicht hineingemengt!« rief soeben ein langer, schlichter Mann mit grauem Überrock und grauem Gesicht. – »Lassen Sie sich umarmen, Lieber!« unterbricht ihn begeistert ein blonder, junger Mann, dessen volle Wangen von unverderbter Jugend strotzen; »das wär' es eben auch was ich meine! Jawohl, diese poetische Vornehmheit, die so gern überall das Pfauenrad der großen Welt schlägt, was ist sie anders, als jene perfide, über allen Erscheinungen, über Gutem und Bösem, mit gleichem Indifferentism schwebende Ironie; Glatteis, auf dem jede hohe Empfindung, Tugend und Menschenwürde lächerlich ausglitschen; kalt, kalt, kalt, daß mich in innerster Seele schaudert! O über die vermessene Lüge göttlicher Objektivität! Heraus, Poet, mit deiner rechten Herzensmeinung hinter deinen elenden Objekten! Ehrlich dein Innerstes ausgesprochen! – Viele *(durcheinander)*: Ja, gesprochen, immerzu gesprochen! – Junger Mann: Meine Herren! Sie verstehen mich nicht, ich wollte –, – Viele: Wir wollen nichts verstehen! – Wir wollen Natur! – Edelmut – gerührtes Familienglück! – Grauer: He, Ruhe da! das ist ja, als wär' auf einmal ein Sack voll Plunder gerissen! – Dichterin *(sich hindurchdrängend)*: Was für Ungezogenheit! Pfui doch, Sie treten mir ja das Kleid ab! O diese starken, wilden Männerherzen! – Junger Mann: Verehrungswürdigste, in welchem Aufzuge! die Nachthaube ganz schief – und – o wer hätte Ihnen das zugetraut! – noch im fliegenden Nachtgewande. – Dichterin *(sich betrachtend)*: O Gott! ich bitte

Sie, sehen Sie ein wenig auf die andere Seite, ich verberge mich in mich selbst! – der Schmelz des jungen Tages – meine Ungeduld, meine Zerstreuung, das erste Lied der Nachtigall, ich konnt' es nicht erwarten, ich stürz' hinaus – ach, wir Dichterinnen schwärmen so gern über die engen Zwinger der Alltagswelt hinaus. Erlauben Sie! *(Sie nimmt das Schnupftuch des jungen Mannes, und schlägt es sich als Halstuch um.)* Aber erzählen Sie doch, was ist denn eigentlich los hier? – JUNGER MANN: Ein neuer Gedanke von der höchsten Wichtigkeit, dessen Folgen für die ganze Literatur sich schwer berechnen lassen. Denn jede neue Idee ist wie der erste Morgenblick; erst rötet er leise die Berge und die Wipfel, dann zündet er plötzlich da, dort mit flammendem Blick einen Strom, einen Turm in der Ferne; nun qualmen und teilen und schlingen sich die Nebel in der Tiefe, der Kreis erweitert sich fern und ferner, die blühenden Länder tauchen unermeßlich auf – wer sagt da, wo das enden will! – Nun ich weiß, Verehrteste, Sie teilten schon längst unsre Überzeugung, daß jene überspannten künstlichen Erfindungen in der Poesie uns der Natur entfremden und nach und nach ein wunderliches, konventionelles, nirgends vorhandenes, *geschriebenes* Leben über dem Lebendigen gebildet, ich möchte sagen: eine Bibel über die Tradition gesetzt haben, daß wir also eiligst zur Wirklichkeit zurückkehren müssen, daß –. – DICHTERIN: Kürzer! ich bitte, fassen Sie sich kürzer, mir wird ganz flau. – GRAUER: Kurz: wir machen hier soeben Novelle. Dieser Garten, der Palast, das Vorwerk, die Stallungen und Düngerhaufen dahinter sind unser Schauplatz; was da aufduckt in dem Revier, italienische Gräfin oder deutscher Michel oder anderes Vieh, wird ohne Barmherzigkeit unmittelbar aus dem Leben gegriffen. Und nun ohne

weiteres Gefackel frisch zugegriffen! denn wenn ich des
Morgens so kühl und nüchtern bin, da komponier' ich
den Teufel und seine Großmutter zusammen! – VIELE
(mit großem Lärm): Bravo! Sie sind unser Mann! diese
Laune, dieser Humor! – JUNGER MANN: Also es bleibt bei
dem entworfenen Plane der Novelle. Alles einfach, natürlich: wir führen die schöne Gräfin Aurora mit dem
einzigen Manne, welcher dieser berühmten Musenhand
würdig, mit unserm unvergleichlichen Herrn Publikum,
langsam, Schritt vor Schritt durch das dunkle Labyrinth
des menschlichen Herzens zum Traualtar. Dieses Tap-
pen, dieses Fliehen und Schmachten der wachsenden
Leidenschaft ist der goldene Faden, an den sich von
selbst, gleich Perlen, die köstlichsten Gespräche über
Liebe, Schönheit, Ehe reihen – o, teuerste Freunde, ich
bin so voller Abhandlungen! – ENGLÄNDER *(mit Weltver-
achtung hinzutretend)*: Und der Sturm, der um des Herzens Firnen rast? und das Grauen, das wie der Schatten
eines unsichtbaren Riesen sich über die gebrochenen
Lebensbäume legt? – Ich bestehe durchaus auf ein wild
zerrissenes Gemüt in der Novelle! – DICHTERIN: Furcht-
barer, ungeheurer Mann! – GRAUER: Das ist gleich
gemacht. Der Prinz Romano hat ganz das liederliche
Aussehen eines unglücklichen Liebhabers. Er geht, wie
ihr wißt, auf Freiersbeinen, die sind dünn genug, da
lassen wir den englischen Sturm schneidend hindurch
pfeifen. – JUNGER MANN: Still! da kommt die Gräfin mit
Herrn Publikum. – Nun frisch daran!

Wirklich sah man die Genannten soeben aus dem
Schlosse treten, in galanter Wechselrede begriffen, wie
man aus der ungewohnten besonderen Beweglichkeit des
Herrn Publikum abnehmen konnte, der immer sehr viel
auf guten Ton hielt. Die Novellenmacher verneigten sich

ehrerbietig, Publikum nickte vornehm. Gräfin Aurora
aber hatte heut in der Tat etwas von Morgenröte, wie sie
zwischen den leisen Nebeln ihres Schleiers, den sie mit
dem schönen Arm mannigfach zu wenden wußte, so
leicht und zierlich nach allen Seiten grüßte, und ihre
Blicke zündeten, zwar nicht die Turmknöpfe, aber die
Sturmköpfe ringsumher. Ein Geflüster der Entzückung
ging durch die Versammlung. Der Graue bemächtigte
sich geschickt des fetten Ohrs des Herrn Publikum. »O«,
rief er ihm leise zu, »dreimal selig der, dem diese Blicke
gelten!« Publikum lächelte zufrieden.

Der Vorschlag der rüstigen Herren, an dem herrlichen
Morgen eine Promenade in das nächste Tal vorzunehmen, wurde mit Beifall aufgenommen. Sie aber hatten
ihre eigenen Gedanken bei diesem Vorschlage. Um ihre
projektierte Novelle gehörig zu motivieren, sollte Herr
Publikum zuerst der Gräfin mit seiner Weltmacht impo-
nieren und sodann in der Einsamkeit der schönen Natur
Gelegenheit finden, diesen Eindruck zu benutzen, und
die Überraschte mit den Blumenketten der Liebe zu
fesseln. Zu diesem Zweck lenkten sie den Spaziergang
ohne weiteres aus dem Garten nach dem sogenannten
praktischen Abgrund hin. Und in der Tat, die Schlauen
wußten wohl, was sie taten. Denn schon im Hinabsteigen
mußten der Gräfin sogleich einzelne Gestalten auffallen,
die gebückt, wie Eulen, in den Felsenritzen kauerten. –
»Künstler, Landschafter«, sagte Publikum, »die armen
Teufel quälen sich vom frühesten Morgen für mich ab.«
Hier verbreitete er sich sofort gelehrt über die verschiedenen Tinten der Landschaftsmalerei, wäre aber dabei
mit seiner Kunstkenntnis bald garstig in die Tinte gekommen, wenn die aufmerksamen Novellisten nicht zu
rechter Zeit ausgeholfen hätten. Indes waren sie auf einen

Felsenvorsprung aus dem Gebüsch getreten, da lag in einem weiten Tale zu ihren Füßen plötzlich ein seltsames Chaos: blanke Häuser, Maschinen, wunderliche Türmchen und rote Dächer, zu beiden Seiten einer Kunststraße an den Bergeshängen übereinanderragend. Es war aus dieser Vogelperspektive, als überblickte man auf einmal eine Weihnachtsausstellung, alles rein und zierlich, alles bewegte sich, klippte und klappte, zuweilen ertönte ein Glöckchen dazwischen, zahllose Männchen eilten geschäftig hin und her, daß es einem vor den Augen flimmerte, wenn man lange in das bunte Gewirr hineinsah.

Der junge Mann trat erklärend zu der erstaunten Gräfin. »Der Puls dieses bewunderungswürdigen Umlaufs von Kräften und Gedanken ist unser hochverehrter Herr Publikum«, – sagte er, während sie rasch herabstiegen – »um seinetwillen, zu seinem Besten sind alle diese Anlagen entstanden.« Er begann nun eine wohlgedachte und herrlich stilisierte Abhandlung über die ernste praktische Richtung unserer Zeit, die wir aber leider nicht wiederzugeben vermögen, da man inzwischen den Grund erreicht hatte und vor dem wachsenden Lärm, dem Hämmern und Klopfen kein Wort verstehen konnte.

Aurora war ganz verblüfft, und wußte nicht, wohin sie in dem Getöse sich wenden sollte, als eine, wie es schien, mit Dampf getriebene ungeheure Maschine durch die Eleganz ihres Baues ihre besondere Aufmerksamkeit auf sich zog. Sie näherte sich neugierig, und bemerkte, wie hier von der einen Seite unablässig ganze Stöße von dicken, in Schweinsleder gebundenen Folianten in den Beutelkasten geworfen wurden, unter denen sie mit Verwunderung den Grafen Khevenhüller nebst andern Chroniken zu erkennen glaubte. Eine große Menge zierlich gekleideter Herren, weiße Küchenschürzen vorgebunden und die feinen Hemdeärmel aufgestreift, eilten auf und ab, das Schroten, Malen und Ausbeuteln zu besorgen, während armes, ausgehungertes Volk gierig bemüht war, den Abfall aufzuraffen. – »Das will wieder nicht vom Fleck!« rief Herr Publikum den Arbeitern zu; »rasch, nur rasch!« – Darauf führte er die Gräfin in das andere Ende der Maschine und es dauerte nicht lange, so spuckte ein bronzener Delphin die verarbeiteten Folianten als ein zierliches »Vielliebchen« in Taschenformat und in Maroquin gebunden zu ihren Füßen aus. Publikum überreichte es, als das Neueste vom Jahre, galant der Gräfin. Aurora wollte sich totlachen und steckte das niedliche Dingelchen in ihren Strickbeutel.

Sie hätte sich gern noch anderweit im Fabrikwesen näher instruiert, aber das Treiben auf der Kunststraße, die sie soeben betreten, nahm alle ihre Sinne in Anspruch. Das war ein Fahren, Schnurren, Reiten und Drängen! Mitten durch das Gewirr sahen sie einen Postillon mit flämischen Stiefeln mit einem großen Schnurrbart und von martialischem Ansehen, in gestrecktem Galopp auf sich zufliegen. Es war ein literarischer Klatsch-Kurier. Er parierte sein schäumendes Roß kunstgerecht grade vor Herrn Publikum, und überreichte ihm seine Depesche. Die Novellisten standen in höchster Spannung und murmelten geheimnisvoll untereinander. – »Schon gut«, sagte Publikum, den Kurier mit einem leichten Kopfnikken entlassend. Darauf überflog er das Schreiben für sich, lachte einmal laut auf, rief dann: »Ha!« und steckte die Papiere in die Tasche. Aurora aber sah ihn unverwandt an. – Sie bekam eine große Idee von dem Manne.

Inzwischen hatten die Novellisten einen Fußpfad eingeschlagen, der seitwärts aus dem praktischen Abgrund ins Gebirge führte. Der verworrene Lärm hinter ihnen vertoste mit jedem Schritt immer mehr und mehr und Aurora atmete frisch auf, als sie nun wieder das Rauschen des Waldes und einer einsamen Wassermühle vernahm, auf welche sie zugingen. Ermüdet von dem müßigen Umherschlendern, lagerte die bunte Gesellschaft sich fröhlich auf den Rasen. Es war ein schattenkühles, freundliches Tal, ringsum von Bergen und Wäldern eingeschlossen; der Mühlbach murmelte über das Gestein und blinkende Kiesel durch die schöne Abgeschiedenheit, über ihnen hin flogen schimmernde Tauben säuselnd der Mühle zu, die Novellisten rieben sich freudig die Hände und hofften das Beste.

Aber hier begegnete Herrn Publikum unerwartet etwas ganz Fatales. Mitten in diesem Sukzeß nämlich bekam er plötzlich einen Anfall seines alten Übels, der Langeweile. Er verbarg vergeblich sein wiederholtes Gähnen hinter dem seidenen Taschentuch, er versuchte etwas über die schöne Natur zu sagen, aber es wollte ihm gerade gar nichts einfallen. Endlich setzte er sich durchaus in den Kopf, auf diesem herrlichen Platze eine Kavatine zu singen, da er ein eifriger Dilettant in allen schönen Künsten war und sich besonders auf seine Stimme viel einbildete. Die Novellenmacher erschraken, denn er nahm sich beim Singen eben nicht vorteilhaft aus. Aber da half nun einmal alles nichts. Ein Diener mußte ihm ein großes Notenblatt reichen, der kurze runde Mann stellte sich, das linke Bein ein wenig vorgeschoben, räuspernd zurecht, strich ein paarmal seinen Backenbart, und sang eine italienische verliebte Arie, wobei er den fetten Mund nach der einen Seite wunderlich abwärts zog und von Zeit zu Zeit der Gräfin über das Blatt einen zärtlichen Blick zuwarf. – Aurora sah mit einem leisen schlauen

Lächeln den Sänger unter ihren langen schwarzen Augenwimpern halb erstaunt, halb triumphierend an, und die Novelle schien sich in der Tat ihrer idyllischen Katastrophe zu nähern, als auf einmal Waldhornsklänge von den Bergen unwillkommen in die schönsten Koloraturen des Sängers einfielen. – Herr Publikum brach ärgerlich ab und meinte, es seien ohne Zweifel wieder Raubschützen von des Grafen Leontins Schlosse. Unterdes kamen die Klänge immer näher und näher, von Berg zu Berg einander rufend und Antwort gebend, daß der muntere Widerhall in allen Schlüften erwachte. Plötzlich tat die Morgensonne oben im Walde einen Blitz, und Aurora sprang mit einem freudigen: »Ach!« empor. Denn auf einem Felsen über ihnen wurde auf einmal Prinz Romano in prächtiger Jagdkleidung zwischen den Bäumen sichtbar, wie ein König der Wälder, malerisch auf seine funkelnde Büchse gestützt.

Der Prinz nämlich, die sachte, rieselnde Manier der Novellenmacher gründlich verachtend, hatte bei seiner Rückkehr aus dem Walde kaum von dem Morgenspaziergange der Schloßbewohner gehört, als er sich sogleich voll romantischer Wut in seine schönsten Jagdkleider warf, mit Florentin und seinen Jägern von neuem in den Wald lief, und dort die letztern geschickt auf den Bergen verteilte, um die Gräfin, wie wir eben gesehen, in seiner Art würdig zu begrüßen. So war er in dem günstigsten Moment der ersten Überraschung oben auf dem Felsen hervorgetreten und betrachtete nun mit innerster Zufriedenheit die bunte Gruppe der Erstaunten unten im Tale. – »Sieh nur« – sagte er zu Florentin, der ihm schelmisch über die Achsel guckte – »sieh nur die Gräfin, wie die zwei Sterne da aus der Waldesnacht zu mir herauffunkeln! es kömmt überall nur darauf an, daß man sich in die rechte, poetische Beleuchtung zu stellen weiß.« – »In der Tat, gnädigster Herr«, erwiderte Florentin, »Sie nehmen sich so stellweis vortrefflich aus, es ist ein rechtes Vergnügen, Sie in der Ferne zu sehen – und wenn die Gräfin nicht zu wild ist, so muß sie wohl ein Erbarmen fühlen.« – »Ach, was wild da!« meinte der Prinz, »Cupido ist ein wackerer Schütz, die Sprödeste guckt doch zwischen den Fingern nach dem hübschen, nackten Bübchen hin. Laß mich nur machen!« – Und hiermit stieg er rasch und wohlgemut den Berg hinunter. Je tiefer er aber auf den abgelegenen Fußpfaden in den Wald herabkam, je seltsamer wurde ihm zumute. Wunderliche Erinnerungen flogen ihn an, er glaubte die Bäume, die Felsen zu kennen, und blieb oft, sich besinnend, stehen. Jetzt wurde ein Kirchturm in der Ferne sichtbar, ein rotes Ziegeldach schimmerte plötzlich zwischen den Wipfeln aus dem Grunde herauf. – »Wie ist mir denn!« rief er endlich ganz verwirrt aus, »hier bin ich vor langer Zeit schon einmal gewesen – gerade an einem solchen Morgen war es – da muß ein Brunnen sein: da traf ich das schöne Müllermädchen zum ersten Mal – glückliche Jugendzeit! Wie manche schöne Nacht schlich da der ungekannte Wanderer zur Mühle, bis er mit dem letzten Stern auf immer im Morgenrot wieder verschwand. – Wahrhaftig, das ist der Grund, da ist die Mühle – grade jetzt! Verdammter Zufall!« –

Währenddes ging er auf den altbekannten Pfaden immer weiter und weiter; er war wie im Traum, bunte Schmetterlinge flatterten wieder über dem stillen Grunde, der Mühlbach rauschte, die Vögel sangen lustig, wie damals. Nun kamen auch die hohen Linden, dann der Brunnen – da blieb er auf einmal fast erschrocken stehen. Denn auch sein damaliges Liebchen kniete, Wasser schöpfend, wieder am Brunnen. Als sie so plötzlich den Fremden erblickte, setzte sie langsam den Krug weg, und sah ihn unter dem Strohhut lange Zeit groß an. Es waren die alten, schönen Züge, aber gebräunt, und von Sorge und Arbeit wunderbar verwandelt.

»Kann ich wieder mit dir gehen?« redete sie Romano endlich an.

»Nein«, erwiderte sie ruhig, »ich bin längst verheiratet. – Wie ist es denn dir seitdem gegangen?« fuhr sie fort, »es ist lange her, daß du mich verlassen hast.« – Darauf sah sie ihn von neuem aufmerksam an, und sagte: »Du bist heruntergekommen.«

»Und weiß doch selber nicht wie!« – entgegnete der Prinz ziemlich verlegen. Da bemerkte er, daß ihr Tränen in den Augen standen, und faßte gerührt ihre Hand, die sich aber so rauh anfühlte, daß es ihm recht in der Seele fatal war.

In demselben Augenblick trat die Gesellschaft vom Schlosse, welche der Waldhornsklang weiter in das Tal verlockt hatte, unerwartet aus dem Gebüsch, und ein zweideutiges Lachen, sowie das eifrige Hervorholen der Lorgnetten zeigte, daß man die sonderbare Vertraulichkeit des verliebten Prinzen gar wohl bemerkt hatte. Die schöne Müllerin warf, indem sie sich wandte, einen stolzen Blick auf das vornehme Gesindel, und alle Augen folgten unwillkürlich der hohen schlanken Gestalt, als sie, den Krug auf dem Kopfe, langsam zwischen den dunklen Schatten verschwand.

*

Dieses Ereignis an Amors falscher Mühle, das allerdings nicht in Romanos Rechnung gelegen, hatte bei den verschiedenen Zuschauern einen sehr verschiedenen Eindruck hinterlassen. Die Novellenmacher fühlten eine köstliche Schadenfreude, etwa wie schlechte Autoren, wenn ein Rezensent einem berühmten Manne einen tüchtigen Tintenklecks anhängt. Herr Publikum, der überhaupt immer erst durch andere auf Gedanken gebracht werden mußte, schmunzelte nur, und beschloß insgeheim, bei nächster schicklicher Gelegenheit einmal selbst einen einsamen Spaziergang nach der Mühle zu unternehmen. – Gräfin Aurora dagegen begegnete seitdem dem Prinzen überaus schnippisch, zeigte sich launenhaft, und begünstigte auf eine auffallende Weise den armen Publikum, der vor lauter Wonne kaum zu Atem kommen konnte.

Romano aber benahm sich ganz und gar unbegreiflich. Ohne die geringste Spur von Gram oder Scham, schien er die Gräfin nicht mehr zu beachten, als der Anstand eben unausweichlich erforderte, und trieb sich fortwährend wildlustig unter den Jägern umher, mit denen er bald nach den höchsten Wipfeln schoß, bald neue schöne Jagdlieder einübte.

Aurora brachte einmal boshaft die Rede auf die schöne Müllerin – der Prinz lobte sogleich enthusiastisch ihre Taille und die antike Grazie, mit der sie den Krug getragen. – Die Gräfin, als er gerade im Garten war, entwickelte, im Ballspiel mit Herrn Publikum über den Rasen schwebend, die zierlichsten Formen – der Prinz ließ eben sein Pferd satteln und ritt spazieren. – Das war ein Pfiffikus! Aurora hätte weinen mögen vor verbissenem Ärger!

So war die Nacht herangekommen und versenkte Lust und Not. Einzelne Mondblicke schossen durch das zerrissene Gewölk, der Wind drehte knarrend die Wetterfahnen auf dem Schlosse, sonst herrschte eine tiefe Stille im Garten, wo Katzen und Iltis leise über die einsamen Gänge schlüpften. Nur der dunkelmütige Engländer, den wir unter den Novellenmachern kennengelernt, war noch wach und schritt tiefsinnig auf und nieder. Er liebte es, in solchen Nächten zu wandeln, womöglich ohne Hut, mit vom Winde zerworrenem Haar, um nach behaglich durchschwärmten Tagen seine Seele in der Finsternis mit Verzweiflung aufzublasen, gleichsam einen melancholischen Schnaps zu nehmen. Heute aber galt es eigentlich dem Prinzen Romano, der noch immer von seinem Spazierritt nicht wiedergekommen war. Wie eine Kreuzspinne lauerte er am Eingange des Gartens auf den Zurückkehrenden, um ihm bei so gelegener Stunde einen giftigen Stich von Eifersucht beizubringen, und ihn sodann, der Exposition gemäß, als unglücklichen Liebhaber, in die projektierte Novelle einzuspinnen.

Die Turmglocke im Dorfe unten schlug eben Mitternacht, da hörte er endlich ein Roß schnauben, die Hufe im Dunkeln sprühten Funken über das Gestein, es war Romano.

Kaum war er abgestiegen und in den Garten getreten, um sich nach dem Schlosse zu begeben, als ihn der Engländer, verstört und geheimnisvoll, bei beiden Händen faßte und rasch in den finstersten Baumgang mit sich fortriß. Mit schneidender Beredsamkeit verbreitete er sich hier über die sichtlich wachsende Neigung der Gräfin Aurora zu Herrn Publikum, tat Seitenblicke auf jeden ihrer verräterischen Blicke und auf ihre Worte, zwischendurch wieder ihre schöne Gestalt, ihr zauberisches Auge geschickt beleuchtend. Zu seinem Befremden aber blieb der Prinz ganz gelassen, und replizierte immer nur mit einem fast ironischen: »Hm – ha – was Sie sagen!« – Schon gut, eben die rechte Stimmung, dieses sich selbst zerknirschende Verstummen! dachte der Engländer, und fuhr nur um so eifriger fort, mit häufigem teuflischen Hohnlachen, über Liebe, Treue, Glück und Welt. – Inzwischen hatte Romano in einem entfernten Gebüsch ein leises Flüstern vernommen. Er glaubte die Stimme zu erkennen und stand wie auf Nadeln, denn der Engländer wurde immer pathetischer.

»Sie sind mir langweilig, Herr!« wandte sich da der Prinz plötzlich zu ihm. Der Überraschte starrte ihn in höchster Entrüstung an. – Währenddes aber waren sie eben an die Schwelle eines Pavillons gekommen, der Engländer trat hinein. Romano warf schnell die Tür hinter ihm zu und verschloß sie, ohne auf das Toben des melancholischen Kobolds zu achten, das nur die Fledermäuse und Krähen in den nächsten Wipfeln aufscheuchte.

Jetzt folgte der erlöste Prinz rasch den Stimmen in der Ferne. Sie schienen sich, zu seinem Erstaunen, an dem Flügel des Palastes zu verlieren, wo Aurora schlief. Ein Licht schimmerte noch aus ihrem Fenster, und säumte das Laub der nächsten Bäume mit leisem Glanz. Romano stellte sich ins Gebüsch und wartete lange, bald an den Baum gelehnt, bald sich ungeduldig auf den Zehen erhebend. Manchmal war es ihm, als höre er eben lachen, oft glaubte er, die Schatten zweier Gestalten im Zimmer deutlich zu unterscheiden. Dann verlosch auf einmal das Licht, und es wurde oben und unten so still, daß er das Bellen der Hunde aus den fernen Dörfern hören konnte. Da ging plötzlich ein Pförtchen unten, das zu Auroras Gemächern führte, sachte auf, eine männliche Gestalt schlüpfte daraus hervor, flog eilig über die Rasenplätze und Blumenbeete, und war in demselben Augenblick in der Nacht wieder verschwunden. – »Was ist das?!« rief der Prinz verwundert aus – er glaubte in der flüchtigen Gestalt seinen Jäger Florentin erkannt zu haben. – Noch lange stand er nachdenklich still. Dann schien ihm auf einmal ein neuer Gedanke durch die Seele zu schießen. »Prächtig! herrlich! nun wird die Sache erst verwickelt und interessant!« rief er, indem er hastig tiefer in den einsamen Garten hineinschritt und sich eifrig die Hände rieb, wie einer, der plötzlich einen großen Anschlag gefaßt hat.

*

Auf dem Schlosse war ein bunter, lebhafter Tag vorübergezogen. Gräfin Aurora, von Romanos Waldhornsgruß aufgeregt, war in ihrer Launenhaftigkeit plötzlich auf die Waidlust verfallen, und der galante Publikum hatte nicht versäumt, sogleich auf morgen eine große Jagd in dem nahen Waldgebirge anzuordnen. Erst spät vertoste im Dorf und auf den Gartenplätzen die fröhliche Wirrung der Zurüstungen, und noch bis tief in die Nacht hörte man einzelne Waldhornsklänge und den Gesang der vorausziehenden Jäger über den stillen Garten herüberklingen. Da saß Aurora in einem abgelegenen Gemache am halbgeöffneten Fenster, und freute sich der schönen sternklaren Nacht über den Wäldern und Bergen draußen, die für morgen das herrlichste Jagdwetter zu verkünden schien. Sie hatte sich hinter die Fenstergardine verborgen, sehr leise mit ihrer Kammerjungfer plaudernd. Sie schienen noch jemand zu erwarten und blickten von Zeit zu Zeit ungeduldig in den Garten hinaus. – »Horch«, sagte die Gräfin, »ist das der Wald, der so rauscht? Es ist recht verdrießlich, ich hatte mir schon alles so lustig ausgesonnen für morgen, und nun wird mir ordentlich angst; die dummen alten Bäume vor dem Hause, die

39

finstern Berge, die stille Gegend: es sieht alles so ernsthaft und anders aus, als man sich's bei Tage denkt – wo er auch gerade heute bleibt!« – »Wer denn?« fragte die Kammerjungfer schalkhaft, »der spröde Prinz?« – »Hm, wenn ich just wollte« – erwiderte Aurora.

Hier wurden sie durch eine Stimme unter dem Fenster unterbrochen. Es war ein Jäger, der so spät noch seine Flinte zu putzen begann und fröhlich dazu sang:

Wir waren ganz herunter,
Da sprach Diana ein,
Die blickt so licht und munter,
Nun geht's zum Wald hinein!

»Da meint er mich!« flüsterte die Gräfin. – Der Jäger aber sang von neuem:

Im Dunklen Äuglein funkeln,
Cupido schleichet leis,
Die Bäume heimlich munkeln –
Ich weiß wohl was ich weiß!

»Was will er davon wissen, der Narr!« sagte Aurora erschrocken; »kommen wir fort, ich fürchte mich beinah.« – Die Kammerjungfer schüttelte bedenklich ihr Köpfchen, indem sie vorsichtig oben das Fenster wieder schloß.

Währenddes ritt der Prinz Romano – wir wissen nicht weshalb – beim hellsten Mondschein ganz allein mitten durch die phantastische Einsamkeit des Gebirges dem Schlosse des Grafen Leontin zu. Vor Heimlichkeit und Eile hatte er, ohne einen Führer mitzunehmen, nach den Beschreibungen der Landleute den nächsten Waldpfad eingeschlagen. Die Wälder rauschten durch die weite Stille, aus der Ferne hörte man nur den dumpfen Schlag eines Eisenhammers, von Zeit zu Zeit stutzte sein Pferd schnaubend. Bald aber teilten sich die Wege in den verschiedensten Richtungen, die betretenen schienen weit abzuführen, die wilderen verloren sich ganz und gar im Gestein. Manchmal glaubte er Hundegebell aus den Tälern zu vernehmen, aber wenn er hinablenken wollte, stand er plötzlich vor jähen, finsteren Abgründen, bis er zuletzt sich selbst eingestehen mußte, sich gänzlich verirrt zu haben.

»Desto schöner!« rief er aus, stieg ab, band sein Pferd an einen Baum, und streckte sich auf den Rasen hin, um die Morgendämmerung abzuwarten. Wie manche schöne Sommernacht, dachte er, habe ich auf meinen Jugendfahrten schon so verbracht und in der dichterischen Stille, heimlich bildend, den grauen Vorhang angestarrt, hinter dem die frischen Morgen, blitzenden Ströme und duftigen Täler des reichen unbekannten Lebens vor mir aufsteigen sollten. – Ein naher Bach plauderte verwirrend in seine Gedanken herein, die Wipfel über ihm rauschten einförmig immer fort und fort, so schlummerte er endlich ein, und der Mond warf seine bleichen Schimmer über die schöne wüste Gestalt, wie über die Trümmer einer zerfallenen verlornen Jugend.

Da träumte ihm, er stände auf dem schönen Neckargebirge von Heidelberg. Aber der Sommer war vorbei, die Sonne war lange untergegangen, ihn schauerte in der herbstlichen Kühle. Nur das Jauchzen verspäteter Winzer verhallte noch, fast wehmütig, in den Tälern unten, von Zeit zu Zeit flogen einzelne Leuchtkugeln in die stille Luft. Manche zerplatzte plötzlich in tausend Funken und beleuchtete im Niederfallen langvergessene, wunderschöne Gegenden. Auch seine ferne Heimat erkannte er darunter, es schien schon alles zu schlafen dort, nur die weißen Statuen im Garten schimmerten seltsam in dem scharfen Licht. Dann verschlang die Nacht auf einmal alles wieder. Über die Berge aber ging ein herrlicher Gesang, mit wunderbaren, bald heiteren, bald wehmütigen Tönen. Das ist ja das alte, schöne Lied! dachte er, und folgte nun bergauf, bergab den Klängen, die immerfort vor ihm herflohen. Da sah er Dörfer, Seen und Städte seitwärts in den Tälern liegen, aber alles so still und bleich im Mondschein, als wäre die Welt gestorben. So kam er endlich an ein offenes Gartentor, ein Diener lag auf der Schwelle ausgestreckt wie ein Toter. – Desto besser, so schleich' ich unbemerkt zum Liebchen, sagte er zu sich selbst, und trat hinein. Dort regte sich kein Blättchen in allen Bäumen den ganzen weiten Garten entlang, der prächtig im Mondschein glänzte, nur ein Schwan, den Kopf unter dem Flügel versteckt, beschrieb auf einem Weiher, wie im Traume, stille, einförmige Kreise; schöne, nackte Götterbilder waren auf ihren Gestellen eingeschlafen, daß die steinernen Haare über Gesicht und Arme herabhingen. – Als er sich verwundert umsah, erblickte er plötzlich Ihre hohe anmutige Gestalt, verlokkend zwischen den dunklen Bäumen hervor. Geliebteste! rief er voll Freude, dich meint' ich doch immer nur im Herzensgrunde, dich mein' ich noch heut! – Wie er sie aber verfolgte, kam es ihm vor, als wäre es sein eigener Schatten, der vor ihm über den Rasen herfloh, und sich zuletzt in einem dunklen Gebüsch verlor. Endlich hatte er sie erreicht, er faßte ihre Hand, sie wandte sich. – Da blieb er erstarrt stehen – denn er war es selber, den er an der Hand festhielt. – Laß' mich los! schrie er, du bist's nicht, es ist ja alles nur ein Traum! – Ich bin und war es nimmer, antwortete sein gräßliches Ebenbild, du wachst nur jetzt, und träumtest sonst. – Nun fing das Gespenst

42

mit einer grinsenden Zärtlichkeit ihn zu liebkosen an. Entsetzt floh er aus dem Garten, an dem toten Diener vorüber; es war, als streckten und dehnten sich hinter ihm die erwachten Marmorbilder, und ein widerliches Lachen schallte durch die Lüfte. – Als er atemlos wieder im Freien anlangte, befand er sich auf einem sehr hohen Berge unter dem unermeßlichen Sternenhimmel. Aber die Sterne über ihm schienen sich sichtbar durcheinander zu bewegen; allmählich wuchs und wuchs oben ein Brausen, Knarren und Rücken, endlich flog der Mond in einem großen Bogen über den Himmel, die Milchstraße drehte sich wie ein ungeheures Feuerrad, erst langsam, dann immer schneller und wilder in entsetzlichem Schwunge, daß er vor Schwindel zu Boden stürzte. Mitten durch das schneidende Sausen hörte er eine Glocke schlagen, es war, als schlüg' es seine Todesstunde. Da fiel ihm ein, daß es eben Mitternacht sei. Das ist's auch, dachte er, da stellt ja der liebe Gott die Uhr der Zeit. – Und als er wieder aufblickte, war alles finster geworden, nur das Rauschen eines weiten Sternenmantels ging noch durch die Einsamkeit des Himmels, und auch den Gesang, als sängen Engel ein Weihnachtslied, hörte er wieder hoch in den Lüften so über alle Beschreibung freudig erklingen, daß er vor tiefer Lust und Wehmut aufwachte.

Er konnte sich zwischen den Bäumen und Bergen gar nicht wieder zurechtfinden und blickte verstört in der fremden Gegend umher. Da lag weit und breit alles so still im schönsten Mondglanz. Zu seinem großen Erstaunen aber glaubte er auf der Waldwiese unter sich den Jäger Florentin zu bemerken. Er schien an einem Bache sich zu waschen, seine dunklen Locken verschatteten sein Gesicht, der Mondschein spielte, wie liebestrunken, über

den schönen entblößten Nacken und die Schultern des
Jünglings. Dann horchte Florentin plötzlich auf, denn
von den Bergen ließ sich derselbe Gesang wieder vernehmen, den der Prinz schon im Traum gehört hatte.

Romano schloß verwirrt die Augen, um die lieblichen
Traumbilder nicht zu verscheuchen. Da war es ihm, als
hörte er durch die Stille der Nacht den jungen Jäger
zwischen dem Flüstern der Wipfel und Blätter unten mit
jemand sprechen. Als er die Augen wieder aufschlug, sah
er, wie soeben ein fremder Mann, mit langem weißen
Bart und weitem, faltigen Mantel, von dem Jüngling
fortschritt. Ihn graute fast, denn der Alte kam ihm
bekannt vor, er glaubte den alten wahnsinnigen Harfner
aus »Wilhelm Meister« zu erkennen. Betroffen und
erschüttert sprang er nun auf. Da flog auch Florentin
schon über die tauige Wiese, und alles war, wie ein
Elfenspuk, auf einmal zerstoben. Nur der Gesang verhallte noch in der weitesten Ferne, und aus dem Zwielicht
des anbrechenden Morgens ragten die Türme eines alten
Schlosses traumhaft über den Wald hervor.

»Was für ein Phantast ist doch die Nacht!« – sagte der
Prinz zu sich selbst, noch immer in das mondbeglänzte
Tal hinabstarrend. »Und das ist wohl gar schon Leontins
verwünschtes Schloß!« rief er dann freudig aus, schüttelte
schnell die schwülen Träume ab, schwang sich wieder auf
sein Roß und ritt wohlgemut der neuen Erscheinung zu.

Die Wälder in der Runde rauschten noch verschlafen,
in den Tälern aber krähten die Hähne, und hin und her
blitzten schon Ströme und einzelne Dächer im Morgenlicht auf. So war er lange, in sich selbst versunken, den
alten Türmen entgegen geritten, die sich immer höher aus
dem stillen Grau erhoben, als er plötzlich hinter einem
dichten unzugänglichen Gebüsch vor sich sehr heftig

44

reden hörte. Er hielt einen Augenblick an, und vernahm deutlich die Worte:

»Wo führst du mich hin, aus Grau durch Nacht zur Hölle?! Ich geh' nicht weiter – hier endest du, und alles bricht zusammen!« – Eine andere Stimme, wie es schien, rief nun, wie aus tiefstem Weh: »Erbarmen!«

Romano stutzte. Verwirrt noch, wie er war, von der schlaflosen träumerischen Nacht, schien ihm dies ein unverhofftes preiswürdiges Abenteuer. Er faßte sich ein Herz, und rief in das Gebüsch hinein: »Zurück, Vermessener, wer Du auch seist! Die mordbrütende Nacht schlägt über Dir ihren dunklen Mantel auseinander und das Auge Gottes blickt wieder durch die Welt!«

Hierauf wurde auf einmal alles still, und der Prinz, dadurch ermutigt, wiederholte seinen Donnerruf.

Der Unbekannte hinter dem Busch aber schien inzwischen durch die Zweige die Gestalt des Reiters ins Auge gefaßt zu haben, die in ihrem überwachten Zustande auf dem müden Roß allerdings an Don Quixote gemahnte. Dies mochte ihm Mut einflößen, und er erwiderte plötzlich mit kecker gewaltiger Stimme: »Verwegener! greife nicht in das Rad fremder Verhängnisse! Weiche von mir, so dir dein Leben teuer ist!«

Nach dieser Stimme schien es ein grober massiver Kerl zu sein. Der Prinz geriet in einige Verlegenheit, er war unbewaffnet und auf keine Weise auf solche unerwartet entschlossene Antwort gefaßt gewesen. Während er aber noch so nachsann, was hier zu tun oder zu lassen, erhob der Unsichtbare schon wieder seine Stimme. »Hoho!« rief er, »Morgenstunde hat Blut im Munde. Das Messer ist gewetzt, das Wild umsetzt, ein reicher Fang, Hussa zum letzten Gang!«

Jetzt schien er durch das Gebüsch hervorbrechen zu

wollen. Romano wandte sein Pferd, aber es verwickelte sich zwischen Wurzeln und Sträuchern, er konnte weder vor- noch rückwärts. Zum Glück bemerkte er soeben in der Nähe einige Hirten, und schrie aus Leibeskräften: »Zu Hülfe! zu Hülfe! Räuber, Mörder! Faßt den Kerl, bindet ihn!«

Die Hirten, junge fröhliche Burschen, ließen sich das nicht zweimal sagen; sie sprangen rasch herbei, und es entspann sich hinter dem Gebüsch ein verworrenes Trampeln, Balgen und Schimpfen. Als der Prinz sich nun vorsichtig wieder näherte, hatten sie den Wilden schon beim Kragen: einen kurzen dicken Mann, der in größter Wut mit den Beinen nach allen Seiten um sich stieß.

»Nun, das ist gar das Unglaublichste! Herr Faber!« – rief Romano voller Erstaunen aus. Es war in der Tat niemand anders, als der alte Dichter. – »Das kommt von Euren tollen Streichen!« schrie er dem Prinzen entgegen; »schon vom nüchternen Morgen seid Ihr im romantischen Tran!« – In dem Getümmel flogen seine Manuskripte auf dem Rasen umher. Da verstand er keinen Spaß; außer sich vor Zorn, versetzte er mit unglaublicher Behendigkeit dem einen eine tüchtige Ohrfeige. Aber die Hirten ließen sich nicht irre machen. Sie hatten lange genug auf eine Gelegenheit gewartet, an dem Poeten einmal ihr Mütchen zu kühlen, der ihnen in seinem vornehmen, gelehrten Müßiggange von jeher ein Ärgernis war. Und so schleppten sie ihn denn, trotz aller Gegenrede, in einem Anfall handgreiflichen Humors als Arrestanten nach dem Schlosse zu.

Es war ein wunderlicher Zug. Faber, da er sich überwältigt sah, erschöpfte sich in wütenden Vergleichungen zwischen jungen Sauschlingeln und alten Hauklingen, die beide ungeschliffen seien zwischen Bauern und Wallnuß-bäumen, die am besten gediehen, wenn man Knitteln nach ihnen schmisse. Dazwischen rief er wieder lachend dem Prinzen zu: »Aber Ihr habt Euch trefflich gefürchtet vor mir!« – »Jawohl, schon gut, mein Lieber!« erwiderte Romano, und hielt jedesmal sein Pferd an, wenn der Gefangene sich umwandte; denn er hatte insgeheim die Meinung gefaßt, daß Herr Faber an periodischem Wahnsinn leide, und eben seinen Anfall habe.

Über dem Lärm und Gezänk in der frühen Morgenstille wurde alles wach, wo sie vorüberzogen. Hunde bellten, Bauernköpfe fuhren verschlafen und verwundert aus den kleinen Fenstern.

So waren sie, um eine Bergesecke tretend, plötzlich an eine hohe Felsenwand gekommen, von der Leontins alte Burg fast senkrecht herabschaute. In dem einen Erker flog rasch ein Fenster auf. Eine wunderschöne Frauengestalt, noch halb entkleidet wie es schien, den Busen von den herabringelnden Locken verhüllt, bog sich neugierig über den Abgrund hinaus und bedeckte mit der kleinen, weißen Hand die Augen vor der Morgensonne. Die Hirten schienen sich auf einmal ihres Unterfangens zu schämen, und hatten bei der schönen Erscheinung ihren Gefangenen blöde losgelassen. – »Ich appelliere, als ein Dichter, von dem Gericht der Pairs und vom Haus der Gemeinen an den hohen Minnehof!« rief der befreite Faber zu seiner Retterin hinauf. – »Aber was brecht ihr denn so wütend den Tag an? ist denn ein ganzer Sommertag nicht lang genug zu Narrenstreichen?« schallte die lieblichste Stimme, wie aus Morgenlüften, zu ihnen hernieder. – Faber aber trat vor die gewaltigen Schranken, sich feierlich verteidigend, und es kam nun heraus, daß er, von Hundegetön und Hörnergeheul aus Schlaf und Schloß vertrieben, in der Morgeneinsamkeit des Waldes an seinem neuen Trauerspiele habe weiterdichten wollen und eben eine Stelle daraus rezitierte, als der Prinz ankam, den er sogleich erkannt, und das Mißverständnis bemerkend, ihn mit trefflichem Erfolge ins Bockshorn zu jagen versucht habe.

Darüber wurde die Dame erst den Fremden gewahr. Sie warf erschrocken einen fragenden Blick auf ihn, schloß dann schnell das Fenster, und die freudige Erscheinung, deren Züge Romano aus dem blendenden Sonnenglanze nicht zu erkennen vermochte, war plötzlich, wie ein Morgentraum, wieder verschwunden. – Auch die Hirten hatten sich währenddes im Grünen verlaufen; Herr Faber dagegen war schon weit fort, und haschte eifrig die verlornen Blätter seines Trauerspiels, die der Morgenwind, wie Schmetterlinge, mutwillig umhertrieb. Und so sah sich denn Romano in der feierlichen Morgenstille auf einmal wieder einsam vor dem fremden, rätselhaften Schlosse, noch immer in das funkelnde Fenster hinauf starrend, als plötzlich einer seiner vertrautesten Jäger in gestrecktem Galopp über den Waldgrund dahergeflogen kam. »Was bringst du?« rief ihm Romano gespannt entgegen. – »Sie haben sich nach der andern Seite des Gebirges gewandt, es ist alles verloren!« erwiderte der Jäger atemlos. – »Wissen es die andern? Rücken deine Gesellen nach?« – »Nein, denn der Graf Leontin ist nicht im Schloß.« – »Nicht zu Hause?!« rief der Prinz, »so führe mich rasch zu ihm!«

Hiermit setzte der Jäger die Sporen wieder ein, Romano sprengte nach, und der Wächter, der eben von der Schloßwarte den Tag anblies, sah verwundert die beiden fremden Reiter unten in die beglänzte Landschaft hinausjagen.

Schöne, fröhliche Jugendzeit, was tauchst du, wie ein wunderbares Land im Traume, wieder vor mir auf! Die Morgenglocken tönen von neuem durch die weite Stille, es ist als hört' ich Gottes leisen Tritt in den Fluren, und ferne Schlösser erst und Burgen hängen glühend über dem Zauberduft. Wer ahnt, was das geheimnisvolle Rauschen der verträumten Wälder mir verkünden will? – ich höre die Ströme unten gehen, und weiß nicht, wohin sie ziehn, ich bin so voller Glanz und Klang und Liebe, und weiß noch nicht, wo mein künftiges Liebchen wohnt! – Da über die Berge, zwischen den ersten Morgenlichten, sehe ich einen jungen rüstigen Gesellen wandern, einen grünen Eichenzweig auf dem Hut, die braunen Locken vom Tau funkelnd, so frisch und keck, als ging's ins Paradies. Und mir ist, als müßt' ich alles liegen lassen und wieder mitreisen, als nun die Sonne plötzlich die schimmernden Abgründe aufdeckt, und der Gesell im Wandern in die Täler hinaussingt:

> Vom Grund bis zu den Gipfeln,
> So weit man sehen kann,
> Jetzt blüht's in allen Wipfeln,
> Nun geht das Wandern an:
>
> Die Quellen von den Klüften,
> Die Ström' auf grünem Plan,
> Die Lerchen hoch in Lüften,
> Der Dichter frisch voran.
>
> Und die im Tal verderben
> In trüber Sorgen Haft,
> Er möcht' sie alle werben
> Zu dieser Wanderschaft.
>
> Und von den Bergen nieder
> Erschallt sein Lied ins Tal,
> Und die zerstreuten Brüder
> Faßt Heimweh allzumal.

Da wird die Welt so munter
Und nimmt die Reiseschuh,
Sein Liebchen mitten drunter
Die nickt ihm heimlich zu.

Und über Felsenwände
Und auf dem grünen Plan
Das wirrt und jauchzt ohn' Ende –
Nun geht das Wandern an!

Nun aber war es wirklich, als würde das Lied auf einmal
lebendig; denn Stimmen ließen sich plötzlich im Walde
vernehmen, einzelne Jäger erschienen bald da, bald dort,
im Morgenglanz an den Klippen hängend und wieder
verschwindend, dazwischen lange gezogene Waldhornsklänge bis weit in die fernsten Schlüfte hinein, lustiges
Hussa, Roßgewieher, Schüsse und Hundegebell, und
über den grünen Plan unten sprengte eine Frauengestalt
in prächtigem Jagdkleid, mit den hohen Federn ihres
grünsamtnen Baretts sich in den heitern Morgenlüften
zierlich auf dem Zelter wiegend, und fröhlich nach der
glänzenden Reiterschar ihrer Begleiter zurückgewandt,
von der bei jedem ihrer Worte ein beifälliges, entzücktes
Lachen heraufschallte. – Dem Wandrer aber flog bei dem
unerwarteten Anblick eine leuchtende Erinnerung durch
die Seele, die ganze Erscheinung war ihm wie eine wunderbare Verheißung; er schwenkte jauchzend seinen Hut
über den Vorüberziehenden und blickte ihnen nach, bis
sie alle im Walde wieder verschwunden waren. »Seht Ihr
ihn?« sagte Gräfin Aurora heimlich vergnügt zu Herrn
Publikum – denn niemand anders waren die Jagenden
unten – »seht Ihr den Prinzen Romano oben? Ich wußt'
es wohl, daß er nicht lange wegbleiben wird. Aber was
geht es mich an! wir tun, als hätten wir ihn nicht

bemerkt.« – »Vortrefflich, Göttliche! – gewiß romantische Flausen wieder – verdammtes Beest!« – erwiderte
Publikum in tausend Nöten, ängstlich den straubigen
Hals seines unruhigen Kleppers streichelnd, der soeben
zum Schrecken des furchtsamen Reiters mit weit vorge-
streckten Nüstern in die frische Morgenluft hinauswie-
herte.

So waren sie von neuem auf einen freien grünen Platz
gekommen, als plötzlich vor ihnen ein verworrenes
Geschrei aus dem Walde brach; mehrere Schüsse fielen
auf einmal, und ein wütender Eber, von wilden Rüden
gehetzt, mit den gefletschten Hauern Schaum und Blut
und Überreste des durchbrochenen Netzes nach allen
Seiten um sich schleudernd, stürzte gerade auf die Reiter
los. Nun war es nicht anders, als ob ein Wirbelwind
durch einen Trödelmarkt führe; Hüte, Tücher und
Federn flatterten auf einmal über dem Rasen umher, die
scheu gewordenen Pferde drängten und bäumten, Hallo
und Angstgeschrei dazwischen; Aurora war mit ihrem
Gewande in einen mutwilligen Strauch geraten, das
schönste Knie blitzte blendend durch das Getümmel. Vor
allen aber sah man Herrn Publikum wie einen zusam-
mengerollten dicken Knäul, den Hals seines Pferdes
umklammernd, weithin über den Anger fliegen; die kek-
ken Novellisten feuerten tapfer drein, aber jeder Schuß
klatschte so wunderlich in der Luft, daß jedesmal die
Jäger in der Runde laut auflachten.

Unterdes war das Ungetüm, mit der verbissenen Meute
an den Fersen, pfeilschnell vorübergeschossen. Die Zer-
sprengten sammelten sich wieder, man atmete tief auf,
lachte und scherzte; jeder wollte zum Schutz der Damen
besondern Mut bewiesen haben. Auch den unaufhaltsa-
men Publikum hatten die Wildtreiber im Gehölz wieder

aufgefangen. Er war ganz außer sich vor Zorn, mit nie gesehener Beweglichkeit bald sein Halstuch lüftend, bald nach allen Seiten schnell ausspuckend, schimpfte er auf seine Leute, die ihm so ein tolles unbändiges Roß gegeben, auf das liederliche Zaumzeug und das ganze dumme, rohe Jagdvergnügen. »Wer tat das?« rief er endlich, rot und blau im Gesicht wie ein kalkutischer Hahn. »Wer tat das?« gellerten die, nun aus Gefälligkeit gleichfalls entrüsteten Novellisten nach. Und so mit Hall und Widerhall, dem keine Antwort folgte, vertoste endlich der ganze Schwarm im Walde wieder.

Die Jäger wußten recht gut, wer es getan, sie mochten's aber nicht verraten. Florentin hatte die Flinten für die Literatoren blind geladen, und soeben den umstellten Eber heimlich aus dem Garne grade auf die Herrschaft losgelassen. –

Weit davon fanden späterhin einige von ihnen das mutwillige Jägerbürschchen mitten im wildesten Gebirge, Pferd und Reiter atemlos und fast taumelnd vor übergroßer Ermüdung. Er hörte kaum auf ihre Erzählung von dem Erfolge seines Schwanks. »Was kümmert's mich!« unterbrach er sie heftig, wie ein übellaunisches Kind; »es ist mir alles verdreht und verdrießlich, ich mag nicht mehr jagen! ich mag nicht mehr reiten! ich will allein sein! Ich bitt' euch, ihr lieben, närrischen, langweiligen Leute, laßt mich allein!« – Und kaum hatten die Jäger kopfschüttelnd ihn wieder verlassen, so warf er sich in der Einsamkeit vom Pferde in das hohe Gras und weinte bitterlich – leichte Wolken flogen eilig über das stille, enge Waldtal fort, in weiter Ferne verhallte noch das Lied des fremden Wanderers auf den Höhen.

*

Es war schon dunkel geworden, da schritt der wandernde Sänger noch immer rüstig durch den Wald. Er blieb soeben ungewiß an einem Kreuzwege stehen, als er plötzlich Stimmen und Pferdetritte in der Ferne hinter sich vernahm. Sie schienen sich in stolpernder Eile zu nähern, und bald konnte er deutlich unterscheiden, was sie sprachen. – »Das kommt bei den Schnurren heraus«, sagte der eine; »Zeit und Mühe verloren, und wenn es lange so dauert, verlier' ich meine Beine dazu, denn sie hängen mir nur noch wie ein Paar ausgestopfte Lederhosen am Leibe.« – »Du hast sonst einen feinen Verstand«, entgegnete der andere; »aber wenn du einmal hungrig wirst, bist du ganz gemein und unerträglich. Da wirst du ganz Magen mit einigen schlottrichen Darmkanälen von Gedanken, die von keinem Dufte träumen, als dem eines Schweinebratens, und von keinem Innerlichen, als dem einer dicken Blutwurst.«

Jetzt kamen – als ob sie den verlornen Tag suchten – zwei Männer, jeder sein Pferd hinter sich am Zügel führend, zum Vorschein, in denen wir sogleich den Prinzen Romano und seinen Jäger wiedererkennen. Sie hatten im blinden Eifer immer über das Ziel hinausgeschossen, den Grafen Leontin überall verfehlt, und kehrten nun ermüdet und verdrießlich von der vergeblichen Irrfahrt zurück. – Kaum erblickte Romano den Fremden, als er ihm mit übertriebener Tapferkeit, womit Erschrockene wieder erschrecken wollen, ein furchtbares Halt! zurief. Dann, nach und nach näher tretend und ihn vom Kopf bis zu den Füßen betrachtend, fragte er ihn endlich gelassener: ob er den Grafen Leontin kenne, und ihm vielleicht in diesem Walde begegnet sei? – »Ich kenne ihn nicht«, erwiderte der Wanderer, »aber ich möchte ihm wohl begegnen. Im letzten Dorfe unten sagte man mir, er sei soeben von einer Jagd heimgekehrt, und ich gedenke noch heut auf seinem Schlosse, von dem ich schon viel Seltsames gehört, einzusprechen.«

Das wollte eben Romano auch, und sie beschlossen nun, die Fahrt gemeinschaftlich fortzusetzen. – Die Pferde waren müde, der Weg uneben, so wanderten denn alle zu Fuß nebeneinander hin; der Tritt der Rosse an den Steinen und Wurzeln schallte durch die weite Stille, über ihnen blitzten die Sterne im dunklen Laub, oft sahen sie einander von der Seite schweigend an, um die Signatur der unbekannten Gesichter bei flüchtigem Mondblick zu erraten. – Der heitere fremde Wanderer brach zuerst das Schweigen. Mit der glückli-chen Unbefangenheit der Jugend erzählte er, während sie so durch die Nacht fortzogen, mancherlei aus sei-nem früheren Lebenslauf. Er nannte sich Willibald. Der Sturm der Zeit, der so viele Sterne verlöscht und neue entzündet, hatte auch den Stammbaum seines alten berühmten Geschlechts zerzaust; seine Eltern starben an gebrochenem Stolz, ihre Güter und seine Heimat waren längst an andre Besitzer gekommen, die er nicht einmal dem Namen nach kannte. Aber Unglück gibt einen tiefen Klang in einem tüchtigen Gemüt, und hatte auch ihn frühzeitig durch den tragischen Ernst des Lebens der Poesie zugewendet. Mit freudigem Schauer fühlte er sich bald einer andern, wunderbaren Adels-kette angehörig, über welche die Zeit keine Gewalt hat, und rasch Konnexionen, Brotperspektiven und allen Plunder, der das Gemeine bändigt, von sich abschüt-telnd, zog er nun eben arm, aber frei und vergnügt, in die Welt, wie in sein weites, fröhliches Reich hinaus. Nur seine schöne Heimat, die am Ausgange dieses Gebirges lag, und an der seine Seele mit aller Macht jugendlicher Erinnerungen hing, wollte er noch einmal wiedersehen und dann sich nach Italien wenden.

Während dieser Mitteilungen hatten die Wanderer kaum bemerkt, daß ein furchtbares Gewitter im Anzuge war. Bald aber hallte der Donner immer vernehmlicher zwischen den dunkeln Bergen herauf, ferne Blitze erleuchteten oft plötzlich wunderbare Abgründe neben ihnen, die sich sogleich wieder schlossen. Willibald schaute freudig in die prächtige Nacht. Romano dagegen, der von frühester Jugend an seine Katzennatur bei Gewittern nicht überwinden konnte, wurde immer unruhiger. Er drückte bei jedem Blitze die Augen fest zu, er versuchte ein paarmal zu singen, aber es half alles nichts; er mußte sich endlich entweder der Länge nach auf die Erde hinstrecken, oder unausgesetzt laut reden. Glücklicherweise fiel ihm soeben ein seltsames Abenteuer ein, das ihm früher einmal in solcher Gewitternacht begegnet. Und ohne darnach zu fragen, ob Willibald auf ihn höre, ging er so dicht als möglich neben ihm her und hub, schnell fortschreitend und sich nach und nach immer mutiger sprechend, sogleich folgendermaßen zu erzählen an:

»Als ich nach den unglücklichen Kriegen meinem heimkehrenden Regimente nacheilte, erlebte ich eine ähnliche Nacht, und in dieser Nacht wunderbare Dinge, vor denen uns heute der Himmel bewahren möge! Ich hatte nämlich damals, um sicherer und fröhlicher zu reisen, mich einem, desselben Weges ziehenden Reiterhäuflein angeschlossen, mit dem ich an einem heitern Sommerabend auf einem von Bergen eingeschlossenen Wiesental anlangte. Ein Dorf war in dem nächsten Umkreise nicht zu erblicken, dagegen hatte ein altes, schwerfälliges Schloß, das ganz einsam auf einem der

Hügel emporragte, schon in der Ferne meine Aufmerksamkeit auf sich gezogen. Da die Nacht bereits hereingebrochen und in dem Schlosse schwerlich für so viele Pferde gehöriges Unterkommen zu finden war, so beschloß der Trupp, die schöne Nacht im Freien zuzubringen. Mir aber war ein unnützer Biwak mit seinen, alle Glieder durchrieselnden Morgenschauern eben nicht sehr gelegen, außerdem hätte ich gern die nähere Bekanntschaft des Schlosses gemacht, das recht geheimnisvoll durch die Nacht herschaute. Ich ritt daher mit mehr abenteuerlicher Neugier, als Vorsicht, nur von meinem Bedienten begleitet, nach der Burg hin.

Das Tor war geschlossen. Wir klopften lange vergeblich. Endlich, als mein sonst phlegmatischer Bedienter, dem überhaupt dieses Abenteuer nicht willkommen war, sich erboste und mit seinem Säbelgriff so unermüdlich anhammerte, daß es dumpf durch das alte Gemäuer widerhallte, knarrte eine Tür, und wir sahen den Schein eines sich von innen nahenden Lichtes über die Mauern schweifen. Das Tor wurde, nicht ohne große Anstrengung, geöffnet, und ein alter Mann, der das Ansehen eines Dieners hatte, trat mit weit vorgesteckter brennender Kerze hastig hervor, beschaute uns in höchst gespannter, fast trotziger Erwartung von oben bis unten, und fragte dann sichtbar beruhigter und mit einem Gemisch von Verlegenheit und Ironie: was diesem Schlosse die Ehre eines so späten Besuches verschaffe? Ich eröffnete ihm meinen Wunsch, hier zu übernachten. – ›Das wird nicht gut angehen‹, sagte der Alte. ›Die Herrschaft‹, setzte er mit einer seltsamen Miene hinzu, ›die Herrschaft schläft schon lange.‹ – ›Nun, so laß sie schlafen‹, erwiderte ich, ›wir sind genügsam, und es gilt auch nur bis zu Tagesanbruch‹.

Der Alte schien sich einen Augenblick zu besinnen, maß uns noch einmal mit scharfen Blicken, und wies dann endlich meinem Bedienten einen vom Tore weit abgelegenen Stall an, wo der übelgelaunte Knappe, etwas von elendem Hundeloch usw. unter dem Bart murmelnd, die ermüdeten Pferde hineinzog. Darauf führte mich unser Schloßwart, stillschweigend voranleuchtend, über den weiten gepflasterten Hof, eine steinerne Treppe hinauf, welche, wie ich bei dem flüchtigen Scheine der Kerze bemerken konnte, nicht im besten Stande zu sein schien. Wir traten in ein altes Gemach, worin, zu meinem Erstaunen, ein fertiges Bett und alles zum Empfang eines Gastes eingerichtet war. ›Ihr seid nicht unvorbereitet, wie ich sehe‹, sagte ich lächelnd zu dem Alten. – ›Das bringen die häufigen Durchmärsche so mit sich‹, erwiderte dieser und entfernte sich schnell, kehrte aber bald mit einer Flasche Wein und einem kalten, ziemlich knappen Imbiß wieder zurück. Ich wollte nach dem Namen und sonstigen näheren Verhältnis der Schloßbewohner fragen; aber der Alte entschlüpfte mir gewandt mit einem tiefen Bückling und ließ sich nicht wieder sehen.

Ich hatte nun Muße genug, mich in meiner sonderbaren Behausung genauer umzusehen. Das einfache Feldbett, ein altmodischer, mit Leder überzogener und mit kleinen gelben Zwacken verzierter, ziemlich wackliger Lehnstuhl, und ein ungeheurer Tisch von gleicher Beschaffenheit machten das ganze Stubengerät aus. In dem hohen Bogenfenster schienen oben mehrere kleine Scheiben zu fehlen. Die Wände waren nur noch zum Teil mit schweren, an manchen Stellen von oben bis unten aufgerissenen Tapeten bedeckt, von denen mich halb verblichene lebensgroße Bilder bei dem ungewissen Licht der Kerze fast schauerlich anblickten. Alles erregte das wehmütige Gefühl vergangener Herrlichkeit. – Ich legte mich in das Fenster, das auf das Tal hinausging, aus welchem ich gekommen war. Es blitzte von fern, unten sah ich die Feuer des Biwaks und konnte in der grellen Beleuchtung die Gestalten der darum gelagerten Reiter unterscheiden, von denen von Zeit zu Zeit ein fröhliches Lied und das Wiehern einzelner Rosse durch die mondhelle Nacht herüberschallte.

Da fiel es mir aufs Herz, daß ich heut, wider meine sonstige Gewohnheit, vergessen hatte, vor allem andern nach meinen Pferden zu sehen. Ich ging daher noch einmal in den Hof hinunter. In dem unwirtlichen halbverfallenen Stalle fand ich meinen Bedienten im tiefsten Schlafe, und die Pferde so sicher und gut aufgehoben, als es hier die Umstände erlaubten. Ich lehnte die alte Tür wieder an, konnte aber auf dem Rückwege nicht unterlassen, einen Augenblick in dem geräumigen Hofe zu verweilen, und den wunderlichen Bau genauer zu betrachten, dessen Umrisse im Mondschein nur um desto schärfer hervortraten. Das Schloß bildete ein vollständig geschlossenes Viereck, an dessen innerer Seite eine, von mancherlei kleinen Treppen und Erkern verworren unterbrochne steinerne Galerie herumlief, auf welche die Türen, zum Teil auch einzelne Fenster der Gemächer hinausgingen. Eine Totenstille herrschte in dem ganzen finstern Bau, nur die verrosteten Wetterhähne drehten sich knarrend im Winde, der sich jetzt heftiger erhoben hatte, und schwere, dunkle Wolken über den einsamen Hof hinwegtrieb. Indem ich eben wieder die große Treppe hinaufsteigen wollte, bemerkte ich einen schwachen flüchtigen Lichtschimmer, der von dem entgegengesetzten Flügel des Schlosses herüberzukommen schien. Ich scheute nicht die Mühe, auf kleinen, zum Teil schwankenden Stiegen zu jenem Teile der Galerie zu gelangen, und überzeugte mich nun bald, daß das Licht aus einem, zwar ängstlich, aber doch nicht sorgsam genug verhangenen Fenster hervorbrach, welches auf die Galerie hinaussah. Ich blickte durch die kleine Öffnung und sah mit Entsetzen mitten im Gemach auf einem köstlichen Teppich einen schönen, mit einem langen grünen Gewande und blitzenden Gürtel geschmückten weiblichen Leichnam ausgestreckt, die Hände über der Brust gefaltet, das Gesicht mit einem weißen Tuche verdeckt. Der alte Schloßwart, den Rücken nach dem Fenster gewendet, war im Hintergrunde beschäftigt, eine mattlodernde Lampe in Ordnung zu bringen, während er, wie es schien, Gebete leise vor sich hermurmelte. Mich schauerte bei diesem unerwarteten Anblick, mir fielen die Worte des Alten wieder ein: die Herrschaft schläft. –«

»Wahrhaftig!« unterbrach hier Willibald lächelnd den Erzähler; »Sie Hoffmannisieren recht wacker.« – Indem aber blitzte es soeben wieder. Romano blieb die Antwort schuldig, drückte die Augen ein, und fuhr eifrig und überlaut zu erzählen fort:

»Ich eilte nun in der ersten Bestürzung fort nach meinem Schlafgemach, um meine Waffen zu holen und hier vielleicht ein schauderhaftes Verbrechen an das Tageslicht zu bringen. Indes, noch ehe ich über die verschiedenen Treppen und verwickelten Gänge den andern Schloßflügel erreichte, besann ich mich, wie nutzlos mein Unternehmen jetzt im Finstern, in einem mir gänzlich unbekannten Hause sein müßte, dessen vielfache Ausgänge und Erker den kundigen Bewohnern tausend Schlupfwinkel darboten. Ich beschloß daher nach einigem Nachdenken den Tag abzuwarten, und bis dahin ein wachsames Auge auf alles zu haben, was in dem Schlosse vorgehen möchte.

Zu diesem Behuf ließ ich die Tür meines Gemaches offen, aus welchem ich einen Teil der Galerie und den ganzen Hof übersehen konnte. – Draußen im Felde waren die Stimmen der Reiter verschollen und die Wachtfeuer ausgelöscht. Der Sturm erhob sich immer stärker und ging mit entsetzlichen Jammertönen durch das alte Gemäuer. Auch meine Kerze war unterdes ausgebrannt. – Gespannt und auf jeden Laut aufhorchend, setzte ich mich daher völlig angekleidet auf mein Bett und malte mir auf dem dunklen Grund der Nacht wilde phantastische Bilder aus.

Eine schauerliche Vorstellung reihte sich verworren an die andere, bis ich endlich, der Ermüdung erliegend, in unruhigen Träumen einschlummerte. Plötzlich fuhr ich von meinem Lager auf, von einem heftigen Donnerschlage aufgeschreckt. Ich sprang an die Stubentür, von der mich ein kalter Wind anblies. Es war ein furchtbares Gewitter, so recht ingrimmig, ohne Regen. Eine dicke Finsternis verhüllte Schloß, Hof und Himmel.« – Hier zuckte von neuem ein Blitz leuchtend über die ganze Gegend, und Leontins Schloß, wie in Feuer getaucht, stand auf einmal vor ihnen über dem Walde. – »In der Tat«, sagte Romano erstaunt, »wüßte ich nicht – grade so sah damals das Spukschloß aus! – Doch eilen wir, unser Weg und meine Geschichte sind gleich zu Ende.« Er fuhr wieder fort:

»Wie ich nun so aus der Tür in das Dunkel hinausstarre, schlängelt sich plötzlich ein Blitz über den Zinnen und ich erblickte mit Grausen in der Tür, welche aus dem gegenüberstehenden Schloßflügel auf den Hof hinausführte, das tote Fräulein mit demselben grünen Gewande und funkelndem Gürtel, wie ich sie in jenem Gemache gesehen, stumm und regungslos aufgerichtet, das Gesicht leichenweiß und unbeweglich; über den Rücken wallte ein langer dunkler Mantel herab. Neben ihr stand eine hohe Gestalt, in einen, gleichfalls dunklen weiten Mantel tief verhüllt.

Die Finsternis verschlang sogleich wieder die flüchtige Erscheinung. Ich heftete meine Blicke durchdringend und unausgesetzt auf den grauenvollen Punkt, als nach einer geraumen Pause abermals einer von jenen langen, oder vielmehr sich unaufhörlich wiederholenden Blitzen erfolgte, wo sich gleichsam der ganze Himmel wie ein rotes Auge aufzutun scheint und eine gräßliche Beleuchtung über die stille Erde umherwirft.

Da sah ich, wie das Fräulein mit dem entsetzlich starren Gesicht, die andre dunkle Gestalt und noch ein dritter Vermummter, in welchem ich den alten Schloß-wart zu erkennen glaubte, sich im Hofe, ohne ein Wort miteinander zu wechseln, feierlich auf drei schwarze Rosse erhoben, deren Mähnen, so wie die Enden der weiten, faltigen Mäntel in dem Gewitterwinde wild umherflatterten. Lautlos, wie ein Leichenzug, bewegte sich darauf die seltsame Erscheinung durch das geöffnete Schloßtor, den Hügel hinab, immer tiefer, weiter.«

»Was ist das«! schrie hier Romano plötzlich voll Entsetzen auf. Auch Willibald stutzte, betroffen in die Ferne hinausstarrend. Das wilde Wetterleuchten hatte das Schloß vor ihnen wieder grauenhaft erhellt, und im Tore erblickten sie deutlich die Leichenbraut mit dem grünen Gewande und funkelnden Gürtel, zwei dunkle Gestalten neben ihr, lautlos auf drei schwarzen Rossen, die faltigen Mäntel im Winde flatternd, als wollten sie eben wieder ihren nächtlichen Auszug beginnen.

»Nun, das ist der wunderlichste Ausgang Ihrer Geschichte!« sagte Willibald, sich schnell fassend, als die zurückkehrende Finsternis auf einmal alles wieder bedeckt hatte. – »Ausgang?« rief Romano ganz verstört, »sahen Sie denn nicht, wie sie entsetzlich immer fortspielt?« – »Aber erfuhren Sie denn damals nicht –?« – »Nein, nein«, erwiderte der Prinz hastig; »kehrte ich doch am Morgen das ganze Haus um, alles leer, wüst, verfallen, ohne Fenster und voll Schutt, hohes Gras auf dem gepflasterten Hofe; die Bauern sagten nachher, das Schloß sei seit hundert Jahren nicht mehr bewohnt.«

Währenddes hatte Willibald den Prinzen unter den Arm gefaßt, und riß ihn über Stock und Stein durch die Finsternis mit sich fort. Der heftige Gewitterwind blies an den Felsennasen um sie her, zwischendurch hörten sie ein verworrenes Gemurmel, wie von vielen Stimmen, und immer stärker, je näher sie dem Schloß kamen; zuweilen war es ihnen als schweife der Widerschein einer Fackel flüchtig über das alte Gemäuer der Burg.

So standen sie, eh' sie's dachten, vor dem Tor. Die gespenstischen Reitergestalten waren verschwunden. Der erste aber, der ihnen entgegentrat, war der alte geheimnisvolle Diener, eine brennende Kerze vorhaltend und die Eindringenden trotzig betrachtend. – Da hielt sich Romano nicht länger, seine Einbildung war von dem raschen Gange, dem Sturm und den wilden Erscheinungen bis zum Wahnsinn empört. »Schläft Deine Herrschaft noch immer, verfluchter alter Daniel!« rief er außer sich, den Alten an der Brust fassend. Dieser, voll Zorn über den unerwarteten Überfall, faßte ihn sogleich wieder und rang mit ihm. Willibald sprang erschrocken dem bedrängten Prinzen zu

Hülfe, große Hunde schlugen an, eine wachsende Bewegung erwachte tief in dem dunklen Torwege.

»Was macht ihr wieder für höllischen Lärm, ihr Phantasten!« donnerte da eine Stimme aus dem Hintergrunde dazwischen. Ein hoher schöner Mann im langen faltigen Reitermantel, die von allen Seiten an ihn heraufspringenden Doggen beschwichtigend, trat plötzlich hervor. – »Graf Leontin!« rief Romano aus, seinen Daniel schnell loslassend – Beide sahen einander eine Zeitlang erstaunt an.

Endlich nahm der ganz verwirrte Prinz wieder das Wort. »Wer«, sagte er, »ritt vor kurzem hier ins Tor?« – »Ich, von der Jagd, wo uns die Nacht und das gräuliche Wetter überraschte!« erwiderte Leontin. – »Aber ich sah doch alles ebenso vor langer Zeit im wüsten Schloß an der Donau, diesen Alten, beim Widerschein der Blitze die vermummten Reiter im Tor.« – Hier brach Leontin plötzlich in ein unmäßiges Gelächter aus. »Wie!« rief er, »Sie waren es? Wer konnte auch in dem verrufenen Schloß so spät noch Gäste erwarten! Die Verlegenheit war groß, Sie nahmen das Zimmer ein, das der Alte heimlich für uns bereitet hatte.« – »Und das Fräulein in der Mitte«, fuhr Romano fort, »mit dem totenbleichen, schönen, starren Gesicht.« – »Freilich«, versetzte Leontin, noch heftiger lachend; »wir trauten dem unbekannten Gaste nicht, und hatten Larven vorgesteckt, denn ich entführte eben damals meine Julie.«

Das hatte der wundersüchtige Romano am allerwenigsten erwartet, er verachtete im Herzen diese nüchterne Auflösung, und folgte schweigend dem heiteren Leontin, der nun die unverhofften Gäste, als eine köstliche Ausgeburt dieser kreißenden Nacht, in seine Burg führte. Der alte Diener ging mit seiner Kerze voran, leise etwas von verrückten Prinzen in den Bart murmelnd und manchmal noch einen wütenden Blick auf Romano zurückschleudernd. So schritten sie durch einen ganz wüsten Schloßflügel, die hohen Fensterbogen standen leer, der flackernde Schein der Kerze schweifte flüchtig über die Stukkatur an den Decken der verfallenen Gemächer; zwischen zerrissenen Fahnen, die im Zugwinde flatterten, starrten ganz gewappnete Ritterbilder die Vorübereilenden gespenstisch aus den geschlossenen Visieren an. Über eine enge Wendeltreppe gelangten sie dann auf eine steinerne Galerie, die am Innern des Schlosses fortzulaufen schien, und von der man den Burghof überblicken konnte. Dort sah es wie ein Schlupfwinkel von Räubern oder Schmugglern aus: verworrene Stimmen durcheinander, Windlichter in dem steinernen Springbrunnen sich spiegelnd, Rosse, lechzende Hunde, Jäger und Waffen, alles von Zeit zu Zeit vom bleichen Widerschein der Blitze, wie in wilden Träumen, wunderbar erleuchtet.

Endlich traten sie in einen ungeheuern Saal, in dessen Mitte Herr Faber ganz allein an einem großen runden Tische saß und unmäßig speiste, ohne aufzusehen und die Kommenden sonderlich zu beachten. Ein Fenster mußte irgendwo schlecht verwahrt sein, denn das einzige Licht auf dem Tische wehte und warf ungewisse Scheine über die Ahnenbilder an den Wänden und in den hintern, dämmernden Raum des Saales, wo eine unkenntliche Gestalt auf der Erde zu liegen schien; mit Erstaunen glaubte Romano, als er genau hinblickte, den wahnsinnigen Harfner wiederzuerkennen, der dort über seiner Harfe eingeschlafen war. – In einer Fensternische aber saß eine junge schöne Frau, mit einer Gitarre im Arm in die vom Gewitter beleuchtete Gegend hinausschauend. Sie hörten sie, im Eintreten, eben noch singen:

Aus der Heimat hinter den Blitzen rot
Da kommen die Wolken her,
Aber Vater und Mutter sind lange tot,
Es kennt mich dort keiner mehr.
Wie bald, wie bald kommt die stille Zeit,
Da ruhe ich auch, und über mir
Rauschet die schöne Waldeinsamkeit
Und keiner mehr kennt mich auch hier.

»Schon wieder das Lied!« rief ihr Leontin zu, seine
Brauen finster zusammenziehend. Da sprang sie schnell
auf. »Es ist schon wieder vorüber«, sagte sie, und fiel ihm
heiter um den Hals. – »Das ist die Leichenbraut mit dem
funkelnden Gürtel!« – so stellte Leontin seine Gemahlin
Julie lächelnd dem Prinzen vor. Sie errötete, und Romano
erkannte sogleich die schlanke Gestalt wieder, die er
schon heute am frühen Morgen im Erker erblickt hatte.
Mit romanesker Galanterie sagte er, fein auf ihr wehmüti-
ges Lied anspielend: sie sei ein zarter Waldhornslaut,
berufen, weiterhin in den Tälern den Frühling zu wek-
ken, nicht aber an den finstern Tannenwipfeln dieser
starren Waldeinsamkeit ihren melodischen Zauber zu
verhauchen. – Sie sah ihn mit den frischen klaren Augen
groß an, lachte ihm, als er fertig war, geradezu ins
Gesicht und wandte sich dann ohne weiteres, um in der
verworrenen Wirtschaft zur Aufnahme der späten Gäste
das Nötige zu besorgen.

Romano sah ihr nicht ohne einige Empfindlichkeit
nach, als seine Blicke zufällig an der gegenüberstehenden
Wand auf ein Porträt fielen, das seine ganze Aufmerksamkeit in Anspruch nahm. Es war ein überaus schönes
Mädchengesicht, mutwillig aus einer seltsamen phantastischen Tracht hervorguckend, als fragt' es ihn neckend:

kennst Du mich? – Er wußt' es, er hatte diese wunderbaren Züge oft gesehen, und konnte sich doch durchaus nicht besinnen. Voll Neugierde fragte er endlich den Grafen Leontin. – »Weitläuftige Verwandtschaft«, erwiderte dieser flüchtig, mit sichtbarer Verlegenheit. Er schien die Fremden von dem Bilde ablenken zu wollen, und nötigte sie eilig zum Niedersetzen; aber jeder der altväterischen Stühle, sowie er ihn ergriff, ließ, der eine die Lehne, der andere ein Bein fahren. – »Ich sitze auf dem guten« – sagte Faber, ruhig weiter essend, und Leontin bat nun lachend seine Gäste, lieber mit ihm auf die Galerie hinauszukommen, wo es an handfesten steinernen Bänken nicht fehle.

So lagerte sich denn die ganze Gesellschaft abenteuerlich genug unter den Spitzbogen des alten Altans; ein schwerfälliger Tisch, Weinflaschen und Gläser wurden mit bedeutendem Lärm herbeigeschafft, auch Julie und Faber – letzterer zu Romanos großem Verdruß mit einer langen qualmenden Tabakspfeife – fanden sich wieder ein, und ein vielfach bewegtes Gespräch belebte bald den wunderlichen Kreis. Unten im Hofe aber war währenddes schon alles still geworden, auch das Gewitter hatte sich verzogen, es blitzte nur noch in weiter Ferne, und über dem verfallenen Schloßflügel sah man von allen Seiten die wunderbare Gegend im Mondschein wieder heraufglänzen.

Leontins unverwüstliche Heiterkeit und sein guter Wein, der nicht geschont wurde, überwanden bald alle Müdigkeit, und man beschloß einmütig, den kurzen noch übrigen Teil der schönen Nacht hier zusammenzubleiben. Ein jeder mußte nun eine Novelle aus seinem Leben zum besten geben. Die Reihe traf zuletzt Willibald, der von dieser märchenhaften Umgebung tief aufgeregt schien. Mit besonderem Behagen setzten sich die andern den schönen klaren Augen des Wanderdichters gegenüber, als dieser endlich folgendermaßen zu erzählen begann:

»In den Herbstferien wanderte ich als Student mit mehreren fröhlichen Gesellen aus Halle nach dem Harzgebirge. Ich gedenke noch heut mit eigenem Vergnügen des frischen kühlen Morgens, wie wir vor Tagesanbruch durch die alten stillen Gassen zogen, und hinter den noch fest zugezogenen Fenstervorhängen unsern eingebildeten Liebchen, die wir kaum einmal im Leben von fern gesehen hatten, unser Ade zuriefen. Die Jugend, sagt man, blicke die Welt anders an als andere vernünftige Leute, sehe im funkelnden Wald Diana vorübersprengen, und aus den Strömen schöne Nixen wunderbar grüßend auftauchen. Ich aber bilde mir ein, aus jungen Philistern werden alte Philister, und wer dagegen einmal wahrhaft jung gewesen, der bleibt's zeitlebens. Denn das Leben ist ja doch nur ein wechselndes Morgenrot, die Ahnungen und Geheimnisse werden mit jedem Schritt nur größer und ernster, bis wir endlich von dem letzten Gipfel die Wälder und Täler hinter uns versinken und vor uns im hellen Sonnenschein das andere Land sehen, das die Jugend meinte.

Diesmal war es indes nur der kurze bunte Reisetag, der dämmernd hinter uns versank, als wir fröhlich auf dem heiteren Stufenberge rasteten. Die Abendsonne funkelte noch in den Fenstern des Wirtshauses, vor welchem wir über die Buchenwipfel die glänzende Landschaft und weiterhin das Vorgebirge des Harzes überschauten, das sich schon rätselhaft mit Abendnebeln zu bekränzen anfing. Mir fielen alle alten schönen Sagen dieser romantischen Gegend ein, und ich dichtete die wunderlichsten

Reiseabenteuer in das wachsende Dunkel hinein. Auf dem grünen Rasenplatze vor dem Wirtshause sang ein Mädchen, wie ein Waldvöglein, zur Harfe; fremde Wanderer kamen und schieden; wir aber hatten uns dicht am Abhange um einen, mit Weinflaschen wohlbesetzten Tisch gelagert, und meine Gefährten ermangelten nicht, ihre Schätzchen, die sie zu Hause hatten oder nicht hatten, hochleben zu lassen. Mir kam das in diesem Augenblick unbeschreiblich abgeschmackt vor, in meiner Seele leuchtete auf einmal ein Bild wunderbarer Schönheit wieder auf, das ich oft im Traume gesehen, und seitdem auf manchem alten schönen Bilde wiederzuerkennen geglaubt hatte. Vom Wein und dem Rauschen der Wälder und Täler unter uns wie von unsichtbaren Flügeln gehoben, sprang ich plötzlich auf; die untergehende Sonne warf eben ihr purpurnes Licht über die Gegend: ich trank aus voller Seele auf das Wohl meiner künftigen Geliebten, warf meinen Ring in das leere Glas, und schleuderte Glas und Ring in funkelndem Bogen weit in das Abendrot hinaus.

Da aber begab sich's wunderbar. Denn in demselben Augenblick sahen wir unten eine Dame auf einem jener rehfüßigen arabischen Zelter über den grünen Plan sprengen, als flöge eine reizende Huri, im Abendwinde von bunten Schals und reichen, schwarzen Locken umflattert, über die Oase der beglänzten Landschaft. Sie wandte sich lautlachend nach zwei jungen Reitern zurück, vor denen sie, wie zum Scherz, nach dem Saum des Waldes entfloh, wo eine andere Dame die Flüchtigen zu erwarten schien.

Da bemerkte sie den Blitz meines Ringes in der Luft. Sie schaute erstaunt zu mir herauf; im selben Moment tat die untergegangene Sonne noch einen feuerroten Blick über die ganze Gegend, und wir sahen die Reitergestalten nur noch wie bunte, sich jagende Schmetterlinge über den stillen, ernsten Grund dahinschweben.

Meine Reisegesellen feuerten der schönen Reiterin munter gute und schlechte Witze nach, verglichen sie mit einer Bachantin, mit Luna und Fortuna, bis sie zuletzt darüber untereinander in ein gelehrtes, mythologisches Gezänk gerieten. Mich ärgerte das Geschwätz, aber ich hütete mich wohl, mit darein zu reden, denn mein Anschlag war gefaßt. Und als sie sich alle endlich zur Ruhe begeben hatten, bezeichnete ich ihnen mit Kreide auf der Tür den Ort, wo ich morgen abend wieder mit ihnen zusammentreffen wollte, und stieg beim prächtigsten Mondschein den Berg hinab.

Ich hatte mir den Platz genau gemerkt, wo die Reiterin mit ihrem Gefolge verschwunden war; es gab nur *einen* Weg, ich schritt bald in tiefem Waldesdunkel, bald über hellbeschienene Wiesen frisch und fröhlich fort, und kam endlich an ein einsames Gasthaus, das im klaren Mondschein am Ausgange des Waldes lag. Es war alles unendlich still ringsumher, doch glaubte ich unten im Hause noch Stimmen zu vernehmen. Ich klopfte an, die Wirtsleute waren noch wach, und ich erfuhr zu meiner unbeschreiblichen Freude, daß wirklich zwei Damen zu Pferde, die eine jung, schön, mit langen, wallenden Locken, nebst ihren Begleitern hier eingekehrt, und in den oberen Zimmern übernachteten, wo sie sich aber bereits der Ruhe überlassen hätten, um morgen mit Tagesanbruch den Roßtrapp zu besteigen.

Bei dieser Nachricht blitzte mir ein Gedanke durch die Seele. Ich erkundigte mich sogleich nach dem, für die Damen bestimmten Führer, einem jungen, schlanken Burschen von meiner Größe, und überredete ihn mit Hülfe eines großes Teils meiner kleinen Barschaft, mir auf einen halben Tag seinen Kittel und Wanderstecken abzutreten. Ich kannte den Weg nach dem Roßtrapp von einer früheren Reise sehr genau, und beschloß in dieser Verkleidung morgen die Damen zu führen.

Die Stuben im Hause waren alle besetzt, ich bestieg daher ohne weiteres den Heuboden für die wenigen Stunden der warmen Nacht. Aber ich hatte keine Rast vor fröhlichen Gedanken, und setzte mich, wie ein träumender Vogel, auf die obersten Sprossen der Leiter in das Dachfenster. Da lag der weite, stille Kreis von Bergen im hellen Mondschein vor mir, zahllose Sterne flimmerten, und das Zirpen der Heimchen schallte von den fernen Wiesen durch die große Einsamkeit herüber.

Endlich hielt ich's nicht länger aus, ich stieg wieder herab, wandelte eine Zeitlang hinter dem Gebüsch vor den beglänzten Fenstern des Wirtshauses auf und nieder, und begann zuletzt mit großer Lust ein Ständchen zu singen, das ich vor mehreren Jahren an meine künftige Geliebte gedichtet hatte. Es dauerte auch nicht lange, so glaubte ich oben einige Bewegung zu bemerken. Aber wer beschreibt meinen Schrecken, als sich nun plötzlich leise das Fenster öffnete, und eine gar nicht mehr junge dickliche Dame, mit zahllosen Papilloten um den Kopf, breit und behaglich sich herauslehnte!

»Ei, ei«, lispelte sie, ohne mich zu sehen, mit fetter Stimme herab; »ist das wohl fein, müde Reisende in der süßesten Ruhe zu stören?« – »Ei, ei, daß dich –!« dachte auch ich unten, und sang in meiner Herzensangst nur um so lauter fort. – Die Dame hustete oben ein paarmal heimlich genug. »Man will sich nicht zeigen, wie's scheint!«, sagte sie dann empfindlich. Hinter den Gardinen aber glaubte ich noch eine andere weibliche Gestalt lachend und lauschend zu gewahren. – Voller Ärger sang ich nun mein langes Lied bis zu Ende, und verzweifelt wieder vom Anfang an. – »Ach, das ist ja ennuyant, das ewige Gesinge!« rief jetzt die Dame, da das Ding kein Ende nehmen wollte, und schmiß mir droben das Fenster vor der Nase zu.

Hier wurde der Erzähler durch ein lautes Auflachen der Gräfin Julie unterbrochen, die schon vorhin einige Mal heimlich gekichert hatte. – »Was haben Sie denn?« fragte er die Schöne, »mir war es eben nicht sonderlich zum Lachen.« – »Nichts, nichts«, entgegnete Julie errötend und beschwichtigend, »nur weiter, weiter!« – Willibald sah sie erstaunt an und fuhr nach einer Pause wieder fort:

»Es war und blieb nun auf einmal alles mäuschenstill im ganzen Hause. – »Und ich bekomme dich doch zu sehen, mein sprödes Lieb!« sagte ich zu mir selbst, bestieg halb lachend, halb ärgerlich über das verunglückte Ständchen, meinen Heuboden wieder, wickelte mich vergnügt in das Heu und meine verliebte Gedanken, und war bald fest eingeschlafen.

Aber wie erschrak ich, als ich erwachte und mir durch alle Luken und Ritzen des Daches die Morgensonne schon hell in die Augen schien. Ich fuhr hastig in meine geborgten Bauerkleider, und eilte hinunter. Die Wirtsleute lachten mich über meine städtische Langschläferei tüchtig aus, und erzählten, wie sie Mühe gehabt, die, wegen der Saumseligkeit des Führers unwilligen Fremden zu begütigen. Während der Wirt mich endlich wecken wollte, seien die Damen bereits aufgebrochen; wenn ich aber auf den Fußsteigen, wie ich behauptete, genau Bescheid wisse, könne ich sie sehr bald noch einholen. Hier war keine Zeit zu verlieren, ich ergriff meinen langen Stab, und kletterte, ohne mich erst auf die Fußsteige einzulassen, den steilen Berg gerade hinan. Bald hörte ich auch wirklich Stimmen in der Ferne, sie schienen eine andere Richtung genommen zu haben, als die Reisenden gewöhnlich einzuschlagen pflegen. Ich sprang, glitt und schurrte über Stock und Stein, nur eine jähe Kluft trennte mich noch von ihnen, ich setzte meinen Stecken ein, und schwang mich mit einem gewaltigen Satze über Kluft und Gebüsch auf den Rasenabhang hinaus, wo die Wanderer eben zu rasten schienen.

Alle fuhren mit einem Schrei auf, als ich so plötzlich, wie vom Himmel, unter sie niederfuhr. Die schöne Reiterin stand zunächst, und betrachtete mich lange schweigend von oben bis unten. Fast hätte ich sie nicht wiedererkannt, so gar nicht bachantisch oder amazonenhaft, so milde, still und über alle Beschreibung schön erschien sie heut. Auch die ältere Dame ruhte, sehr erhitzt und pustend, auf einem Baumstamme, und rief mir zu: wenn ich hier die Wege kennte, sollte ich bei ihnen bleiben und sie auf dem allernächsten hinaufführen. Beide schienen in mir den nächtlichen Sänger nicht zu ahnen, und ich hütete mich, wie ihr wohl denken könnt, mich zu verraten.

Ich werde es niemals vergessen, wie heiter die schlanke Gestalt meiner jungen Dame, die jetzt dicht am grünen Abhange stand, sich auf dem himmelblauen Hintergrunde abzeichnete, und als sie darauf, zweien neben ihr stehenden jungen Männern die fernen Städte und Dörfer nennend, in die unermeßliche Aussicht hinauswies, da war es, als zöge ihr Rosenfinger eben erst die silbernen Ströme, die duftigen Fernen und die blauen Berge dahinter, und vergolde Seen, Hügel und Wälder, und alle rauschten und jauchzten, wie frühlingstrunken, zu der Zauberin herauf.

72

Ich aber jauchzte am fröhlichsten in mich hinein, als sich der bunte Zug nun endlich in Bewegung setzte. Ich schritt voran, und hinter mir in der morgenheitern Einsamkeit die Schöne, zwischen dem Waldesrauschen und Vogelschall mit der lieblichsten Stimme plaudernd und scherzend. Nun waren mir zwar die beiden jungen Begleiter gleich von Anfang gar nicht recht gewesen, aber ich bemerkte bald, wie sie mit ihnen nur wunderlich spielte und häufig auf die zierlichste Weise ihr Pantöffelchen über sie schwang. Ja, als das ältere Frauenzimmer von neuem ausruhen mußte, gab sie ihnen geradezu auf, bei der Dame zurückzubleiben, sie selbst wollte unterdes voraus. Hiermit flog sie wie ein Reh über den grünen Plan, und eh sie im Gebüsch verschwand, wandte sie sich noch einmal zurück und streifte mich mit einem flüchtigen Blick, daß es mir recht durch die Seele drang.

So rasch ich nachfolgte, konnte ich sie doch erst am Gipfel des Roßtrapps wieder erreichen. Hier fand ich sie, zu meinem Entsetzen, auf dem letzten, überhangenden Felsen sitzen, vergnügt mit den roten Reiseschuhen über dem schwindelerregenden Abgrunde baumelnd. Wie einen Nachtwandler auf dem Rande der Zinne, wagte ich sie nicht anzureden. Sie aber hatte mich kaum erblickt, als sie, die reichen Locken aus der Stirn schüttelnd, mir zurief: »Da möcht' ich gern hinunter. Ein rechter Führer muß jeden Steg kennen, führ' mich geschwind hinab, ehe die andern nachkommen.«

Ich kannte in der Tat einen Pfad zu den Schlünden, und, ohne das Wagstück zu bedenken, nickte ich ihr zu, und machte mich auf den Weg. Das schien ihr zu gefallen, sie sah mich einen Augenblick überrascht und verwundert an, dann sprang sie schnell auf und folgte. – Nun aber war mir's wie im Traume, als so auf einmal das wunderschöne Mädchen, allein mit mir, an jähen Abgründen vorüber von Fels zu Fels in die lautlose Öde hinabstieg, und wie in einem Zauberbrunnen das Himmelblau über uns immer dunkler wurde, immer finsterer das wilde Grün, immer vernehmlicher von unten das Brausen der Bäche in der endlosen Einsamkeit. – Einmal reichte ich ihr helfend die Hand, sie wollte mich erst mit der rechten fassen, zog sie aber, errötend, schnell wieder zurück und gab die andere. »Du magst mir auch der rechte Arbeiter sein«, sagte sie; »hast ja Hände wie ein Mädchen.« – Jetzt sprang ich über einen tiefen Felsen auf die gegenüberstehende Klippe, sie mußte mir nach. Der Platz war eng, ich breitete beide Arme ihr entgegen, und als sie mir so an die Brust flog, daß mich ihr Atem berührte und ihre Locken mich verhüllten, da umschlang ich sie fest, und drückte einen brennenden Kuß auf ihren schönen Mund.

»Pfui!« rief sie, sich hastig losmachend und den Mund wischend; »siehst du, mit deinen dummen Flausen hast du den rechten Weg verfehlt! Dort geht's hinaus!« – Hiermit war sie mir lachend auf einmal in dem verworrenen Gebüsch verschwunden. Mit Erstaunen glaubte ich, als sie schnell die Zweige auseinanderbog, an ihrer rechten Hand meinen Ring zu bemerken, den ich vom Stufenberge hinabgeworfen hatte.

Verblüfft, ratlos, recht im innersten Herzen verirrt, stand ich nun in der Widlnis. Vergebens suchte ich meine Schöne wieder zu erhaschen, oft glaubte ich ihr schon ganz nahe zu sein, da tauchte sie mit unbegreiflicher Kühnheit plötzlich fern über den Wipfeln auf, um sich, wie ein Waldvöglein, gleich wieder in dem Grün zu versenken. Dann hörte ich ihr liebliches Lachen herüberschallen, sie winkte und rief mich, immerfort neckend, bald da bald dort, bald unter mir, bald über mir. Dazwi-

schen rauschten die verborgenen Wasser, verirrte glänzende Schmetterlinge flatterten, wie abgewehte Blütenflocken, taumelnd an meinem Hute vorüber zum
Abgrund, nur zuweilen noch klang Vogelschall von dem
morgenhellen Bord der Felsen herunter – es war mir, als
sei ich in dieser Abgeschiedenheit in ein wahnsinniges
Märchen wunderbar verstrickt.

Endlich glaubte ich meine Schöne wieder in der Tiefe
zu vernehmen, als ich sie plötzlich mit lautem Lachen,
wie einen Elfen hoch über mir schwebend, auf der obersten Zinne des Berges erblickte, die wir vorhin verlassen.
Da erwachte in mir der ganze herbe Jünglingsstolz ver-
schmähter Liebe, ich warf meinen Wanderstecken weit
von mir, daß er an den Felsen zersprang, und wandte
mich zürnend völlig in den Abgrund.

Das schien sie nicht erwartet zu haben. Wenigstens
kam sie mir, als ich noch einmal hinaufblickte, auf einmal
bleich und erschrocken vor, ja im eiligen Niedersteigen,
zwischen dem Rauschen der Wipfel und Bäche, war es
mir zu meinem größten Erstaunen, als nannte sie wiederholt meinen eigenen wirklichen Namen, als riefe sie mir,
wie aus tiefster Seele nach: mein lieber, lieber Willibald! –

So töricht ist ein Verliebter! Dieser vertrauliche Ruf
wandte mir ganz das Herz um. Ich erklomm von neuem
mühselig den Berg, ich suchte, rief nach allen Weltgegenden
hinaus, aber es blieb alles still in der Runde, und nirgends
war eine Spur von der wunderlichen Gesellschaft mehr
wiederzufinden. – Ermüdet kam ich am Ende auf den
abenteuerlichsten Umwegen unerwartet zu demselben einsamen Wirtshause, von dem ich am Morgen ausgegangen:
über dem Walde war wieder der ferne Kirchturm zu sehen,
rechts der Stufenberg in stillem Abendschein; und ganz
verwirrt wußte ich nicht wie mir geschehen, als nun die

Leute im Hause, da ich nach der Schönen fragte, mich groß und verwundert ansahen. Eine Gesellschaft, wie ich sie beschrieb, hatte hier gar nicht übernachtet; eine ältliche etwas starke Dame, sagten sie, und ein hübsches blondhaariges Mädchen seien zwar, bloß in Begleitung eines Reitknechts, heute früh von hier weitergewandert, aber mein wunderbares Waldlieb mit den reichen schwarzen Locken wollte kein Mensch gesehen haben. –

Ich fand sie niemals wieder. Ihr Bild aber blieb seitdem leuchtend in meiner Seele, und als ich nun einsam heimwanderte, hatte der Herbst schon seine Sommerfäden über die Felder gespannt, wie goldene Saiten im Morgenglanz, die bei jedem Windeshauch einen wehmütigen Klang über dieErde gaben.« –

Hier endigte Willibald seine Erzählung, und bemerkte erst jetzt, daß alle seine Zuhörer, von der Anstrengung des vorigen Tages überwältigt, fest eingeschlafen waren. Wie Tote lagen die Männer mit den bleichen, scharfgezeichneten Gesichtern umher, Julie war auf Leontins Schoß gesunken, seine Knie mit ihren herabwallenden Locken verhüllend. Draußen aber glänzte herrlicher Mondschein über der leise rauschenden Gegend, nur einzelne Damhirsche weideten unten am Fuße des alten Schlosses. Willibald blickte wunderbar bewegt in die weite Einsamkeit hinaus, es war ihm alles wie ein Zaubermärchen hier, als müßte sein verlornes Lieb ihm wieder irgend ein Zeichen geben in dieser prächtigen Mondnacht.

*

Als der Turmwächter bei Anbruch des Tages hoch über den Schlummernden sein geistliches Lied durch die stillen Lüfte sang, erhob sich unten allmählich einer nach dem andern, in die falbe Morgenkühle schauend.

Romano aber sprang verstört und erschrocken auf, plötzlich des eigentlichen Zweckes seines Besuchs gedenkend, den er über den nächtlichen Erzählungen gänzlich vergessen hatte. Ohne Zeitverlust führte er nun den Grafen Leontin in den entlegensten Teil der Galerie, wo beide lange Zeit sehr lebhaft miteinander sprachen und endlich in größtem Eifer nach dem Hofe eilten. Niemand wußte, was sie vorhatten, aber im ganzen Hause entstand auf einmal ein verworrenes Durcheinanderrennen, Briefe wurden geschrieben, Boten zu Pferde abgeschickt, und bald darauf sah man den Prinzen und Leontin selbst, jeden in verschiedenen Richtungen, in den Wald hinaussprengen. – Auch Willibald, den die Sehnsucht nach der Heimat aus diesem unbehaglichen Rumor forttrieb, hatte sich währenddes wieder aufgemacht. Julie sah ihn aus ihrem Fenster schon in der Ferne wandern. Sie hätte ihm so gern noch gesagt, daß sie selbst es war, die mit ihrer Begleiterin in dem einsamen Wirtshause sein Ständchen belauscht, und daß sie gar wohl wisse, wer und wo seine Schöne vom Roßtrapp sei. Aber sie winkte ihm vergeblich mit dem Schnupftuche nach, er war schon in dem taufunkelnden Morgenschimmer versunken.

Wir aber lassen den Glücklichen wandern und wenden uns aus dem Morgenrot nach dem dunkeln Gebirge zurück, wo wir Publikums Jagd verlassen haben. Der Abend sinkt schon nieder auf die stillen Schlüfte, da finden wir den Troß in einem abgelegenen Tal, ein altes Jägerhaus, wie Bienen im Abendgold, mit verworrenem Gesumse umschwärmend. Drin wird tüchtig gekocht, denn so oft die Tür sich öffnet, sieht man eine große Flamme lodern, und dicken Bratenduft herausqualmen. Vor der Tür aber sitzen Aurora und Herr Publikum einträchtig beisammen, über dessen Haupte sich das

Hirschgeweih am Gesims des Hauses recht stattlich ausnimmt. Er hat Auroras Hand gefaßt, sie läßt sie ruhig in der seinen, da es schon kühl wird, aber ihre Gedanken sind offenbar nicht bei der Hand, sie schaut halb langweilig, halb verdrießlich vor sich hin. Währenddes sind die besorgten Novellenmacher fleißig bemüht, den Honigseim poetischer Reden zu ihrem Hochzeitsfladen zusammenzukneten. Am zierlichsten unter ihnen drückt sich dabei der schwungreiche, junge Mann aus. Aber da begegnet ihm unerwartet etwas Außerordentliches. Denn indem er zur Gräfin von der Liebe spricht und immer wieder spricht, hat er sich auf einmal unversehens selbst in sie verliebt: von unmerkbarem Händedrücken, worüber sie jedesmal mit leisem Lächeln quittiert, durch das allmählich wachsende Feuerwerk loser Schwärmereien und brünstiger Blicke gerät er endlich ganz in den holden Wahnsinn. Vergebens treten die Novellisten, denen er wie eine tolle Hummel ihr Novellengespinst zu zerarbeiten droht, ihm heimlich auf die große Zehe, der Schrei des Schmerzes macht seinen sentenziösen Paroxismus nur noch pikanter; der erschrockene Publikum, der gar nicht weiß, was los ist, fängt an sich vor ihm zu fürchten, da ergreift endlich der Graue den Rasenden ohne weiteres beim Kragen, und der ganze Haufe wälzt sich mit ihm in das Jägerhaus, wo man durch die heftig hinter ihnen zugeworfene Tür noch einen bedeutenden Lärm vernimmt.

Unterdes aber hatte ein Jäger vor Herrn Publikum und der Gräfin ein wohlbesetztes Tischchen hingestellt. Da war es um Publikum geschehen. Er band sich feierlich eine große Serviette wie zum Rasieren unter das Kinn, stülpte die Ärmel auf, setzte sich, ein paarmal beide Ellbogen erhebend, breit und behaglich zurecht, und begann sogleich mit ebenso viel Ernst als Fertigkeit mit den Kinnbacken zu mahlen. Aurora versuchte mehrere Mal ein witziges Gespräch anzuknüpfen. Aber beim Essen verstand er keinen Spaß; unaufhörlich nach allen Seiten hin Fleisch, Pfeffer, Salz zulangend, gab er nur halbe oder gar keine Antwort. Er schien ganz eine dicke, fette Zunge voll Wohlgeschmack geworden zu sein, und bemerkte nicht einmal, wie die Gräfin, das gerümpfte Näschen vornehm aufwerfend, endlich rasch aufstand, und empfindlich sich allein in den nahen Wald begab, um hier auf einem kurzen Spaziergange ihren Verdruß abzukühlen.

Die Dämmerung war schon hereingebrochen, nur einzelne Vögel sangen noch tiefer im Gebirge, die Abendluft spielte leise in allen Blättern. Da hörte sie auf einmal ein Geräusch, und bald darauf Gesang in der Ferne. Sie trat neugierig näher und wurde endlich eine dunkle Gestalt gewahr, halb versteckt hinter Felsen und Gebüsch. »Wußt' ich's ja doch!« sagte sie, heimlich in sich hineinlachend. – Und sie irrte sich wirklich nicht in dem Karbonaro-Mantel, an dem sie sogleich den Prinzen Romano wieder erkannte.

Der anschlägische Prinz umkreiste schon lange das Jägerhaus, wie der Fuchs den Taubenschlag. Da er aber von den Strapazen der vergangenen Nacht plötzlich heiser geworden, so hatte sich Leontin hinter ihm unter den Mantel verborgen und sang und agierte nun für ihn aus dem faltigen Karbonaro heraus. Bald aber fand Romano die Aktion übertrieben, das Lied nicht zart genug. Leontin verteidigte sich, darüber bekamen sie unter dem Mantel Händel und gerieten miteinander, erst leise dann immer heftiger, in einen lebhaften Wortwechsel über das schicklichste Metrum für ein Ständchen. – Aurora stutzte, als sie aber auf einmal vier Arme aus dem Mantel sich hervorarbeiten sah, ergriff sie ein Grauen und sie stürzte unaufhaltsam nach dem Jägerhause zurück. Da brach Romano plötzlich hervor, Leontin hatte kaum Zeit, in größter Eile zu entfliehen.

Die atemlose Gräfin schrie laut auf, da der Prinz, der mit seinen langen Beinen ihr den Vorsprung abgewonnen hatte, auf einmal zierlich auf einem Knie vor ihr lag. »Mit wem sprachen Sie soeben?« fragte die Erschrockene, noch immer ängstlich um sich her blickend. – »Mit mir selbst im Traume von dir!« – »Es lief doch aber jemand fort von Ihnen?« – »Mein Schatten wahrscheinlich.« – »Ach, es scheint ja weder Sonne noch Mond!« – »Desto besser, so belauscht uns nur die Venus vom Himmel.« – »Und vier Arme leibhaftig!« – »Oh, hätt' ich deren viertausendvierhundertundvierundvierzig, dich zu umschlingen!«

Das klang der Gräfin denn doch gar zu appetitlich. Sie hob mit einem zärtlichen Blick den Prinzen vom Rasen auf, der nicht versäumte, sogleich seine Kniescheibe sorgfältig abzustäuben. Er bat die Reizende, sich noch ein Weilchen im Walde zu ergehen, sie nickte schlau mit dem schönen Köpfchen, und so wandelten denn die Glücklichen unbelauscht nebeneinander her.

Romano hatte mit malerischer Nachlässigkeit seinen Mantel halb über die Achsel zurückgeschlagen, er sprach von dem Bad in den kosenden Abendlüften, von den Dämmerlauben des Gemüts, von den nackten Bübchen, die in dem duftigen Laube zielen. Aber die nackten Bübchen guckten schon aus Auroras Augen, sie ging so unbedenklich in all diese Dämmerlauben ein, und wenn es so fortwährte, blieb fast nichts mehr zu erobern an ihr. – Das war dem Prinzen gar nicht recht; er hatte sich's so schön ausgesonnen, allen Aufwand steigender Verführungskünste, die Schnöde allmählich poetisch zu verlocken – er war ganz verstimmt.

Auf einmal stand Aurora still. »Ich höre keine Stimmen mehr vom Jägerhause«, sagte sie, nach allen Seiten umschauend, »wir haben uns verirrt.« – »Hat keine Not«, erwiderte Romano, »mir leuchten zwei helle Sterne auf dem stillen Meer der Nacht.« – Hiermit bog er schnell vom Wege auf einen freien Platz hinaus, wo Aurora mit Erstaunen einen Reitknecht mit zwei zierlich aufgezäumten Pferden erblickte. »Mein Bursch kann zu Fuß wandern«, sagte der Prinz, »und wenn Sie sich meines Rößleins bedienen wollen, so besteig' ich das seinige, und führe Sie bequem und luftig heim.«

Die ermüdete Gräfin, um bei längerem Ausbleiben Aufsehen im Jägerhause zu verhüten, nahm den Vorschlag an und so ritten sie bald vertraulich plaudernd in die warme Nacht hinein. Aber die Venus ging unter, der Mond ging auf, und sie ritten noch fort und immer fort.

»Wo führen Sie mich hin?« sagte endlich die Gräfin wieder; »da hör' ich einen Eisenhammer in weiter Ferne.« – »Wird Amors Mühle sein«, meinte der Prinz, »die arbeitet am lustigsten in solcher Stunde.« – Mein Gott, ich glaube gar, der will mich entführen, dachte Aurora bei sich, senkte nachdenklich das Köpfchen und wiegte sich mit einem angenehmen schauerlichen Gefühl in der Erinnerung aller nächtlichen Entführungsgeschichten, die sie in den schmierigen, halbzerlesenen Romanen aus der Leihbibliothek so oft in Gedanken mitgemacht hatte.

Unterdes wechselten neben ihnen unbekannte Gegenden und Abgründe rätselhaft im dämmernden Mondlicht, da stutzten plötzlich ihre schnaubenden Rosse; vor ihnen schoß auf einmal eine wunderliche Gestalt Burtzelbäume quer über den Weg, eine zweite folgte, und noch eine, andere standen seitwärts am Wege auf den Köpfen, und verschwanden schnell, wie sich die Reiter nahten. – »Das kommt bei dem dummen Zeuge heraus!« brach da die heftig erschrockene Gräfin plötzlich los; »ich möcht' auch in aller Welt nur wissen, was es hier zu entführen gibt! Ich habe weder einen tyrannischen Vater noch eine geizige Tante, ich bin ganz frei, ich kann jeden Augenblick heiraten!« – Romano schwieg ganz still, denn ihm fing selbst an Angst zu werden vor den unerklärlichen Erscheinungen. War ihm bei hellem Tage ein gewöhnliches Rendezvous zu gemein gewesen, so verwünschte er nun insgeheim seine unüberwindliche Sucht nach genialen Abenteuern und wäre am liebsten wieder umgekehrt.

In großer Verlegenheit spähte er soeben nach allen Seiten umher, als sich plötzlich eine Rakete prasselnd und sprühend über dem dunkeln Walde emporriß. »Dorthin, dorthin!« rief Romano voll Freude, und drückte die Sporen ein, daß die erstaunte Gräfin kaum folgen konnte.

Wie im Fluge erreichten sie nun bald einen einsamen, rings von Felsen eingeschlossenen Platz, von dessen anderem Ende ihnen ein Gemäuer entgegen schimmerte. Es war eine Waldkapelle, das verabredete Ziel Romanos, wo er seine schöne Beute einstweilen verbergen und mit Leontin das Weitere beraten wollte. – Mehrere Windlichter bewegten sich an der Klause und beleuchteten wunderbar den Rasen, die Steine und Felsen in der nächtlichen Einsamkeit. Da schoß der Gräfin auf einmal das Blatt – mit klopfendem Herzen sah sie unverwandt in das Spiel der wandelnden Lichter. Romano aber stutzte, er konnte durchaus nicht begreifen, wozu Leontin, allem Geheimnis zum Trotz, so viele Personen hier versammelt hatte. Und als er nun, indem er näher kam, immer mehr fremde Gesichter erblickte, lauter festlich geschmückte Leute, als er dann auch Leontin darunter erkannte, einen Klapphut unter dem Arm und einen dicken Blumenstrauß vor der Brust, ja als endlich gar ein Geistlicher mit einer Kerze in der Hand majestätisch den Haufen teilte, da wurde Romanos Gesicht immer länger und länger vor wachsendem Grausen.

Unterdes hatte Leontin schon die Gräfin vom Pferde gehoben, die sehr heiter und gemütlich war, und sich hier sogleich recht wie zu Hause zu befinden schien. Auch Romano stieg verwirrt und zögernd ab. Da trat der Geistliche, von dem er kein Auge verwandte, feierlich hervor und redete die Neuangekommenen folgendermaßen an:

»Hochverehrte! Sie stehen hier soeben in dem tugendhaften Begriff, das angenehme Bündnis Ihrer Herzen mit dem süßen Mundlack des Jaworts zu versiegeln. Indem wir daher, Vielverliebte, in diesem feierlichen Augenblick gleichsam mit einem Fuß schon das Bett der Ehe bestiegen, lassen Sie uns dasselbe noch einmal mit gebührendem Ernste betrachten! – Es ist ein Himmelbett – denn die schönsten Engel predigen hinter seiner Gardine. Es ist ein Thronbett – denn gekrönte Häupter ruhen darauf. Es ist ein Paradebett, auf dem verblichene Junggesellen im erhabensten Schmuck stiller Männerwürde, will sagen: in langem damastenen Schlafrock und blendendweißer Zipfelmütze ausgestellt werden, zum Hohn und heimlichen Neid jener schäbigen Rotte von verwegenen Hagestolzen und Familienglücksverächtern. – Ja, du, vergangener Junggesell, gerührter Bräutigam! über dessen ehrwürdigem Scheitel endlich die Aurora deiner letzten Liebe aufgegangen, der –.«

Hier stockte er plötzlich – seine Augen suchten rings in dem Kreise umher, Romano war nirgends zu sehen. – Ein verworrenes Gemurmel ging bei dieser unerwarteten Entdeckung durch die ganze Versammlung, Leontin wurde unruhig, man suchte in der Kapelle, man rief laut nach den verschiedensten Richtungen, alles vergeblich. Endlich hörten sie von einem Jäger, daß der Prinz gleich zu Anfang der Rede, während alle Blicke auf den Prediger und die schöne Braut gerichtet waren, unbemerkt fortgeschlichen, im nahen Gebüsch sich in verstörter Hast auf ein Pferd geworfen, und wie besessen in den Wald hinausgesprengt sei. – Späterhin erfuhr Leontin, wie er mitten in derselben Nacht, ganz verwirrt, auf Publikums Schloß angekommen, seine Leute eilig geweckt, und, in unaufhaltsamem Entsetzen vor dem Ehestande, zu allgemeinem Erstaunen noch vor Tagesanbruch abgereist, ohne daß jemand erraten konnte, wohin er sich gewendet. –

Das war ein Strich durch die ganze Narrenrechnung. Die Gäste sahen in ihren feierlichen Hochzeitskleidern einer den andern spöttisch an, Leontin lachte unmäßig, mehrere erbosten sich über die Mücken, die sie durch ihre ganz unnützen Eskarpins stachen. Am ungebändigsten aber war der Geistliche, der in dieser Verwirrung Bart, Kappe und Salbung verloren hatte. Er beteuerte, es sei unter solchem Volk leichter pokulieren als kopulieren, und schwur, seine Rede, die eben erst witzig werden sollte, bis zu Ende zu halten, und wenn er sie an die Bäume richten müßte. Bei diesen Worten blickte ihn Aurora schärfer an – sie traute ihren Augen nicht: es war der ihr wohlbekannte Poet Faber! – Da brach plötzlich ihre bisher nur mit Mühe verhaltene übelste Laune los. Sie schimpfte, ohne weiter mehr nach Grazie zu fragen, auf die Phantasten, die ihr durch ihre Tollheiten die Haube dicht überm Kopfe wegpariert hatten, aber sie frage, meinte sie, wenig darnach, sie wolle auch ohne solche Flausenmacher doch unter die Haube kommen, es gebe noch andere, reiche und würdige Leute, die sie besser zu schätzen wüßten.

Sie war noch lange nicht mit allem fertig, was sie auf dem Herzen hatte, als sie zu ihrem Erstaunen sich auf einmal allein auf dem Platz erblickte. Hochrot vor Ärger, ließ sie sich mit erzwungenem Stolz auf der Rasenbank vor der Klause nieder, sie konnte nicht begreifen, welche neue Narrheit plötzlich wieder in die wunderliche Gesellschaft gefahren. Sie sah Leontin und seine Spießgesellen in großem Eifer durcheinanderrennen, die Herren gürteten ihre Hirschfänger um, Leontin schien heimlich und leise Befehle zu erteilen, und in wenigen Minuten hatte sich alles in den nahen Wald verlaufen. Jetzt hörte sie nur noch hin und her Gewisper unter den dunkeln Bäumen, manchmal war es ihr, als vernähme sie von Ferne Pferdegetrappel, dann wieder alles totenstill – fast fing sie sich im Ernste zu fürchten an.

Plötzlich geschieht ein Schrei im Walde, mehrere Pistolen werden abgefeuert, zwischen dem Geknatter: Degengeklirr und fremde Stimmen, immer näher und näher, und mit großem Lärm stürzt endlich der ganze verworrene Haufen vom Walde grade auf die Klause her.

Aurora, die sich erschrocken in die Kapelle zurückgezogen hatte, bemerkte durch das Fenstergitter, daß Leontin und die Seinigen mehrere Gefangene einbrachten; aber wie groß war ihr Erstaunen, als sie mitten darunter einen Mann zu gewahren glaubte, der, außer sich vor Zorn, schimpfend und vergeblich mit Arm und Beinen zerrend, von vier handfesten Jägern auf den Schultern wie im Triumphe einhergetragen wurde. – »Er räsoniert noch, bindet ihn, knebelt ihn!« rief der nacheilende Faber, der jetzt ein besonders martialisches Ansehen hatte. Über den Spektakel kam auch Leontin mit einer Fackel herbei, beleuchtete den geängstigten Gefangenen, und prallte bei seinem Anblick erschrocken zurück. – »Unmöglich!« rief er aus, »Sie sind es, Herr Publikum? mitten in der Nacht ohne Schlafrock! ich hoffe doch nicht, daß einen so soliden Mann etwa gar der Klang zierlicher Pantöffelchen verlockt hat – wir glaubten uns hier in der Geisterstunde plötzlich von Räubern überfallen.« – »Pantöffelchen! Räuber! Das ist es grade!« erwiderte der noch atemlose Publikum, den die Jäger unterdes respektvoll losgelassen hatten; »der Prinz Romano hat die Gräfin Aurora entführt, wir setzen soeben dem Räuber nach.« – Aber Leontin, der, durch einen Jäger von der unerwarteten Ankunft Publikums benachrichtigt, den ganzen Rumor angezettelt hatte, hörte auf nichts, sondern rannte in einem Anfall wütender Courtoisie bald zu den gleichfalls eingefangenen Novellisten, bald zu ihrem dicken Meister, überall das räuberische Mißverständnis entschuldigend, und stülpte zuletzt, gegen plötzliche Erkältung, dem letztern die weiße Nachtmütze eines Jägers auf den Kopf. Der schlaue Publikum ließ alles geduldig über sich ergehen, denn er hatte insgeheim eine ebenso große Abneigung als unüberwindliche Furcht vor der phantastischen Grobheit des Grafen, er lobte und belachte jeden seiner Einfälle, und schrie ihn, in seiner Herzensangst, vor den empörten Novellenmachern als ein echtes Kunstgenie aus.

Währenddes aber war auch Aurora aus ihrer Klause gebrochen, und erschien plötzlich, wie eine Fee die Menge teilend, in dem Kreise der Fackeln. – »Auf ewig!«

sagte sie feierlich zu dem überraschten Publikum, ihm die schöne Hand reichend, die dieser mit inbrünstigen Küssen bedeckte. Ein freudiges Ach! ging durch die Runde der erstaunten Novellisten. Aurora aber blickte triumphierend über den breiten Rücken des küssenden Publikums nach Leontin und seinen Gesellen hin, als wollte sie sagen: »Nun, seht ihr wohl?! –«

Jetzt hatte auch Publikum wieder Mut gewonnen, und befahl sogleich nach den ersten Verständigungen mit einem vornehmen Ton, nach seinem Schlosse aufzubrechen. Vergebens versprach Leontin, zum Polterabend Herrn Publikum mit einem Pistol den Zipfel seiner Schlafmütze vom Kopfe zu schießen, den Wald anzuzünden, ja sie alle miteinander betrunken zu machen.

Der glückliche Bräutigam, der in seiner Seligkeit ganz vergaß, seine Nachthaube abzunehmen, bedauerte mit hoffärtiger Herablassung Leontins Einsamkeit, die zu solchem Feste keine passenden Mittel böte; wenn es aber der Gräfin Julie an irgendeinem Agrément fehlen sollte, so möge sie sich nur immer nachbarlich und vertrauensvoll an seine künftige Gemahlin, die Gräfin Aurora wenden. – »Köstlich!« entgegnete Leontin, »meiner Julie kommt manchmal der Einfall, in vollem neumodischen Kopfputz auf die Jagd zu reiten, sie wird sich dann, wenn Sie erlauben, von der Gräfin Aurora frisieren lassen, ich weiß, die versteht das wie keine andere. Nadeln mit doppelten Spitzen will ich schon selbst dazu mitbringen.« – Da wandte sich Herr Publikum mit einer kalten Verbeugung, schlug im Weggehn auf seinem Bauche dem Leontin noch heimlich und vorsichtig, damit er's nicht bemerkte, ein Schnippchen, und bestieg mit seinem Gefolge die bereits vorgeführten Rosse.

Leontin sah ihnen lange kopfschüttelnd nach. Plötzlich

schien ihm ein Gedanke zu kommen, er verfolgte pfeilschnell die Reiter. »Aber hört doch!« rief er, »seid ihr
denn wirklich toll? ihr seid ja abscheulich angeführt. So
hört doch!«

Die Glücklichen hörten jedoch nicht mehr. – Faber
hatte unterdes eine Violine ergriffen, und geigte dem
Zuge lustig nach, Raketen wurden geworfen, die Jäger
lösten die, für Romanos Kopulation herbeigeschafften
Kanonen, die ein entsetzliches Geböller in den nächtlichen Schlüften machten. – Herr Publikum aber mit seiner
Schlafmütze, Aurora und die Novellisten zogen alle vergnügt von dannen, um ihre Novelle mit einer weitläufigen Hochzeit zu beschließen.

*

In derselben angenehmen Jahreszeit hatte Schreiber dieses das Glück, mehrere der denkwürdigen Personen dieser Geschichte selbst kennenzulernen. Als nämlich die
Kunde von der ebenso unglaublichen als für uns Poeten
erwünschten Verbindung zwischen Herrn Publikum und
der berühmten Gräfin Aurora von Stadt zu Stadt
erscholl, war auch ich aufgebrochen, um zum Hochzeits-
feste dem Herrn Publikum eine mit besonderm Fleiße
von mir ausgearbeitete Novelle persönlich zu verehren.
In meinem neuen engen Frack, der meiner sonst ganz
hübschen aber etwas langen und schmalen Figur ein noch
knapperes Ansehen gab, mein Manuskript fest unter den
Arm geklemmt, strich ich zufrieden über Land, und
memorierte unterweges laut die recht schön ausgedachte
Anrede, womit ich das Werkchen überreichen wollte.

Aber wie es den Dichtern oft zu gehen pflegt, daß sie
überall zu spät kommen, wo es was Gutes gibt, so
gewahrte ich auch, mit nicht geringem Schrecken, als ich

bei einbrechender Nacht an Publikums Palast anlangte, daß die Hochzeit eben schon in vollem Gange war. Das ganze Schloß flimmerte von Kronleuchtern, Trompeten raseten, Tanzende schleiften in wechselndem Glanze an den Fenstern vorüber, während andere Paare, heimlich plaudernd, sich in die stille Nachtluft hinauslehnten. Unten rannten viele Bediente mit prächtig duftenden Gerichten an mir vorbei, und mochten mich, mit einem Paket unterm Arme, wohl für einen vazierenden Musikanten halten. Die Musik aber schlang sich immer wehmütiger durch die schirmenden Wipfel über mir, ich lehnte mich an einen Baum, und gedachte der bessern Tage meiner fröhlichen Jugendzeit; neue Gedichte tauchten aus den Klängen in meiner Seele auf, und ich war im besten Zuge, mein Manuskript, Publikum und alles zu vergessen, weshalb ich eigentlich hierher gewandert war.

Da hörte ich plötzlich in einiger Entfernung ein leises Geräusch unten am Schloß, und bald darauf sagte eine liebliche Stimme: »Aber wenn mich die ganze gebildete Welt so findet, so muß es doch auch wirklich so sein! Und ich brauche Sie nun nicht weiter mehr, und verbitte mir von nun an alle Hofmeisterei.« – »O du Verblendete!« entgegnete eine andere Stimme; »so fahre denn hin! ich wende meine Hand von dir, und lasse dich in der Gewalt der Philister.« – Hier streifte ein Lichtstrahl aus dem Fenster über das Gebüsch, ein wunderschönes Frauenbild mit Diadem und funkelndem Geschmeide blitzte plötzlich aus der Nacht auf, und war in demselben Augenblick auch wieder verschwunden.

Geblendet starrte ich noch hin, als sich auf einmal in derselben Gegend ein großer Lärm erhob. »Dort lief er hin!« rief eine zornige Stimme. Es war der junge Mann von den Novellenmachern, wie ich späterhin erfuhr. Er hatte einen verliebten jungen Fant das Haus umschleichen gesehen, den er soeben mit gezogenem Degen zu verfolgen schien. Aber in seiner moralischen Wut rannte der Tugendheld bei der Dunkelheit einen Bedienten mit einer großen Pastete über den Haufen, und hatte gleich darauf sich selbst mit dem Degen am eignen Rockschoß an einem Baume festgespickt.

Indem ich ihm eilig zu Hülfe springen will, bricht plötzlich ein feines Jägerbürschchen, wie ein gehetztes Reh, durch das Gebüsch und stürzt atemlos gerade in meine Arme. Und eh' ich mich noch besinnen kann, drängt er mich, öfters scheu zurückblickend, in wunderlichem Ungestüm über Beete und Blumen mit sich fort. – »Aber was soll's denn?!« rief ich endlich tiefer im Garten aus. – Da stutzte das Bürschchen, das mich wahrscheinlich verkannt hatte, und sah mich von oben bis unten verwundert an. »Wer bist du denn eigentlich?« fragte er dann, »und was wolltest du hier?« – Ich berichtete ihm nun mit kurzen Worten meinen Namen, Metier, und den Zweck meiner Reise. Darüber wollt' er sich auf einmal totlachen, und lachte immer unvernünftiger, je mehr ich meine gerechte Empfindlichkeit zeigte. »Die Anrede«, sagte er, »mußt du an mich halten, ich werde dir zeigen, wie du dazu agieren sollst. – Aber die Hochzeit! – Ich will ja eben auch heiraten.«

Unterdes waren wir an den Ausgang des Parks gekommen, zwei gesattelte Pferde standen dort am Zaun. »Nur schnell, schnell!« rief er wieder, »du kannst doch reiten? Ich muß rasch fort, und fürcht' mich so allein.« – Ich wußte in der Eile gar nicht, wie mir geschah, er schob mich geschwind auf das eine Pferd hinauf, schwang sich auf das andere, und, eh' ich mich's versah, ging's pfeilschnell in die weite Nacht hinaus.

Draußen klang die Tanzmusik uns noch lange über die stillen Felder nach, das Schloß lag wie eine feurige Insel über dem dunklen Walde. Ich betrachtete öfters den lustigen Jäger von der Seite, und verwunderte mich über seine große Schönheit. Da hört' ich auf einmal aus dem fernen Gebüsch im Vorüberreiten einen überaus lieblichen Gesang erschallen, es war als ob der Mondschein klänge:

> Bleib' bei uns! wir haben den Tanzplan im Tal
> Bedeckt mit Mondesglanze,
> Johanniswürmchen erleuchten den Saal,
> Die Heimchen spielen zum Tanze.

Ich konnte durchaus niemanden erblicken. Aber *Florentin* – so nannte sich das Jägerbürschchen – antwortete ihnen zu meinem Erstaunen, und zankte sich ordentlich mit den wunderlichen Musikanten. »Warum nicht gar!« rief er fast unwillig nach dem Walde gewendet aus; »jetzt hab' ich keine Zeit, heut laßt mich in Frieden. Was wißt ihr von meiner Not!« – Wälder, Wiesen und Dörfer flogen unterdes im hellen Mondschein vorüber, aus den Gebüschen sang es von neuem hinter uns drein:

> Stachelbeer' weiß es und stichelt auf dich –
> Will – Wili – wir verraten es nicht –
> Sie sagt' es dem Bächlein im Grunde,
> Das hörten die Bäume und wundern sich,
> Das Bächlein macht' auf sich zur Stunde
> Und plaudert' es aus durch den ganzen Wald:
> Wil – Wili – Wilibald!

*

Die Sterne fingen schon an zu verlöschen, als wir nach dem tollen Ritt an einem Schloß im Gebirge endlich Halt

machten. Ein Brunnen plätscherte verschlafen vor dem
stillen Hause, auf dem steinernen Geländer schlief ein
Storch auf einem Beine, und fuhr über dem Geräusch, das
wir machten, erschrocken mit dem Kopf unter den Flü-
geldecken hervor, uns mit den klugen Augen verwundert
ansehend. Florentin aber tat hier sogleich wie zu Hause.
»Ach nein, lieber Adebar, es ist noch lange Zeit, uns was
zu bringen!« sagte er, den Vogel streichelnd, der vergnügt
seine Federn aufschüttelte und mit den Flügeln schlug.
Dann klopfte er eilig an ein Fenster des Schlosses. Es
wurde von innen geöffnet, ein hübsches Mädchen steckte
erstaunt das Köpfchen hervor. »War er hier?« fragte
Florentin hastig. – »Niemand!« war die Antwort. – Da
wandte sich Florentin wieder zu mir, er schien sehr
bestürzt. Das Mädchen schloß, mit einem Seitenblick
nach mir herüber, ihr Fenster, mein Begleiter aber zog
rasch einen Schlüssel aus der Tasche, und öffnete die
Haupttür des Schlosses. – Wir betraten schweigend eine
unabsehbare Reihe prächtiger Gemächer, wo die durch
rotseidene Gardinen brechende Dämmerung kaum noch
die Schildereien erraten ließ, die in vergoldeten Rahmen
an den Wänden umherhingen, der getäfelte Fußboden
glänzte in dem ungewissen Schimmer, eine Flötenuhr in
einem der letzten Zimmer begann ihr Spiel und schallte
fast geisterartig durch diese Einsamkeit.

Da stieß Florentin in einem der Säle eine Mitteltür auf;
sie schien nach dem Garten zu gehn, denn eine duftige
Kühle quoll uns plötzlich erfrischend entgegen. Jenseits
ging soeben der Mond hinter den dunklen Bergen unter,
von der andern Seite flog schon eine leise Röte über den
ganzen Himmel, die geheimnisvolle Gegend aber lag
unten wunderbar bleich in der Dämmerung, nur im Tale
fern blitzte zuweilen schon ein Strom auf. Vor uns schie-

nen verborgene Wasserkünste zu rauschen, eine Nachtigall tönte manchmal dazwischen wie im Traume. –

Florentin hatte sich auf die Schwelle des Schlosses gesetzt, schaute, den Kopf in die Hand gestützt, in die Gegend hinaus und sang:

> Es geht wohl anders, als du meinst,
> Derweil du rot und fröhlich scheinst
> Ist Lenz und Sonnenschein verflogen,
> Die liebe Gegend schwarz umzogen;
> Und kaum hast du dich ausgeweint,
> Lacht alles wieder, die Sonne scheint –
> Es geht wohl anders als man meint.

Hier brach er plötzlich selbst in Weinen aus. Ich wußte mir gar keinen Rat mit ihm, er war ganz untröstlich, und lachte doch wieder dazwischen, so oft ich ihn mit angemessenen Worten zu beruhigen suchte. »Nein, nein«, rief er dann von neuem schluchzend, »es ist alles vorbei, ich hätte ihn über den Possen nicht so gehn lassen sollen, nun ist er auf immer verloren!« – »Aber wer denn?« fragte ich schon halb unwillig. – Da hob er auf einmal, gespannt in die Ferne hinaushorchend, das Köpfchen, daß ihm die Tränen wie Tau von den schönen Augen sprühten, sprang dann rasch auf und war, eh' ich's mich versah, in dem Garten verschwunden.

Betroffen folgte ich seiner Spur im tauigen Grase; einzelne Schlaglichter fielen schon durch die Wipfel, von fern hörte ich zwischen dem Schwirren früherwachter Lerchen einen schönen Gesang durch die stille Luft herübertönen. Endlich nach langem Umherirren vernahm ich ganz in der Nähe Florentins munteres Geplauder wieder. Aber wie erstaunte ich, als ich, plötzlich aus dem Gebüsch hervortretend, einen fremden Mann am

Abhang des Gartens vor mir ruhen sah. Auf seinem Ränzel ihm zu Füßen saß Florentin, er hatte das Köpfchen vor sich auf den Wanderstab des Fremden gestützt, und sah diesem überaus fröhlich ins Gesicht. Bunte Vögel pickten vor ihnen auf dem Rasen und guckten aus allen Zweigen, und machten lange Hälse, um den Fremden zu sehen. Hinter den fernen blauen Bergen aber ging soeben die Sonne auf, und blitzte so morgenfrisch über die Landschaft und den Garten, daß die Wasserkünste sich, wie jauchzend, aus den Gebüschen emporschwangen.

Jetzt erst in der Blendung besann ich mich recht. »Willibald!« rief ich voller Erstaunen. – Er war der Fremde, ich kannte ihn noch von Halle her, und hatte einmal mit ihm eine Fahrt nach dem Harz gemacht, von der er nachher viel Wunderbares zu erzählen wußte. – Er wandte sich bei dem Klang meiner Stimme schnell herum. »Auch du! – – und hier mein liebes Liebchen vom Roßtrapp!« sagte er, auf Florentin weisend.

»Wie! dieser – diese – dieses Florentin? wessen Geschlechts eigentlich –?«

»Gräflichen, mein Guter, namens Aurora.«

»Was! die hält ja eben Hochzeit mit Herrn Publikum!« –

»Ach, das ist meine gewesene Jungfer«, lachte der nunmehr gewesene Florentin; »ich gab sie für mich aus, um die tollen Freier zu foppen, und nun haben sie sie wahrhaftig geheiratet! Mich merkte keiner, nur der spitzige Romano hätte mich bald an meinem Bilde erkannt, das der unvorsichtige Leontin in seinem alten Rittersaale hängen ließ.« – »Aber sieh nur, wie schön!« – wandte sie sich wieder zu Willibald, bald ihn bald die Gegend betrachtend, daß man nicht wußte, wen sie eigentlich meine. »Ich kaufte das Gut nur für dich, nun ist alles wieder dein – und ich dazu«, fuhr sie errötend und ihr

Gesicht an seiner Brust verbergend leise fort; »und nun brechen wir bald zusammen nach Italien auf, ich sehne mich schon recht nach meiner Heimat!«

Hier hob mir plötzlich der Morgenwind ein gut Teil meiner Novelle aus der Rocktasche. Sie hatte sogleich die flatternden Papiere erhascht, und blätterte auf ihrem Knie, bald lachend, bald kopfschüttelnd darin. »Nein, nein«, sagte sie dann zu mir, »das ist nichts, schreibe lieber unsere Geschichte hier auf, die Bäume blühen ja grade, und alle Vögel singen, so weit man hören kann.« –

Und nun ging es lustig her auf dem Schlosse. Gräfin Aurora erzählte mir alles, wie es sich begeben, von Anfang bis zu Ende. Ich aber sitze vergnügt in dem prächtigen Garten, einen Teller mit frischen Pfirsichen neben mir, die sie zum Andenken mit ihren kleinen weißen Zähnchen angebissen; die Morgenluft blättert lustig vor mir in den Papieren, seitwärts weiden Damhirsche im schattigen Grunde, und indem ich dieses schreibe, ziehn unten Aurora und Willibald soeben durch die glänzende Landschaft nach Italien fort, ich höre sie nur noch von ferne singen:

> Und über die Felsenwände
> Und auf dem grünen Plan
> Das wirrt und jauchzt ohn' Ende,
> Nun geht das Wandern an!

AUCH ICH WAR IN ARKADIEN!

Da säß' ich denn glücklich wieder hinter meinem Pulte, um dir meinen Reisebericht abzustatten. Es ist mir aber auf dieser Reise so viel Wunderliches begegnet, daß ich in der Tat nicht recht weiß, wo ich anfangen soll. Am besten, ich hebe, wie die Rosine aus dem Kuchen, ohne weiteres sogleich das Hauptabenteuer für dich aus.

Du weißt, ich lebte seit langer Zeit fast wie ein Einsiedler und habe von der Welt und ihrer Juli-Revolution leider wenig Notiz genommen. Als ich meinen letzten Ausflug machte, war eben die Deutschheit aufgekommen und stand in ihrer dicksten Blüte. Ich kehrte daher auch diesmal nach Möglichkeit das Deutsche heraus, ja ich hatte mein gescheiteltes Haar, wie Albrecht Dürer, schlicht herabwachsen lassen und mir bei meinem Schneider, nicht ohne gründliche historische Vorstudien, einen gewissen germanischen Reiseschnitt besonders bestellt. Aber da kam ich gut an! Schon auf dem Postwagen – dieser fliegenden Universität – in den nächsten Kaffeehäusern, Konditoreien und Tabagieen konnte ich mit ebenso viel Erstaunen als Beschämung gewahr werden, wie weit ich in der Kultur zurück war.

Die Deutschen, fand ich, waren unterdes französisch, die Franzosen deutsch, beide aber wiederum ein wenig polnisch geworden; jeder wenigstens verlangt das liberum veto für sich und möchte in Europa einen großen polnischen Reichstag stiften. Ich gestehe, daß mir weder das Polnische noch das Französische so gar geläufig ist, und ich stand daher ziemlich verblüfft da in meinem altdeutschen Rocke. Doch zur Sache:

Eines Tages nun kehrte ich in dem, dir wohl noch bekannten, großen Gasthofe »Zum goldenen Zeitgeist« ein. Das war, wie du dich erinnern wirst, zu unserer Zeit die ästhetische Börse der Schöngeister, wo wir bei einem

Schoppen saueren Landweines gemütlich die Valuta und den täglichen Kurs der Poeten notierten. Da ging es damals ziemlich still her, denn wir hatten alle mehr Witz als Geld. Höchstens einige Gitarrenklänge, ein paar Toasts, oder ein leidlicher Lärm, wenn wir um Schlegels Luzinde zankten, oder einen zufällig verlaufenen Kotzebuaner herausschmissen. Ich frug sogleich eifrig nach den alten Gesellen. Aber sie waren wie verschollen, man wollte sich nicht einmal ihrer Namen mehr zu entsinnen wissen. Einen nur wies mir der Kellner mit ironischem Lächeln nach: vom goldenen Zeitgeiste links ab, die erste Quergasse rechts, dann ins nächste Sackgäßchen wieder halb links bis ans Ende – ich glaube, der ironische Kellner wollte mich zur Welt hinausweisen. Nun ist es allerdings richtig: Einige hat seitdem der Pegasus abgeworfen, andere haben ihn selbst abgeschafft, weil er Futter braucht und keines gibt. Genug, auch hier war alles verwandelt.

Dagegen verspürte ich jetzt im Hause eine wunderliche Unruhe; ein scharfer Zugwind pfiff durch alle Gänge, die Türen klappten heftig auf und zu, fremde Leute mit sehr erhitzten Gesichtern rannten hin und her, besprachen sich heimlich miteinander und rannten wieder, kurz: ein Rumoren, Gehen und Kommen, treppauf, treppab, als wollte der ganze Zeitgeist plötzlich mit der Schnellpost aufbrechen.

Noch mehr aber stieg meine Verwunderung, als ich des Abends mich zu der Fremdentafel begab. Schon beim Eintritt in den langen, gewölbten Eßsaal fiel mir eine Reihe hoher Betpulte auf, die an den Wänden aufgestellt waren. Vor den Pulten knieten viele elegant gekleidete Herren jedes Alters und beteten mit großer Devotion aus aufgeschlagenen Folianten, in denen sie von Zeit zu Zeit geräuschvoll blätterten. Andere schritten eifrig im Saale auf und nieder, und schienen das eben Gelesene mit vieler Anstrengung zu memorieren. Ich hielt jene Folianten für Evangelienbücher oder Missalien, mußte aber, da ich an den Pulten einmal näher vorüberzustreifen wagte, zu meinem Erstaunen bemerken, daß es kolossale Zeitungen waren, englische und französische.

Als mich endlich einige dieser Devoten gewahr wurden, kamen sie schnell auf mich zu und begrüßten mich mit einer sonderbaren kurzen Verneigung nach der linken Seite hin, wobei sie mich scharf ansahen und irgendeine Erwiderung zu erwarten schienen. Diese linkische Begrüßung wiederholte sich, so oft ein Neuer ankam, worauf, wie ich bemerkte, jeder Eintretende sogleich ernst und stolz mit einem kurzen: »Preßfreiheit«, »Garantie« oder »Konstitution« antwortete. – Ich muß gestehen, mir war dabei ein wenig bang zumute, denn, je mehr der Saal sich allmählich füllte, je mehr wuchs ein seltsames, geheimnisvolles Knurren und Murmeln unter ihnen, allerlei Zeichen und Gewirre. Ja der Kellner selbst, als er mir den Speiszettel reichte, kniff mich dabei so eigen in die Finger, daß ich in der Angst unwillkürlich mit einem Freimaurer-Händedruck replizierte; aber weit gefehlt! der Kerl wandte schon wieder mit seinem fatalen ironischen Lächeln mir verächtlich den Rücken.

Bei Tische selbst aber präsidierte ein großer, breiter, starker Mann mit dickem Backenbart und Adlernase, den sie den Professor nannten. Nachdem er gleich beim ersten Niedersitzen einen Sessel eingebrochen und mit den Ellenbogen einige Gläser umgeworfen hatte, streifte er sich beide Ärmel auf, und begann mit einem gewissen martialischen Anstande den Braten zu zerlegen. Nichtsdestoweniger harangierte er zu gleicher Zeit die Gesellschaft in einer abstrakten Rede über Freiheit, Toleranz, und wie das alles endlich zur Wahrheit werden müsse. Dabei langte er über den halben Tisch weg bald nach dem Salzfaß, bald nach der Pfefferbüchse, und schnitt und trank und sprach und kaute mit solchem Nachdruck, daß er ganz rotblau im Gesichte wurde. Aller Augen hingen an seinem glänzenden Munde, nicht ohne schmachtende Seitenblicke auf den Braten, denn er aß beim Vorschneiden in der Tat nicht nur das Beste, sondern fast alles allein auf. Einige benutzten die Momente, wo er den Mund zu voll genommen hatte, um selbst zu Worte zu kommen; sie gaben von dem vorhin Memorierten, wie ich leicht bemerken konnte, da ich selbst vor dem Essen auf meiner Stube im Moniteur geblättert hatte. Nur ein einziger, ein neidgelber schlanker Mensch, der bei dem Vorschneiden des Professors so seine eigenen Gedanken zu haben schien, unternahm es, dem letzteren mit scheuer, dünner Stimme zu widersprechen. Die Toleranz, wagte er zu meinen, könne nur dann eine Wahrheit werden, wenn beim Essen wie im Staat, jeder Gast und jedes Volk seinen Braten und seine Freiheit apart für sich habe usw. Der Unglückselige! Erschrocken sahen die anderen den Professor an, wie er es aufnähme. Dieser aber geruhete, zwischen den Weinflaschen hindurch einen zornigen, zerschmetternden Blick auf den Sprecher zu schleudern. Da sprang sogleich die ganze Gesellschaft von den Stühlen auf, nahm den Dünnen ohne weiteres in ihre Mitte, und eh' ich mich besinnen konnte, war er zum Saale hinaus, ich sah nur seine Rockschöße noch um den Türpfosten fliegen. – Darauf ergriff jeder sein volles Glas, drängte sich um den Professor und trank ihm, mit einer tiefen Verbeugung, auf die untertänigste Gesundheit der Freiheit zu.

Jetzt wurde, mit nicht geringem Lärm, noch eine Menge anderer Toasts ausgebracht, die ich dir nicht zu nennen vermag; es schienen sämtliche Begriffe aus des Professors Kompendium des Naturrechts zu sein. Ich weiß nur, daß nach und nach die Zungen, dann die Köpfe schwer und immer schwerer wurden, bis zuletzt alle, wie nasse Kleidungsstücke, rings über den Stühlen umherhingen. Die Kerzen flackerten verlöschend durch den weiten, stillen Saal und warfen ungewisse Scheine über die bleichen, totenähnlichen Gesichter der Schlafenden. Mir ward ganz unheimlich; ich sah unwillkürlich in meinen Taschenkalender und gewahrte mit Schauern, daß heute Walpurgis war. –

Nur der Professor allein hatte sich aufrecht erhalten, der konnte was vertragen. Er schritt mächtig im Saale auf und nieder, seine Augen rollten, sein Kopf dampfte sichtbar aus den emporgesträubten Haaren. Auf einmal blieb er dicht vor mir stehen, und maß mich mit den Blicken vom Scheitel bis zur Zehe. Sie gefallen mir, sagte er endlich, solche Leute können wir brauchen. Sehen Sie hier in die Runde: die matten Wichte da sind von dem bißchen Patriotismus schon umgefallen. – Ich wußte nicht, was ich entgegnen sollte. – Er aber schritt noch einmal den Saal entlang, dann sagte er plötzlich: Kurz und gut, solche Stunde kehrt so leicht nicht wieder. Wollen Sie mit mir auf den Blocksberg? – Ich sah ihn groß an, da er aber noch immer fragend vor mir stand, wandte ich im höchsten Erstaunen meine Aufklärung ein, schon Nicolai und Biester hätten ja längst bewiesen – Ach, dummes Zeug!, erwiderte er, das ist ja eben die Aufklärung!

Hier wurden wir durch ein schallendes Gewieher von draußen unterbrochen. Ich trat an das Fenster und

bemerkte – obgleich wir uns im zweiten Stockwerk
befanden – dicht vor den Scheiben ein gewaltiges, störri-
ges und sträubiges Roß, das mit flatternder Mähne in der
Luft zu schweben schien. Der Kellner, in einen roten
Karbonaromantel gehüllt, hielt das Pferd mit großer
Anstrengung an einer langen Leine fest. Ich hätte es ohne
Bedenken für den Pegasus gehalten, wenn es nicht
Schlangenfüße und ungeheuere Fledermausflügel gehabt
hätte. – Jetzt nur nicht lange gefackelt, es ist die höchste
Zeit!, rief der Professor, schlug mit einem Ruck die
Scheiben ein, schob mich durchs Fenster auf das Roß,
schwang sich hinter mich, und, wie aus einer Bombe
geschossen, flogen wir plötzlich zwischen den Giebeln
und Schornsteinen in die stille Nacht hinaus.

Mir vergingen Atem und Gedanken bei diesem unverhofften Ritt; ich war es ganz ungewohnt, mich so ohne
weiteres über alles Bestehende hinwegzusetzen und zwischen Himmel und Erde im leeren Nichts zu schweben.
Mein Begleiter dagegen, wie ich wohl bemerken konnte,
schien sich hier erst recht zu Hause zu befinden. Zwischen Schlaf und Wachen die Marseillaise summsend,
schmauchte er behaglich eine Zigarre, und bollerte nur
von Zeit zu Zeit ungeduldig mit seinen Stiefeln an die
Rippen unserer geflügelten Bestie. Da hatte ich denn
Muße genug, mich nach allen Seiten hin umzusehen. Tief
unter uns lag es wie eine Länderkarte: Städte, Dörfer,
Hügel und Wälder flogen wechselnd im Mondschein
vorüber. Nur an manchen einzelnen Flecken schien die
Nacht wunderlich zu gären. Ungeheuere Staubwirbel
schlangen sich durcheinander, und so oft der Wind den
Qualm auf Augenblicke teilte, erschien es darunter wie
kochende Schlammvulkane.

Vor uns aber im Grau der Nacht stand, allmählich

wachsend, eine große, dunkele Wolke; ich erkannte bald, daß es der Blocksberg war, auf den wir zuflogen. Je näher wir kamen, je mehr füllte die Luft sich rings umher mit seltsamem Sausen, fernem Rufen und dem Geheul vaterländischer Gesänge. Zahllose Gestalten huschten überall durch den Wind, an denen wir aber, da sie schlechter beritten waren, pfeifend vorüberrauschten. Mit Verwunderung bemerkte ich unter ihnen bekannte Redakteurs liberaler Zeitschriften, sie ritten auf großen Schreibfedern, welche manchmal schnaubend spritzelten, um den guten Städten unten, die rein und friedlich im Mondglanze lagen, tüchtige Dintenkleckse anzuhängen.

Bald konnten wir nun auch die einzelnen Konturen und Felsengruppen des Berges selbst deutlich unterscheiden. Sehen Sie nur, wie es da wimmelt! rief mir mein Professor zu, indem er endlich den Schlaf aus den Augen wischte und sich auf dem Rücken des Tieres vergnügt zurechtrückte. Und in der Tat, aus allen Steinritzen und Felsenspalten unten sah ich unabsehbare Scharen aufdukken, klettern und steigen, oft plötzlich über das lockere GeRölle hinabschurrend und immer wieder unverdrossen emporklimmend. Mein Gott, wo kommt alle der Plunder her!, dachte ich bei mir. Da hörte ich auf einmal Gesang erschallen. Es war eine Prozession weißgekleideter liberaler Mädchen, die sich abquälten, einen gestickten Banner zu dem Feste hinaufzutragen. Der Wind zerarbeitete gar wacker die große Fahne, in deren flatternde Zipfel, so oft sie die Erde streiften, sich Eidechsen und dicke Kröten anhingen. Noch schlimmer schien es weiter unten mehreren anständig gekleideten Männern zu ergehen, die sich vergeblich dem andern luftigen Gesindel nachzukommen bemühten. Der Professor rieb sich lustig die Hände. Es geschieht ihnen schon recht, sagte er, das sind die Doktrinärs, halb des Himmels und halb des Teufels, sie wollen es mit keinem verderben. – Ich konnte nun deutlich vernehmen, wie diese Unglücklichen jede, an ihnen vorüberhuschende Gestalt mit weitläufigen Demonstrationen beredt harangierten. Aber, ehe sie sich's versahen, kehrte ein fliegender Besen sich schnell in der Luft um und schlug ihnen die Hüte vom Kopf, oder ein Bock, den sie eben überzeugt zu haben glaubten, stieß sie plötzlich von der mühsam erklommenen Höhe kopfüber wieder hinab. Noch lange hörte ich sie aus ferner Tiefe kläglich rufen: nehmt uns mit, nehmt uns doch mit!, worauf jedesmal ein schadenfrohes Gelächter aus allen Schlüften erschallte.

Lärm, Gewirre, Drängen, Fluchen und Stoßen nahmen jetzt mit jeder Minute betäubend zu. Von Zeit zu Zeit aber schoß zwischen dem Gestrüpp und Geklüfte eine ungeheure goldflammende Schlange, wie glühende Lava das unermeßliche Getümmel plötzlich beleuchtend, den ganzen Berg hinunter, und ein allgemeines Hurra begrüßte sie vom Gipfel bis in die tiefsten Gründe hinab. Ich glaubte, das gölte unserer Ankunft, und dankte, mit gebührender Höflichkeit mein Haupt entblößend. – Aber sind Sie toll?, fuhr mich der Professor zornig an, indem er mir den Hut bis über die Augen wieder aufstülpte – solche servile Gewohnheiten deutschen Knechtsinns!

Hier stießen wir, etwa in der Mitte des Berges, plötzlich ans Land. Unser Roß wälzte sich sogleich zur Seite und nahm, nach dem ermüdenden Fluge, ein Schlammbad. Wir aber drangen weiter vor. Halten Sie sich nur an meinen Rockschoß, rief mir der Professor zu, und machte ohne Umstände mit beiden Ellenbogen Platz. Da konnte ich bemerken, in welchem Ansehen der starke Mann hier stand. Von allen Seiten wichen die Wimmelnden, so gut es gehen wollte, ehrerbietig aus, obgleich es mir vorkam, als zwickten sie, so oft er sich wandte, mich hinterrücks heimlich in die Waden.

Unter solchen Gewaltstreichen erreichten wir endlich eine Restauration, die, ziemlich geschmacklos, sich unter einem dreifarbigen Zelte befand, auf welchem ein fuchsroter alter Hahn saß und unaufhörlich krähte. Sieben Pfeifer saßen zur Seiten auf einem Stein und bliesen das ça ira von Anfang bis zu Ende und wieder und immer wieder von vorn, so langweilig, als bliesen sie schon auf dem letzten Loche. Auf der Tribüne der Restauration aber stand der Wirt und schrie mitten durch das Geblase mit durchdringender Stimme seine Wunderbüchsen und Likörflaschen aus: Konstitutionswasser, doppelt Freiheit! Unten schossen Kinder Burzelbäume und warfen jauchzend ihre roten Mützchen in die Luft, das Volk war wie besessen, sie würgten einander ordentlich, jeder wollte sein Geld zuerst los sein.

Hatt ich nun aber den Professor schon im goldenen Zeitgeist bewundert, so mußte ich ihn jetzt fast vergöttern. Stürzte er doch fünf, sechs Flaschen abgezogener Garantie hinunter, ohne sich zu schütteln, und fand zuletzt alle das Zeug noch nicht scharf genug! Auch ich mußte davon kosten, konnte es aber nicht herunterbringen, so widerlich fuselte der Schnaps. Alles Pariser Fabrikat!, rief mir der Professor zu. – Muß auf dem Transport ein wenig gelitten haben, erwiderte ich bescheiden. – Kleinigkeit!, mengte sich der Wirt herein, man tut etwas gestoßenen Pfeffer daran, die Leute mögen's nicht, wenn es sie nicht in die Zunge beißt.

Währenddes war der Professor schon mit beiden Füßen in ein Paar dicke Schmierstiefeln gefahren; ich mußte eiligst desgleichen tun. Wir müssen nun immer weiter hinauf, sagte er, wer mit der Zeit fortgehn will, der muß sich vorsehn, da geht's durch dick und dünn. In der Tat begann nun auch von allen Seiten ein allgemeiner Aufbruch, als wenn man kochenden Brei im Kessel umrührte. Bald darauf aber schien der ganze Zug an der Spitze auf einmal wieder in Stocken zu geraten. Es entstand vorn ein Drängen und Wogen, dann ein heftiges Gezänk, das sich nach und nach, wie ein Lauffeuer, nach allen Richtungen hin verbreitete; man konnte zuletzt durch den Lärm nur noch einzelne grobe Stimmen deutlicher unterscheiden, die beinah wie Rebellion klangen. – Was gibt's denn? schrie der Professor voller Ungeduld. Da kamen mehrere junge Doktoren plötzlich herangestürzt, schreckensbleich und mit allen Zeichen der Verzweiflung, der eine hatte seinen Hut, der andere seinen Rockschoß in dem Getümmel verloren. Alles aus!, riefen sie atemlos, sie wollen hier bei der Schnapsbude bleiben, es geht *ein* Schrei durchs ganze Volk nach Braten und Likör, sie mögen nichts von Freiheit und Prinzipien mehr wissen, sie wollen durchaus nicht weiter fortschreiten! – So fraternisiert doch mit dem Lumpengesindel, riet der Professor. – Zu spät!, entgegneten jene, sie sind alle schon betrunken. O unsere Reputation! Was wird die öffentliche Meinung sagen? wir kommen um ein Dezennium zurück! – Nun so soll sie doch!, donnerte der Professor mit seiner Stentorstimme ganz wütend in das dickste Getümmel hinein, wollt ihr wohl frei und patriotisch und gebildet sein in des Teufels Namen! Hiermit stemmte er mit hinreißender Gewalt seinen breiten Rücken gegen die rebellische Masse, die entlaufenen Doktoren und andere Honoratioren folgten mutig seinem Beispiel, die liberalen Mädchen mit ihrer Fahne wallten singend voran, die sieben Pfeifer spielten auf, und so rückte über lüderliche

110

Handwerker und betrunkene alte Weiber hinweg, die noch auf dem Boden keiften, die ganze Konfusion unter dem ungeheuersten Lärm und Gezänke langsam der Höhe zu.

Mir klopfte das Herz, als wir uns endlich der Stelle näherten, wo der berühmte Hexenaltar steht; ich blickte nach allen Seiten, ob nicht bald eine Teufelsklaue aus den Nebeln langte, die, wie Drachenleiber, vor uns den Boden streiften. Auf einmal tat es einen kurzen matten Blitz, als wenn es dem Himmel von der Pfanne gebrannt wäre. Was auch der Professor sagen mag, ich laß es mir nicht ausstreiten, ich sah damals einen Kerl mit Kolophonium und Laterne schnell hinter den einen Felsen huschen. Eh' ich indes noch darüber reiflich nachdenken konnte, erfolgte ein zweiter, ordentlicher Blitz, das Nachtgewölk teilte sich knarrend – und auf dem Hexensteine vor uns, in bläulicher bengalischer Beleuchtung, stand plötzlich ein ziemlich leichtfertig angezogenes Frauenzimmer zierlich auf einem Bein, beide Arme über sich emporgeschwungen, zu ihren beiden Seiten zwei elegant gekleidete junge Männer in Schuh und Strümpfen und Klapphüte unter den Armen, mit den beiden anderen Armen über dem Haupte der Dame in malerischer Stellung einen luftigen Schwibbogen bildend.

In demselben Augenblick lag auch die ganze Schar der Wallfahrer, mit den Angesichtern auf den Boden gestreckt, in tiefster Anbetung versunken. Ich erschrak, als ich fragend um mich her schaute und mich auf einmal als den einzigen Aufrechtstehenden befand in der kuriosen Gemeine. – Die öffentliche Meinung!, rief da leise eine Stimme hinter mir, und zugleich fühlte ich ein Paar Fäuste so derb in beiden Kniekehlen, daß ich gleichfalls auf meine Kniee hinstürzte.

Als ich einigermaßen wieder zur Besinnung gekommen war, stand mein Professor schon vor dem Altar und hielt eine gutgesetzte Rede an die öffentliche Meinung. Er sprach und log wie gedruckt: von ihren außerordentlichen Eigenschaften, dann von den Volkstugenden, von Preßfreiheit und dem allgemeinen Schrei darnach. Ich aber wußte wohl, was sie geschrien hatten und wer eigentlich gepreßt worden war.

Die Rede dauerte erstaunlich lange. Die arme öffentliche Meinung konnt' es kaum mehr aushalten, sie stellte sich bald auf dieses bald auf jenes Bein, das andere vor sich in die Luft streckend, wie eine Gans, die Langeweile hat. Da hatte ich denn Zeit genug, sie mir recht genau zu betrachten. Sie trug ein prächtiges Ballkleid von Schiller-Taft, der bei der bengalischen Beleuchtung wechselnd in allen Farben spielte, ihre Finger funkelten von Ringen, von der Stirn blitzte ein ungeheueres regardez moi, aber alles, wie mir schien, von böhmischen Steinen. Übrigens war sie etwas kurzer, derber Konstitution, daher stand sie auf dem Kothurn, während dicke Sträuße hoher Pfauenfedern von ihrer turmähnlichen Frisur herabnickten. Ein leises Bärtchen auf der Oberlippe stand ihr gar nicht übel; dabei aber hatte sie ein gewisses air enragé, ich weiß nicht, ob von Schminke, oder von der gezwungenen Stellung, oder ob sie gleichfalls gegen die Nachtluft einen Schnaps genommen hatte.

Währenddes war der Professor allmählich in seiner Redewut fast außer sich geraten. »Triumph! Triumph!« schrie er ganz rotblau im Gesicht, »das Volk hat sich selbst geistig emanzipiert! Die Augen Europas – was sag' ich Europas! – des Weltbaues, sind in diesem hochwichtigen Augenblick auf uns gerichtet. Ja, wenn man mich hier niederwürfe und knebelte, die Gewalt der Wahrheit würde den Knebel aus dem Munde speien, und gefesselt von dem Boden noch würde himmelwärts ich schreien: es werde Licht, es weiche die Finsternis, nieder mit der Zensur!«

Ein ungeheueres Bravo-Gebrüll donnerte den ganzen Berg hinab und wieder herauf. Einige Stimmen riefen: Da capo!, der Professor, der sich unterdes ein wenig erholt hatte, schickte sich auch unverdrossen an, von neuem loszulegen, und ich glaube in der Tat, er spräche noch heut, wenn die öffentliche Meinung, die sich seit geraumer Zeit schon zu ennuyieren schien, nicht schnell vom Altar herabgesprungen wäre, sein Haupt mit ihrem Fächer berührend, als wollte sie ihn zum Ritter schlagen.

Darauf rauschte sie in ihrem Taftgewande wohlgefällig durch die Reihen ihrer Getreuen. Da entstand aber bald ein außerordentliches Gedränge um sie her. Jeder wollte wenigstens den Saum ihres Kleides küssen, wobei sie denn manchem mit ihrem Pantöffelchen unversehens einen derben Tritt versetzte, oder wohl auch ihr Schnupftuch fallen ließ und sich dann totlachen wollte, wenn sie sich darum rissen, um es ihr zu apportieren. Viele junge Autoren umschwärmten sie von allen Seiten und suchten sich durch elegante Konversation und politische Witze bei ihr zu insinuieren, während sie jeden Laut aus dem Munde der Angebeteten eifrig in ihre Etuikalender notierten. Mehrere ernstere Männer dagegen schritten nebenher und lasen ihr mit lauter Stimme die schönsten Paragraphen ihrer neuen Kompendien vor. Sie aber ließ ihre spielenden Augen durch die Scharen ergehen, und hatte gar bald einen Studenten erspäht, der, unablässig nach Freiheit schreiend, sich mit Ziegenhainer und Kanonen in dem Gedränge Bahn machte. Er war auf seinem Stiefelknecht hergeritten, ein junger Bursch von kräftigem Gliederbau, mehr Bart als Gesicht, mehr Stiefel als Mann. Sie winkte ihn heran, hing sich ohne weiteres an seinen Arm und, eh' ich's mich versah, war sie mitten durch das Getümmel im Dunkel der verschwiegenen Nacht mit ihm verschwunden.

Ich schaute dem Paar, ganz erstaunt, noch lange nach, wäre aber dabei um ein Haar umgerannt worden. Denn die anderen schienen eben nicht viel aus dem Verschwinden zu machen, vielmehr sah ich sie nun, mit einer mir unerklärlichen Geschäftigkeit, plötzlich in großer Eile hin und her laufen, den Professor mitten unter ihnen, voller Eifer anordnend, rufend und treibend. Einige hatten sich an den Zipfel eines vorüberfliegenden Nebelstreifs gehängt und bogen ihn herunter, andere rollten ein leichtes Gewölk wie einen Vorhang auf, während wieder andere sich wunderlich in eine schwere dicke Wolke hineinarbeiteten, die sich auch wirklich nach und nach in Bäume, Felsen und Häuser zu gestalten anfing. Im Hintergrunde aber schien sich ein seltsames Wolkengerüst mit Logen und Galerien langsam aufzubauen, alles grau in grau; dazwischen pfiff ein heftiger Zugwind, daß ich meinen Hut mit beiden Händen auf dem Kopfe festhalten mußte, und die Fackeln warfen wilde rote Streiflichter zwischen die Wolkengebilde, überall ein chaotisches Dehnen und Wogen, als sollte die Welt von neuem erschaffen werden. – Vom Professor erfuhr ich endlich im Fluge, daß man in aller Geschwindigkeit eine Bühne einrichte, um vor den Augen der öffentlichen Meinung sich die Zukunft ein wenig einzuexerzieren.

In der Tat, ich bemerkte nun auch bald, wie jene Galerien sich allmählich mit Zuschauern füllten, aber lauter nur halbkenntliche Gestalten, deren Gliedmaßen nebelhaft auseinanderzufließen schienen; ich glaube, es war auch ein zukünftiges Publikum, das in der Eile noch nicht ganz fertig geworden war, aber doch schon sehr laut plauderte. Nur die Hauptloge stand noch leer; sie war prächtig ausgeschmückt, über ihr funkelte eine Sonne im Brillantfeuer, deren Gesicht, zu meinem großen Erstaunen, grauenhaft die Augen rollte und bald schmunzelte, bald gähnte. – Endlich erschien die öffentliche Meinung mit bedeutendem Geräusch in der Loge, das ganze Publikum stand auf und verneigte sich ehrerbietig. In demselben Augenblick wurde ein Böller gelöst und, ohne Ouvertüre, Prolog oder anderen Übergang, ging unten sogleich die Zukunft los.

Zuerst kam ein langer Mann in schlichter bürgerlicher Kleidung plötzlich dahergestürzt, ein Purpurmantel flog von seiner Schulter hinter ihm her, eine Krone saß ihm in der Eile etwas schief auf dem Haupt; dabei die Adlernase, die kleinen blitzenden Augen, die flammendrote Stirn: er war offenbar seines Gewerbes ein Tyrann. Er schritt heftig auf und ab, sich manchmal mit dem Purpurmantel den Schweiß von der Stirn wischend, und studierte in einem dicken Buche über Urrecht und Menschheitswohl, wie ich an den großen goldnen Buchstaben auf dem Rücken des Buches erkennen konnte. Ein Oberpriester im Talar eines ägyptischen Weisen schritt ihm mit einer brennenden Kerze feierlich voran. Ich hätte beinah laut aufgelacht: es war wahrhaftig niemand anders, als mein Professor! Er hatte nicht geringe Not hier, denn, um immer in gehöriger Distanz voranzubleiben, suchte er, halb rückwärts gewendet, Schnelligkeit und Richtung in den Augen des Tyrannen vorauszulesen, der oft anhielt, oft plötzlich wieder rasch vorschritt und dem Professor unverhofft auf die Fersen trat. Auf einmal blieb der Tyrann mit über der Brust verschränkten Armen, wie in tiefes Nachsinnen versunken, stehen. Dann, nach einer gedankenschweren Pause, rief er plötzlich: Ja, seid umschlungen, Millionen! Es weiche die Finsternis, nieder mit der Zensur! – Da klatschte die öffentliche Meinung von neuem, die andern folgten, der Tyrann verneigte sich, die Krone vom Kopfe lüftend, und verschwand mit Würde hinter den Wolkenkulissen.

Jetzt blieb der Professor in seinem Priestertalar allein zurück. Er schien die Exposition des Ganzen machen zu wollen und freute sich in einem salbungsreichen Monologe weitläufig über die gute Applikation des Tyrannen, wie er schon seit geraumer Frist sich auf den Patriotismus lege und es sich recht sauer werden lasse, mit der Zeit fortzuschreiten usw. Während er so deklamierte, traten noch andere und immer mehrere Oberpriester herzu, jeder von ihnen hatte gleichfalls ein brennendes Licht in der Hand. Sie verneigten sich erst verbindlich einer vor dem andern und drückten dann ihr gerechtes Erstaunen aus, wie sie in Behandlung des Tyrannen und sonst im Fache der Vaterländerei bereits so Großes vollbracht, wobei sie sich wechselseitig auf das vergnüglichste lobten. Das schien aber nicht ernstlich gemeint, denn jeder Lobende wandte sich jedesmal mit einem verächtlichen Achselzucken von dem eben Belobten und suchte ihm heimlich von seinem tropfenden Lichte einige Kleckse auf den weißen Talar beizubringen, bei welcher Gelegenheit ich denn bemerkte, daß ihre Kerzen bloße Talglichter waren und einen üblen Dunst verbreiteten.

Zwei von den Oberpriestern schienen besonders ihr vertrauliches Stündchen zu haben. Sie nahmen eine Prise Tabak zusammen und beklagten sich, daß es so langsam ginge in der Welt. Sie würden endlich auch alt und schäbig, und ihre Kerzen brennten sie bald auf die Finger.

116

Das Volk werde es am Ende noch merken, daß sie den Tyrannen nur darum in solchen Edelmut und Resignation brächten, um dann selber auf seinem Throne Platz zu nehmen und kommode zu regieren, wie es ihnen eben konveniere. Jeder von ihnen habe doch unten, der eine sein Schätzchen, die durchaus Königin, der andere einen lüderlichen Vetter, der Minister werden wolle. – Vergeblich hustete der Professor immer lauter und lauter, vergebens schimpfte er halb leise: seid ihr betrunken, daß ihr das alles hier vor dem Volke ausplaudert! – Endlich erscholl ein Schrei des einen plauderhaften Oberpriesters; der Professor hatte dem Unglücklichen insgeheim auf sein bestes Hühnerauge getreten.

Glücklicherweise indes war das ganze Gespräch nicht bis zu den Ohren der öffentlichen Meinung gekommen. Diese hatte schon lange nicht mehr aufgepaßt, sie schwatzte mit ihren Nachbarn, bog sich weit aus der Loge hervor und musterte das Publikum durch ihr Opernglas. Der Schrei des Getretenen erregte endlich ihre Aufmerksamkeit. Sie meinte, sie hätten da unten wieder einen philosophischen Zank, was sie jederzeit gewaltig langweilte. Sie ergriff daher rasch ihre Papageno-Flöte, die sie beständig am Halse trug, und fing in ihrer Launenhaftigkeit eine Contre-Tanz zu blasen an. Umsonst protestierten die erschrockenen Oberpriester, das liege ja gar nicht im Plane des Stückes, es half alles nichts, sie mußten, ohne alles vernünftige Motiv, nach ihrer Pfeife tanzen. Das war wie ein Fackeltanz betrunkener Derwische, die langen Habite flogen, bläuliche Irrlichter, wie sie sprangen, schlugen foppend zwischen ihnen aus dem Boden auf, sie betropften sich mit den Talglichtern von oben bis unten, daß es eine Schande war, und der Schweiß strömte von ihren Angesichtern, bis sie endlich in verwegenen Luftsprüngen plötzlich nach allen Seiten auseinanderstoben. Mein armer Professor war dabei unversehens in einen Sumpf geraten; ich sprang herbei und half ihm heraus, aber den einen Schmierstiefel mußte er doch drin stecken lassen.

Die hurtige Zukunft inzwischen ging über umgefallene Oberpriester und Schmierstiefeln unaufhaltsam ihren Gang weiter fort. Ein Mittelgewölk wurde schnell aufgerollt und man übersah auf einmal einen weiten Marktplatz voll der lebhaftesten Geschäftigkeit, von den schönsten Palästen umgeben. Aber die Besitzer der letzteren schienen ausgezogen oder verstorben zu sein; wenigstens erblickte man überall nur Tagelöhner und Fabrikarbeiter, die sich selbst ihre Stiefel putzten, ihre Frauen hingen durchlöcherte Wäsche über die marmornen Fensterbrüstungen zum Trocknen aus, mit den offnen Fenstern klappte der Wind, und von Zeit zu Zeit flogen die Scherben einer zerbrochenen Scheibe den Vorüberwandelnden an die Köpfe. Anderes Volk, als hätte man einen Sack voll Lumpen ausgeschüttet, sonnte sich, behaglich über die Marmortreppen der Paläste hingestreckt. Eine prächtige, mit vier Pferden bespannte Staatskarosse rollte über den Platz; mit Erstaunen sah ich am Wagenfenster den nackten Ellenbogen eines Handwerkers, der aus dem zerrissenen Ärmel sich in der Sonne spiegelte. Hinten auf dem Wagentritt aber standen zwei Kavaliere und blickten im Bewußtsein aufgeklärten Edelmuts stolz von der Höhe herab, zu der ihre starken Seelen sich zu erheben gewußt.

Das Patriarchalische dieses rührenden Völkerglücks wurde nur durch einen betäubenden Lärm auf dem Platze selbst unterbrochen. Da gab's ein Heben, Messen, Hämmern und Klappern. Es waren die Oberpriester und

andere Gelehrte; sie bauten eine große Regierungsmaschine nach der neuesten Erfindung des Professors, der
sich darauf ein Patent erteilen zu lassen im Sinne führte.

Mitten durch dieses Getümmel aber sah man den
Tyrannen in Pantoffeln und Schlafrock, als Landesvater
unter seinen Kindern, mit einer langen Pfeife auf und
nieder wandeln. Krone und Mantel hatte er unterdes an
einen Türpfosten an den Nagel gehängt, mit dem Szepter
rührte eine rüstige Schneiderfrau im Kessel den Brei für
ihre Gesellen um. Er selbst hatte, des Budgets eingedenk,
sogar den Gebrauch eines Hutes verschmäht, um ihn
nicht durch vieles Grüßen abzunutzen. Überhaupt schien
er es in der Popularität schon ziemlich weit gebracht zu
haben, nur faßte er es offenbar noch etwas ungeschickt
an. So kostete er z. B. unnützerweise von dem Brei im
Kessel und verbrannte sich den Mund, ja alle zehn
Schritte rief er wiederholt: où peut-on être mieux, qu'au
sein de sa famille!, was die Kerls, die kein Französisch
verstanden, für eine jesuitische Zauberformel hielten.

Dazwischen gähnte er dann zuweilen wie eine Hyäne,
als wollte er seine Untertanen verschlingen. Da wurde
dem Professor, der es bemerkte, ein wenig angst. Er
suchte seine Aufmerksamkeit auf die neue Regierungsmaschine zu lenken. Aber der Tyrann konnte sich durchaus nicht darein verstehen, die Pfeife ging ihm aus, sein
Verstand stand ihm still dabei. Vergeblich sprachen die
Oberpriester, erklärend, von Intelligenz, Garantien,
Handels-, Rede-, Gedanken-, Gewerbe-, Preß- und
anderer Freiheit. Ja, wenn ich nur etwas davon hätt',
entgegnete der Tyrann, kaltblütig seine Pfeife ausklop-
fend. Man sah es ihm an, wie er sich bezwang und
abstrapazierte, human zu sein, er sah schon ordentlich
angegriffen aus von den Bürgertugenden.

Bis hierher war nun alles ganz vortrefflich gegangen. Aber, wie es wohl im Leben geschieht, es gehört oft nur ein kleiner Stein dazu, um in den weisesten Kopf ein Loch zu schlagen. So begab sich's nun auch hier. Der Tyrann, an nichts als seine Fortschritte denkend, war eben bescheiden zur Seite getreten, um seine Tabakspfeife von neuem zu stopfen, als er plötzlich mit langen Schritten und allen Symptomen langverhaltener Wut, wie ein leuchtendes Ungewitter, wieder hervorstürzte; seine Stirn glühte aus dem bleichen Gesicht, die Augen funkelten, der Schlafrock rauschte weit im Winde – das Volk hatte ihm seinen Tabaksbeutel gestohlen! Der Professor, als er ihn so daherfliegen sah, erschrak sehr. Um Gotteswillen!, rief er ihm entgegen, wie wird Ihnen? woher dieser unverhoffte Rückfall? Sie bringen uns das ganze Stück ins Wackeln! – Die öffentliche Meinung pfiff aus Leibeskräften, das gebildete Publikum pochte in gerechtem Unwillen, die Oberpriester langten in der Angst eine Konstitution nach der anderen aus den Taschen und warfen sie dem Wüterich zwischen die langen Beine, um ihn zum Stolpern zu bringen. Alles vergebens! Er wollte von Bürgertugend, Popularität und Völkerglück nichts mehr hören, und nahm, wie ein Stier, einen entsetzlichen Anlauf, um die ganze Zukunft umzurennen.

Doch die Konfusion sollte noch immer größer werden. Den Faulenzern auf dem Platze, die sich hier eigentlich durch Selbstdenken hatten emanzipieren sollen, war inzwischen auch die Zeit lang geworden. Was haben sie zu tun? Während die anderen an der Regierungsmaschine arbeiten, nehmen sie, ganz wider den Plan des Stückes, heimlich Krone und Purpurmantel vom Nagel, holen den Szepter dazu und begeben sich damit ohne weiteres nach der Restauration. Unterweges kriegen sie Händel untereinander, zerreißen sich und ihre Beute und lassen sich für die Stücke in der Restauration Schnaps geben. Der Wirt, ein anschlägischer Kopf, wie er diese unerwartete Wendung der Staatsaktion sieht, besinnt sich nicht lange, zapft und läßt laufen was er hat, leimt und flickt die Stücke schnell wieder zusammen, legt selber Kron' und Mantel an, nimmt das Szepter in die Rechte und führt die freudetrunkene Bande, wie einen Kometenschweif, nach der Bühne zurück.

War nun die Zukunft vorhin schon im Wackeln, so schien sie jetzt ganz und gar in Stücke gehn zu wollen. Derweil die Oberpriester und Schriftgelehrten noch immer beflissen waren, den empörten Tyrannen wieder zu zähmen, ging auf einmal ein Mittelvorhang auf und man erblickte im Hintergrunde den Thron selbst, auf dem soeben der Wirt aus der Restauration sich breit und vergnüglich zurechtsetzte, wie einer, der mit seiner eigenen Pfiffigkeit wohl zufrieden war. Seine ganze Nation drängte sich, taumelte, lag und hing über Stufen und Lehne des Throns um ihn her, so daß er gleich zum Anfang von seinem Szepter einen nachdrücklichen Gebrauch machen mußte.

Der Professor und die Seinigen aber standen unten wie angedonnert, sie trauten sich nicht an den unerwarteten Usurpator und feuerten nur aus der Ferne mit wütenden Blicken. Dann traten sie schnell auf die Seite, steckten die Köpfe zusammen und schienen zu konspirieren. Mit Erstaunen glaubte ich dabei einigemal meinen Namen nennen zu hören, und konnte wohl bemerken, daß sie mich öfters bedeutungsvoll ansahen. Mein Gott, dachte ich, nun kommst du am Ende noch selbst mit in das Stück hinein, und ein heimliches Entsetzen rieselte mir durch alle Glieder. Es dauerte auch nicht lange, so kam der

Professor auf mich zugeflogen, riß mir meinen Oberrock vom Leibe und zog mir rasch ein prächtiges Hofkleid an, ein anderer rasierte mich, ein dritter steckte mir einen dicken Blumenstrauß vorn ins Knopfloch – ich wußte nicht wie mir geschah. In der Eile erfuhr ich dann: wie sie der Meinung seien, ich als Uneingeweihter bringe hier alles in solche Unordnung durch meine kritische Gegenwart; auch könnte ich wohl, wenn ich morgen vom Blocksberg käme, unten alles ausplaudern. Umbringen wollten sie mich nicht, weil ich der öffentlichen Meinung ausnehmend gefalle; ich müsse mich daher mit der letzteren sogleich vermählen, um ganz der Ihrige zu werden. – Aber das ist ja ein Vergnügen zum Tollwerden!, rief ich auf das heftigste erschrocken aus. – Bah, Kleinigkeit, fiel mir der Professor in die Rede, wir alle, die Sie hier sehen, sind schon mit ihr verheiratet. – Mich schauerte bei dem Gedanken dieser ungeheueren Schwägerschaft!

Unterdes waren die anderen Gelehrten dennoch mit dem Volke um den Besitz des Thrones handgemein geworden; darüber bekamen die Prinzipien Luft, die sie in die Regierungsmaschine verbaut hatten. Eins nach dem andern streckte neugierig den Kopf hervor, und da es so lustig herging draußen, rüttelten und schüttelten sie und brachen den ganzen Plunder entzwei. Da sah man dort einen dünnen Paragraphen, dort ein schweres Korollarium, hier einen luftigen Heischesatz aus den Trümmern steigen, und kaum fühlten sie sich frei, so lagen sie einander auch schon wieder in den Haaren und stürzten raufend in das dickste Getümmel.

Nun entstand eine allgemeine Schlägerei, da wußte keiner mehr, wer Freund oder Feind war! Dazwischen raste der Sturm, Besen flogen, tiefer unten krähte der rote Hahn wieder, bliesen die sieben Pfeifer, schrie der Wirt, die Bühne suchte die alte Freiheit und rührte und reckte sich in wilde Nebelqualme auseinander, ein entsetzliches übermenschliches Lachen ging durch die Lüfte, der ganze Berg schien auf einmal sich in die Runde zu drehen, erst langsam, dann geschwinder und immer geschwinder – mir vergingen die Gedanken, ich stürzte besinnungslos zu Boden.

Als ich die Augen wieder aufschlug, lag ich ruhig in dem Gasthofe zum goldenen Zeitgeist im Bett. Die Sonne schien schon hell ins Zimmer, der fatale Kellner stand neben mir und lächelte wieder so ironisch, daß ich mich schämte, nach dem Professor, dem Pegasus und dem Blocksberg zu fragen. Ich griff verwirrt nach meinem Kopf: ich fühlte so etwas von Katzenjammer. Und in der Tat, da ich's jetzt recht betrachte, ich weiß nicht, ob nicht am Ende alles bloß ein Traum war, der mir, wie eine Fata Morgana, die duftigen Küsten jenes volksersehnten Eldorados vorgespiegelt. Dem aber sei nun wie ihm wolle, genug: auch ich war in Arkadien!

EINE MEERFAHRT

Es war im Jahre 1540, als das valenzische Schiff Fortuna die Linie passierte und nun in den Atlantischen Ozean hinausstach, der damals noch einem fabelhaften Wunderreiche glich, hinter dem Columbus kaum erst die blauen Bergesspitzen einer neuen Welt gezogen hatte. Das Schiff hatte eben nicht das beste Aussehen, der Wind pfiff wie zum Spott durch die Löcher in den Segeln, aber die Mannschaft, lumpig, tapfer und allezeit vergnügt, fragte wenig darnach, sie fuhren immerzu und wollten mit Gewalt neue Länder entdecken. Nur der Schiffshauptmann Alvarez stand heute nachdenklich an den Mast gelehnt, denn eine rasche Strömung trieb sie unaufhaltsam ins Ungewisse von Amerika ab, wohin er wollte. Von der Spitze des Verdecks aber schaute der fröhliche Don Antonio tiefaufatmend in das fremde Meer hinaus, ein armer Student aus Salamanka, der von der Schule neugierig mitgefahren war, um die Welt zu sehen. Dabei hatte er heimlich noch die Absicht und Hoffnung, von seinem Oheim Don Diego Kunde zu erhalten, der vor vielen Jahren auf einer Seereise verschollen war und von dessen Schönheit und Tapferkeit er als Kind so viel erzählen gehört, daß es noch immer wie ein Märchen in seiner Seele nachhallte. – Ein frischer Wind griff unterdes rüstig in die geflickten Segel, die künstlich geschnitzte bunte Glücksgöttin am Vorderteil des Schiffes glitt heiter über die Wogen, den wandelbaren Tanzboden Fortunas. Und so segelten die kühnen Gesellen wohlgemut in die unbekannte Ferne hinaus, aus der ihnen seltsame Abenteuer, zackiges Gebirge und stille blühende Inseln wie im Traume allmählich entgegendämmerten. Schon zwei Tage waren sie in derselben Richtung fortgesegelt, ohne ein Land zu erblicken, als sie unerwartet in den Zauberbann einer Windstille gerieten, die das Schiff fast eine

Woche lang mit unsichtbarem Anker festhielt. Das war eine entsetzliche Zeit. Der hagere gelbe Alvarez saß unbeweglich auf seinem ledernen Armstuhle und warf kurze scharfe Blicke in alle Winkel, ob ihm nicht jemand guten Grund zu ordentlichem Zorne geben wollte, die Schiffsleute zankten um nichts vor Langeweile, dann wurde oft alles auf einmal wieder so still, daß man die Ratten im untern Raum schaben hörte. Antonio hielt es endlich nicht länger aus und eilte auf das Verdeck, um nur frische Luft zu schöpfen. Dort hingen die Segel und Taue schlaff an den Masten, ein Matrose mit offener brauner Brust lag auf dem Rücken und sang ein valenzianisches Lied, bis auch er einschlief. Antonio aber blickte in das Meer, es war so klar, daß man bis auf den Grund sehen konnte, das Schiff hing in der Öde wie ein dunkler Raubvogel über den unbekannten Abgründen, ihm schwindelte zum erstenmal vor dem Unternehmen, in das er sich so leicht gestürzt. Da gedachte er der fernen schattigen Heimat, wie er dort als Kind an solchen schönen Sommertagen mit seinen Verwandten oft vor dem hohen Schloß im Garten gesessen, wo sie nach den Segeln fern am Horizonte aussahen, ob nicht Diegos Schiff unter ihnen. Aber die Segel zogen wie stumme Schwäne vorüber, die Wartenden droben wurden alt und starben, und Diego kam nicht wieder, kein Schiffer brachte jemals Kunde von ihm. – Das Angedenken an diese stille Zeit wollte ihm das Herz abdrücken, er lehnte sich an den Bord und sang für sich:

> Ich seh' von des Schiffes Rande
> Tief in die Flut hinein:
> Gebirge und grüne Lande,
> Der alte Garten mein,

Die Heimat im Meeresgrunde,
Wie ich's oft im Traum mir gedacht,
Das dämmert alles da drunten
Als wie eine prächtige Nacht.

Die zackigen Türme ragen,
Der Türmer, er grüßt mich nicht,
Die Glocken nur hör' ich schlagen
Vom Schloß durch das Mondenlicht,
Und den Strom und die Wälder rauschen
Verworren vom Grunde her,
Die Wellen vernehmen's und lauschen
So still übers ganze Meer.

Don Diego auf seiner Warte
Sitzet da unten tief,
Als ob er mit langem Barte
Über seiner Harfe schlief.
Da kommen und gehn die Schiffe
Darüber, er merkt es kaum,
Von seinem Korallenriffe
Grüßt er sie wie im Traum.

Und wie er noch so sann, kräuselte auf einmal ein leiser
Hauch das Meer immer weiter und tiefer, die Segel
schwellten allmählich, das Schiff knarrte und reckte sich
wie aus dem Schlaf und aus allen Luken stiegen plötzlich
wilde gebräunte Gestalten empor, da sie die neue Bewegung spürten, sie wollten sich lieber mit dem ärgsten
Sturme herumzausen, als länger so lebendig begraben
liegen. Auf einmal schrie es Land! vom Mastkorbe, Land,
Land! Antonio kletterte in seinem buntseidenen Wams
wie ein Papagei auf der schwankenden Strickleiter den
Hauptmast hinan, er wollte das Land zuerst begrüßen.

Alvarez eilte nach seiner Karte, da war aber alles leer auf der Stelle, wo sie soeben sich befinden mußten. Baccalaureus, Herzensjunge! schrie er herauf, schaff mir einen schwarzen Punkt auf die Karte hier, ich mach dich zum Doktor drin, was siehst du? – Ein blauer Berg taucht auf, rief Antonio hinab, jetzt wieder einer – ich glaub' es sind Wolken, es dehnt sich und steigt im Nebel wie Turmspitzen. – Nein, jetzt unterscheide ich Gipfel, o wie das schön ist! und helle Streifen dazwischen in der Abendsonne, unten dunkelt's schon grün, die Gipfel brennen wie Gold. – Gold? rief der Hauptmann und hatte sein altes Perspektiv genommen, er zielte und zog es immer länger und länger, er schwor, es sei das reiche Indien, das unbekannte große Südland, das damals alle Abenteurer suchten.

In diesem Augenblicke aber waren plötzlich alle Gesichter erbleichend in die Höh' gerichtet: ein dunkler Geier von riesenhafter Größe hing mit weit ausgespreizten Flügeln gerade über dem Schiff, als könnt' er die Beute von Galgenvögeln nicht erwarten. Bei dem Anblick ging ein Gemurmel, erst leise, dann immer lauter, durch das ganze Schiff, alle hielten es für ein Unglückszeichen. Endlich brach das Schiffsvolk los, sie wollten nicht weiter und drangen ungestüm in den Hauptmann, von dem verhängnisvollen Eiland wieder abzulenken. Da zog Alvarez heftig seinen funkelnden Ring vom Finger, lud ihn schweigend in seine Muskete und schoß nach dem Vogel. Dieser, tödlich getroffen, wie es schien, fuhr pfeilschnell durch die Lüfte, dann sah man ihn taumelnd immer tiefer nach dem Lande hin in der Abendglut verschwinden. Meld' dem Land, daß sein Herr kommt – sagte Alvarez nachschauend, auf seine Muskete gestützt – und wer mir den Ring wiederbringt,

soll Statthalter des Reichs sein! – Hat sich was wiederzu-
bringen, brummte einer, der Ring war nur von böhmischen Steinen!

Indem aber fing die Luft schon zu dunkeln an, man
beschloß daher, den folgenden Tag abzuwarten, bevor
man sich der unbekannten Küste näherte. Die Segel
wurden eiligst eingezogen, die Anker geworfen und auf
Bord und Masten Wachen ausgestellt. Aber keiner
konnte schlafen vor Erwartung und Freude, die Matrosen
lagen in der warmen Sommernacht plaudernd auf dem
Verdecke umher, Alvarez, Antonio und die Offiziere
saßen zusammen vorn auf Fortunas Schopfe, unter ihnen
schlugen die Wellen leise ans Schiff, während fern am
Horizont die Nacht sich mit Wetterleuchten kühlte. Der
vielgereiste Alvarez erzählte vergnügt von seinen frühern
Fahrten, von ganz smaragdenen Felsenküsten, an denen
er einmal gescheitert, von prächtigen Vögeln, die wie
Menschen sängen und die Seeleute tief in die Wälder
verlockten, von wilden Prinzessinnen auf goldenen
Wagen, die von Pfauen gezogen würden. – Wer da! rief
da auf einmal eine Wache an, alles sprang rasch hinzu.
Wer da, oder ich schieße! schrie der Posten von neuem.
Da aber alles stille blieb, ließ er langsam seine Muskete
wieder sinken und sagte nun aus, es sei ihm schon lange
gewesen, als hörte er in der See flüstern, immer näher,
bald da bald dort, dann habe plötzlich die Flut ganz in
der Nähe aufgerauscht. Alle lauschten neugierig hinaus,
sie konnten aber nichts entdecken, nur einmal war's
ihnen selber, als hörten sie Ruderschlag von ferne. –
Unterdes aber war der Mond aufgegangen und sie
bemerkten nun, daß sie dem Lande näher waren, als sie
geglaubt hatten. Dunkle Wolken flogen wechselnd darüber, der Mond beleuchtete verstohlen ein Stück wun-

derbares Gebirge mit Zacken und jähen Klüften, immer höher stieg eine Reihe Gipfel hinter der andern empor, der Wind kam vom Lande, sie hörten drüben einen Vogel melancholisch singen und ein tiefes Rauschen dazwischen, sie wußten nicht, ob es die Wälder waren oder die Brandung. So starrten sie lange schweigend in die dunkle Nacht, als auf einmal einer den andern flüsternd anstieß. Sirenen! hieß es da plötzlich von Mund zu Munde, seht da, ein ganzes Nest von Sirenen! – und in der Ferne glaubten sie wirklich schlanke weibliche Gestalten in der schimmernden Flut spielend auftauchen und wieder verschwinden zu sehen. – Die erwisch' ich! rief Alvarez, der sich indes rasch mit Degen, Muskete und Pistolen schon bis an die Zähne bewaffnet hatte und eiligst auf der Schiffsleiter in das kleine Boot hinabstieg. Antonio folgte fast unwillkürlich. – Gott schütz', der Hauptmann wird verliebt, bindet ihn! riefen da mehrere Stimmen verworren durcheinander. Alle wollten nun die tolle Abfahrt hindern, da sie aber das Boot festhielten, zerhieb Alvarez zornig mit seinem Schwerte das Tau und die beiden Abenteurer ruderten allein in den Mondglanz hinaus. Die zurückkehrende Flut trieb sie unmerklich immer weiter dem Lande zu, ein erquickender Duft von unbekannten Kräutern und Blüten wehte ihnen von der Küste entgegen, so fuhren sie dahin. Auf einmal aber bedeckte eine schwere Wolke den Mond und als er endlich wieder hervortrat, war See und Ufer still und leer, als hätte der fliegende Wolkenschatten alles abgefegt. Betroffen blickten sie umher, da hatten sie zu ihrem Schrecken hinter einer Landzunge nun auch ihr Schiff aus dem Gesicht verloren. Die wachsende Flut riß sie unaufhaltsam nach dem Strande, das Ufer, wie sie so pfeilschnell dahin flogen, wechselte grauenhaft im verwirrenden Mondlicht, auf einsamem Vorsprunge aber saß es wie ein Riese in weiten grauen Gewändern, der über dem Rauschen des Meeres und der Wälder eingeschlafen. – Diego! sagte Antonio halb für sich. – Alvarez aber, in Zorn und Angst, feuerte wütend sein Pistol nach der grauen Gestalt ab. In demselben Augenblick stieß das Boot so hart auf den Grund, daß der weiße Gischt der Brandung hoch über ihnen zusammenschlug. Alvarez schwang sich kühn auf einen Uferfels, den erschrockenen Antonio gewaltsam mit sich emporreißend, hinter ihnen zerschellte das Boot in tausend Trümmer. Aber so zerschlagen und ganz durchnäßt, wie er war, kletterte der Hauptmann eilig weiter hinan, und auf dem ersten Gipfel zog er sogleich seinen Degen, stieß ihn in den Boden und nahm feierlich Besitz von diesem Lande mit allen seinen Buchten, Vorgebirgen und etwa dazugehörigen Inseln. Amen! sagte Antonio, sich das Wasser mit den Kleidern schüttelnd, nun aber wollt ich, wir wären mit Ehren wieder von dieser fürstlichen Höhe hinunter, ich gebe Euch keinen Pfeffersack für Euer ganzes zukünftiges Königreich! – Zukünftiges? erwiderte Alvarez, das ist mir just das liebste dran! Mit Kron' und Szepter auf dem Throne sitzen, Audienz geben, mit den Gesandten parlieren: was macht unser Herr Vetter von England usw.? Langweiliges Zeug! Da lob' ich mir einen Regenbogen, zweifelhafte Türme von Städten, die ich noch nicht sehe, blaues Gebirge im Morgenschein, es ist alles ritt'st du in den Himmel hinein; kommst du erst hin, ist's langweilig. Um ein Liebchen werben ist charmant; heiraten: wiederum langweilig! Hoffnung ist meine Lust, was ich liebe, muß fern liegen wie das Himmelreich.

Soll Fortuna mir behagen,
Will ich über Strom und Feld
Wie ein schlankes Reh sie jagen
Lustig, bis ans End' der Welt!

Eigentlich aber sang er mit seiner heisern Stimme nur, um
sich selber die Grillen zu versingen, denn ihre Lage war
übel genug. Zu den Ihrigen wieder zurückzufinden, konnten sie nicht hoffen, ohne sich ihnen durch Signale kundzugeben; Feuer anzünden aber, schießen oder sonstigen
Lärm machen, wollten sie nicht, um das wilde Gesindel
nicht gegen sich aufzustören, das vielleicht in den umherliegenden Klüften nistete. Da beschlossen sie endlich,
einen der höhern Berggipfel zu besteigen, dort wollten sie
sich erst umsehen und im schlimmsten Falle den Morgen
abwarten. Als sie nun aber in solchen Gedanken immer
tiefer in das Gebirge hineingingen, kam ihnen nach und
nach alles gar seltsam vor. Der Mondschein beleuchtete
wunderlich Wälder, Berge und Klüften, zuweilen hörten
sie Quellen aufrauschen, dann wieder tiefe weite Täler, wo
hohe Blumen und Palmen wie in Träumen standen.
Fremde Rehe grasten auf einem einsamen Bergeshange, die
reckten scheu die langen schlanken Hälse empor, dann
flogen sie pfeilschnell durch die Nacht, daß es noch weit
zwischen den stillen Felswänden donnerte.

Jetzt glaubte Antonio in der Ferne ein Feuer zu bemerken. Alvarez sagte: wo in diesen Ländern eine reiche
Goldader durchs Gebirge ginge, da gebe es oft solchen
Schein in stillen Nächten. Sie verdoppelten daher ihre
Schritte, leis und vorsichtig ging es über mondbeglänzte
Heiden, das Licht wurde immer breiter und breiter,
schon sahen sie den Widerschein jenseits an den Klippen
des gegenüberstehenden Berges spielen. Auf einmal stan-

den sie vor einem jähen Abhange und blickten erstaunt in ein tiefes, rings von Felsen eingeschlossenes Tal hinab; kein Pfad schien zwischen den starren Zacken hinabzuführen, die Felswände waren an manchen Stellen wunderbar zerklüftet, aus einer dieser Klüfte drang der trübe Schein hervor, den sie von weitem bemerkt hatten. Zu ihrem Entsetzen sahen sie dort einen wilden Haufen dunkler Männer, Windlichter in den Händen, abgemessen und lautlos im Kreise herumtanzen, während sie manchmal dazwischen bald mit ihren Schilden, bald mit den Fackeln zusammenschlugen, daß die sprühenden Funken sie wie ein Feuerregen umgaben. Inmitten dieses Kreises aber, auf einem Moosbette, lag eine junge schlanke Frauengestalt, den schönen Leib ganz bedeckt von ihren langen Locken, und Arme, Haupt und Brust mit funkelnden Spangen und wilden Blumen geschmückt, als ob sie schliefe, und so oft die Männer ihre Fackeln schüttelten, konnten sie deutlich das schöne Gesicht der Schlummernden erkennen.

Es ist Walpurgis heut, flüsterte Alvarez nach einer kleinen Pause, da sind die geheimen Fenster der Erde erleuchtet, daß man bis ins Zentrum schauen kann. – Aber Antonio hörte nicht, er starrte ganz versunken und unverwandt nach dem schönen Weibe hinab. Vermaledeiter Hexensabbat ist's, sagte der Hauptmann wieder, Frau Venus ist's! in dieser Nacht alljährlich opfern sie ihr heimlich, *ein* Blick von ihr, wenn sie erwacht, macht wahnsinnig. – Antonio, so verwirrt er von dem Anblick war, ärgerte doch die Unwissenheit des Hauptmanns. Was wollt Ihr! entgegnete er leise, die Frau Venus hat ja niemals auf Erden wirklich gelebt, sie war immer nur so ein Symbolum der heidnischen Liebe, gleichsam ein Luftgebild, eine Schimäre. Horatius sagt von ihr: Mater saeva cupidinum. – Sprecht nicht lateinisch hier, das ist just ihre Muttersprache! unterbrach ihn Alvarez heftig und riß den Studenten vom Abgrunde durch Hecken und Dornen mit sich fort. Der Teufel, sagte er, als sie schon eine Strecke fortgelaufen waren, der Teufel – Wollt sagen: der – nun, Ihr wißt schon, man darf ihn heut nicht beim Namen nennen – der hat für jeden seine besondern Finten, unsereins faßt er geradezu beim Schopf, eh'man sich's versieht, euch Gelehrte nimmt er säuberlich zwischen zwei Finger wie eine Prise Tabak.

Unter diesem Diskurs stolperten sie, von Schweiß triefend, im Dunkeln über Stock und Stein, einmal kam's ihnen vor, als flöge eine Mädchengestalt über die Heide, aber der Hauptmann drückte fest die Ohren an. So waren sie in größter Eile, ohne es selbst zu bemerken, nach und nach schon wieder tief ins Tal hinabgekommen, als ihnen plötzlich ein: Halt, wer da! entgegenschallte. Da war es ihnen doch nicht anders, als ob sie eine Engelsposaune vom Himmel anbliese! – He Landsmann, Kameraden, Hollahoh! schrie Alvarez aus vollem Halse; sie traten aus dem Wald und sahen nun die Schiffsmannschaft auf einer Wiese am Meere um Feldfeuer gelagert, die warfen so lustige Scheine über die Gestalten mit den wilden Bärten, breit aufgekrämpten Hüten und langen Flinten, daß Antonio recht das Herz im Leibe lachte.

Alvarez aber, noch ganz verstört von der verworrenen Nacht, trat sogleich mitten unter die Überraschten und erzählte, wie sie eben aus dem Venusberge kämen und die Frau Venus auf diamantenem Throne gesehen hätten, was sie da erlebt, wollt' er keinem wünschen, denn er müßte gleich toll werden darüber. – Kerl, warum senkst du die Hellebarde nicht, wenn dein Hauptmann vor dir steht? fuhr er dazwischen die Schildwache an, die sich neugierig ebenfalls genähert hatte. Der Soldat aber schüttelte den Kopf, als kennte er ihn nicht mehr. Da trat der Schiffslieutenant Sanchez keck aus dem Gedränge hervor, er trug das Hauptmannszeichen an seinem Hut. Es sei hier alles in guter Ordnung, sagte er zu Alvarez, er habe sie verlassen in der Not und Fremde, auch hätten sie sein Boot zertrümmert gefunden, da habe die Mannschaft nach Seegebrauch einen neuen Anführer gewählt, er sei jetzt der Hauptmann! – Was, schrie Alvarez, Hauptmann geworden, wie man einen Handschuh umdreht, wie ein Pilz über Nacht? – Der schlaue Sanchez aber lächelte sonderbar. Über Nacht? sagte er, könnt Ihr etwa im Venusberg wissen, was es an der Zeit ist? Oho, wie lange denkt Ihr denn, daß Ihr fort gewesen, nun? – Alvarez war ganz betreten, die furchtbare Sage vom Venusberg fiel ihm jetzt erst recht aufs Herz, er traute sich selber nicht mehr. – Wißt Ihr denn nicht, sagte Sanchez, ihm immer dreister unter das Gesicht tretend, wißt Ihr nicht, daß mancher als schlanker Jüngling in den Venusberg gegangen und als alter Greis mit grauem Barte zurückgekommen, und meint doch, er sei nur ein Stündlein oder vier zu Biere gewesen, und keiner im Dorfe kannte ihn mehr, und – wie er aber dem Alvarez so nahe trat, gab ihm dieser auf einmal eine so derbe Ohrfeige, daß der Hauptmannshut vom Kopfe fiel, denn er hatte sich unterdes rund umgesehen und wohl bemerkt, daß die andern kaum um ein paar Stunden älter geworden, seitdem er sie verlassen. Sanchez griff wütend nach seinem Degen, Alvarez auch, die andern drängten sich wild heran, einige wollten dem alten Hauptmann, andere dem neuen helfen. Da sprang Antonio mitten in den dichtesten Haufen, die Streitenden teilend. Seid ihr Christen? rief er, blickt um euch her, auf was habt ihr eure Sach' gestellt, daß ihr so

139

übermütig seid? Diese alten starren Felsen, die nur mit den Wolken verkehren, fragen nichts nach euch und werden sich eurer nimmermehr erbarmen. Oder baut ihr auf die Nußschale, die da draußen auf den Wellen schwankt? Der Herr allein tut's! Er hat uns mit seinen himmlischen Sternen durch die Einsamkeit der Nächte nach einer fremden Welt herübergeleuchtet und geht nun im stillen Morgengrauen über die Felsen und Wogen, daß es wie Morgenglocken fern durch die Lüfte klingt, wer weiß, welchen von uns sie abrufen – und anstatt niederzusinken im Gebet, laßt ihr eure blutdürstigen Leidenschaften wie Hunde gegeneinander los, daß wir alle davon zerrissen werden. Er hat recht! sagte Alvarez, seinen Degen in die Scheide stoßend. Sanchez traute dem Alvarez nicht, doch hätte er auffahren mögen vor Ärger, und wußte nicht, an wem er ihn auslassen sollte. Ihr seid ein tapferer Ritter Rhetorio, sagte er, habt Ihr noch mehr so schöne Sermone im Halse? – Ja, um jeden frechen Narren damit zu Grabe zu sprechen, entgegnete Antonio. – Oho, rief Sanchez, so müßt ihr Feldpater werden, ich will Euch die Tonsur scheren, mein Degen ist just heute haarscharf. Da fuhr Alvarez auf: wer dem Antonio ans Leder wolle, müsse erst durch seinen eignen Koller hindurch. Aber Antonio hatte schon seinen Degen gezogen, trat mit zierlichem Anstande vor und sagte zum Lieutenant, daß sie die Sache als Edelleute abmachen wollten. Alvarez und mehrere andere begleiteten nun die beiden weiterhin bis zum Saume des Waldes, die Schwerter wurden geprüft und der Kampfplatz mit feierlichem Ernst umschritten. Die Palmen streckten ihre langen Blätter und Fächer verwundert über die fremden Gesellen hinaus. Gar bald aber blitzte der Mond in den blanken Waffen, denn Sanchez griff sogleich an und verschwor sich im Fechten, Antonio solle seinen Degen hinunterschlucken bis an den Griff. Der Student aber wußte schöne gute Hiebe und Finten von der Schule zu Salamenka her, parierte künstlich, maß und stach und versetzte dem Prahlhans, ehe er sich's versah, einen Streich über den rechten Arm, daß ihm der Degen auf die Erde klirrte. Nun faßte Sanchez das Schwert mit der Linken und stürzte in blinder Wut von neuem auf seinen Gegner; er hätte sich selbst Antonios Degenspitze in den Leib gerannt, aber die andern unterliefen ihn schnell und warfen ihn rücklings zu Boden, denn jetzt erst bemerkten sie, daß er schwer betrunken war. In der Hitze des Kampfes hatte er völlig die Besinnung verloren, sie mußten ihn an die Lagerfeuer zurücktragen, wo sie nun seine Wunde verbanden. Da hielt er sich für tot und fing sich selber ein Grablied zu singen an, aber es wollte nicht stimmen, er sah ganz unkenntlich aus, bis er endlich umsank und fest einschlief. – Das ist gut, er hat die Rebellion mit seinem Blut wieder abgewaschen, sagte Alvarez vergnügt, denn alle waren dem Lieutenant gewogen, weil er Not und Lust brüderlich mit seinen Kameraden teilte und in der Gefahr allezeit der erste war.

Unterdes aber hatte die Schiffsmannschaft eilig bunte Zelte aufgeschlagen und plauderte und schmauste vergnügt. Antonio mußte auf viele Gesundheiten fleißig Bescheid tun, sie erklärten ihn alle für einen tüchtigen Kerl. Dazwischen schwirrte eine Zither vom letzten Zelte, der Schiffskoch spielte den Fandango, während einige Soldaten auf dem Rasen dazu tanzten. Von Zeit zu Zeit aber rief Alvarez den Schildwachen zu, auf ihrer Hut zu sein, denn weit in der Nacht hörte man zuweilen ein seltsames Rufen im fernen Gebirge. Nach einer Stunde etwa erwachte der Lieutenant plötzlich und sah verwirrt bald seinen Arm an, bald in der fremden Runde umher, aber er verwunderte sich nicht lange, denn dergleichen war ihm oft begegnet. Vom Meere wehte nun schon die Morgenluft erfrischend herüber, ihn schauerte innerlich, da faßte er einen Becher mit Wein und tat einen guten Zug; dann sang er, noch halb im Taumel, und die andern stimmten fröhlich mit ein:

> Ade, mein Schatz, du mocht'st mich nicht,
> Ich war dir zu geringe,
> Und wenn mein Schiff in Stücken bricht,
> Hörst du ein süßes Klingen,
> Ein Meerweib singt, die Nacht ist lau,
> Die stillen Wolken wandern,
> Da denk an mich, 's ist meine Frau,
> Nun such' dir einen andern.

> Ade, ihr Landsknecht', Musketier'!
> Wir ziehn auf wildem Rosse,
> Das bäumt und überschlägt sich schier
> Vor manchem Felsenschlosse,
> Lindwürmer links bei Blitzesschein,
> Der Wassermann zur Rechten,
> Der Haifisch schnappt, die Möwen schrei'n –
> Das ist ein lustig Fechten!

> Streckt nur auf eurer Bärenhaut
> Daheim die faulen Glieder,
> Gott Vater aus dem Fenster schaut,
> Schickt seine Sündflut wieder.
> Feldwebel, Reiter, Musketier,
> Sie müssen all' ersaufen,
> Derweil auf der Fortuna wir
> Im Paradies einlaufen.

Hier wurden sie auf einmal alle still, denn zwischen den Morgenlichtern über der schönen Einsamkeit erschien plötzlich auf einem Felsen ein hoher Mann, seltsam in weite bunte Gewande gehüllt. Als er in der Ferne das Schiff erblickte, tat er einen durchdringenden Schrei, dann, beide Arme hoch in die Lüfte geschwungen, stürzte er durch das Dickicht herab und warf sich unten auf seine Knie auf den Boden, die Erde inbrünstig küssend. Nach einigen Minuten aber erhob er sich langsam und überschaute verwirrt den Kreis der Reisenden, die sich neugierig um ihn versammelt hatten, es war ein Greis von fast grauenhaftem verwilderten Ansehn. Wie erschraken sie aber, als er sie auf einmal spanisch anredete, wie einer, der die Sprache lange nicht geredet und fast vergessen hatte. Ihr habt euch, sagte er, alle sehr verändert in der einen langen Nacht, daß wir uns nicht gesehen. Darauf nannte er mehrere unter ihnen mit fremden Namen und erkundigte sich nach Personen, die ihnen gänzlich unbekannt waren.

Die Umstehenden bemerkten jetzt mit Erstaunen, daß sein Gewand aus europäischen Zeugen bunt zusammengeflickt war, um die Schultern hatte er phantastisch einen köstlichen halbverblichenen Teppich wie einen Mantel geworfen. Sie fragten ihn, wer er sei und wie er hierher gekommen? Darüber schien der Unbekannte in ein tiefes Nachsinnen zu versinken. In Valenzia, sagte er endlich halb für sich leise und immer leiser sprechend, in Valenzia zwischen den Gärten, die nach dem Meere sich senken, da wohnt ein armes schönes Mädchen und wenn es Abend wird, öffnet sie das kleine Fenster und begießt ihre Blumen, da sang ich manche Nacht vor ihrer Tür. Wenn ihr sie wiederseht, sagt ihr – daß ich – sagt ihr – Hier stockte er, starr vor sich hinsehend, und stand wie im Traume. Alvarez entgegnete: Das Mädchen, wenn sie etwa seine Liebste gewesen, müsse nun schön hübsch alt oder längst gestorben sein. – Da sah ihn der Fremde plötzlich mit funkelnden Augen an. Das lügt Ihr, rief er, sie ist nicht tot, sie ist nich alt! – Wer lügt? entgegnete Alvarez ganz hitzig. – Elender, erwiderte der Alte, sie schläft nur jetzt, bei stiller Nacht erwacht sie oft und spricht mit mir. Ich dürfte nur ein einz'ges Wort ins Ohr ihr sagen und ihr seid verloren, alle verloren. – Was will der Prahlhans? fuhr Alvarez von neuem auf.

Sie wären gewiß hart aneinandergeraten, aber der Unbekannte hatte sich schon in die Klüfte zurückgewandt. Vergeblich setzten ihm die Kühnsten nach, er kletterte wie ein Tiger, sie mußten vor den entsetzlichen Abgründen stillstehen; nur einmal noch sahen sie seine Gewänder durch die Wildnis fliegen, dann verschlang ihn die Öde.

Wunderbar – sagte Antonio, ihm in Gedanken nachsehend – es ist, als wäre er in dieser Einsamkeit in seiner Jugend eingeschlummert, den Wechsel der Jahre verschlafend und spräch' nun irre aus der alten Zeit. – Hier wurden sie von einigen Schiffssoldaten unterbrochen, die währenddes einen Berggipfel erstiegen hatten und nun ihren Kameraden unten unablässig zuriefen und winkten. Alles kletterte eilfertig hinauf, auch Alvarez und Antonio folgten und bald hörte man droben ein großes Freudengeschrei und sah Hüte, Degenkoppeln und leere Flaschen durcheinander in die Luft fliegen. Denn von dem vorspringenden Berge sahen sie auf einmal in ein weites gesegnetes Tal wie in einen unermeßlichen Frühling hinein. Blühende Wälder rauschten herauf, unter Kokospalmen standen Hütten auf luftigen Auen, von glitzernden Bächen durchschlängelt, fremde bunte Vögel zogen dar-

über wie abgewehte Blütenflocken. – Vivat der Herr
Vizekönig Don Alvarez! rief die Schiffsmannschaft
jubelnd und hob den Hauptmann auf ihren Armen hoch
empor. Dieser, auf ihren breiten Schultern sich zurecht-
setzend, nahm das lange Perspektiv und musterte zufrieden sein Land.

Der Student Antonio aber saß doch noch höher zwischen den Blättern einer Palme, wo er mit den jungen
Augen weit über Land und Meer sehen konnte. Es war
ihm fast wehmütig zumute, als er in der stillen Morgenzeit unten Hähne krähen hörte und einzelne Rauchsäulen
aufsteigen sah. Aber die Hähne krähten nicht in den
Dörfern, sondern wild im Walde und der Rauch stieg aus
fernen Kratern, zur Warnung, daß sie auf unheimlichem
vulkanischen Boden standen.

Plötzlich kam ein Matrose atemlos dahergerannt und
erzählte, wie er tiefer im Gebirge auf Eingeborene gestoßen, die wären anfangs scheu und trotzig gewesen, auf
seine wiederholten Fragen aber hätten sie ihn endlich an
ihren König verwiesen und ihm das Schloß desselben in
der Ferne gezeigt. – Er führte die andern sogleich höher
zwischen den Klippen hinauf und sie erblickten nun
wirklich gegen Osten hin wunderbare Felsen am Strande,
seltsam zerrissen und gezackt gleich Türmen und Zinnen.
Unten schien ein Garten wie ein bunter Teppich sich
auszubreiten, von dem Felsen aber blitzte es in der
Morgensonne, sie wußten nicht, waren es Waffen oder
Bäche; der Wind kam von dort her, da hörten sie es
zuweilen wie ferne Kriegsmusik durch die Morgenluft
herüberklingen.

Einige meinten, man müsse den wilden Landsmann
wieder aufsuchen, als Wegweiser und Dolmetsch, aber
wer konnte ihn aus dem Labyrinth des Gebirges heraus-

finden, auch schien es töricht, sich einem Wahnsinnigen zu vertrauen, denn für einen solchen hielten sie alle den wunderlichen Alten. Alvarez beschloß daher, die Verwegensten zu einer bewaffneten feierlichen Gesandtschaft auszuwählen, er selbst wollte sie gleich am folgenden Morgen zu der Residenz des Königs führen, dort hofften sie nähere Auskunft von der Natur und Beschaffenheit des Landes und vielleicht auch über den rätselhaften Spanier zu erhalten.

Das war den abenteuerlichen Gesellen eben recht, sie schwärmten nun in aller Eile wieder den Berg hinab und bald sah man ihr Boot zwischen dem Schiffe und dem Ufer hin und her schweben, um alles Nötige zu der Fahrt herbeizuholen. Auf dem Lande aber wurde das kleine Lager schleunig mit Wällen umgeben, einige fällten Holz zu den Palisaden, andere putzten ihre Flinten, Alvarez stellte die Wachen aus, alles war in freudigem Alarm und Erwartung der Dinge, die da kommen sollten. – Mitten in diesen Vorbereitungen saß Antonio in seinem Zelt und arbeitete mit allem Fleiß eine feierliche Rede aus, die der Hauptmann morgen an dem wilden Hofe halten wollte. Der Abend dunkelte schon wieder, draußen hörte er nur noch die Stimmen und den Klang der Äxte im Wald, seine Rede war ihm zu seiner großen Zufriedenheit geraten, er war lange nicht so vergnügt gewesen.

*

Die Sonne ging eben auf, das ganze Land schimmerte wie ein stiller Sonntagsmorgen, da hörte man ein Kriegslied von ferne herüberklingen, eine weiße Fahne mit dem kastilianischen Wappen flatterte durch die grüne Landschaft. Don Alvarez war's, der zog schon so früh mit dem Häuflein, das er zu der Ambassade ausgewählt, nach der

Richtung ins Blaue hinein, wo sie gestern die Residenz des Königs erblickt hatten. Die Schalksnarren hatten sich zu dem Zuge auf das allervortrefflichste ausgeputzt. Voran mit der Fahne schritt ein Trupp Soldaten, die Morgensonne vergoldete ihnen lustig die Bärte und flimmerte in ihren Hellebarden, als hätten sich einige Sterne im Morgenrot verspätet. Ihnen folgten mehrere Matrosen, welche auf einer Bahre die für den König bestimmten Geschenke trugen: Pfannen, zerschlagene Kessel und was sont die Armut an altem Gerümpel zusammengefegt. Darauf kam Alvarez selbst. Er hatte, um sich bei den Wilden ein vornehmes Ansehen zu geben, den Schiffsesel bestiegen, eine große Allongenperücke aufgesetzt und einen alten weiten Scharlachmantel umgehängt, der ihn und den Esel ganz bedeckte, sodaß es aussah, als ritt' der lange hagre Mann auf einem Steckenpferde über die grüne Au. Der dicke Schiffskoch aber war als Page ausgeschmückt, der hatte die größte Not, denn der frische Seewind wollte ihm alle Augenblick das knappe Federbarett vom Kopfe reißen, während der Esel von Zeit zu Zeit gelassen einen Mund voll frischer Kräuter nahm. Antonio ging als Dolmetsch neben Alvarez her, denn er hatte schon zu Hause die indischen Sprachen mit großem Fleiß studiert. Alvarez aber zankte in einem fort mit ihm; er wollte in die Rede, die er soeben memorierte, noch mehr Figuren und Metaphern haben, gleichsam einen gemalten Schnörkel vor jeder Zeile. Dem Antonio aber fiel durchaus nichts mehr ein, denn der steigende Morgen vergoldete rings um sie her die Anfangsbuchstaben einer wunderbaren unbekannten Schrift, daß er innerlich still wurde vor der Pracht.

Ihre Fahrt ging längs der Küste fort, bald sahen sie das Meer über die Landschaft leuchten, bald waren sie wieder in tiefer Waldeinsamkeit. Der rüstige Sanchez streifte unterdes jägerhaft umher.

Kaum hatte der Zug die Gebirgsschluchten erreicht, als ein Wilder, im Dickicht versteckt, in eine große Seemuschel stieß. Ein zweiter gab Antwort und wieder einer, so lief der Schall plötzlich von Gipfel zu Gipfel über die ganze Insel, daß es tief in den Bergen widerhallte. Bald darauf sahen sie's hier und da im Walde aufblitzen, bewaffnete Haufen mit hellen Speeren und Schilden brachen in der Ferne aus dem Gebirge wie Waldbäche und schienen alle auf einen Punkt der Küste zuzueilen. Antonion klopfte das Herz bei dem unerwarteten Anblick. Sanchez aber schwenkte seinen Hut in der Morgenluft vor Lust. So rückte die Gesandschaft unerschrocken fort; die Hütten, die sie seitwärts in der Ferne sahen, schienen verlassen, die Gegend wurde immer höher und wilder. Endlich, um eine Bergesecke biegend, erblickten sie plötzlich das Ziel ihrer Wanderschaft: den senkrechten Fels mit seinen wunderlichen Bogen, Zacken und Spitzen, von Bächen zerrissen, die sich durch die Einsamkeit herabstürzten, dazwischen saßen braune Gestalten, so still, als wären sie selber von Stein, man hörte nichts, als das Rauschen der Wasser und jenseits die Brandung im Meere. In demselben Augenblick aber tat es einen durchdringenden Metallklang wie auf einen großen Schild, alle die Gestalten auf den Klippen sprangen plötzlich rasselnd mit ihren Speeren auf und rasch zwischen dem Waldesrauschen, den Bächen und Zacken stieg ein junger, hoher, schlanker Mann herab mit goldenen Spangen, den königlichen Federmantel um die Schultern und einen bunten Reiherbusch auf dem Haupt, wie ein Goldfasan. Er sprach noch im Herabkommen mit den andern und rief den Spaniern gebieterisch zu. Da aber niemand Antwort gab, blieb er auf seine Lanze gestützt vor ihnen stehen. Alvarez' Perücke schien ihm besonders erstaunlich, er betrachtete sie lange unverwandt, man sah fast nur das Weiße in seinen Augen.

Antonio war ganz konfus, denn zu seinem Schrecken hatte er schon bemerkt, daß er trotz seiner Gelehrsamkeit kein Wort von des Königs Sprache verstand. Der unverzagte Alvarez aber fragte nach nichts, er ließ die Tragbahre mit dem alten Gerümpel dem Könige vor die Füße setzen, rückte sich auf seinem Esel zurecht und hielt sogleich mit großem Anstande seine wohlverfaßte Anrede, während einige andere hinten feierlich die Zipfel seines Scharlachmantels hielten. Da konnte sich der König endlich nicht länger überwinden, er rührte neugierig mit seinem Speer an Alvarez' Perücke, sie ließ zu seiner Verwunderung und Freude wirklich vom Kopfe des Redners los und, mit leuchtenden Augen zurückgewandt, wies er sie hoch auf der Lanze seinem Volke. Ein wildes Jauchzen erfüllte die Luft, denn ein großer Haufe brauner Gestalten hatte sich unterdes nachgedrängt, Speer an Speer, daß der ganze Berg wie ein ungeheurer Igel anzusehen war.

Der König hatte unterdes gewinkt, einige Wilde traten mit großen Körben heran, der König griff mit beiden Händen hinein und schüttete auf einmal Platten, Körner und ganze Klumpen Goldes auf seine erstaunten Gäste aus, daß es lustig durcheinanderrollte. Da sah man in dem unverhofften Goldregen plötzlich ein Streiten und Jagen unter den Spaniern, jeder wollte alles haben und je mehr sie lärmten und zankten, je mehr warf der König aus, ein spöttisches Lächeln zuckte um seinen Mund, daß seine weißen Zähne manchmal hervorblitzten wie bei einem Tiger. Währenddes aber schwärmten die Eingeborenen von beiden Seiten aus den Schluchten hervor, mit ihren Schilden und Speeren die Raufenden wild umtanzend.

Da war Alvarez der erste, der sich schnell besann. Ehre über Gold und Gott über alles! rief er, seinen Degen ziehend und stürzte in den dicken Knäuel der Seinigen, um sie mit Gewalt auseinanderzuwirren. Christen, schrie er, wollt ihr euch vom Teufel mit Gold mästen lassen, damit er euch nachher die Hälse umdreht, wie Gänsen? Seht ihr nicht, wie er mit seiner Leibgarde den Ring um euch zieht? – Aber der Teufel hatte sie schon verblendet; um nichts von ihrem Golde zurückzugeben, entflohen sie einzeln vor dem Hauptmann, sich im Walde verlaufend mit den lächerlich vollgepfropften Taschen. Nur einige alte Soldaten sammelten sich um Alvarez und den Lieutenant. Die Eingeborenen stutzten, da sie die bewegliche Burg und die Musketen plötzlich zielend auf sich gerichtet sahen, sie schienen den Blitz zu ahnden, der an den dunkeln Röhren hing, sie blieben zaudernd stehen. So entkam der Hauptmann mit seinen Getreuen dem furchtbaren Kreise der Wilden, ehe er sich noch völlig hinter ihnen geschlossen hatte.

In der Eile aber hatte auch dieses Häuflein den ersten besten Pfad eingeschlagen und war, ohne es zu bemerken, immer tiefer in den Wald geraten. Der nahm kein Ende, die Sonne brannte auf die nackten Felsen und als sie sich endlich senkte, hatten sie sich gänzlich verirrt. Jetzt brach die Nacht herein, ein schweres Gewitter, das lange in der Ferne über dem Meere gespielt, zog über das Gebirge; den armen Antonio hatten sie gleich beim Anbruch der Dunkelheit verloren. So stoben sie wie zerstreute Blätter im Sturme durch die schreckliche Nacht, nur die angeschwollenen Bäche rauschten zornig in der Wildnis, dazwischen das blendende Leuchten der Blitze, das

Schreien der Wilden und die Signalschüsse der Verirrten aus der Ferne. – Horcht, sagte Sanchez, das klingt so hohl unter den Tritten, als ging ich über mein Grab und die Wetter breiten sich drüber wie schwarze Bahrtücher mit feurigen Blumen durchwirkt, das wär' ein schönes Soldatengrab! – Schweig, fuhr ihn Alvarez an, wie kommst Du jetzt darauf? – Das kommt von dem verdammten Trinken, entgegnete Sanchez, da werd' ich zu Zeiten so melancholisch darnach. Er sang:

> Und wenn es einst dunkelt,
> Der Erd' bin ich satt,
> Durchs Abendrot funkelt
> Eine prächtige Stadt;
> Von den goldenen Türmen
> Singet der Chor,
> Wir aber stürmen
> Das himmlische Tor!

Was ist das! rief plötzlich ein Soldat. Sie sahen einen Fremden mit bloßem Schwerte durch die Nacht auf sich zustürzen, sein Mantel flatterte weit im Winde. – Beim Glanz der Blitze erkannten sie ihren wahnsinnigen Landsmann wieder. – Hallo! rief ihm Sanchez freudig entgegen, hat dich der Lärm und das Schießen aus deinen Felsenritzen herausgelockt, kannst du das Handwerk nicht lassen? – Der Alte aber, scheu zurückblickend, ergriff hastig die Hand des Lieutenants und drängte alle geheimnisvoll und wie in wilder Flucht mit sich fort. Noch ist es Zeit, sagte er halbleise, ich rette euch noch, nur rasch, rasch fort, es brennt, seht, wie die blauen Flämmchen hinter mir aus dem Boden schlagen, wo ich trete! – Führ' uns ordentlich und red' nicht so toll in der verrückten Nacht! entgegnete Alvarez ärgerlich. – Da leuchtete ein Blitz durch des Alten fliegendes Haar. Er blieb stehen und zog die Locken über das Gesicht durch seine weitausgespreizten Finger. Grau, alles grau geworden in e i n e r Nacht – sagte er mit schmerzlichem Erstaunen – aber es könnte noch alles gut werden, setzte er nach einem Augenblick hinzu, wenn sie mich nur nicht immer verfolgte. – Wo? wer? fragte Sanchez. – Die grausilberne Schlange, erwiderte der Alte heimlich und riß die Erstaunten wieder mit sich durch das Gestein. Plötzlich aber schrie er laut auf: da ist sie wieder! – Alles wandte sich erschrocken um. – Er meinte den Strom, der, soeben tief unter dem Felsen vorüberschießend, im Wetterleuchten heraufblickte. – Ehe sie sich aber noch besannen, flog der Unglückliche schon durch das Dickicht fort, die Haare stiegen ihm vor Entsetzen zu Berge, so war er ihnen bald in der Dunkelheit zwischen den Klüften verschwunden.

Währenddes irrte Antonio verlassen im Gebirge umher. In der Finsternis war er unversehens von den Seinigen abgekommen. Als er's endlich bemerkte, waren sie schon weit; da hörte er plötzlich wieder Tritte unter sich und eilte darauf zu, bis er mit Schrecken gewahr wurde, daß es Eingeborene waren, die hastig und leise, als hätten sie einen heimlichen Anschlag, vorüberstreiften, ohne ihn zu sehen. Ihn schauerte und doch war's ihm eigentlich recht lieb so. Er dachte übers Meer nach Hause, wie nun alle dort ruhig schliefen und nur die Turmuhr über dem mondbeschienenen Hof schlüge und die Bäume dunkel rauschten im Garten. Wie grauenhaft waren ihm da vom Balkon oft die Wolken vorgekommen, die über das stille Schloß gingen, wie Gebirge im Traum. Und jetzt stand er wirklich mitten in dem Wolkengebirge, so rätselhaft sah hier alles aus in dieser wilden Nacht! Nur zu, blas' nur immer zu, blinder Sturm, glühet ihr Blitze! rief er aus und schaute recht zufrieden und tapfer umher, denn alles Große ging durch seine Seele, das er auf der Schule aus den Büchern gelernt, Julius Cäsar, Brutus, Hannibal und der alte Cid. – Da brannte ihn plötzlich sein Gold in der Tasche, auch er hatte sich nicht enthalten können, in dem Goldregen mit seinem Hütlein einige Körner aufzufangen. – Frei vom Mammon will ich schreiten auf dem Felde der Wissenschaft, sagte er und warf voll Verachtung den Goldstaub in den Sturm, es gab kaum einen Dukaten, aber er fühlte sich noch einmal so leicht.

Unterdes war das Gewitter rasch vorübergezogen, der Wind zerstreute die Wolken wie weiße Nachtfalter in wildem Fluge über den ganzen Himmel, nur tief am Horizont noch schweiften die Blitze, die Nacht ruhte ringsher auf den Höhen aus. Da fühlte Antonio erst die tiefe Einsamkeit, verwirrt eilte er auf den verschlungenen Pfaden durch das Labyrinth der Klippen lange fort. Wie erschrak er aber, als er auf einmal in derselben Gegend herauskam, aus der sie am Morgen entflohen. Der Fels des Königs mit seinen seltsamen Schluften und Spitzen stand wieder vor ihm, nur an einem andern Abhange desselben schien er sich zu befinden. Jetzt aber war alles so stumm dort, die Wellen plätscherten einförmig, riesenhaftes Unkraut bedeckte überall wildzerworfenes Gemäuer. – Antonio sah sich zögernd nach allen Seiten um. Schon gestern hatten ihn die Mauertrümmer, die fast wie Leichensteine aus dem Grün hervorragten, rätselhaft verlockt. Jetzt konnte er nicht länger widerstehen, er zog heimlich seine Schreibtafel hervor, um den kostbaren Schatz von Inschriften und Bilderzeichen, die er dort vermutete, wie im Fluge zu erheben.

Da aber wurde er zu seinem Erstaunen erst gewahr, daß er eigentlich mitten in einem Garten stand. Gänge und Beete mit Buchsbaum eingefaßt, lagen umher, eine Allee führte nach dem Meere hin, die Kirschbäume standen in voller Blüte. Aber die Beete waren verwildert, Rehe weideten auf den einsamen Gängen, an den Bäumen schlangen sich üppige Ranken wild bis über die Wipfel hinaus, von wunderbaren hohen Blumen durchglüht. Seitwärts standen die Überreste einer verfallenen Mauer, die Sterne schienen durch das leere Fenster, in dem Fensterbogen schlief ein Pfau, den Kopf unter die schimmernden Flügel versteckt.

Antonio wandelte wie im Traum durch die verwilderte Pracht, kein Laut rührte sich in der ganzen Gegend, da war es ihm plötzlich, als sähe er fern am andern Ende der Allee jemand zwischen den Bäumen gehen, er hielt den Atem an und blickte noch einmal lauschend hin, aber es war alles wieder still, es schien nur ein Spiel der wankenden Schatten. Da kam er endlich in eine dunkle Laube, die der Wald sich selber lustig gewoben, das schien ihm so heimlich und sicher, er wollt' nur einen Augenblick rasten und streckte sich ins hohe Gras. Ein würziger Duft wehte nach dem Regen vom Walde herüber, die Blätter flüsterten so schläfrig in der leisen Luft, müde sanken ihm die Augen zu.

Die wunderbare Nacht aber sah immerfort in seinen Schlaf hinein und ließ ihn nicht lange ruhen, und als er erwachte, hörte er mit Schrecken neben sich atmen. Er wollte rasch aufspringen, aber zwei Hände hielten ihn am Boden fest. Beim zitternden Mondesflimmer durchs Laub glaubte er eine schlanke Frauengestalt zu erkennen: – Ich wußte es wohl, daß du kommen würdest, redete sie ihn in spanischer Sprache an. – So bist du eine Christin?

154

fragte er ganz verwirrt. – Sie schwieg. – Hast du mich denn schon jemals gesehen? – Gestern nachts bei userm Fest, erwiderte sie, du warst allein mit Euerm Seekönig. – Eine entsetzliche Ahnung flog durch Antonios Seele, er mühte sich in der Finsternis vergeblich ihre Züge zu erkennen, draußen gingen Wolken wechselnd vorüber, zahllose Johanniswürmchen umkreisen leuchtend den Platz. – Da hörte er fern von den Höhen einen schönen männlichen Gesang. Wer singt da? fragte er erstaunt. – Still, still, erwiderte die Unbekannte, laß den nur in Ruh. Hier bist du sicher, niemand besucht diesen stillen Garten mehr, sonst war es anders – dann sang sie selber wie in Gedanken:

> Er aber ist gefahren
> Weit übers Meer hinaus,
> Verwildert ist der Garten,
> Verfallen liegt sein Haus.
>
> Doch nachts im Mondenglanze
> Sie manchmal noch erwacht,
> Löst von dem Perlenkranze
> Ihr Haar, das wallt wie Nacht.
>
> So sitzt sie auf den Zinnen,
> Und über ihr Angesicht
> Die Perlen und Tränen rinnen,
> Man unterscheid't sie nicht.

Da teilte ein frischer Wind die Zweige, im hellen Mondlicht erkannte Antonio plötzlich die »Frau Venus« wieder, die sie gestern nachts schlummernd in der Höhle gesehen, ihre eigenen Locken wallten wie die Nacht. – Ein Grauen überfiel ihn, er merkte erst jetzt, daß er unter glühenden Mohnblumen wie begraben lag. Schauernd

155

sprang er empor und schüttelte sich ab, sie wollte ihn
halten, aber er riß sich von ihr los. Da tat sie einen
durchdringenden Schrei, daß es ihm durch Mark und
Bein ging, dann hörte er sie in herzzerreißender Angst
rufen, schelten und rührend flehen.

Aber er war schon weit fort, der Gesang auf den
Höhen war verhallt, die Wälder rauschten ihm wieder
erfrischend entgegen, hinter ihm versank allmählich das
schöne Weib, das Meer und der Garten, nur zuweilen
noch hörte er ihre Klagen wie das Schluchzen einer
Nachtigall von ferne durch den Wind herüberklingen.

*

> Du sollst mich doch nicht fangen,
> Duftschwüle Zaubernacht!
> Es steh'n mit goldnem Prangen
> Die Stern' auf stiller Wacht
> Und machen unterm Grunde,
> Wo du verirret bist,
> Getreu die alte Runde,
> Gelobt sei Jesus Christ!
>
> Wie bald in allen Bäumen
> Geht nun die Morgenluft,
> Sie schütteln sich in Träumen,
> Und durch den roten Duft
> Eine fromme Lerche steiget,
> Wenn alles still noch ist,
> Den rechten Weg dir zeiget –
> Gelobt sei Jesus Christ!

So sang es im Gebirge, unten aber standen zwei spanische
Soldaten fast betroffen unter den Bäumen, denn es war
ihnen, als ginge ein Engel singend über die Berge, um den

Morgen anzubrechen. Da stieg ein Wanderer rasch zwischen den Klippen herab, sie erkannten zu ihrer großen Freude den Studenten Antonio, er schien bleich und zerstört. – Gott sei Dank, daß Ihr wieder bei uns seid! rief ihm der eine Soldat entgegen. Ihr hättet uns beinah konfus gemacht mit Eurem Gloria, meinte der andere, Ihr habt eine gute geistliche Kehle. Wo kommt Ihr her? – Aus einem tiefen Bergwerke, sagte Antonio, wo mich der falsche Flimmer verlockt – wie so unschuldig ist hier draußen die Nacht! – Bergwerk? wo habt Ihr's gefunden? fragten die Soldaten mit hastiger Neugier. – Wie, sprach ich von einem Bergwerk? erwiderte Antonio zerstreut, wo sind wir denn? – Die Soldaten zeigten über den Wald, dort läge ihr Landungsplatz. Sie erzählten ihm nun, wie die zersprengte Gesandtschaft unter großen Mühseligkeiten endlich wieder das Lager am Strande erreicht. Da habe der brave Alvarez, da er den Antonio dort nicht gefunden, sie beide zurückgeschickt, um ihn aufzusuchen und wenn sie jeden Stein umkehren und jede Palme schütteln sollten. Antonio schien wenig darauf zu hören. Die Soldaten aber meinten, es sei diese Nacht nicht geheuer im Gebirge, sie nahmen daher den verträumten Studenten ohne weiteres in ihre Mitte und schritten rasch mit ihm fort.

So waren sie in kurzer Zeit bei ihren Zelten angelangt. Dort stand Alvarez wie ein Wetterhahn auf dem frisch aufgeworfenen Erdwall, vor Ungeduld sich nach allen Winden drehend. Er schimpfte schon von weitem, da er endlich den Verirrten ankommen sah. Ein Weltentdecker, sagte er, muß den Kompaß in den Füßen haben, in der Wildnis bläst der Sturm die Studierlampe aus, da schlägt ein kluger Kopf sich Funken aus den eignen Augen. Was da Logik und Rhetorik! Sie hätten deinen

Kopf aufgefressen mit allen Wissenschaften drin, aber ich hatt's ihnen zugeschworen, sie mußten zum Nachtisch alle unsere bleiernen Pillen schlucken, oder meine eignen alten Knochen nachwürgen. Du bist wohl recht verängstigt und müde, armer Junge, Gott, wie du aussiehst! – Nun ergriff er den Studenten vor Freuden beim Kopf, strich ihm die vollen braunen Locken aus der Stirn und führte ihn eilig ins Lager in sein eignes Zelt, wo er sich sogleich auf eine Matte hinstrecken mußte. Im Lager aber war schon ein tiefes Schweigen, die müden Gesellen lagen schlafend wie Tote umher. Nur der Lieutenant Sanchez wollte diese Nacht nicht mehr schlafen oder ruhen, er saß auf den zusammengelegten Waffen der Mannschaft; eine Flasche in der Hand, trank er auf eine fröhliche Auferstehung, der Nachtwind spielte mit der roten Hahnfeder auf seinem Hut, der ihm verwegen auf einem Ohr saß; er war wahrhaftig schon wieder berauscht. Antonio mußte nun seine Abenteuer erzählen. Er berichtete verworren und zerstreut, in seinem Haar hing noch eine Traumblume aus dem Garten. Alvarez blieb dabei, das Frauenzimmer sei die Frau Venus gewesen und jene Höhle, die sie in der Walpurgisnacht entdeckt, der Eingang zum Venusberge. Sanchez aber rückte immer näher, während er hastig ein Glas nach dem andern hinunterstürzte; er fragte wunderlich nach der Lage der Höhle, nach dem Wege dahin, sie mußten ihm alles ausführlich beschreiben. – Auf einmal war er heimlich verschwunden.

Der Abenteurer schlich sich sacht und vorsichtig durch die schläfrigen Posten, über dem Gespräch hatte ihn plötzlich das Gelüsten angewandelt, den dunkeln Vorhang der phantastischen Nacht zu lüften – er wollte die Frau Venus besuchen. Er hatte sich Felsen, Schlünde und Stege aus Alvarez' Rede wohl gemerkt, es traf alles wunderbar zu. So kam er in kurzer Zeit an das stille Tal. Ein schmaler Felsenpfad führte fast unkenntlich zwischen dem Gestrüpp hinab, die Sterne schienen hell über den Klippen, er stieg im trunkenen Übermut in den Abgrund. Da brach plötzlich ein Reh neben ihm durch das Dickicht, er zog schnell seinen Degen. Hoho, Ziegenbock! rief er, hast du die Hexe abgeworfen, die zu meiner Hochzeit ritt! Das ist eine bleiche schläfrige Zeit zwischen Morgen und Nacht, da schauern die Toten und schlüpfen in ihre Gräber, daß man die Leichentücher durchs Land streichen hört. Wo sich eine verspätet beim Tanz, ich greif sie, sie soll meine Brautjungfer sein. – Zum Teufel, red' vernehmlicher, Waldeinsamkeit! ich kenn ja dein Lied aus alter Zeit, wenn wir auf wilder Freite in Flandern nachts an den Wällen lagen vor mancher schönen Stadt, die von den schlanken Türmen mit ihrem Glockenspiele durch die Luft musizierte. Die Sterne löschen schon aus, wer weiß, wer sie wiedersieht! – Nur leise, sacht zwischen den Werken, in den Laufgräben fort! die Wolken wandern, die Wächter schlafen auf den Wällen, in ihre grauen Mäntel gehüllt, sie tun, als wären sie von Stein. – Verfluchtes Grauen, ich seh' dich nicht, was hauchst du mich so kalt an, ich ringe mit dir auf der Felsenwand, du bringst mich nicht hinunter!

Jetzt stand er auf einmal vor der Kluft, die Alvarez und Antonio in jener Nacht gesehen. Es war die erste geheimnisvolle Morgenzeit, in dem ungewissen Zwielicht erblickte er die junge schlanke Frauengestalt, ganz wie sie ihm beschrieben worden, auf dem Moosbett in ihrem Schmucke schlummernd, den schönen Leib von ihren Locken verdeckt. Alte halbverwitterte Fahnen, wie es schien, hingen an der Wand umher, der Wind spielte mit den Lappen, hinten in der Dämmerung, den Kopf vornübergebeugt, saß es wie eine eingeschlafene Gestalt.

Es ist die höchste Zeit, flüsterte Sanchez ganz verblendet, sonst versinkt alles wieder, schon hör' ich Stimmen gehn. Wie oft schon sah ich im Wein ihr Bild, das war so schön und wild in des Bechers Grund. Einen Kuß auf ihren Mund, so sind wir getraut, eh' der Morgen graut. – So taumelte der Trunkene nach der Schlummernden hin, er fuhr schauernd zusammen, als er sie anfaßte, ihre Hand war eiskalt. Im Gehen aber hatte er sich mit den Sporen in die Trümmer am Boden verwickelt, eine Rüstung an der Wand stürzte rasselnd zusammen, die alten Fahnen flatterten im Wind, bei dem Dämmerschein war's ihm, als rührte sich alles und dunkle Arme wänden sich aus der Felswand. Da sah er plötzlich im Hintergrunde den schlafenden Wächter sich aufrichten, daß ihn innerlich grauste. An dem irren funkelnden Blick glaubte er den alten wahnsinnigen Spanier wiederzuerkennen, der warf, ohne ein Wort zu sagen, seinen weiten Mantel über die Schultern zurück, ergriff das neben ihm stehende Schwert und drang mit solcher entsetzlichen Gewalt auf ihn ein, daß Sanchez kaum Zeit hatte, seine wütenden Streiche aufzufangen. Bei dem Klange ihrer Schwerter aber fuhren große scheußliche Fledermäuse aus den Felsenritzen und durchkreisten mit leisem Fluge die Luft, graue Nebelstreifen dehnten und reckten sich wie Drachenleiber verschlafen an den Wipfeln, dazwischen wurden Stimmen im Walde wach, bald hier, bald dort, eine weckte die andre, aus allen Löchern, Hecken und Klüften stieg und kroch es auf einmal, wilde dunkle Gestalten im Waffenschmuck, und alles stürzte auf Sanchez zusammen. Nun, nun, steht's so! rief der verzweifelte Lieutenant, laß mich los, alter Narr mit deinem verwitterten Bart! Das ist keine Kunst, so viele über einen. Schickt mir euern Meister selber her, es gelüstet mich recht, mit ihm zu fechten! Aber der Teufel hat keine Ehre im Leibe. Ihr höllisches Ungeziefer, nur immer heraus vor meine christliche Klinge! nur immerzu, ich hau mich durch! – So, den Degen in der Faust, wich er, wie ein gehetztes Wild, kämpfend von Stein zu Stein, das einsame Felsental hallte von den Tritten und Waffen, im Osten hatte der Morgen schon wie ein lustiger Kriegsknecht die Blutfahne ausgehangen.

Im Lager flackerten unterdes nur noch wenige Wachtfeuer halberlöschend, eine Gestalt nach der andern streckte sich in der Morgenkühle, einige saßen schon wach auf ihrem Mammon und besprachen das künftige Regiment der Insel. Plötzlich riefen draußen die Schildwachen an, sie hatten Lärm im Gebirge gehört. Jetzt vermißte man erst den Lieutenant. Alles sprang bestürzt zu den Waffen, keiner wußte, was das bedeuten könnte. Der Lärm aber, als sie so voller Erwartung standen, ging über die Berge wie ein Sturm wachsend immer näher, man konnte schon deutlich dazwischen das Klirren der Waffen unterscheiden. Da, im falben Zwielicht, sahen sie auf einmal den Sanchez droben aus dem Walde dahersteigen, bleich und verstört, mit den Geistern fechtend. Hinter ihm drein aber toste eine wilde Meute, es war, als ob aller Spuk der Nacht seiner blutigen Fährte folgte. Sein Frevel, wie es schien, hatte das dunkle Wetter, das schon seit gestern grollend über den Fremden hing, plötzlich gewendet, von allen Höhen stürzten bewaffnete Scharen wie reißende Ströme herab, der Klang der Schilde, das Schreien und der Widerhall zwischen den Felsen verwirrte die Stille und bald sahen sich die Spanier von allen Seiten umzingelt. – Macht dem Lieutenant Luft! rief Alvarez und warf sich mit einigen Soldaten mitten in den dicksten Haufen. Schon hatten sie den Sanchez gefaßt und führten den Wankenden auf einen freien Platz am Meer, aber zu spät, von vielen Pfeilen durchbohrt, brach er neben seinen Kameraden auf dem Rasen zusammen – sein Wort war gelöst, er hatte sich wacker durchgeschlagen.

Bei diesem Anblick ergriff alle eine unsägliche Wut, keiner dachte mehr an sich im Schmerz, sie mähten sich wie die Todesengel in die dunkeln Scharen hinein, Alvarez und Antonio immer tapfer voran. Da erblickten sie auf einmal ihren wahnsinnigen Landsmann, mitten durch das Getümmel mit dem Schwert auf sie eindringend. Vergebens riefen sie ihm warnend zu – er stürzte sich selbst in ihre Speere, ein freudiges Leuchten ging über sein verstörtes Gesicht, daß sie ihn fast nicht wiedererkannten, dann sahen sie ihn taumeln und mit durchbohrtem Herzen tot zu Boden sinken. – Ein entsetzliches Rachegeschrei erhob sich über dem Toten, die Wilden erneuerten mit verdoppeltem Grimm ihren Angriff, es war, als ständen die Erschlagenen hinter ihnen wieder auf, immer neue scheußliche Gestalten wuchsen aus dem Blut, schon rannten sie jauchzend nach dem Strand, um die Spanier von ihrem Schiffe abzuschneiden. Jetzt war die Not am höchsten, ein jeder befahl sich Gott, die Spanier fochten nicht mehr für ihr Leben, nur um einen ehrlichen Soldatentod. – Da ging es auf einmal wie ein Schauder durch die unabsehliche feindliche Schar, alle Augen waren starr nach dem Gebirge zurückgewandt. Auch Antonio und Alvarez standen ganz verwirrt mitten in der blutigen Arbeit. Denn zwischen den Palmenwipfeln in ihrem leuchtenden Totenschmucke kam die Frau

Venus, die wilden Horden teilend, von den Felsen herab. Da stürzten plötzlich die Eingeborenen wie in Anbetung auf ihr Angesicht zur Erde, die Spanier atmeten tief auf, es war auf einmal so still, daß man die Wälder von den Höhen rauschen hörte.

Indem sie aber noch so staunend stehn, tritt die Wunderbare mitten unter sie, ergreift Sanchez' Mantel, den sie seltsam um ihren Leib schlägt und befiehlt ihnen, sich rasch in das Boot zu werfen, ehe der Zauber gelöst. Darauf umschlingt sie Antonion, halb drängt, halb trägt sie ihn ins Boot hinein, die andern, ganz verdutzt, bringen eiligst Sanchez' Leichnam nach, alles stürzt in die Barke. So gleiten sie schweigend dahin, schon erheben sich einzelne Gestalten wieder am Ufer, ein leises Murmeln geht wachsend durch die ganze furchtbare Menge, da haben sie glücklich ihr Schiff erreicht. Dort aber faßt die Unbekannte sogleich das Steuer, die stille See spiegelt ihr wunderschönes Bild, ein frischer Wind vom Lande schwellt die Segel und als die Sonne aufgeht, lenkt sie getrost zwischen den Klippen in den Glanz hinaus.

*

Die Spanier wußten nicht, wie ihnen geschehen. Als sie sich vom ersten Schreck erholt, gedachten sie erst ihrer Goldklumpen wieder, die sie auf der Insel zurückgelassen. Da fuhren sie dann wieder so arm und lumpig von dannen, wie sie gekommen. Der Teufel hat's gegeben, der Teufel hat's genommen, sagte der spruchreiche Alvarez verdrießlich. – Darüber aber hatten sie den armen Sanchez fast vergessen, der auf dem Verdeck unter einer Fahne ruhte. Alvarez beschloß nun, vor allem andern ihm die letzte Ehre anzutun, wie es einem tapfern Seemann gebührte. Er berief sogleich die ganze Schiffsmannschaft, die einen stillen Kreis um den Toten bildete, dann trat er in die Mitte, um die Leichenrede zu halten. Seht da, den gewesenen Lieutenant, sagte er, nehmt Euch ein Exempel dran, die ihr immer meint, Unkraut verdürb' nicht. Ja, da seht ihn liegen, er war tapfer, oftmals betrunken, aber tapfer – weiter bracht' er's nicht, denn die Stimme brach ihm plötzlich und Tränen stürzten ihm aus den Augen, als er den treuen Kumpan so bleich und still im lustigen Morgenrot daliegen sah. Einige Matrosen hatten ihn unterdes in ein Segeltuch gewickelt, andere schwenkten die Flaggen über ihm auf eine gute Fahrt auf dem großen Meere der Ewigkeit – dann ließen sie ihn an Seilen über Bord ins feuchte Grab hinunter. So ist denn, sagte Alvarez, sein Leiblied wahr geworden: »Ein Meerweib singt, die Nacht ist lau, da denkt an mich, 's ist meine Frau.« Man soll den Teufel nicht an die Wand malen. – Kaum aber hatte der Tote unten die kalte See berührt, als er auf einmal in seinem Segeltuch mit großer Vehemenz zu arbeiten anfing. Ihr Narren, ihr, schimpfte er, was, Wein soll das sein? elendes Wasser ist's! – Die Matrosen hätten vor Schreck beinah Strick und Mann fallenlassen, aber Alvarez und Antonio sprangen rasch hinzu und zogen voller Freuden den Ungestümen wieder über Bord hinauf. Hier drängten sich nun die Überraschten von allen Seiten um ihn herum und während die einen seine Wunden untersuchten und verbanden, andere jauchzend ihre Hüte in die Luft warfen, glotzte der unsterbliche Lieutenant alle mit seinen hervorstehenden Augen stumm und verwogen an, bis sein Blick endlich die wunderbare Führerin des Schiffes traf. Da schrie er plötzlich auf: Die ist's! ich selber sah sie in den Klüften auf dem Moosbett schlafen!

164

Aller Augen wandten sich nun von neuem auf die schöne Fremde, die, auf das Steuer gelehnt, gedankenvoll nach der fernen Küste hinübersah. Keiner traute ihr, Antonio aber erkannte bei dem hellen Tageslicht das Mädchen aus dem wüsten Garten wieder. Da faßte Alvarez sich ein Herz, trat vor und fragte sie, wer sie eigentlich wäre? – Alma, war ihre Antwort. – Warum sie zu ihnen gekommen? – Weil sie Euch erschlagen wollten, erwiderte sie in ihrem gebrochenen Spanisch. – Ob sie mit ihnen fahren und ihm als Page dienen wolle? – Nein, sie wolle dem Antonio dienen. – Woher sie denn aber Spanisch gelernt? – Vom Alonzo, den sie erstochen hätten. – Den tollen Alten, fiel hier Sanchez hastig ein, wer war er und wie kam er zu dir? – Ich weiß nicht, entgegnete Alma. – Kurz und gut, hob Alvarez wieder an, war die Frau Venus auf Walpurgisnacht auf eurer Insel? Oder bist du gar selber die Frau Venus? Habt ihr beide – wollt' sagen, du oder die Frau Venus – dazumal in der Felsenkammer geschlafen? – Sie schüttelte verneinend den Kopf. – Nun, so mag der Teufel daraus klug werden! ich will mich heute gar nicht mehr wundern, Frau Venus, Urgande, Megära, das kommt und geht so, rief der Hauptmann ungeduldig aus und benannte das Eiland, dessen blaue Gipfel soeben im Morgenduft versanken, ohne weiteres die Venusinsel, von der Frau Venus, die nicht da war.

*

Die darauffolgende Nacht war schön und sternklar, die Fortuna mit ihren weißen Segeln glitt wie ein Schwan durch die mondlichte Stille. Da trat Antonio leise auf das Verdeck hinaus, er hatte keine Rast und Ruh, es war ihm, als müßte er die schöne Fremde bewachen, die sorglos unten ruhte. Wie erstaunte er aber, als er das Mädchen droben schon wach und ganz allein erblickte, es war alles so einsam in der Runde, nur manchmal schnalzte ein Fisch im Meer, sie aber saß auf dem Boden mitten zwischen wunderlichem Kram, ein Spiegel, Kämme, ein Tamburin und Kleidungsstücke lagen verworren um sie her. Sie kam ihm wie eine Meerfei vor, die bei Nacht aus der Flut gestiegen, sich heimlich putzt, wenn alle schlafen. Er blieb scheu zwischen dem Tauwerk stehen, wo sie ihn nicht bemerken konnte. Da sah er, wie sie nun einzelne Kleidungsstücke flimmernd gegen den Mond hielt, er erkannte seinen eignen Sonntagsstaat, den er ihr gestern gezeigt: die gestickte Feldbinde, das rotsamtne weißgestickte Wämschen. Sie zog es eilig an; Antonio war schlank und fein gebaut, es paßte ihr alles wie angegossen. Darauf legte sie den blendendweißen Spitzenkragen um Hals und Brust und drückte das Barett mit den nickenden Federn auf das Lockenköpfchen. Als sie fertig war, sprang sie auf, sie schien sich über sich selbst zu verwundern, so schön sah sie aus. Da stieß sie unversehens mit den Sporen an das Tamburin am Boden. Sie ergriff es rasch, und den tönenden Reif hoch über sich schwingend, fing sie mit leuchtenden Augen zu tanzen an, fremd und doch zierlich, und sang dazu:

Bin ein Feuer hell, das lodert
Von dem grünen Felsenkranz,
Seewind ist mein Buhl' und fodert
Mich zum lust'gen Wirbeltanz,
Kommt und wechselt unbeständig.
Steigend wild,
Neigend mild
Meine schlanken Lohen wend' ich,
Komm' nicht nah mir, ich verbrenn' dich!

Wo die wilden Bäche rauschen
Und die hohen Palmen stehn,
Wenn die Jäger heimlich lauschen,
Viele Rehe einsam gehn.
Bin ein Reh, flieg durch die Trümmer
Über die Höh,
Wo im Schnee
Still die letzten Gipfel schimmern,
Folg' mir nicht, erjagst mich nimmer!

Bin ein Vöglein in den Lüften,
Schwing' mich übers blaue Meer,
Durch die Wolken von den Klüften
Fliegt kein Pfeil mehr bis hierher,
Und die Au'n und Felsenbogen,
Waldeseinsamkeit
Weit, wie weit,
Sind versunken in die Wogen –
Ach ich habe mich verflogen!

Bei diesen Worten warf sie sich auf den Boden nieder,
daß das Tamburin erklang, und weinte. – Da trat Antonio
rasch hinzu, sie fuhr empor und wollte entfliehen. Als sie
aber seine Stimme über sich hörte, lauschte sie hoch auf,
strich mit beiden Händen die aufgelösten Locken von
den verweinten Augen und sah ihn lächelnd an.

Antonio, wie geblendet, setzte sich zu ihr an den Bord
und pries ihren wunderbaren Tanz. Sie antwortete kein
Wort darauf, sie war erschrocken und in Verwirrung.
Endlich sagte sie schüchtern und leise: sie könne nicht
schlafen vor Freude, es sei ihr so licht im Herzen. –
Gerade so geht mir's auch, dachte er und schaute sie noch
immer ganz versunken an. Da fiel ihm eine goldne Kette
auf, die aus ihrem Wämschen blinkte. Sie bemerkte es

und verbarg sie eilig. Antonio stutzte. Von wem hast du das kostbare Angedenken? fragte er. – Von Alonzo, erwiderte sie zögernd. – Wunderbar, fuhr er fort, gesteh' es nur, du weißt es ja doch, wer der Alte war und wie er übers Meer gekommen. Und du selbst – wir sahn dich schlummern in der Kluft beim Fackeltanz, und dann an jenem blutigroten Morgen warf sich das Volk erschrokken vor dir hin – wer bist du? – Sie schwieg mit tiefgesenkten Augen und wie er so fortredend in sie drang, brach endlich ein Strom von Tränen unter den langen schwarzen Wimpern hervor. Ach, ich kann ja nicht dafür! rief sie aus und bat ihn ängstlich und flehentlich, er sollt' es nicht verlangen, sie könnt' es ihm nicht sagen, sonst würde er böse sein und sie verjagen. – Antonio sah sie verwundert an, sie war so schön, er reichte ihr die Hand. Als sie ihn so freundlich sah, rückte sie näher und plauderte so vertraulich, als wären sie jahrelang schon beisammen. Sie erzählte von der Nacht auf dem Gebirge, wo sie ihn beim flüchtigen Fackelschein zum erstenmal gesehn, wie sie dann traurig gewesen, als er damals im Garten sie so schnell verließ, sie meinte, die Wilden würden ihn erschlagen.

Antonion aber war's bei dem Ton ihrer Stimme, als hörte er zur Frühlingszeit die erste Nachtigall in seines Vaters Garten. Die Sterne schienen so glänzend, die Wellen zitterten unter ihnen im Mondenschein, nur von ferne kühlte sich die Luft mit Blitzen, bis endlich Alma vor Schlaf nicht mehr weiterkonnte und müde ihr Köpfchen senkte.

Auch Antonio war zuletzt eingeschlummert. Da träumte ihm von dem schönen verwilderten Garten, es war, als wollt' ihm der Vogel in dem ausgebrochenen Fensterbogen im Schlaf von Diego erzählen, der unter den glühenden Blumen sich verirrt. Und als er so, noch halb im Traume, die Augen aufschlug, flog schon ein kühler Morgenwind kräuselnd über die See, er blickte erschrocken umher, da hörter er wieder die Frau Venus neben sich atmen wie damals und von fern stiegen die Zacken und Felsen der Insel allmählich im Morgengraun wieder empor, dazwischen glaubte er wirklich den Vogel im Gebirge singen zu hören. Jetzt ruft es auch plötzlich: Land! aus dem Mastkorb; verschlafene Matrosen erheben sich, im Innern des Schiffs beginnt ein seltsames Murmeln und Regen. Nun fährt Alma verwirrt aus dem Schlafe empor. Da sie die Wälder, Felsen und Palmen sieht, springt sie voller Entsetzen auf und wirft einen dunkeln tödlichen Blick auf Antonio. Du hast mich verraten, ihr wollt mich bei den Meinigen heimlich wieder aussetzen! ruft sie aus und schwingt sich behende auf den Bord des Schiffes, um sich ins Meer zu stürzen. – Aber Antonio faßte sie schnell um den Leib, sie stutzte und sah ihn erstaunt mit ungewissen Blicken an. Unterdes war auch Alvarez auf dem Verdeck erschienen: still, still, rief er den Leuten zu, nur sacht, eh' sie uns drüben merken! Er ließ die Anker werfen, das Boot wurde leise und geräuschlos heruntergelassen, die Berge und Klüfte breiteten sich immer mächtiger in der Dämmerung aus. Da zweifelte Antonio selbst nicht länger, daß es auf Alma abgesehn. Ganz außer sich schwang er die arme Verratne auf seinen linken Arm, zog mit der rechten seinen Degen und rief vortretend mit lauter Stimme: es sei schändlich, treulos und undankbar, das Mädchen wider ihren Willen wieder auf die Insel zu setzen, von der sie alle eben erst mit Gefahr ihres Lebens gerettet. Aber er wolle sie bis zu seinem letzten Atemzuge verteidigen und mit ihr stehn oder fallen, wie ein Baum mit seiner Blüte!

Zu seiner Verwunderung erfolgte auf diese tapfere Anrede ein schallendes Gelächter. Was Teufel machst du denn für ein Geschrei, verliebter Baccalaureus! sagte Alvarez, wir wollen hier geschwind, eh' etwa noch die Wilden erwachen, frisches Wasser holen von den unverhofften Bergen, du siehst ja doch, 's ist ein ganz anderes Land! Nun sah es Antonio freilich auch, freudig und beschämt, denn die Morgenlichter spielten schon über den unbekannten Gipfeln. Alma aber hatte ihn fest umschlungen und bedeckte ihn mit glühenden Küssen. – Die Sonne vergoldete soeben Himmel, Meer und Berge und in dem Glanze trug Antonio sein Liebchen hurtig in das Boot, das nun durch die Morgenstille nach dem fremden Lande hinüberglitt.

*

Alma war die erste, die ans Land sprang, wie ein Kind lief sie erstaunt und neugierig umher. Es blitzte noch alles vom Tau, Menschen waren nirgends zu sehen, nur einzelne Vögel sangen hie und da in der Frische des Morgens. Die praktischen Seeleute hatten indes gar bald eine Quelle, Kokos- und Brotbäume in Menge entdeckt, es ärgerte sie nur, daß die liebe Gottesgabe nicht auch schon gebacken war.

Alvarez aber, da heute eben ein Sonntag traf, beschloß auf dem gesegneten Eilande einige Tage zu rasten, um das Schiff und die Verwundeten und Kranken wieder völlig instandzusetzen. Währenddes waren mehrere auf den nächsten Gipfel gestiegen und erblickten überrascht jenseits des Gebirges eine weite lachende Landschaft. Auf ihr Geschrei kam auch der Hauptmann mit Antonio und Alma herbei. Das ist ja wie in Spanien, sagte Alvarez erfreut, hier möcht' ich ausruh'n, wenn's einmal Abend

wird und die alten Segel dem Sturme nicht mehr halten. –
Sie konnten der Versuchung nicht widerstehen, die
Gegend näher zu betrachten, sie wanderten weiter den
Berg hinunter und kamen bald in ein schönes grünes Tal.
Auf dem letzten Abhange aber hielten sie plötzlich
erschrocken still: ein einfaches Kreuz stand dort unter
zwei schattigen Linden. Da knieten sie alle schweigend
nieder, Alma sah sie verwundert an, dann sank auch sie
auf ihre Knie in der tiefen Sonntagsstille, es war, als zöge
ein Engel über sie dahin.

Als sie sich vom Gebet wieder erhoben, bemerkten sie
erst einen zierlichen Garten unter dem Kreuz, den die
Bäume von oben verdeckt hatten. Voll Erstaunen sahen
sie sehr sorgfältig gehaltene Blumenbeete, Gänge und
Spaliere, die Bienen summten in den Wipfeln, die in
voller Blüte standen, aber der Gärtner war nirgends zu
finden. – Da schrie Alma auf einmal erschrocken auf, als
hätte sie auf eine Schlange getreten, sie hatte menschliche
Fußtapfen auf dem tauigen Rasen entdeckt. – Den wollen
wir wohl erwischen, rief Alvarez, und die Wanderer
folgten sogleich begierig der frischen Spur. Sie ging jenseits auf die Berge, sie glaubten den Abdruck von Schu-
hen zu erkennen. Unverdrossen stiegen sie nun zwischen
den Felsen das Gebirge hinan, aber bald war die Fährte
unter Steinen und Unkraut verschwunden, bald erschien
sie wieder deutlich im Gras, so führte sie immer höher
und höher hinauf und verlor sich zuletzt auf den obersten
Zacken, wie in den Himmel. – Es ist heut Sonntag, der
Gärtner ist wohl der liebe Gott selber, sagte Alvarez,
betroffen in der Wildnis umherschauend.

In dieser Zeit aber war die Sonne schon hoch gestiegen
und brannte sengend auf die Klippen, sie mußten die
weitere Nachforschung für jetzt aufgeben und kehrten

endlich mit vieler Mühe wieder zu den Ihrigen am Strande zurück. Als sie dort ihr Abenteuer erzählten, wollte alles sogleich in das neuentdeckte Tal stürzen. Aber Alvarez schlug klirrend an seinen Degengriff und verbot feierlich allen und jedem, das stille Revier nicht anders als unter seinem eignen Kommando zu betreten. Denn, sagte er, das sei keine Soldatenspelunke, um dort Karten zu spielen, da stecke was Absonderliches dahinter. – Vergebens zerbrachen sie sich nun die Köpfe, was es mit dem Garten für ein Bewenden habe, denn ein Haus war nirgends zu sehen und soviel hatten sie schon von den Bergen bemerkt, daß das Land eine, wie es schien, unbewohnte Insel von sehr geringem Umfange war. Man beschloß endlich, sich hier an der Küste ein wenig einzurichten und am folgenden Tage gleich in der frühesten Morgenkühle die Untersuchung gemeinschaftlich fortzusetzen.

Unterdes hatten die Zimmerleute schon ihre Werkstatt am Meere aufgeschlagen, rings hämmerte und klapperte es lustig, einige schweiften mit ihren Gewehren umher, andere flickten die Segel im Schatten der überhängenden Felsen, während fremde Vögel über ihnen bei dem ungewohnten Lärm ihre bunten Hälse neugierig aus dem Dickicht streckten.

*

Mit dem herannahenden Abend versammelte sich nach und nach alles wieder unter den Felsen, die Jäger kehrten von den Bergen zurück und warfen ihre Beute auf den Rasen, da lag viel fremdes Getier umher, die Schützen an ihren Gewehren müde daneben. Indem kam ein Soldat, der sich auf der Jagd verspätet, ganz erschrocken aus dem Walde und sagte aus, er sei hinter einem schönen scheuen

172

Vogel weit von hier zwischen die höchsten Felsen geraten und als er eben auf den Vogel angelegt, habe er plötzlich in der Wildnis ein riesengroßes Heiligenbild auf einer Klippe erblickt, daß ihm die Büchse aus der Hand gesunken. Die ersten Abendsterne am Firmament hätten das Haupt des Bildes wie ein Heiligenschein umgeben, darauf habe es auf einmal sich bewegt und sei langsam wie ein Nebelstreif mitten durch den Fels gegangen, er habe es aber nicht wieder gesehen und vor Grauen kaum den Rückweg gefunden. – Das ist der Gärtner, den wir heut früh schon suchten, rief Alvarez, hastig aufspringend. Dabei traute er nun doch dem unschuldigen Aussehn der Insel nicht und beschloß, noch in dieser Stunde selber auf Kundschaft auszugehen, damit sie nicht etwa mitten in der Nacht unversehens überfallen würden. Das war dem abenteuerlichen Sanchez eben recht, auch Antonio und Alma erboten sich tapfer, den Hauptmann zu begleiten. Alvarez stellte nun eilig einzelne Posten auf die nächsten Höhen aus, wer von ihnen den ersten Schuß im Gebirge hörte, sollte antworten und auf dieses Signal die ganze Mannschaft nachkommen. Darauf bewaffnete er sorgfältig sich und seine Begleiter, auch Alma mußte einen Hirschfänger umschnallen, jeder steckte aus Vorsicht noch ein Windlicht zu sich, der Soldat aber, der die seltsame Nachricht gebracht, mußte voran auf demselben Wege, den er gekommen; so zog das kleine Häuflein munter in das wachsende Dunkel hinein.

Schon waren die Stimmen unter ihnen nach und nach verhallt, nur manchmal leuchtete das Wachtfeuer noch durch die Wipfel, die Gegend wurde immer kühler und öder. Alma war echt zu Hause hier, sie sprang wie ein Reh von Klippe zu Klippe und half lachend dem steifen Alvarez, wenn ihm vor einem Sprunge graute. Der Soldat vorn aber schwor, daß sie nun schon bald in der Gegend sein müßten, wo er das Bild gesehen. Darüber wurde Sanchez ganz ungeduldig. Heraus, Nachteule, aus deinem Felsennest! rief er aus und feuerte schnell sein Gewehr in die Luft ab. Die nahe hohe Felsenwand brach den Schall und warf ihn nach der See zurück, es blieb alles totenstill im Gebirge. – Da glaubten sie plötzlich eine Glocke in der Ferne zu hören, die Luft kam von den Bergen, sie unterschieden immer deutlicher den Klang. Ganz verwirrt blieben nun alle lauschend stehen, über ihnen aber brach der Mond durch die Wolken und beleuchtete die unbekannten Täler und Klüfte, als sie auf einmal eine schöne tiefe Stimme in ihrer Landessprache singen hörten:

Komm, Trost der Welt, du stille Nacht!
Wie steigst du von den Bergen sacht,
Die Lüfte alle schlafen,
Ein Schiffer nur noch, wandermüd,
Singt übers Meer sein Abendlied
Zu Gottes Lob im Hafen.

Die Jahre wie die Wolken gehn
Und lassen mich hier einsam stehn,
Die Welt hat mich vergessen,
Da tratst du wunderbar zu mir,
Wenn ich beim Waldesrauschen hier
In stiller Nacht gesessen.

O Trost der Welt, du stille Nacht,
Der Tag hat mich so müd' gemacht,
Das weite Meer schon dunkelt,
Laß ausruhn mich von Lust und Not,
Bis daß das ew'ge Morgenrot
Den stillen Wald durchfunkelt.

174

Die Wandrer horchten noch immer voll Erstaunen, als der Gesang schon lange wieder in dem Gewölk verhallt war, das soeben vor ihnen mit leisem Fluge die Wipfel streifte. Alvarez erholte sich zuerst. Still, still, sagte er, nur sachte mir nach, vielleicht überraschen wir ihn. – Sie schlichen nun durch das Dickicht leise und vorsichtig immer tiefer in den feuchten Nebel hinein, niemand wagte zu atmen – als plötzlich der Vorderste mit großem Geschrei auf einen Fremden stieß, jetzt schrie wieder einer und noch einer auf, manchmal klang es wie Waffengerassel von ferne. Überwacht und aufgeregt wie sie waren, zog jeder sogleich seinen Degen. Indem sahen sie auch schon mehre halbkenntlich zwischen den Klippen herandringen, die unerschrockenen Abenteurer stürzten blind auf sie ein, da klirrte Schwert an Schwert im Dunkeln, immer neue Gestalten füllten den Platz, als wüchse das Gezücht aus dem Boden nach. – In diesem Getümmel bemerkte niemand, wie ein fernes Licht, immer näher und näher, das Laub streifte, auf einmal brach der Widerschein durch die Zweige, den Kampfplatz scharf beleuchtend, und die Fechtenden standen plötzlich ganz verblüfft vor altbekannten Gesichtern – denn die vermeintlichen Wilden waren niemand anders, als ihre Kameraden von unten, die verabredetermaßen auf Sanchez' Schuß zu Hülfe gekommen.

Da ist er! schrie hier plötzlich der Soldat, der vorhin den Alvarez heraufgeführt. Alle wandten sich erschrocken um: ein schöner riesenhafter Greis mit langem weißen Bart, in rauhe Felle gekleidet, eine brennende Fackel in der Hand, stand vor ihnen und warf dem Sanchez die Fackel an den Kopf, daß ihn die Funken knisternd umsprühten. Ruhe da! rief er; was treibt euch, hier die Nacht mit wüstem Lärm zu brechen, das wilde Meer murrt nur von fern am Fuß der Felsen und alle blinden Elemente hielten Frieden hier seit dreißig Jahren in schöner Eintracht der Natur, und die ersten Christen, die ich wiedersehe, bringen Krieg, Empörung, Mord.

Hier erblickte er Alma, deren Gesicht von der Fackel hell beleuchtet war, da wurde er auf einmal still. – Die erstaunten Gesellen standen scheu im Kreise, sie hielten ihn insgeheim für einen wundertätigen Magier. Diese Pause benutzte Alvarez und trat, seinen Degen einsteckend, einige Schritte vor. Ihr sollt nicht glauben, sagte er, daß wir loses Gesindel seien, das da ermangelt, einem frommen Waldbruder die gebührende Reverenz zu erweisen; mit dem Lärm vorhin, das war nur so eine kleine Konfusion. – Der Einsiedler aber schien nicht darauf zu hören, er sah noch immer Alma an, dann, wie in Gedanken in dem Kreise umherschauend, fragte er, woher sie kämen? – Das wußte nun Alvarez selber nicht recht und berichtete kurz und verworren von der Frau Venus, von Händeln mit den Wilden, von einem prächtigen Reich, das sie entdeckt, aber wieder verloren. – Der Alte betrachtete unterdes noch einmal alle in die Runde. Nach kurzem Schweigen sagte er darauf: es sei schon dunkle Nacht und seine Klause liege weit von hier, auch habe er oben nicht Raum für so viele unerwartete Gäste, am folgenden Tage aber wollte er sie mit allem, dessen sie zur Reise bedürften, aus dem Überfluß versehen, womit ihn Gott gesegnet. Der Hauptmann solle jetzt die Seinen zum Ankerplatz zurückführen und morgen, wenn sie die Frühglocke hörten, mit wenigen Begleitern wiederkommen.

Die Wandrer sahen einander zögernd an, sie hätten lieber noch heut den Waldbruder beim Wort genommen. Aber in seinem strengen Wesen war etwas Unüberwindliches, das zugleich Gehorsam und Vertrauen erweckte. Er selbst ergriff rasch die Fackel, an der die andern ihre Windlichter anzünden mußten, und zeigte ihnen, voranschreitend, einen von Zweigen verdeckten Felsenweg, der unmittelbar zum Strande führte. Als sie nach kurzem Gange zwischen den Bäumen heraustraten, sahen sie schon das Meer wieder heraufleuchten, tief unter ihnen riefen die zurückgebliebenen Wachen einander von ferne an. – Mein Gott, sagte der Einsiedler fast betroffen, das habe ich lange nicht gehört, es ist doch ein herrlich Ding um die Jugend. – Dann grüßt' er alle noch einmal und wandte sich schnell in die Finsternis zurück. Unten aber erschraken die Wachen, da sie ein Licht nach dem andern aus den Klüften steigen und durch die Nacht schweifen sahen, als kämen die verstörten Gebirgsgeister den stillen Wald herab.

*

Der folgende Tag graute noch kaum, da fuhr Alma schon von ihrem bunten Teppich auf, sie hatte vor Freude auf die bevorstehende Fahrt die ganze Nacht nur leise geschlummert und immerfort von dem Gebirge und dem Einsiedler geträumt. Erstaunt sah sie sich nach allen Seiten um, Antonio lag zu ihren Füßen im Gras. Es war noch alles still, die Wachtfeuer flackerten erlöschend im Zwielicht. Da überfiel Alma ein seltsames Grauen in der einsamen Fremde, sie konnt' es nicht lassen, sie stieß Antonion leis und zögernd an. Der verträumte Student richtete sich schnell auf und sah ihr in die klaren Augen. Sie aber wies aufhorchend nach dem Gebirge. Da hörte er hoch über ihnen schon die Morgenglocke des Einsiedlers durch die Luft herüberklingen und bei dem Klange fuhren die Langschläfer an den Feuern, einer nach dem andern, empor. Jetzt trat auch Alvarez schon völlig bewaffnet aus dem Zelte und teilte mit lauter Stimme seine Befehle für den kommenden Tag aus. Sanchez sollte heute das Kommando am Strande führen, er mochte ihn nicht wieder auf die Berge mitnehmen, da er ihm überall unverhofften Lärm und Verwirrung anrichtete. Bald wimmelte es nun wieder bunt über den ganzen Platz und ehe noch die Sonne sich über dem Meere erhob, brach der Hauptmann schon, nur von Alma und Antonio begleitet, zu dem Waldbruder auf.

Alma hatte sich alle Stege von gestern wohl gemerkt und kletterte munter voraus. Antonio trug mühsam ein großes dickes Buch unter dem Arme, in welchem er mit jugendlicher Wißbegierde und Selbstzufriedenheit merkwürdige Pflanzen aufzutrocknen und zu beschreiben pflegte. Alma meinte, er mache Heu für den Schiffsesel und brachte ihm Disteln und anderes nichtswürdiges Unkraut in Menge. Das verdroß ihn sehr, er suchte ihr in aller Geschwindigkeit einen kurzen Begriff von dem Nutzen der Wissenschaft beizubringen. Aber sie lachte ihn aus und steckte sich die schönsten frischen Blumen auf den Hut, daß sie selbst wie die Gebirgsflora anzusehen war. – Auf einmal starrten alle überrascht in die Höh. Denn fern auf einem Felsen, der die andern Gipfel überschaute, trat plötzlich der Einsiedler mitten ins Morgenrot, als wär' er ganz von Feuer; er schien die Wandrer kaum zu bemerken, so versunken war er in den Anblick des Schiffs, das unten ungeduldig wie ein mutiges Roß auf den Wellen tanzte. Jetzt fiel es dem Alvarez erst aufs Herz, daß er ein verkleidetes Mädchen zu dem frommen Manne mit heraufbringen wolle. Er bestand daher ungeachtet Antonios Fürbitten darauf, daß Alma zurückkehren und ihre Wiederkehr unten erwarten solle. Sie war

178

betroffen und traurig darüber; als sie aber endlich die Skrupel des Hauptmanns begriff, schien sie schnell einen heimlichen Anschlag zu fassen, sah sich noch einmal genau die Gegend an und sprang dann, ohne ein Wort zu sagen, wieder nach dem Lagerplatze hinab.

Unterdes hatte der Einsiedler oben die Ankommenden gewahrt und wies ihnen durch Zeichen den nächsten Pfad zu dem Gipfel, wo er sie mit großer Freude willkommen hieß. Laßt uns die Morgenkühle noch benutzen, sagte er dann nach kurzer Rast, und führte seine Gäste sogleich wieder weiter zwischen die Berggipfel hinein. Sie gingen lange an Klüften und rauschenden Bächen vorüber, sie erstaunten, wie rüstig ihr Führer voranschritt. So waren sie auf einem hochgelegenen freien Platze angekommen, der nach der Gegend, wo das Schiff vor Anker lag, von höhern Felsen und Wipfeln ganz verschattet war; von der andern Seite aber sah man weit in die fruchtbaren Täler hinaus, während zu ihren Füßen der Garten heraufduftete, den sie schon gestern zufällig entdeckt hatten. – Das ist mein Haus, sagte der Einsiedler und zeigte auf eine Felsenhalle im Hintergrund. Die Morgensonne schien heiter durch die offene Tür und beleuchtete einfaches Hausgerät und ein Kreuz an der gegenüberstehenden Wand, unter dem ein schönes Schwert hing. Die Ermüdeten mußten sich nun auf die Rasenbank vor der Klause lagern, der Einsiedler aber brachte zu ihrer Verwunderung Weinflaschen und köstliches Obst, schenkte die Gläser voll und trank auf den Ruhm Altspaniens. Unterdes hatte der Morgen ringsum alles vergoldet und funkelte lustig in den Gläsern und Waffen, ein Reh weidete neben ihnen und schöne bunte Vögel flatterten von den Zweigen und naschten vertraulich mit von dem Frühstück der Fremden.

Hier saßen sie lange zusammen in der erfrischenden Kühle. Der Einsiedler erkundigte sich nach ihrem gemeinschaftlichen Vaterlande, aber er sprach von so alten Zeiten und Begebenheiten, daß ihm fast nur Antonio aus seinen Schulbüchern noch Bescheid zu geben wußte. Da sie ihn aber so heiter sahen, drangen sie endlich in ihn, ihnen seinen eigenen Lebenslauf und wie er auf diese Insel gekommen, ausführlich zu erzählen. Da besann er sich einen Augenblick. Es ist mir alles nur noch wie ein Traum, sagte er darauf, die fröhlichen Gesellen meiner Jugend, die sich daran ergötzen könnten, sind lange tot, andere Geschlechter gehen unbekümmert über ihre Gräber, und ich stehe zwischen den Leichensteinen allein wie in tiefem Abendrote. Doch sei es drum, ich schwieg so lange Zeit, daß mir das Herz recht aufgeht bei den heimatlichen Lauten; ich will euch von allem treulich Kunde geben, vielleicht erinnert sich doch noch jemand meiner, wenn ihr's zu Hause wiedererzählt. So rückten sie denn im Grünen näher zusammen und der Alte hub folgendermaßen an:

Geschichte des Einsiedlers

Die letzte Macht der Mohren war zertrümmert, die Zeit war alt und die Waffen verklungen, unsere Burgen standen einsam über wallenden Kornfeldern, das Gras wuchs auf den Zinnen, da blickte mancher vom Walle übers Meer und sehnte sich nach einer neuen Welt. Ich war damals noch jung, vor meiner Seele dämmerte bei Tag und Nacht ein wunderbares Reich mit blühenden Inseln und goldenen Türmen aus den Fluten herauf – so rüstete ich freudig ein Schiff aus, um es zu erobern.

180

Was soll ich euch von den ersten Wochen der Fahrt erzählen, von den vorüberfliegenden Küsten, von der Meereseinsamkeit und den weitgestirnten prächtigen Nächten, ihr kennt's ja so gut, wie ich. Es sind jetzt gerade dreißig Jahre, es war des Königs Namenstag, wir fuhren auf offner unbekannter See. Ich hatte zur Gedächtnisfeier des Tages ein Fest auf dem Verdeck bereitet, die Tische waren gedeckt, wir saßen unter bunten Fahnen in der milden Luft, einige sangen spanische Lieder zur Zither, glänzende Fische spielten neben dem Schiff, ein frischer Wind schwellte die Segel. Da, indem wir so der fernen Heimat gedachten, sahen wir auf einmal verflogene Paradiesvögel über uns durch die klaren Lüfte schweifen, alle hießen's für die Verheißung eines nahen Landes. Und was für ein Land muß das sein, rief ich aufspringend, wo der Wind solche Blüten herüberweht! Wir hofften alle das wunderbare Eldorado zu entdecken. Aber mein Lieutenant, ein junger, stiller und finsterer Mann, entgegnete in seiner melancholischen Weise: das Eldorado liege auf dem großen Meere der Ewigkeit, es sei töricht, es unter den Wolken zu suchen. – Das verdroß mich. Ich schenkte rasch mein Glas voll. Wer's hier nicht sucht, der findet's nimmer, rief ich, durch! und wenns am Monde hinge. Aber wie ich anstieß, sprang mein Glas mitten entzwei, mir graute – da rief's auf einmal vom Mastkorbe: Land!

Alles fuhr nun freudig erschrocken auf, wir waren fern von allen bekannten Küsten, es mußte ein ganz fremdes Land sein. Wir sahen erst nur einen Nebelstreif, dann allmählich wuchs und dehnte sich's wie ein Wolkengebirge. Unterdes aber kam der Abend, die Luft dunkelte schläfrig und verdeckte alles wieder. – Wir gingen nun so nah am Strande als möglich vor Anker, um mit Tagesanbruch zu landen. O der schönen erwartungsvollen Nacht! Es war so still, daß wir die Wälder von der Küste rauschen hörten, ein köstlicher Duft von Kräutern wehte herüber, im Walde sang ein Vogel mit fremdem Schalle, manchmal trat der Mond plötzlich hervor und beleuchtete flüchtig wunderbare Gipfel und Klüfte.

Als endlich der Morgen anbrach, standen wir schon alle wanderfertig auf dem Verdecke vor dem blitzenden Eilande. Ich werde den Anblick niemals vergessen – mir war's als schlüge die strenge Schöne, die ich oft im Traume gesehen, ihre Schleier zurück und ich säh' ihr auf einmal in die wilden dunkeln Augen. – Wir landeten nun und richteten uns fröhlich am Fuß des Gebirges ein, ich aber machte sogleich mit mehreren Begleitern einen Streifzug ins Land. Wir fanden alles wild und schön, fremde Tiere flogen scheu vor uns in das Dickicht, weiterhin stießen wir auf ein Dorf in einem fruchtbaren Felsentale, die Schmetterlinge flatterten friedlich in den blühenden Bäumen, aber die Hütten waren leer und alles so still in der Einsamkeit zwischen den Klüften und Wasserfällen, als wäre der Morgen der Engel des Herrn, der die Menschen aus dem Paradiese gejagt und nun zürnend mit dem Flammenschwerte auf den Bergen stände.

Als ich zurückkehrte, ließ ich der Vorsicht wegen einige Feldschlangen vom Schiffe bringen und unsern Lagerplatz verschanzen, da ich beschlossen hatte, das Land genau zu durchforschen. So war die Nacht herangekommen. Ich hatte wenig Ruh vor schweren seltsamen Träumen und als ich das eine Mal aufwachte, war unser Wachtfeuer fast schon ausgebrannt, es konnte nicht mehr weit vom Tage sein. Ich begab mich daher zu den äußersten Posten, die ich am Abend ausgestellt, die waren sehr erfreut, mich zu sehen, denn sie hatten die ganze Nacht über eine wunderliche Unruhe im Gebirge bemerkt, ohne erraten zu können, was es gebe. Ich legte mich mit dem Ohr an den Boden, da war's zu meinem Erstaunen, als vernähm' ich den schweren Marsch bewaffneter Scharen in der Ferne. Manchmal erschallte es weit in den Bäumen wie Nachtgeflügel, das aufgeschreckt durch die Zweige bricht, dann war alles wieder still. Indem ich aber noch so lauschte, hör' ich auf einmal ein Flüstern dicht neben mir im Dunkeln. Ich trat einige Schritte zurück, meine Jagdtasche war mit Feuerwerk wohl versehen, ich warf schnell eine Leuchtkugel nach dem Gebirge hinaus. Da bot sich uns plötzlich der wunderbarste Anblick dar: bei dem hellen Widerschein sahen wir einen furchtbaren Kreis bewaffneter dunkler Gestalten, lauernd an die Palmen gelehnt, hinter Steinen im Dickicht, Kopf an Kopf bis tief in den finstern Wald hinein. Alle Augen folgten dem feurigen Streif der Leuchtkugel, und als sie prasselnd in der Luft zerplatzte, richteten sich mehrere auf und betrachteten erstaunt die funkelnden Sterne, die im Niedersinken die Wipfel vergoldeten. Unterdes waren auf das Feuerzeichen die Unsrigen, die auf meinen Befehl bekleidet und mit den Waffen geruht hatten, erschreckt und noch halbverschlafen herbeigeeilt. Als nun die Wilden das Wirren und ängstliche Hin- und Herlaufen bemerkten, sprangen sie plötzlich aus ihrem Hinterhalt, ein Hagel von Speeren und Steinen flog hinter ihnen drein, ich hatte kaum Zeit, die Meinigen zu ordnen. Ich ließ fürs erste nur blind feuern, die Eingebornen stutzten, da sie sich aber alle unversehrt fühlten, lachten sie wild und griffen nun um so wütender an. Eine zweite scharfe Ladung empfing die Verwegenen, wir sahen einige von ihnen getroffen sinken, die hintersten aber gewahrten es nicht und drängten immer unaufhaltsamer über die Gefallenen vor. Mehrere von den Unsrigen wollten unterdes mitten in dem Getümmel ein Weib mit fliegendem Haar gesehen haben, die wie ein Würgengel unter ihren eigenen Leuten die Zurückweichenden mit ihrem Speer durchbohrte, es entstand ein dumpfes scheues Gemurmel von einer schönen wilden Zauberin, die Meinigen fingen an zu wanken. Jetzt zauderte ich nicht länger, ich befahl unsere Feldschlange loszubrennen, der Schuß weckte einen anhaltenden furchtbaren Widerhall zwischen den Bergen und riß eine breite Lücke in den dichtesten Haufen der Wilden. Das entschied den Kampf; wie vor einer unbegreiflichen übermenschlichen Gewalt standen sie eine Zeitlang regungslos, dann wandte sich auf einmal die ganze Schar mit durchdringendem Geheul, durch den Pulverdampf sahen wir sie ihre Toten und Verwundeten auf den Rücken eilig fortschleppen und in wenigen Minuten war alles zwischen dem Unkraut und den Felsenritzen wie ein Nachtspuk in der Morgendämmerung verschlüpft, die nun allmählich wachsend das Gebirge erhellte.

Wir standen noch ganz verwirrt, wie nach einem unerhörten Traume. Ich ließ darauf die Verwundeten zurückbringen und sammelte die Frischesten und Kühnsten, um den Saum des Waldes von dem Gesindel völlig zu säubern. So schritten wir eben vorsichtig in die Berge hinein, als plötzlich auf einem Felsen über uns zwischen den Wipfeln eine hohe schlanke Mädchengestalt von so ausnehmender Schönheit erschien, daß alle, die auf sie zielten, ihre Arme sinken ließen. Sie war in ein buntgeflecktes Pantherfell gekleidet, das von einem funkelnden Gürtel über den Hüften zusammengehalten wurde, mit Bogen und Köcher, wie die heidnische Göttin Diana. Sie redete uns furchtlos und wie es schien, zürnend an, aber keiner verstand die Sprache und der Klang ihrer Stimme verhallte in den Lüften, bis sie endlich selbst zwischen den Bäumen wieder verschwand.

Mein Lieutenant insbesondere war von der wunderbaren Erscheinung ganz verwirrt. Er pflegte sonst nicht viele Worte zu machen, jetzt aber funkelten seine Augen, ich hatte ihn noch nie so heftig gesehn. Er nannte das Mädchen eine teuflische Hexe, man müsse sie tot oder lebendig fangen und verbrennen, er selbst erbot sich, sogleich Jagd auf sie zu machen. Ich verwies ihm seine unsinnige Rede. Wir brauchten, sagte ich, vor allem einige Tage Ruh und frische Lebensmittel, dazu müßten wir jetzt Frieden halten mit den Eingebornen. Der Lieutenant aber war bei seinem stillen Wesen leicht zum Zorne zu reizen, er hieß mich selber des Teufels Zuhalter und verschwor sich, wenn ihm keiner beistehn wollte, das christliche Werk allein zu vollbringen. Und mit diesen Worten stieg er eilig das Gebirge hinan, ehe wir ihn zurückhalten konnten. Vergebens riefen wir ihm warnend, bittend und drohend nach, ich selbst durchschweifte mit vielen andern fruchtlos die nächsten Berge, es sah ihn niemand wieder.

Dieses ganz unerwartete Ereignis machte mir große Sorge, denn entweder wandte der Unglückliche durch sein Unternehmen das kaum vorübergezogene Ungewitter von neuem auf uns zurück, oder ich verlor, was wahrscheinlicher war, einen redlichen und tapfern Offizier. Das letzte schien leider zutreffen zu wollen, denn alle unsere Nachforschungen blieben ohne Erfolg, mehrere Tage waren seitdem vergangen, meine Leute gaben ihn schon auf. Da beschloß ich endlich, mir um jeden Preis Gewißheit über sein Schicksal zu verschaffen. Ich ließ unser Lager abbrechen, lichtete die Anker und segelte, mich immer möglichst dicht zum Lande haltend, weiter an der Küste herab.

Wir fuhren nun abwechselnd an wilden und lachenden Gestaden vorüber, aber, wo wir auch ans Land stiegen, sahen wir's verlassen, die Eingebornen flohen scheu vor uns in die Wälder, von dem Lieutenant war keine Spur zu entdecken. – So hatten wir uns einmal beim ersten Morgengrauen in einem von Bergen umgebenen Tale gelagert, das mir besonders anmutig und reich bevölkert schien, wie ich aus den vielen Stimmen abnahm, die wir nachts von der Küste gehört hatten. Ich ließ unsern Lagerplatz sogleich mit Zweigen eines Baumes bestecken, von dem ich wußte, daß er in diesen Weltgegenden als Zeichen des Friedens und der Freundschaft angesehen wird, flatternde Bänder und bunte Teppiche wurden ringsum an Stangen ausgehängt, unsere Spielleute mußten dazu musizieren, das klang gar lustig in der Einsamkeit, die nun schon von der schönsten Morgenröte nach und nach erhellt wurde. Ich hatte mich in meiner Erwartung auch nicht getäuscht, denn es währte nicht lange, so erschienen einzelne Wilde neugierig hie und da wie Raben an den Klippen, jetzt erkannten wir auch im steigenden Morgen die Gegend ringsumher, fruchtbare Gründe, Wasserfälle und wunderbar gezackte Felsen, die wie Burgen über den Wäldern hingen.

Bald darauf aber sahen wir es fern am Saum des Waldes in der Morgensonne schimmern. Ein unübersehbarer Zug von Wilden bewegte sich jetzt unter den Bäumen die nachtkühlen Schlüfte herab, voran schwärmten hohe schlanke Bursche über den beglänzten Wiesengrund, die gewandt ihre blinkenden Speere in die Luft warfen und wieder auffingen. So im künstlichen Kampfspiel bald sich

186

verschlingend, bald wieder auseinanderfliegend, nahten sie sich langsam unserm Lager, dazwischen sang der Zug dahinter ein rauhes aber gewaltiges Lied und so oft sie schwiegen, gaben andere von den Bergen Antwort.

Ich wußte nicht, was ich von dem seltsamen Beginnen halten sollte. Mir aber war alles daran gelegen, mit ihnen in ein friedliches Verständnis zu kommen. Ich hieß daher meine Leute die Feldschlange laden und sich kampffertig halten, während ich selber allein den Ankommenden entgegenging, das grüne Reis hoch über meinem Hute schwenkend. Da gewahrte ich an der Spitze des Zuges mehrere schöne junge Männer in kriegerischem Schmuck, die über ihren Köpfen breite Schilde wie ein glänzendes Dach emporhielten. Auf diesen aber erblickte ich zu meinem Erstaunen das Wundermädchen wieder, die wir damals auf dem Felsen gesehn. Mit dem schlanken Pantherleib, zu beiden Seiten von den langen dunklen Locken umwallt, ruhte sie in ihrer strengen Schönheit wie eine furchtbare Sphinx auf den Schilden.

Kaum aber hatte sie mich erblickt, als sie sich rasch von ihrem Sitze schwang und auf mich zueilte, die turnierenden Bursche stoben zu beiden Seiten auseinander und senkten ehrerbietig die Lanzen vor ihr – es war die Königin des Landes.

Sie trat, während die andern in einem weiten Halbkreise zurückblieben, mitten unter uns mit einem Anstande, der uns alle erstaunen machte, und betrachtete mich, als den vermeintlichen König der Fremden, lange Zeit mit ernsten Blicken. Ich ließ ihr einen bunten Teppich zum Sitze über den Rasen breiten und überreichte ihr dann ein Geschenk von Glaskorallen, Tüchern und Bändern. Sie nahm alles wie einen schuldigen Tribut an, ohne sich jedoch, nach einem flüchtigen Blick darauf, weiter darum zu bekümmern, ihre Seele schien von ganz andern Gedanken erfüllt. Unterdes war auch ihr Gefolge nach und nach vertraulicher geworden. Einzelne näherten sich den Unsrigen, einer von ihnen benutzte die Verwirrung, rollte schnell einen Teppich auf und entfloh damit nach dem Walde. Die Königin bemerkte es, rasch aufspringend zog sie einen Pfeil aus ihrem Köcher und durchbohrte den Fliehenden, daß er tot ins Gras stürzte; da hing die ganze Schar wie eine dunkle Wolke wieder unbeweglich am Saume des Waldes.

Mir graute, sie aber wandte sich von neuem zu uns, ihre Blicke spielten umher, sie schien etwas mit den Augen zu suchen. Endlich erblickt sie's: es war unsere Feldschlange. Sie betrachtete sie mit großer Aufmerksamkeit, auf ihr Begehren mußte ich sie wenden und losbrennen lassen. Bei dem Knall stürzten die Eingebornen zu Boden, das Mädchen schauerte kaum und stand wie eine Zauberin in dem ringelnden Dampf. Dann aber flog sie pfeilschnell nach der Gegend, wohin der Schuß gefallen. Ich folgte ihr, denn es schien mir ratsam, ihr die unwiderstehliche Gewalt unseres Geschützes begreiflich zu machen. Es war ein abgelegener Ort tief im Walde, wo die Kugel einen Baum zerschmettert hatte; Stamm, Krone und Äste lagen zerrissen umher, wie vom Blitz gespalten. – Als sich die Königin von der furchtbaren Wirkung des Schusses überzeugt hatte, wurde sie ganz nachdenklich und traurig; wie vernichtet setzte sie sich auf den Rasen hin. So saß sie lange stumm, ich hatte sie noch nicht so nah gesehn, nun fesselte mich ihre Schönheit und ganz verwirrt und geblendet drückte ich flüchtig ihre Hand. Da wandte sie fast betroffen ihr Gesicht nach mir herum und sprang dann plötzlich wild auf, daß ich zusammenschrak. Sie eilte nach unserm Lagerplatz zurück, dort hatte sie, eh' ich's noch hindern konnte, unsere Schiffsfahne ergriffen und schwenkte sie hoch in der Luft, uns alle auf ihre Berge einladend. Ich hatte kaum noch Zeit genug, die nötigen Wachen am Strande anzuordnen, denn sie flog schon mit dem weißen flatternden Banner voran. Von Zeit zu Zeit, während wir vorsichtig folgten, erschien sie über den Wipfeln auf überhängenden Felsen, daß uns grauste, und so oft sie oben sichtbar wurde, jauchzten die Eingebornen ihr zu und ihre Hörner schmetterten dazwischen, daß es weit im Gebirge widerhallte.

Ich übergehe hier unsern Empfang und ersten Aufenthalt auf diesen Felsen, die scheue Gastfreundschaft der Wilden, unser Lagern über den Klüften, die herrlichen Morgen und die wunderbaren Nächte – es ist mir von allem nur noch das Bild der Königin in der Seele zurückgeblieben. Denn sie selber war wie das Gebirge, in launenhaftem Wechsel bald scharf gezackt, bald sammetgrün, jetzt hell und blühend bis in den fernsten tiefsten Grund, dann alles wieder grauenhaft verdunkelt. Wie oft stand ich damals auf den Bergen und schaute in das blaue Meer! Den Lieutenant hatte ich lange aufgegeben, der Wind wehte günstig, alles war zur Abfahrt bereit – und doch mußte ich mich immer wieder zurückwenden in jene wildschöne Einsamkeit.

In dieser Zeit schweifte ich oft mit der Königin auf der Jagd umher. Auf einem solchen Streifzuge war ich eines Tages weit von ihr abgekommen. Vergebens rief ich ihren Namen, die Täler unten ruhten schwül, nur der Widerhall gab Antwort zwischen den Felsen. Auf einmal erblickte ich sie fern im Walde, es war, als ginge jemand unter den Bäumen eilig von ihr fort. Als ich aber hinaufkam, war alles wieder still; dann aber hörte ich sie singen über mir, eine so wunderbare Melodie, daß es mir die Seele wandte. So verlockte sie mich immer weiter in die Wildnis, ihr Lied war auch verklungen, kein Vogel sang mehr in dieser unwirtbaren Höhe – da, wie ich mich einmal plötzlich wende, steht sie auf einer Klippe in der Waldesstille, den Bogen lauernd auf mich angelegt. – Ich starrte sie erschrocken an, sie aber lachte und ließ den Bogen sinken, zwischen den Wasserfällen im Widerschein der Abendlichter zu mir herabsteigend. – Es war eine öde Gebirgsebene hoch über allen Wäldern, der Abend dunkelte schon. Sie setzte sich zu mir ins Gras, mir graute, denn um ihren Hals bemerkte ich eine Perlenschnur von Zähnen erschlagener Feinde. Und dennoch wandte ich keinen Blick von ihr, gleich wie man gern in ein Gewitter schaut. So lag ich, den Kopf in meine Hand gestützt, ganz in den Anblick ihrer wunderbaren Erscheinung versunken. Da sie's aber gewahrte, wandte sie sich plötzlich von mir, schwenkte aufspringend ihren Jagdspeer über sich und sang ein seltsames Lied, es waren in unserer Sprache etwa folgende Worte:

> Bin ein Feuer hell, das lodert
> Von dem grünen Felsenkranz,
> Seewind ist mein Buhl' und fodert
> Mich zum lust'gen Wirbeltanz,
> Kommt und wechselt unbeständig.
> Steigend wild,
> Neigend mild,
> Meine schlanken Lohen wend' ich,
> Komm' nicht nah mir, ich verbrenn' dich!

Bei diesen Worten versank Antonio in Nachsinnen, es war offenbar dasselbe Lied, das damals Alma tanzend auf dem Schiffe gesungen. Er mochte aber jetzt den Einsied-

ler nicht unterbrechen, der in seiner Erzählung folgendermaßen fortfuhr:

Dieser Abend gab den Ausschlag. Damals tat ich einen
heimlichen Schwur, mich selber für die Königin zu
opfern. Ich gelobte, Europa zu entsagen für immer, um
sie und ihr Volk zum Christentum zu bekehren und dann
mit ihr das Eiland zu regieren zu Gottes Ehre. – Ich Tor,
ich bildete mir ein, den Himmel zu erobern, und meinte
doch nur das schöne Weib! Mein Plan war bald gemacht.
Erst mußt' ich sichern Boden haben unter mir. Unter
meinen Leuten befanden sich geschickte Werkmeister
aller Art; Holz, Steine und was zum Bauen nötig, lag
verworren umher, ich ließ rasch zugreifen und auf dem
Vorgebirg, welches das ganze Land beherrschte, eine
feste Burg errichten zu Schutz und Trutz, und pflanzte
einen Garten daneben nach unserer Weise.

Nur wenigen von den Meinen hatte ich das eigentliche
Vorhaben angedeutet, die andern blendete das Gold, das
überall verlockend durch den grünen Teppich der Insel
schimmerte. Die Königin wußte nicht wie ihr geschah,
erst wollte sie's hindern, dann stutzte sie und staunte,
und während sie noch so zögernd sann und schwankte,
wuchsen die Hallen und Bogen und Lauben ihr schon
über dem Haupt zusammen und alles schoß üppig auf
und rauschte und blühte, als sollt' es ein ewiger Frühling
sein.

Dazumal an einem Sonntage besichtigte ich das neue
Werk, meine Leute waren lustig im Grünen zerstreut, ich
hatte Wein unter sie verteilen lassen, denn morgen sollten
die Kanonen vom Schiff auf die Mauern gebracht und die
Burg feierlich eingeweiht werden. Ich ging durch den
einsamen Hof und freute mich, wie die jungen Weinranken überall an den Pfeilern und Wänden hinaufkletterten.

Es war ein schwüler Nachmittag, die Bäume flüsterten so seltsam über die Mauer, die Arbeit ruhte weit und breit, nur manchmal schlüpfte eine bunte Schlange durch das Gras, während einzelne Wolken träg und müßig über die Gegend hinzogen. Draußen aber schillerte der junge Garten im Sonnenglanze, wie mit offnen Augen schlafend, als wollt' er mir im Traum etwas sagen. Ich trat hinaus und streckte mich endlich ermattet vor dem Tor unter die blühenden Bäume, wo mich die Bienen gar bald in Schlummer summten. – So mochte ich lange geschlafen haben, als ich plötzlich Stimmen zu hören glaubte.

Ich bog die Zweige auseinander und erblickte wirklich mehrere Eingeborne im Burghof, sie strichen, heimlich und scheu umherschauend, an den Mauern hin, ich erkannte die Häuptlinge der Insel an ihrem Schmuck. Im ersten Augenblick glaubte ich, es gelte mir, aber sie konnten mich nicht bemerken. Zu meinem Entsetzen aber gewahre ich nun auch unsern Lieutenant mitten unter ihnen mit verworrenem Bart, bleich und verwildert wie ein Gespenst, er redet geläufig ihre Mundart, sie sprechen leise und lebhaft untereinander. Darauf alles auf einmal wieder totenstill – da erblickte ich die Königin am jenseitigen Tor, in ihrem Pantherkleid mit dem Bogen, ganz wie ich sie zum ersten Mal gesehen. Sie macht mit ihrem Pfeile wunderliche Zeichen in die Luft und plötzlich, schnell und lautlos, ist alles wieder zerstoben. – Ich rieb mir die Augen, die ganze Erscheinung war mir wie ein Spuk.

Als ich mich ein wenig besonnen, sprang ich hastig auf, da ich aber an den Bergrand trat, stand schon der Abend dunkelrot über der Insel, aus dem Waldgrunde unter mir hörte ich die Meinigen singen. Ich eilte sogleich nach der Gegend des Gebirges hin, wo die Königin mit den

Häuptlingen verschwunden war. Da sah ich jemand fern unter den Bäumen sich ungewiß bewegen, bald rasch vortretend, bald wieder zögernd und unschlüssig zurückkehrend. Auf einmal kam er wie rasend auf mich hergestürzt – es war der Lieutenant. Fort, fort! schrie er, die Nacht bricht schon herein, laßt alles stehn, werft euch auf euer Schiff und flieht, nur fort! – Mir flog eine schreckliche Ahnung durch die Seele. Überläufer! rief ich, meinen Degen ziehend, du hast uns verraten, das Kainszeichen brennt dir blutrot an der Stirn! – Wo, wo brennt's? entgegnete er erschrocken sich wild nach allen Seiten umsehend. – Aus deinen Augen lodert es versengend, sagte ich; – das ist nicht wahr, erwiderte er, im Walde brennt's unter meinen Füßen, in meinem Haar, in meinen Eingeweiden brennt's! und mit diesen Worten ergriff er sein Schwert und drang verzweifelt auf mich ein. Hier, Aug' in Aug', sieh nicht so scheu hinweg! rief ich ihm zu. Ich weiß nicht, täuschte mich die Dämmerung, aber mir war's, als böt er recht mit Herzenslust die entblößte Brust oft wehrlos meiner Degenspitze – mir graute, ihn zu morden.

Da, während wir so fechten, tritt auf einmal die Königin aus dem Walde und mitten zwischen uns. Der Lieutenant, da er sie erblickt, taumelt wie geblendet einige Schritte zurück. Dann seinen Degen plötzlich zu ihren Füßen niederwerfend, ruft er aus: Da nimm's, ich kann nicht! Und in demselben Augenblick bricht er zusammen, auf den Boden schlagend. – Die Königin aber neigte sich über ihn und nannte ihn beim Namen so lieblich mit dem wunderbaren Klange ihrer Stimme, daß er verwirrt den Kopf erhob und lauschte. Da setzte sie mutwillig ihren Fuß auf seinen Nacken; geh nur, geh, sagte sie, und ein spöttisches Lächeln flog um ihren

Mund. Und zu meinem Erstaunen raffte nun der Lieutenant, seinen Degen fassend, sich rasch wieder empor, seine Augen funkelten irr über die hohe Gestalt, die er, ich sah's wohl, tödlich haßte und rasend liebte, er konnte meinen Blick nicht ertragen, seine Kleider waren mit Blut bespritzt von einer leichten Wunde am Arm, aber er bemerkte es nicht. So stürzte er von neuem fort in den Wald und ein blutiger Streif bezeichnete seine Spur im Grase.

Nun wandte sich die Königin wieder zu mir, ich fragte sie, wo der Lieutenant so lange gewesen? Sie schien zerstreut und gab verworren Antwort. Drauf fragte ich, wohin sie ging? – Auf den Anstand, entgegnete sie lachend, der Wind weht vom Gebirge, da wechselt das Wild, es gibt heut ein lustiges Jagen! Jetzt traten wir droben aus dem Gestrüppe, da sah ich tief unter uns meine gesamte Mannschaft, in buntem Gemisch mit vielen Eingebornen um Becher und Würfelspiel gelagert. Von der einen Seite ragte meine halbfertige Burg über die Wipfel, die Luft dunkelte schon, Vögel schwärmten kreischend um die Mauern. – Ich hatte keine Ruh, es trieb mich zu den Meinen, die Königin führte mich auf dem nächsten Wege hinab. Sie lauschte oft in die Ferne, da hörte ich Stimmen, bald da, bald dort ein Laut, dann sah ich Rauchsäulen im Walde aufsteigen, ich hielt es für Höhenrauch nach dem schwülen Tage. Unterdes aber kam die Nacht und der Mond, die Bäche rauschten im Dunkeln neben uns, die Königin wurde immer schöner und wilder, sie riß am Wege leuchtende Blumen ab und kränzte sich und mich damit; so stieg sie mit mir von Klippe zu Klippe, selber wie die Nacht. Nun standen wir am letzten Abhange, schon konnte ich die Stimmen der Meinigen im Waldgrunde unterscheiden, da trat sie plötzlich vor mir auf den Fels hinaus und schleuderte ihren Jagdspeer übers Tal. Kaum aber sahen die unten zerstreuten Wilden ihn funkelnd blitzen über sich, so sprangen alle jauchzend auf und warfen sich wie Tigerkatzen über meine Leute, die sich der Tücke nicht versahen. Jetzt wurde mir auf einmal alles schrecklich klar. Ich zog und hieb voll Zorn erst nach der Königin, sie aber flog schon ferne durch den Wald, so stürzt' ich nun den Meinigen zu Hülfe. Diese waren hart bedrängt, nur wenige hatten so schnell zu ihren Waffen gelangen können, ich sammelte, so gut es ging, die Verwirrten, meine unerwartete Gegenwart belebte alle und in kurzer Zeit war das verräterische Gesindel wieder verjagt.

Aber rings am Saume des Waldes schwoll und wuchs nun die Schar unermeßlich, zahllose dunkle Gestalten mit Feuerbränden wirrten sich kreuzend durch die Nacht und steckten in grauenvoller Geschäftigkeit ringsum die Wälder an. Die Sonne hatte wochenlang gesengt über dem Lande, da griff das Feuer, an den Felswänden auf- und niedersteigend, lustig in die alten Wipfel, der Sturm faßte und rollte die Flammen auf, wie blutige Fahnen, in der entsetzlichen Beleuchtung sah ich die Königin auf ihren Knien, als wollte sie die Lohen auf uns wenden mit ihrem schrecklichen Gebet. Kaum noch vermochten wir zu atmen in dem Rauch, der von Pfeilen schwirrte, von allen Seiten rückt' es rasch heran, das Schrein, das sprühende Knistern und Prasseln, nur manchmal von dem Donner stürzender Bäume unterbrochen; schon lief das Feuer in dem verdorrten Heidekraut über den Waldgrund, uns immer enger umzingelnd mit seinem furchtbaren Ringe. Da in der höchsten Not teilte der Wind auf einen Augenblick den Qualm und wir gewahrten plötzlich eine dunkle Furt in den Flammenwogen. Ein reißender Waldstrom rang dort mit dem wilden Feuermanne, der zornig Wurzeln, Stämme und Kronen darüber geworfen hatte. Das rettete uns, wir eilten über die lodernden Brücken und erreichten in der allgemeinen Verwirrung glücklich das Meer, eh' uns der große Haufen bemerkte.

Als wir aber an den Strand kamen, sahen wir zu unserm Schrecken unser Boot schon von Eingebornen besetzt. Die Königin war's mit vielen bewaffneten Häuptlingen, sie schienen von unserm Schiffe herzukommen und sprangen soeben leis und heimlich ans Land. Da sie uns erblickten, nicht weniger überrascht als wir, umringten sie eiligst ihre Königin und suchten uns in die Flammen zurückzutreiben. Auf diesem einsamen Platze aber waren wir die Mehrzahl, es entstand ein verzweifelter Kampf, denn unser aller Leben hing an einer Viertelstunde. Vergebens streckte die Königin mit ihrem tödlichen Geschoß meine kühnsten Gesellen zu Boden, die Häuptlinge fochten sterbend noch auf den Knien und als der letzte sank, schwang ich die Schreckliche gewaltsam auf meinen Arm und stürzte mich mit ihr und den wenigen, die mir geblieben, in das Boot. – Es war die höchste Zeit, denn schon drangen die Eingebornen aus allen Felsenspalten und brennenden Waldtrümmern wie ein Schwarm Salamander auf uns ein, und kaum hatten wir den Bord des Schiffs erklommen, so wimmelte die See von unzähligen bewaffneten Nachen. Ich ließ schnell die Anker lichten, ein frischer Wind schwellte die Segel, die Wilden folgten und bedeckten das Schiff mit einem Pfeilregen.

Nun aber brach auf dem Schiffe selbst der rohe Grimm der verwilderten Soldaten aus. Sie hatten, eh' ich sie zügeln konnte, die Königin gebunden und verhöhnten sie

196

mit gemeinen Spottreden; sie aber saß stolz und schweigend unter ihnen, als wäre sie noch die Herrin hier und wir ihre Gefangenen. Auf einmal erkannte sie einen Häuptling, der sich auf einem Kahne tollkühn genähert. Sich gewaltsam auf dem Verdeck hoch aufrichtend, fragte sie: ob alle Weißen von der Insel vertilgt seien? und da er's bejahte, winkte sie ihnen zu, unser Schiff zu verlassen. Die Wilden zögerten erschrocken und verwirrt, ein dunkles Gemurmel ging durch den ganzen Schwarm. Da befahl sie ihnen noch einmal mit lauter Stimme, eiligst an den Strand zurückzukehren, und zu unserm Erstaunen wandten sich alle, Boot auf Boot, aber ein wehklagender Abschiedsgesang erfüllte die Luft wie ein Grabeslied.

Mir war das Betragen der Königin unbegreiflich. Noch einmal leuchtete mir die Hoffnung auf, sie wolle alles verlassen und mit uns ziehn, als plötzlich der Schreckensruf: Feuer! aus dem untern Schiffsraum erscholl. Todbleiche Gesichter, auf das Verdeck stürzend, bestätigten das furchtbare Unheil. Das Feuer hatte die Planken der Pulverkammer gefaßt, an Löschen war nicht mehr zu denken, wir waren alle unrettbar verloren. Mich überflog eine gräßliche Ahnung. Ich sah die Königin durchdringend an; sie flüsterte mir heimlich zu: sie selber habe das Schiff angesteckt, als sie vorhin am Bord gewesen. – Jetzt züngelten die Flammen schon aus allen Luken aufs Verdeck hinauf, da, mitten in der entsetzlichen Verwirrung, zerriß sie plötzlich ihre Banden und freudig und unverwandt nach den brennenden Wäldern schauend, streckte sie beide Arme frei in die sternklare Nacht wie ein Engel des Todes. In demselben Augenblick aber fühlte ich einen dumpfen Schlag, die Bretter wichen unter mir, meine Sinne vergingen, ich sah nur noch einen unermeßlichen Feuerblick, wie tief in die Ewigkeit hinein.

197

Als ich wieder zu mir selbst kam, war alles still überm Meer, nur dunkle Trümmer des Schiffs und zerrissene Leichname meiner Landsleute trieben einzeln umher. Ich hatte im Todeskampf einen Mastbaum fest umklammert. Jetzt bemerkte ich einen Nachen der Eingebornen, der verlassen sich neben mir auf den Wellen schaukelte. Verwundet und zerschlagen wie ich war, bot ich meine letzten Kräfte auf und warf mich todmüde hinein. Der Wind trieb mich dicht an dem umbuschten Gestade hin, der Mond schien blaß durch die Rauchwolken, auf der Insel aber hatte unterdes das Feuer auch meine Burg ergriffen, die Flammen schlugen aus allen Fenstern, langsam neigte sich der Turm, und Bogen auf Bogen stürzte alles donnernd in die Glut zusammen. Da sah ich im hellen Widerschein der Flammen fern die Leiche der Königin schwimmen in bleicher Todesschönheit, als schliefe sie auf dem Meer. Auf einem vorspringenden Felsen aber stand der Lieutenant, auf sein blutiges Schwert gestützt, ganz allein, vom Feuer verbrannt; er bemerkte mich nicht, mein Schifflein flog um die Klippe – ich sah ihn niemals wieder.

Hier schwieg der Einsiedler, seine Seele schien tief bewegt. Da ihn aber seine Gäste noch immer fragend ansahen, hub er nach einem Weilchen von neuem an: Was wäre nach jener Nacht noch weiter zu berichten! Ich rang mit Hunger, Sturm und Wogen, ich wünschte mir tausendmal den Tod und haschte doch begierig die zerstreuten Lebensmittel, Werkzeuge und Gerätschaften auf, die der Wind von dem zertrümmerten Schiff an meinen Nachen spülte. So warf die See mich endlich am dritten Tage an dies Eiland. – Hier zwischen diesen Wäldern stieg ich in die Felseneinsamkeit hinauf: meine Jugend, mein Ruhm und meine Liebe waren hinter mir im Meere versunken und kampfesmüd hing ich mein Schwert an diesen Baum; da seht, da hängt's noch heut, von Blüten ganz verhüllt.

So seid Ihr Don Diego von Leon! fuhr hier Antonio plötzlich auf, das Wappen seines Oheims auf dem Degengriff erkennend.

Der war ich ehemals in der Welt, erwiderte der Einsiedler, wie kennt Ihr mich?

Aber der überraschte Antonio lag schon zu seinen Füßen und umklammerte seine Knie, daß ihn des Alten langer weißer Bart wie Höhenrauch umwallte.

*

Noch bevor dies an der Klause vorging, war Alvarez unruhig aufgestanden und weiterhin unter die Bäume getreten, denn er glaubte einen seltsamen Gesang im Walde zu hören. Nun vernahm es auch der Einsiedler. Auf einmal richtete dieser sich gewaltsam aus Antonios Armen auf. Im Namen Gottes, rief er nach dem Walde hin, wende dich ab und gehe ein zur ewigen Ruh! Antonio und Alvarez schauten erschrocken nach dem Fleck, wohin er starrte und sahen mit Grauen die Frau Venus von der andern Insel zwischen den wechselnden Schatten über den Bergrücken schweifen. Der Hauptmann zog seinen Degen, man hörte die Flüchtige immer deutlicher und näher durch das Dickicht brechen. Jetzt trat sie unter den Bäumen hervor – es war Alma in der Tracht und dem Schmuck ihrer Heimat, so stand sie scheu und atemlos, sie hatte es unten nicht länger ausgehalten und schon lange Antonion zwischen den Felsen wieder aufgesucht.

Der Einsiedler verwendete keinen Blick von ihr. Wer bist Du? sagte er endlich. Du schaust wie sie und bist es doch nicht! – Alma aber war ganz verwirrt und sah ängstlich einen nach dem andern an. Ich kann ja nichts dafür, erwiderte sie dann zögernd, sie sagten's immer, daß ich aussäh wie meine Muhme, die tote Königin. – Mein Gott, fiel hier Alvarez ein, ihr macht mich ganz konfus; so war das also die Insel der wilden Königin, von der wir hergekommen? – Alma nickte mit dem Köpfchen. Auch die Meinigen, sagte sie, hielten mich damals, als wir fortfuhren, für die verstorbene Königin, sonst hätten sie euch sicherlich erschlagen. – Da das Mädchen sah, daß ihr niemand zürne, wurde sie wieder heiterer und gesprächiger. Sie erzählte nun, daß sie gar oft in ihrer Heimat von alten Leuten gehört, wie die tapfere Königin mit einem spanischen Schiff, das sie selber angezündet, in die Luft geflogen, in jener Schreckensnacht hätten sie dann ihren Leichnam aus dem Meere gefischt und mit den eroberten Fahnen und Waffen der Fremden in die Königsgruft gelegt, wo die besondere eisige Luft die Toten unversehrt erhalte. Nur Alonzo allein sei von den Spaniern zurückgeblieben. – Wie! rief Alvarez, so war der wahnsinnige Alte in seinem tollen Ornat derselbe gewesene Schiffslieutenant! – Alma aber fuhr fort: der arme Alonzo bewachte seitdem die tote Königin bei Tag und Nacht, und meint', sie schliefe nur, bis er bei unsrer Abfahrt selbst den Tod gefunden. – Der Einsiedler war während dieser Erzählung in tiefes Nachdenken versunken. Entsetzlich! sagte er dann halb für sich, nun ist er abgelöst von seiner schauerlichen Wacht – Gott sei ihm gnädig!

Unterdes war Alma in die Felsenhalle gegangen und untersuchte dort alles mit furchtsamer Neugier. Alvarez aber rief sie wieder heraus, sie mußte sich zu ihnen vor die Klause setzen und nun ging es an ein Fragen und Erzählen aus der alten Zeit, daß keiner merkte, wie die Nacht allmählich schon Berg und Tal verschattete.

Tiefer unten aber rumorte es noch immer im Walde, Sanchez machte eifrig die Runde, denn gab es hier auch nichts zu bewachen, den müßigen Gesellen war es in ihrer Langenweile eben nur um den Lärm zu tun. In einzelnen Trupps auf den waldigen Abhängen um die Wachtfeuer gelagert, sangen sie aus der Ferne schöne Lieder und so oft sie pausierten, hörte man Meer und Wald heraufrauschen. Das hatte die arme Alma lange nicht gehört; sie plauderte froh in ihrer fremden Sprache und sang und tanzte den Kriegstanz ihres Volkes. Diegos Augen aber ruhten bald auf ihr, bald auf dem blühenden Antonio, ihm war, als spiegelte sich wunderbar sein Leben wie ein Traum noch einmal wieder.

*

Die Spanier lagen noch mehrere Tage auf dieser Insel, um günstigen Wind abzuwarten. Don Diego hatte, als er sein Haus im Felsen baute, Gold in Menge gefunden, das lag seitdem vergessen im Schutt. Jetzt fiel's ihm wieder ein, er verteilte den Schatz nach Amt und Würden an seine armen Gäste. Da war ein Jubilieren, Prahlen und Projektemachen unter dem glückseligen Schwarm, jeder wollte was Rechtes ausbrüten über seinem unverhofften Mammon und ließ allmählich die lustigen Reiseschwingen sinken in der schweren Vergoldung. Den Studenten Antonio aber verlangte wieder recht nach den duftigen Gärten der Heimat, um dort in den blühenden Wipfeln mit seinem schönen fremden Wandervöglein sich sein Nest zu bauen. So beschlossen sie alle einmütig, die neue Welt vorderhand noch unentdeckt zu lassen und vergnügt in die gute alte wieder heimzukehren. – Diego schüttelte halb unwillig den Kopf. So, sagte er, hätte ich nicht getan, als ich noch jung war.

In dieser Zeit erwachte einmal Alma mitten in der schönsten Sommernacht, es war als hätte sie jemand im Schlafe auf die Stirn geküßt. Sie fuhr erschrocken halb empor und sah soeben Don Diego von dem Platze fortgehn, der zu ihrem Erstaunen ganz still und verlassen war. Als sie sich aber völlig ermunterte, vernahm sie tiefer unten ein verworrenes Getümmel, es war als sei plötzlich über Nacht der Frühling gekommen: ein Jubel und Rufen und Durcheinanderrennen den ganzen Strand entlang.

Jetzt kamen auch mehrere Soldaten mit gefüllten Schläuchen von den Quellen im Walde herab. Viktoria! riefen sie ihr zu, der Wind hat sich gedreht, nun geht's nach Spanien. – Da sprang Alma pfeilschnell auf, suchte emsig alles zusammen und schnürte ihr Bündel und jauchzte in sich, sie meinte, sie hätte den gestirnten Himmel noch niemals so weit und schön gesehen!

Indem sie aber noch so fröhlich hantierte, sah sie Antonio mit Don Diego eilig und in lebhaftem Gespräch vom Strande kommen. Auf der Klippe über ihr stand Diego plötzlich still. Nun geh' hinab, sagte er zu Antonio, du beredest mich nicht, ich bleibe hier.

Mein Leben ist wie ein Gewitter schön und schrecklich vorübergezogen und die Blitze spielen nur noch fern am Horizont wie in eine andere Welt hinüber. Du aber sollst dir erst die Sporen verdienen, kehre zurück in die Welt und haue dich tüchtig durch, daß du dir einst auch solchen Fels eroberst, der die Wetter bricht – weiter bringt es doch keiner. Fahre wohl! – Hier umarmte er gerührt den Jüngling und verschwand in der Wildnis. Antonio sah ihm lange in die nachtkühle Einsamkeit nach. – Da erblickte er auf einmal Alma dicht vor sich, schwang sie auf seinen Arm hoch in das aufdämmernde Morgenrot und stürzte mit ihr hinab.

202

Und als die Sonne aufging, flog das Schiff schon übers blaue Meer, der frische Morgenwind schwellte die Segel, Alma saß vergnügt mit ihrem Reisebündel und schaute in die glänzende Ferne, die Schiffer sangen wieder das Lied von der Fortuna, auf dem allmählich versinkenden Felsen der Insel aber stand Diego und segnete noch einmal die fröhlichen Gesellen, denen auch wir eine glückliche Fahrt nachrufen.

DAS SCHLOSS DÜRANDE

Novelle

In der schönen Provence liegt ein Tal zwischen waldigen Bergen, die Trümmer des alten Schlosses Dürande sehen über die Wipfel in die Einsamkeit herein; von der andern Seite erblickt man weit unten die Türme der Stadt Marseille; wenn die Luft von Mittag kommt, klingen bei klarem Wetter die Glocken herüber, sonst hört man nichts von der Welt. In diesem Tale stand ehemals ein kleines Jägerhaus, man sah's vor Blüten kaum, so überwaldet war's und weinumrankt bis an das Hirschgeweih über dem Eingang; in stillen Nächten, wenn der Mond hell schien, kam das Wild oft weidend, bis auf die Waldeswiese vor der Tür. Dort wohnte dazumal der Jäger Renald, im Dienst des alten Grafen Dürande, mit seiner jungen Schwester Gabriele ganz allein, denn Vater und Mutter waren lange gestorben.

In jener Zeit nun geschah es, daß Renald einmal an einem schwülen Sommerabend, rasch von den Bergen kommend, sich nicht weit von dem Jägerhaus mit seiner Flinte an den Saum des Waldes stellte. Der Mond beglänzte die Wälder, es war so unermeßlich still, nur die Nachtigallen schlugen tiefer im Tal, manchmal hörte man einen Hund bellen aus den Dörfern oder den Schrei des Wildes im Walde. Aber er achtete nicht darauf, er hatte heut ein ganz anderes Wild auf dem Korn. Ein junger, fremder Mann, so hieß es, schleiche abends heimlich zu seiner Schwester, wenn er selber weit im Forst; ein alter Jäger hatte es ihm gestern vertraut, der wußte es vom Waldhüter, dem hatt' es ein Köhler gesagt. Es war ihm ganz unglaublich, wie sollte sie zu der Bekanntschaft gelangt sein? Sie kam nur sonntags in die Kirche, wo er sie niemals aus den Augen verlor. Und doch wurmte ihn das Gerede, er konnte sich's nicht aus dem Sinn schlagen, er wollte endlich Gewißheit haben. Denn der Vater hatte ihm, sterbend, das Mädchen auf die Seele gebunden, er hätte sein Herzblut gegeben für sie.

So drückte er sich lauernd an die Bäume im wechselnden Schatten, den die vorüberfliegenden Wolken über den stillen Grund warfen. Auf einmal aber hielt er den Atem an, es regte sich am Hause und zwischen den Weinranken schlüpfte eine schlanke Gestalt hervor; er erkannte sogleich seine Schwester an dem leichten Gang; o mein Gott dachte er, wenn alles nicht wahr wäre! Aber in demselben Augenblick streckte sich ein langer dunkler Schatten neben ihr über den mondbeschienenen Rasen, ein hoher Mann trat rasch aus dem Hause, dicht in einen schlechten grünen Mantel gewickelt, wie ein Jäger. Er konnte ihn nicht erkennen, auch sein Gang war ihm durchaus fremd; es flimmerte ihm vor den Augen, als könnte er sich in einem schweren Traume noch nicht recht besinnen.

Das Mädchen aber, ohne sich umzusehen, sang mit fröhlicher Stimme, daß es dem Renald wie ein Messer durchs Herz ging:

Ein' Gems auf dem Stein,
Ein Vogel im Flug,
Ein Mädel, das klug,
Kein Bursch holt die ein!

Bist du toll! rief der Fremde, rasch hinzuspringend.

Es ist dir schon recht, entgegnete sie lachend, so werd' ich dir's immer machen; wenn du nicht artig bist, sing ich aus Herzensgrund. Sie wollte von neuem singen, er hielt ihr aber voll Angst mit der Hand den Mund zu. Da sie so nahe vor ihm stand, betrachtete sie ihn ernsthaft im Mondschein. Du hast eigentlich recht falsche Augen, sagte sie; nein, bitte mich nicht wieder so schön, sonst

210

sehn wir uns niemals wieder, und das tut uns beiden leid.
– Herr Jesus! schrie sie auf einmal, denn sie sah plötzlich
den Bruder hinterm Baum nach dem Fremden zielen. –
Da, ohne sich zu besinnen, warf sie sich hastig dazwischen, so daß sie, den Fremden umklammernd, ihn ganz
mit ihrem Leibe bedeckte. Renald zuckte, da er's sah,
aber es war zu spät, der Schuß fiel, daß es tief durch die
Nacht widerhallte. Der Unbekannte richtete sich in dieser Verwirrung hoch empor, als wär' er plötzlich größer
geworden, und riß zornig ein Taschenpistol aus dem
Mantel; da kam ihm auf einmal das Mädchen so bleich
vor; er wußte nicht, war es vom Mondlicht oder vor
Schreck. Um Gottes willen, sagte er, bist du getroffen?

Nein, nein, erwiderte Gabriele, ihm unversehens und
herzhaft das Pistol aus der Hand windend, und drängte
ihn heftig fort. Dorthin, flüsterte sie, rechts über den Steg
am Fels, nur fort, schnell fort!

Der Fremde war schon zwischen den Bäumen verschwunden, als Renald zu ihr trat. Was machst du da für
dummes Zeug! rief sie ihm entgegen, und verbarg rasch
Arm und Pistol unter der Schürze. Aber die Stimme
versagte ihr, als er nun dicht vor ihr stand und sie sein
bleiches Gesicht bemerkte. Er zitterte am ganzen Leibe
und auf seiner Stirn zuckte es zuweilen, wie wenn es von
ferne blitzte. Da gewahrte er plötzlich einen blutigen
Streif an ihrem Kleide. Du bist verwundet, sagte er
erschrocken, und doch war's, als würde ihm wohler beim
Anblick des Bluts; er wurde sichtbar milder und führte
sie schweigend in das Haus. Dort pinkte er schnell Licht
an, es fand sich, daß die Kugel ihr nur leicht den rechten
Arm gestreift; er trocknete und verband die Wunde, sie
sprachen beide kein Wort miteinander. Gabriele hielt den
Arm fest hin und sah trotzig vor sich nieder, denn sie

konnte gar nicht begreifen, warum er böse sei; sie fühlte sich so rein von aller Schuld, nur die Stille jetzt unter ihnen wollte ihr das Herz abdrücken, und sie atmete tief auf, als er endlich fragte: wer es gewesen? – Sie beteuerte nun, daß sie das nicht wisse, und erzählte, wie er an einem schönen Sonntagsabend, als sie eben allein vor der Tür gesessen, zum ersten Male von den Bergen gekommen und sich zu ihr gesetzt, und dann am folgenden Abend wieder und immer wieder gekommen, und wenn sie ihn fragte, wer er sei, nur lachend gesagt: ihr Liebster.

Unterdes hatte Renald unruhig ein Tuch aufgehoben und das Pistol entdeckt, das sie darunter verborgen hatte. Er erschrak auf das heftigste und betrachtete es dann aufmerksam von allen Seiten. – Was hast du damit? sagte sie erstaunt; wem gehört es? Da hielt er's ihr plötzlich funkelnd am Licht vor die Augen: Und du kennst ihn wahrhaftig nicht?

Sie schüttelte mit dem Kopf.

Ich beschwöre dich bei allen Heiligen, hub er wieder an, sag mir die Wahrheit!

Da wandte sie sich auf die andere Seite. Du bist heute rasend, erwiderte sie, ich will dir gar keine Antwort mehr geben.

Das schien ihm das Herz leichter zu machen, daß sie ihren Liebsten nicht kannte, er glaubte es ihr, denn sie hatte ihn noch niemals belogen. Er ging nun einige Mal finster in der Stube auf und nieder. Gut, gut, sagte er dann, meine arme Gabriele, so mußt du gleich morgen zu unserer Muhme ins Kloster; mach' dich zurecht, morgen, ehe der Tag graut, führ' ich dich hin. Gabriele erschrak innerlichst, aber sie schwieg und dachte: kommt Tag, kommt Rat. Renald aber steckte das Pistol

zu sich und sah noch einmal nach ihrer Wunde, dann
küßte er sie noch herzlich zur guten Nacht.

Als sie endlich allein in ihrer Schlafkammer war, setzte
sie sich angekleidet aufs Bett und versank in ein tiefes
Nachsinnen. Der Mond schien durchs offne Fenster auf
die Heiligenbilder an der Wand, im stillen Gärtchen
draußen zitterten die Blätter in den Bäumen. Sie wand
ihre Haarflechten auf, daß ihr die Locken über Gesicht
und Achseln herabrollten, und dachte vergeblich nach,
wen ihr Bruder eigentlich im Sinn habe und warum er vor
dem Pistol so sehr erschrocken – es war ihr alles wie im
Traume. Da kam es ihr ein paarmal vor, als ginge draußen
jemand sachte ums Haus. Sie lauschte am Fenster, der
Hund im Hofe schlug an, dann war alles wieder still. Jetzt
bemerkte sie erst, daß auch ihr Bruder noch wach war;
anfangs glaubte sie, er rede im Schlaf, dann aber hörte sie
deutlich, wie er auf seinem Bett vor Weinen schluchzte.
Das wandte ihr das Herz, sie hatte ihn noch niemals
weinen sehen, es war ihr nun selber, als hätte sie was
verbrochen. In dieser Angst beschloß sie, ihm seinen
Willen zu tun; sie wollte wirklich nach dem Kloster
gehen, die Priorin war ihre Muhme, der wollte sie alles
sagen und sie um ihren Rat bitten. Nur das war ihr
unerträglich, daß ihr Liebster nicht wissen sollte, wohin
sie gekommen. Sie wußte wohl, wie herzhaft er war und
besorgt um sie; der Hund hatte vorhin gebellt, im Garten
hatte es heimlich geraschelt wie Tritte, wer weiß, ob er
nicht nachsehen wollte, wie es ihr ging nach dem Schrek-
ken. – Gott, dachte sie, wenn er noch draußen stünd'! –
Der Gedanke verhielt ihr fast den Atem. Sie schnürte
sogleich eilig ihr Bündel, dann schrieb sie für ihren
Bruder mit Kreide auf den Tisch, daß sie noch heute
allein ins Kloster fortgegangen. Die Türen waren nur

angelehnt, da schlich sie vorsichtig und leise aus der Kammer über den Hausflur in den Hof, der Hund sprang freundlich an ihr herauf, sie hatte Not, ihn am Pförtchen zurückzuweisen; so trat sie endlich mit klopfendem Herzen ins Freie.

Draußen schaute sie sich tiefaufatmend nach allen Seiten um, ja sie wagte es sogar, noch einmal bis an den Gartenzaun zurückzugehen, aber ihr Liebster war nirgend zu sehen, nur die Schatten der Bäume schwankten ungewiß über den Rasen. Zögernd betrat sie nun den Wald und blieb immer wieder stehen und lauschte; es war alles so still, daß ihr graute in der großen Einsamkeit. So mußte sie nun endlich doch weitergehen, und zürnte heimlich im Herzen auf ihren Schatz, daß er sie in ihrer Not so zaghaft verlassen. Seitwärts im Tal aber lagen die Dörfer in tiefer Ruh. Sie kam am Schloß des Grafen Dürande vorbei, die Fenster leuchteten im Mondschein herüber, im herrschaftlichen Garten schlugen die Nachtigallen und rauschten die Wasserkünste; das kam ihr so traurig vor, sie sang für sich das alte Lied:

Gut Nacht, mein Vater und Mutter,
Wie auch mein stolzer Bruder,
Ihr seht mich nimmer mehr!
Die Sonne ist untergegangen
Im tiefen, tiefen Meer.

*

Der Tag dämmerte noch kaum, als sie endlich am Abhange der Waldberge bei dem Kloster anlangte, das mit verschlossenen Fenstern noch wie träumend, zwischen kühlen, duftigen Gärten lag. In der Kirche aber sangen die Nonnen soeben ihre Metten durch die weite

214

Morgenstille, nur einzelne, früh erwachte Lerchen draussen stimmten schon mit ein in Gottes Lob. Gabriele wollte abwarten, bis die Schwestern aus der Kirche zurückkämen, und setzte sich unterdes auf die breite Kirchhofsmauer. Da fuhr ein zahmer Storch, der dort übernachtet, mit seinem langen Schnabel unter den Flügeln hervor und sah sie mit den klugen Augen verwundert an; dann schüttelte er in der Kühle sich die Federn auf und wandelte mit stolzen Schritten wie eine Schildwacht den Mauerkranz entlang. Sie aber war so müde und überwacht, die Bäume über ihr säuselten noch so schläfrig, sie legte den Kopf auf ihr Bündel und schlummerte fröhlich unter den Blüten ein, womit die alte Linde sie bestreute.

Als sie erwachte, sah sie eine hohe Frau in faltigen Gewändern über sich gebeugt, der Morgenstern schimmerte durch ihren langen Schleier, es war ihr, als hätt' im Schlaf die Mutter Gottes ihren Sternenmantel um sie geschlagen. Da schüttelte sie erschrocken die Blütenflokken aus dem Haar und erkannte ihre geistliche Muhme, die zu ihrer Verwunderung, als sie aus der Kirche kam, die Schlafende auf der Mauer gefunden. Die Alte sah ihr freundlich in die schönen, frischen Augen. Ich hab dich gleich daran erkannt, sagte sie, als wenn mich deine selige Mutter ansähe! – Nun mußte sie ihr Bündel nehmen und die Priorin schritt eilig ins Kloster voraus; sie gingen durch kühle dämmernde Kreuzgänge, wo soeben noch die weißen Gestalten einzelner Nonnen, wie Geister vor der Morgenluft, lautlos verschlüpften. Als sie in die Stube traten, wollte Gabriele sogleich ihre Geschichte erzählen, aber sie kam nicht dazu. Die Priorin, so lange wie auf eine selige Insel verschlagen, hatte so viel zu erzählen und zu fragen von dem jenseitigen Ufer ihrer Jugend, und konnte

sich nicht genug verwundern, denn alle ihre Freunde
waren seitdem alt geworden oder tot und eine andere Zeit
hatte alles verwandelt, die sie nicht mehr verstand.
Geschäftig in redseliger Freude strich sie ihrem lieben
Gast die Locken aus der glänzenden Stirn wie einem
kranken Kinde, holte aus einem altmodischen, künstlich
geschnitzten Wandschrank Rosinen und allerlei
Naschwerk, und fragte und plauderte immer wieder.
Frische Blumensträuße standen in bunten Krügen am
Fenster, ein Kanarienvogel schmetterte gellend dazwischen, denn die Morgensonne funkelte draußen schon
durch die Wipfel und vergoldete wunderbar die Zelle, das
Betpult und die schwergewirkten Lehnstühle; Gabriele
lächelte fast betroffen, wie in eine neue ganz fremde Welt
hinein.

Noch an demselben Tage kam auch Renald zum Besuch; sie freute sich außerordentlich, es war ihr, als hätte
sie ihn ein Jahr lang nicht gesehn. Er lobte ihren raschen
Entschluß von heute Nacht und sprach viel und heimlich
mit der Priorin; sie horchte ein paarmal hin, sie hätte so
gern gewußt, wer ihr Geliebter sei, aber sie konnte nichts
erfahren. Dann mußte sie auch wieder heimlich lachen,
daß die Priorin so geheimnisvoll tat, denn sie merkt' es
wohl, sie wußt' es selber nicht. – Es war indes beschlossen worden, daß sie für's erste noch im Kloster bleiben
sollte. Renald war zerstreut und eilig, er nahm bald
wieder Abschied und versprach, sie abzuholen, sobald
die rechte Zeit gekommen.

Aber Woche auf Woche verging und die rechte Zeit
war noch immer nicht da. Auch Renald kam immer
seltener und blieb endlich ganz aus, um dem ewigen
Fragen seiner Schwester nach ihrem Schatze auszuwei-
chen, denn er konnte oder mochte ihr nichts von ihm

216

sagen. Die Priorin wollte die arme Gabriele trösten, aber sie hatt' es nicht nötig, so wunderbar war das Mädchen seit jener Nacht verwandelt. Sie fühlte sich, seit sie von ihrem Liebsten getrennt, als seine Braut vor Gott, der wolle sie bewahren. Ihr ganzes Dichten und Trachten ging nun darauf, ihn selber auszukundschaften, da ihr niemand beistand in ihrer Einsamkeit. Sie nahm sich daher eifrig der Klosterwirtschaft an, um mit den Leuten in der Gegend bekannt zu werden; sie ordnete alles in Küche, Keller und Garten, alles gelang ihr, und, wie sie so sich selber half, kam eine stille Zuversicht über sie wie Morgenrot, es war ihr immer, als müßt' ihr Liebster plötzlich einmal aus dem Walde zu ihr kommen.

Damals saß sie eines Abends noch spät mit der jungen Schwester Renate am offenen Fenster der Zelle, aus dem man in den stillen Klostergarten und über die Gartenmauer weit ins Land sehen konnte. Die Heimchen zirpten unten auf den frischgemähten Wiesen, überm Walde blitzte es manchmal aus weiter Ferne. Da läßt mein Liebster mich grüßen, dachte Gabriele bei sich. – Aber Renate blickte verwundert hinaus; sie war lange nicht wach gewesen um diese Zeit. Sieh nur, sagte sie, wie draußen alles anders aussieht im Mondschein, der dunkle Berg drüben wirft seinen Schatten bis an unser Fenster, unten erlischt ein Lichtlein nach dem andern im Dorfe. Was schreit da für ein Vogel? – Das ist das Wild im Walde, meinte Gabriele. –

Wie du auch so allein im Dunkeln durch den Wald gehen kannst, sagte Renate wieder; ich stürbe vor Furcht. Wenn ich so manchmal durch die Scheiben heraussehe in die tiefe Nacht, dann ist mir immer so wohl und sicher in meiner Zelle wie unterm Mantel der Mutter Gottes.

Nein, entgegnete Gabriele, ich möcht' mich gern einmal bei Nacht verirren recht im tiefsten Wald, die Nacht ist wie im Traum so weit und still, als könnt' man über die Berge reden mit allen, die man lieb hat in der Ferne. Hör nur, wie der Fluß unten rauscht und die Wälder, als wollten sie auch mit uns sprechen und könnten nur nicht recht! – Da fällt mir immer ein Märchen ein dabei, ich weiß nicht, hab ich's gehört, oder hat mir's geträumt.

Erzähl's doch, ich bete unterdes meinen Rosenkranz fertig, sagte die Nonne, und Gabriele setzte sich fröhlich auf die Fußbank vor ihr, wickelte vor der kühlen Nachtluft die Arme in ihre Schürze und begann sogleich folgendermaßen:

Es war einmal eine Prinzessin in einem verzauberten Schlosse gefangen, das schmerzte sie sehr, denn sie hatte einen Bräutigam, der wußte gar nicht, wohin sie gekommen war, und sie konnte ihm auch kein Zeichen geben, denn die Burg hatte nur ein einziges, festverschlossenes Tor nach einem tiefen, tiefen Abhang hin, und das Tor bewachte ein entsetzlicher Riese, der schlief und trank und sprach nicht, sondern ging nur immer Tag und Nacht vor dem Tore auf und nieder wie der Perpendikel einer Turmuhr. Sonst lebte sie ganz herrlich in dem Schloß; da war Saal an Saal, einer immer prächtiger als der andere, aber niemand drin zu sehen und zu hören, kein Lüftchen ging und kein Vogel sang in den verzauberten Bäumen im Hofe, die Figuren auf den Tapeten waren schon ganz krank und bleich geworden in der Einsamkeit, nur manchmal warf sich das trockne Holz an den Schränken vor Langeweile, daß es weit durch die öde Stille schallte, und auf der hohen Schloßmauer draußen stand ein Storch, wie eine Vedette, den ganzen Tag auf einem Bein.

Ach, ich glaube gar, du stichelst auf unser Kloster, sagte Renate. Gabriele lachte und erzählte munter fort:

218

Einmal aber war die Prinzessin mitten in der Nacht aufgewacht, da hörte sie ein seltsames Sausen durch das ganze Haus. Sie sprang erschrocken ans Fenster und bemerkte zu ihrem großen Erstaunen, daß es der Riese war, der eingeschlafen vor dem Tore lag und mit solcher grausamer Gewalt schnarchte, daß alle Türen, so oft er den Atem einzog und wieder ausstieß, von dem Zugwind klappend auf und zu flogen. Nun sah sie auch, so oft die Türe nach dem Saale aufging, mit Verwunderung, wie die Figuren auf den Tapeten, denen die Glieder schon ganz eingerostet waren von dem langen Stillstehen, sich langsam dehnten und reckten; der Mond schien hell über den Hof, da hörte sie zum erstenmal die verzauberten Brunnen rauschen, der steinerne Neptun unten saß auf dem Rand der Wasserkunst und strählte sich sein Binsenhaar; alles wollte die Gelegenheit benutzen, weil der Riese schlief; auch der steife Storch machte so wunderliche Kapriolen auf der Mauer, daß sie lachen mußte, und hoch auf dem Dach drehte sich der Wetterhahn und schlug mit den Flügeln und rief immerfort: kick, kick dich um, ich seh' ihn gehn, ich sag' nicht wen! Am Fenster aber sang lieblich der Wind: komm mit geschwind! und die Bächlein schwatzten draußen untereinander im Mondglanz, wie wenn der Frühling anbrechen sollte, und sprangen glitzernd und wispernd über die Baumwurzeln: bist du bereit? wir haben nicht Zeit, weit, weit, in die Waldeinsamkeit! – Nun, nun, nur Geduld, ich komm' ja schon, sagte die Prinzessin ganz erschrocken und vergnügt, nahm schnell ihr Bündel unter den Arm und trat vorsichtig aus dem Schlafzimmer; zwei Mäuschen kamen ihr atemlos nach und brachten ihr noch den Fingerhut, den sie in der Eile vergessen. Das Herz klopfte ihr, denn die Brunnen im Hofe rauschten schon wieder schwächer, der

Flußgott streckte sich taumelnd wieder zum Schlafe zurecht, auch der Wetterhahn drehte sich nicht mehr; so schlich sie leise, leise die stille Treppe hinab. –

Ach Gott, wenn der Riese jetzt aufwacht! sagte Renate ängstlich.

Die Prinzessin hatte auch Angst genug, fuhr Gabriele fort, sie hob sich das Röckchen, daß sie nicht an seinen langen Sporen hängen blieb, stieg geschickt über den einen, dann über den andern Stiefel, und noch einen herzhaften Sprung – jetzt stand sie draußen am Abhang. Da aber war's einmal schön! da flogen die Wolken und rauschte der Strom und die prächtigen Wälder im Mondschein, und auf dem Strom fuhr ein Schifflein, saß ein Ritter darin. –

Das ist ja gerade wie jetzt hier draußen, unterbrach sie Renate, da fährt auch noch einer im Kahn dicht unter unserm Garten; jetzt stößt er ans Land –

Freilich, – sagte Gabriele mutwillig und setzte sich ins Fenster, und wehte mit ihrem weißen Schnupftuch hinaus – und grüß dich Gott, rief da die Prinzessin, grüß dich Gott in die weite, weite Fern', es ist ja keine Nacht so still und tief, als meine Lieb'!

Renate faßte sie lachend um den Leib, um sie zurückzuziehen. – Herr Jesus! schrie sie da plötzlich auf, ein fremder Mann, dort an der Mauer hin! – Gabriele ließ erschrocken ihr Tuch sinken, es flatterte in den Garten hinab. Ehe sie sich aber noch besinnen konnte, hatte Renate schon das Fenster geschlossen; sie war voll Furcht, sie mochte nichts mehr von dem Märchen hören und trieb Gabrielen hastig aus der Tür, über den stillen Gang in ihre Schlafkammer.

Gabriele aber, als sie allein war, riß noch rasch in ihrer Zelle das Fenster auf. Zu ihrem Schreck bemerkte sie nun, daß das Tuch unten von dem Strauche verschwunden war, auf den es vorhin geflogen. Ihr Herz klopfte heftig, sie legte sich hinaus, so weit sie nur konnte, da glaubte sie draußen den Fluß wieder aufrauschen zu hören, drauf schallte Ruderschlag unten im Grunde, immer ferner und schwächer, dann alles, alles wieder still – so blieb sie verwirrt und überrascht am Fenster, bis das erste Morgenlicht die Bergesgipfel rötete. –

Bald darauf traf der Namenstag der Priorin, ein Fest, worauf sich alle Hausbewohner das ganze Jahr hindurch freuten; denn auf diesen Tag war zugleich die jährliche Weinlese auf einem nahgelegenen Gute des Klosters festgesetzt, an welcher die Nonnen mit teilnahmen. Da verbreitete sich, als der Morgenstern noch durch die Lindenwipfel in die kleinen Fenster hineinfunkelte, schon eine ungewohnte, lebhafte Bewegung durch das ganze Haus, im Hofe wurden die Wagen von dem alten Staube gereinigt, in ihren besten, blütenweißen Gewändern sah man die Schwestern in allen Gängen geschäftig hin und her eilen; einige versahen noch ihre Kanarienvögel sorgsam mit Futter, andere packten Taschen und Schachteln, als gälte es eine wochenlange Reise. – Endlich wurde von dem zahlreichen Hausgesinde ausführlich Abschied genommen, die Kutscher knallten und die Karawane setzte sich langsam in Bewegung. Gabriele fuhr nebst einigen auserwählten Nonnen an der Seite der Priorin in einem, mit vier alten dicken Rappen bespannten Staatswagen, der mit seinem altmodischen, vergoldeten Schnitzwerk einem chinesischen Lusthause gleichsah. Es war ein klarer, heiterer Herbstmorgen, das Glockengeläute vom Kloster zog weit durchs stille Land, der Alteweibersommer flog schon über die Felder, überall grüßten die

221

Bauern ehrerbietig den ihnen wohlbekannten geistlichen Zug.

Wer aber beschreibt nun die große Freude auf dem Gratialgute, die fremden Berge, Täler und Schlösser umher, das stille Grün und den heitern Himmel darüber, wie sie da in dem mit Astern ausgeschmückten Gartensaal um eine reichliche Kollation vergnügt auf den altfränkischen Kanapees sitzen und die Morgensonne die alten Bilder römischer Kirchen und Paläste an den Wänden bescheint und vor den Fenstern die Sperlinge sich lustig tummeln und lärmen im Laub, während draußen weißgekleidete Dorfmädchen unter den schimmernden Bäumen vor der Tür ein Ständchen singen.

Die Priorin aber ließ die Kinder hereinkommen, die scheu und neugierig in dem Saal umherschauten, in den sie das ganze Jahr über nur manchmal heimlich durch die Ritzen der verschlossenen Fensterladen geguckt hatten. Sie streichelte und ermahnte sie freundlich, freute sich, daß sie in dem Jahre so gewachsen, und gab dann jedem aus ihrem Gebetbuch ein buntes Heiligenbild und ein großes Stück Kuchen dazu.

Jetzt aber ging die rechte Lust der Kleinen erst an, da nun wirklich zur Weinlese geschritten wurde, bei der sie mithelfen und naschen durften. Da belebte sich allmählich der Garten, fröhliche Stimmen da und dort, geputzte Kinder, die große Trauben trugen, flatternde Schleier und weiße schlanke Gestalten zwischen den Rebengeländern schimmernd und wieder verschwindend, als wanderten Engel über den Berg. Die Priorin saß unterdes vor der Haustür und betete ihr Brevier und schaute oft über das Buch weg nach den vergnügten Schwestern; die Herbstsonne schien warm und kräftig über die stille Gegend und die Nonnen sangen bei der Arbeit:

Es ist nun der Herbst gekommen, *Neuuen*
Hat das schöne Sommerkleid
Von den Feldern weggenommen,
Und die Blätter ausgestreut,
Vor dem bösen Winterwinde
Deckt er warm und sachte zu
Mit dem bunten Laub die Gründe,
Die schon müde gehn zur Ruh.

Einzelne verspätete Wandervögel zogen noch über den
Berg und schwatzten vom Glanz der Ferne, was die
glücklichen Schwestern nicht verstanden. Gabriele aber
wußte wohl, was sie sangen, und ehe die Priorin sich's
versah, war sie auf die höchste Linde geklettert; da
erschrak sie, wie so groß und weit die Welt war. – Die
Priorin schalt sie aus und nannte sie ihr wildes Waldvöglein. Ja, dachte Gabriele, wenn ich ein Vöglein wäre!
Dann fragte die Priorin, ob sie von da oben das Schloß
Dürande überm Walde sehen könne? Alle die Wälder
und Wiesen, sagte sie, gehören dem Grafen Dürande; er
grenzt hier an, das ist ein reicher Herr! Gabriele aber
dachte an ihren Herrn, und die Nonnen sangen wieder:

Durch die Felder sieht man fahren *Neuuen*
Eine wunderschöne Frau,
Und von ihren langen Haaren
Goldne Fäden auf der Au
Spinnet sie und singt im Gehen:
Eia, meine Blümelein,
Nicht nach andern immer sehen,
Eia, schlafet, schlafet ein.

Ich höre Waldhörner!, rief hier plötzlich Gabriele; es
verhielt ihr fast den Atem vor Erinnerung an die alte

schöne Zeit. – Komm schnell herunter, mein Kind, rief ihr die Priorin zu. Aber Gabriele hörte nicht darauf, zögernd und im Hinabsteigen noch immer zwischen den Zweigen hinausschauend, sagte sie wieder: Es bewegt sich drüben am Saum des Waldes; jetzt seh' ich Reiter; wie das glitzert im Sonnenschein! sie kommen grad auf uns her.

Und kaum hatte sie sich vom Baum geschwungen, als einer von den Reitern, über den grünen Plan dahergeflogen, unter den Linden anlangte und mit höflichem Gruß vor der Priorin stillhielt. Gabriele war schnell in das Haus gelaufen, dort wollte sie durchs Fenster nach dem Fremden sehn. Aber die Priorin rief ihr nach: der Herr sei durstig, sie solle ihm Wein herausbringen. Sie schämte sich, daß er sie auf dem Baume gesehn, so kam sie furchtsam mit dem vollen Becher vor die Tür mit gesenkten Blicken, durch die langen Augenwimpern nur sah sie das kostbare Zaumzeug und die Stickerei auf seinem Jagdrock im Sonnenschein flimmern. Als sie aber an das Pferd trat, sagte er leise zu ihr: er sehe doch ihre dunkeln Augen im Wein sich spiegeln wie in einem goldnen Brunnen. Bei dem Klang der Stimme blickte sie erschrocken auf – der Reiter war ihr Liebster – sie stand wie verblendet. Er trank jetzt auf der Priorin Gesundheit, sah aber dabei über den Becher weg Gabrielen an und zeigte ihr verstohlen ihr Tuch, das sie in jener Nacht aus dem Fenster verloren. Dann drückte er die Sporen ein und, flüchtig dankend, flog er wieder fort zu dem bunten Schwarm am Walde, das weiße Tuch flatterte weit im Winde hinter ihm her.

Sieh nur, sagte die Priorin lachend, wie ein Falk', der eine Taube durch die Luft führt!

Wer war der Herr? frug endlich Gabriele tief aufat-

224

mend. – Der junge Graf Dürande, hieß es. – Da tönte die Jagd schon wieder fern und immer ferner den funkelnden Wald entlang, die Nonnen aber hatten in ihrer Fröhlichkeit von allem nichts bemerkt und sangen von neuem:

Und die Vöglein hoch in Lüften
Über blaue Berg' und Seen,
Zieh'n zur Ferne nach den Klüften,
Wo die hohen Zedern stehn,
Wo mit ihren goldnen Schwingen
Auf des Benedeiten Gruft
Engel Hosianna singen,
Nächtens durch die stille Luft.

*

Etwa vierzehn Tage darauf schritt Renald eines Morgens still und rasch durch den Wald nach dem Schloß Dürande, dessen Türme finster über die Tannen hersahen. Er war ernst und bleich, aber mit Hirschfänger und leuchtendem Bandelier wie zu einem Feste geschmückt. In der Unruhe seiner Seele war er der Zeit um ein gut Stück vorausgeschritten, denn als er ankam, war die Haustür noch verschlossen und alles still, nur die Dohlen erwachten schreiend auf den alten Dächern. Er setzte sich unterdes auf das Geländer der Brücke, die zum Schlosse führte. Der Wallgraben unten lag lange trocken, ein marmorner Apollo mit seltsamer Lockenperücke spielte dort zwischen gezirkelten Blumenbeeten die Geige, auf der ein Vogel sein Morgenlied pfiff; über den Helmen der steinernen Ritterbilder am Tor brüsteten sich breite Aloen; der Wald, der alte Schloßgesell, war wunderlich verschnitten und zerquält, aber der Herbst ließ sich sein Recht nicht nehmen und hatte alles phantastisch gelb und

225

rot gefärbt, und die Waldvögel, die vor dem Winter in die Gärten flüchteten, zwitscherten lustig von Wipfel zu Wipfel. – Renald fror, er hatte Zeit genug und überdachte noch einmal alles: wie der junge Graf Dürande wieder nach Paris gereist, um dort lustig durchzuwintern, wie er selbst darauf mit fröhlichem Herzen zum Kloster geeilt, um seine Schwester abzuholen. Aber da war Gabriele heimlich verschwunden, man hatte einmal des Nachts einen fremden Mann am Kloster gesehn; niemand wußte, wohin sie gekommen. –

Besuch R. beim alten Graf Dürande

Jetzt knarrte das Schloßtor, Renald sprang schnell auf, er verlangte seinen Herrn, den alten Grafen Dürande, zu sprechen. Man sagte ihm, der Graf sei eben erst aufgewacht; er mußte noch lange in der Gesindestube warten zwischen Überresten vom gestrigen Souper, zwischen Schuhbürsten, Büchsen und Katzen, die sich verschlafen an seinen blanken Stiefeln dehnten, niemand fragte nach ihm. Endlich wurde er in des Grafen Garderobe geführt, der alte Herr ließ sich soeben frisieren und gähnte unaufhörlich. Renald bat nun ehrerbietig um kurzen Urlaub zu einer Reise nach Paris. Auf die Frage des Grafen, was er dort wolle, entgegnete er verwirrt: seine Schwester sei dort bei einem weitläufigen Verwandten – er schämte sich herauszusagen, was er dachte. Da lachte der Graf. Nun, nun, sagte er, mein Sohn hat wahrhaftig keinen übeln Geschmack. Geh Er nur hin, ich will Ihm an seiner Fortune nicht hinderlich sein; die Dürandes sind in solchen Affären immer splendid; so ein junger wilder Schwan muß gerupft werden, aber mach' Er's mir nicht zu arg. – Dann nickte er mit dem Kopfe, ließ sich den Pudermantel umwerfen und schritt langsam zwischen zwei Reihen von Bedienten, die ihn im Vorüberwandeln mit großen Quasten einpuderten, durch die entgegenge-

226

setzte Flügeltür zum Frühstück. Die Bedienten kicherten heimlich – Renald schüttelte sich wie ein gefesselter Löwe.

Noch an demselbenTage trat er schon seine Reise an.

Es war ein schöner blanker Herbstabend, als er in der Ferne Paris erblickte; die Ernte war längst vorüber, die Felder standen alle leer, nur von der Stadt her kam ein verworrenes Rauschen über die stille Gegend, daß ihn heimlich schauerte. Er ging nun an prächtigen Landhäusern vorüber durch die langen Vorstädte immer tiefer in das wachsende Getöse hinein, die Welt rückte immer enger und dunkler zusammen, der Lärm, das Rasseln der Wagen betäubte, das wechselnde Streiflicht aus den geputzten Laden blendete ihn; so war er ganz verwirrt, als er endlich im Wind den roten Löwen, das Zeichen seines Vetters, schwanken sah, der in der Vorstadt einen Weinschank hielt. Dieser saß eben vor der Tür seines kleinen Hauses und verwunderte sich nicht wenig, da er den verstaubten Wandersmann erkannte. Doch Renald stand wie auf Kohlen. War Gabriele bei dir? fragte er gleich nach der ersten Begrüßung gespannt. – Der Vetter schüttelte erstaunt den Kopf, er wußte von nichts. – Also doch! sagte Renald, mit dem Fuß auf die Erde stampfend; aber er konnte es nicht über die Lippen bringen, was er vermute und vorhabe.

Sie gingen nun in das Haus und kamen in ein langes wüstes Gemach, das von einem Kaminfeuer im Hintergrunde ungewiß erleuchtet wurde. In den roten Widerscheinen saß dort ein wilder Haufe umher: abgedankte Soldaten, müßige Handwerksbursche und dergleichen Hornkäfer, wie sie in der Abendzeit um die großen Städte schwärmen. Alle Blicke aber hingen an einem hohen, hagern Manne mit bleichem, scharfgeschnittenem

Gesicht, der, den Hut auf dem Kopf und seinen langen Mantel stolz und vornehm über die linke Achsel zurückgeschlagen, mitten unter ihnen stand. – Ihr seid der Nährstand, rief er soeben aus; wer aber die andern nährt, der ist ihr Herr; hoch auf, ihr Herren! – Er hob ein Glas, alles jauchzte wild auf und griff nach den Flaschen, er aber tauchte kaum die feinen Lippen in den dunkelroten Wein, als schlürft' er Blut, seine spielenden Blicke gingen über dem Glase kalt und lauernd in die Runde.

Da funkelte das Kaminfeuer über Renalds blankes Bandelier, das stach plötzlich in ihre Augen. Ein starker Kerl mit rotem Gesicht und Haar wie ein brennender Dornbusch, trat mit übermütiger Bettelhaftigkeit dicht vor Renald und fragte, ob er dem Großtürken diene? Ein anderer meinte, er habe ja da, wie ein Hund, ein adeliges Halsband umhängen. – Renald griff rasch nach seinem Hirschfänger, aber der lange Redner trat dazwischen, sie wichen ihm scheu und ehrerbietig aus. Dieser führte den Jäger an einen abgelegenen Tisch und fragte, wohin er wolle. Da Renald den Grafen Dürande nannte, sagte er: Das ist ein altes Haus, aber der Totenwurm pickt schon drin, ganz von Liebschaften zerfressen. – Renald erschrak, er glaubte, jeder müßte ihm seine Schande an der Stirn ansehn. Warum kommt Ihr grade auf die Liebschaften? fragte er zögernd. – Warum? erwiderte jener, sind sie nicht die Herren im Forst, ist das Wild nicht ihres, hohes und niederes? Sind wir nicht verfluchte Hunde und lecken die Schuh, wenn sie uns stoßen? – Das verdroß Renald; er entgegnete kurz und stolz: der junge Graf Dürande sei ein großmütiger Herr, er wolle nur sein Recht von ihm und weiter nichts. – Bei diesen Worten hatte der Fremde ihn aufmerksam betrachtet und sagte ernst: Ihr seht aus wie ein Scharfrichter, der, das

Schwerte unterm Mantel, zu Gerichte geht; es kommt die Zeit, gedenkt an mich, Ihr werdet der Rüstigsten einer sein bei der blutigen Arbeit. – Dann zog er ein Blättchen hervor, schrieb etwas mit Bleistift darauf, versiegelte es am Licht und reichte es Renald hin. Die Grafen hier kennen mich wohl, sagte er; er solle das nur abgeben an Dürande, wenn er einen Strauß mit ihm habe, es könnte ihm vielleicht von Nutzen sein. – Wer ist der Herr? fragte Renald seinen Vetter, da der Fremde sich rasch wieder wandte. – Ein Feind der Tyrannen, entgegnete der Vetter leise und geheimnisvoll.

Dem Renald aber gefiel hier die ganze Wirtschaft nicht, er war müde von der Reise und streckte sich bald in einer Nebenkammer auf das Lager, das ihm der Vetter angewiesen. Da konnte er vernehmen, wie immer mehr und mehr Gäste nebenan allmählich die Stube füllten; er hörte die Stimme des Fremden wieder dazwischen, eine wilde Predigt, von der er nur einzelne Worte verstand, manchmal blitzte das Kaminfeuer blutrot durch die Ritzen der schlechtverwahrten Tür; so schlief er spät unter furchtbaren Träumen ein.

*

Der Ball war noch nicht beendigt, aber der junge Graf Dürande hatte dort so viel Wunderbares gehört von den feurigen Zeichen einer Revolution, vom heimlichen Aufblitzen kampffertiger Geschwader, Jakobiner, Volksfreunde und Royalisten, daß ihm das Herz schwoll wie im nahenden Gewitterwinde. Er konnte es nicht länger aushalten in der drückenden Schwüle. In seinen Mantel gehüllt, ohne den Wagen abzuwarten, stürzte er sich in die scharfe Winternacht hinaus. Da freute er sich, wie draußen fern und nah die Turmuhren verworren zusammenklangen im Wind, und die Wolken über die Stadt flogen und der Sturm sein Reiselied pfiff, lustig die Schneeflocken durcheinander wirbelnd: Grüß' mir mein Schloß Dürande! rief er dem Sturme zu; es war ihm so frisch zumut, als müßt' er, wie ein lediges Roß, mit jedem Tritte Funken aus den Steinen schlagen.

In seinem Hotel aber fand er alles wie ausgestorben, der Kammerdiener war vor Langeweile fast eingeschlafen, die jüngere Dienerschaft ihren Liebschaften nachgegangen, niemand hatte ihn so früh erwartet. Schauernd vor Frost, stieg er die breite, dämmernde Treppe hinauf, zwei tief herabgebrannte Kerzen beleuchteten zweifelhaft das vergoldete Schnitzwerk des alten Saales, es war so still, daß er den Zeiger der Schloßuhr langsam fortrücken und die Wetterfahnen im Winde sich drehen hörte. Wüst und überwacht warf er sich auf eine Ottomane hin. Ich bin so müde, sagte er, so müde von Lust und immer Lust, langweilige Lust! ich wollt', es wäre Krieg! – Da war's ihm, als hört' er draußen auf der Treppe gehn mit leisen langen Schritten, immer näher und näher. Wer ist da? rief er. – Keine Antwort. – Nur zu, mir eben recht, meinte er, Hut und Handschuh wegwerfend, rumor' nur zu, spukhafte Zeit, mit deinem fernen Wetterleuchten über Stadt und Land, als wenn die Gedanken aufstünden überall und schlaftrunken nach den Schwertern tappten. Was gehst du in Waffen rasselnd um und pochst an die Türen unserer Schlösser bei stiller Nacht; mich gelüstet mit dir zu fechten; herauf, du unsichtbares Kriegsgespenst!

Da pocht' es wirklich an der Tür. Er lachte, daß der Geist die Herausfoderung so schnell angenommen. In keckem Übermut rief er: herein! Eine hohe Gestalt im Mantel trat in die Tür; er erschrak doch, als diese den Mantel abwarf und er Renald erkannte, denn er gedachte

230

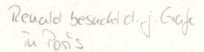

Renald besucht d. j. Grafe in Paris

der Nacht im Walde, wo der Jäger auf ihn gezielt. –
Renald aber, da er den Grafen erblickte, ehrerbietig
zurücktretend, sagte: er habe den Kammerdiener hier zu
finden geglaubt, um ihn anzumelden. Er sei schon öfters
zu allen Tageszeiten hier gewesen, jedesmal aber, unter
dem Vorwand, daß die Herrschaft nicht zu Hause oder
beschäftigt sei, von den Pariser Bedienten zurückgewie-
sen worden, die ihn noch nicht kannten; so habe er denn
heut auf der Straße gewartet, bis der Graf zurückkäme.

Und was willst du denn von mir? fragte der Graf, ihn
mit unverwandten Blicken prüfend.

Gnädiger Herr, erwiderte der Jäger nach einer Pause,
Sie wissen wohl, ich hatte eine Schwester, sie war meine
einzige Freude und mein Stolz – sie ist eine Landläuferin
geworden, sie ist fort.

Der Graf macht eine heftige Bewegung, faßte sich aber
gleich wieder und sagte halb abgewendet: Nun, und was
geht das mich an?

Renalds Stirn zuckte wie fernes Wetterleuchten, er
schien mit sich selber zu ringen. Gnädiger Herr, rief er
darauf im tiefsten Schmerz, gnädiger Herr, gebt mir
meine arme Gabriele zurück!

Ich? fuhr der Graf auf, zum Teufel, wo ist sie?

Hier – entgegnete Renald ernst.

Der Graf lachte laut auf und, den Leuchter ergreifend,
stieß er rasch eine Flügeltür auf, daß man eine weite
Reihe glänzender Zimmer übersah. Nun, sagte er mit
erzwungener Lustigkeit, so hilf mir suchen. Horch, da
raschelt was hinter der Tapete, jetzt hier, dort, nun sage
mir, wo steckt sie?

Renald blickte finster vor sich nieder, sein Gesicht
verdunkelte sich immer mehr. Da gewahrte er Gabrielens
Schnupftuch auf einem Tischchen; der Graf, der seinen

231

Augen gefolgt war, stand einen Augenblick betroffen. – Renald hielt es noch, es fiel ihm der Zettel des Fremden wieder ein, er wünschte immer noch, alles in Güte abzumachen, und reichte schweigend dem Grafen das Briefchen hin. Der Graf, ans Licht tretend, erbrach es schnell, da flog eine dunkle Röte über sein ganzes Gesicht. – Und weiter nichts? murmelte er leise zwischen den Zähnen, sich in die Lippen beißend. Wollen sie mir drohen, mich schrecken? – Und rasch zu Renald gewandt, rief er: Und wenn ich deine ganze Sippschaft hätt', ich gäb' sie nicht heraus! Sag deinem Bettler-Advokaten, ich lachte sein und wär zehntausendmal noch stolzer als er, und wenn ihr beide euch im Hause zeigt, laß ich mit Hunden euch vom Hofe hetzen, das sag' ihm; fort, fort, fort! – Hiermit schleuderte der den Zettel dem Jäger ins Gesicht, und schob ihn selber zum Saal hinaus, die eichene Tür hinter ihm zuwerfend, daß es durchs ganze öde Haus erschallte.

Renald stand, wild um sich blickend, auf der stillen Treppe. Da bemerkte er erst, daß er den Zettel noch krampfhaft in den Händen hielt; er entfaltete ihn hastig und las an dem flackernden Licht einer halbverlöschten Laterne die Worte: »Hütet Euch. Ein Freund des Volks.« –

Unterdes hörte er oben den Grafen heftig klingeln; mehre Stimmen wurden im Hause wach, er stieg langsam hinunter wie ins Grab. Im Hofe blickte er noch einmal zurück, die Fenster des Grafen waren noch erleuchtet, man sah ihn im Saale heftig auf und nieder gehen. Da hörte Renald auf einmal draußen durch den Wind singen:

Am Himmelsgrund schießen
So lustig die Stern',
Dein Schatz läßt dich grüßen
Aus weiter, weiter Fern!

Hat eine Zither gehangen
An der Tür unbeacht',
Der Wind ist gegangen
Durch die Saiten bei Nacht.

Schwang sich auf dann vom Gitter
Über die Berge, über'n Wald –
Mein Herz ist die Zither
Gibt einen fröhlichen Schall.

Die Weise ging ihm durch Mark und Bein; er kannte sie wohl. – Der Mond streifte soeben durch die vorüberfliegenden Wolken den Seitenflügel des Schlosses, da glaubte er in dem einen Fenster flüchtig Gabrielen zu erkennen; als er sich aber wandte, wurde es schnell geschlossen. Ganz erschrocken und verwirrt warf er sich auf die nächste Tür, sie war fest zu. Da trat er unter das Fenster und rief leise aus tiefster Seele hinauf, ob sie drin wider ihren Willen festgehalten werde? so solle sie ihm ein Zeichen geben, es sei keine Mauer so stark als die Gerechtigkeit Gottes. – Es rührte sich nichts als die Wetterfahne auf dem Dach. – Gabriele, rief er nun lauter, meine arme Gabriele, der Wind in der Nacht weint um dich an den Fenstern, ich liebte dich so sehr, ich lieb' dich noch immer, um Gottes willen komm herab zu mir, wir wollen miteinander fortziehen, weit, weit fort, wo uns niemand kennt, ich will für dich betteln von Haus zu Haus, es ist ja kein Lager so hart, kein Frost so scharf, keine Not so bitter als die Schande.

Er schwieg erschöpft, es war alles wieder still, nur die Tanzmusik von dem Balle schallte noch von fern über den Hof herüber; der Wind trieb große Schneeflocken schräg über die harte Erde, er war ganz verschneit. – Nun, so gnade uns beiden Gott! sagte er, sich abwendend, schüttelte den Schnee vom Mantel und schritt rasch fort.

Als er zu der Schenke seines Vetters zurückkam, fand er zu seinem Erstaunen das ganze Haus verschlossen. Auf sein heftiges Pochen trat der Nachbar, sich vorsichtig nach allen Seiten umsehend, aus seiner Tür, er schien auf des Jägers Rückkehr gewartet zu haben und erzählte ihm geheimnisvoll: das Nest nebenan sei ausgenommen, Polizeisoldaten hätten heute Abend den Vetter plötzlich abgeführt, niemand wisse wohin. – Den Renald überraschte und verwunderte nichts mehr, und zerstreut mit flüchtigem Danke nahm er alles an, als der Nachbar nun auch das gerettete Reisebündel des Jägers unter dem Mantel hervorbrachte und ihm selbst eine Zuflucht in seinem Hause anbot.

Gleich am andern Morgen aber begann Renald seine Runde in der weitläufigen Stadt, er mochte nichts mehr von der Großmut des stolzen Grafen, er wollte jetzt nur sein Recht! So suchte er unverdrossen eine Menge Advokaten hinter ihren großen Dintenfässern auf, aber die sahen's gleich alle den goldbortenen Rauten seines Rockes an, daß sie nicht aus seiner eigenen Tasche gewachsen waren; der eine verlangte unmögliche Zeugen, der andere Dokumente, die er nicht hatte, und alle foderten Vorschuß. Ein junger reicher Advokat wollte sich totlachen über die ganze Geschichte; er fragte, ob die Schwester jung, schön, und erbot sich, den ganzen Handel umsonst zu führen und die arme Waise dann zu sich ins Haus zu nehmen, während ein andrer gar das Mädchen selber heiraten wollte, wenn sie fernerhin beim Grafen bliebe. – In tiefster Seele empört, wandte sich Renald nun an die Polizeibehörde; aber da wurde er aus einem Revier ins andere geschickt, von Pontius zu Pilatus, und jeder wusch

234

seine Hände in Unschuld, niemand hatte Zeit, in dem Getriebe ein vernünftiges Wort zu hören, und als er endlich vor das rechte Büro kam, zeigten sie ihm ein langes Verzeichnis der Dienstleute und Hausgenossen des Grafen Dürande: seine Schwester war durchaus nicht darunter. Er habe Geister gesehen, hieß es, er solle keine unnützen Flausen machen; man hielt ihn für einen Narren, und er mußte froh sein, nur ungestraft wieder unter Gottes freien Himmel zu kommen. Da saß er nun todmüde in seiner einsamen Dachkammer, den Kopf in die Hand gestützt; seine Barschaft war mit dem frühzeitigen Schnee auf den Straßen geschmolzen, jetzt wußt' er keine Hülfe mehr, es ekelte ihm recht vor dem Schmutz der Welt. In diesem Hinbrüten, wie wenn man beim Sonnenglanz die Augen schließt, spielten feurige Figuren wechselnd auf dem dunkeln Grund seiner Seele: schlängelnde Zornesblitze und halbgeborne Gedanken blutiger Rache. In dieser Not betete er still für sich; als er aber an die Worte kam: »vergib uns unsere Schuld, als auch wir vergeben unseren Schuldnern«, fuhr er zusammen; er konnte es dem Grafen nicht vergeben. Angstvoll und immer brünstiger betete er fort. – Da sprang er plötzlich auf, ein neuer Gedanke erleuchtete auf einmal sein ganzes Herz. Noch war nicht alles versucht, nicht alles verloren, er beschloß, den König selber anzutreten – so hatte er sich nicht vergeblich zu Gott gewendet, dessen Hand auf Erden ja der König ist.

Ludwig XVI. und sein Hof waren damals in Versailles; Renald eilte sogleich hin und freute sich, als er bei seiner Ankunft hörte, daß der König, der unwohl gewesen, heute zum ersten Male wieder den Garten besuchen wolle. Er hatte zu Hause mit großem Fleiß eine Supplik aufgesetzt, Punkt für Punkt, das himmelschreiende Unrecht und seine Foderung, alles wie er es dereinst vor

Gottes Thron zu verantworten gedachte. Das wollte er im Garten selbst übergeben, vielleicht fügte es sich, daß er dabei mit dem König sprechen durfte; so, hoffte er, könne noch alles wieder gut werden.

Vielerlei Volk, Neugierige, Müßiggänger und Fremde hatten sich unterdes schon unweit der Türe, aus welcher der König treten sollte, zusammengestellt. Renald drängte sich mit klopfendem Herzen in die vorderste Reihe. Es war einer jener halbverschleierten Wintertage, die lügenhaft den Sommer nachspiegeln, die Sonne schien lau, aber falsch über die stillen Paläste, weiterhin zogen Schwäne auf den Weihern, kein Vogel sang mehr, nur die weißen Marmorbilder standen noch verlassen in der prächtigen Einsamkeit. Endlich gaben die Schweizer das Zeichen, die Saaltür öffnete sich, die Sonne tat einen kurzen Blick über funkelnden Schmuck, Ordensbänder und blendende Achseln, die schnell, vor dem Winterhauch, unter schimmernden Tüchern wieder verschwanden. Da schallt' es auf einmal: Vive le roi! durch die Lüfte und im Garten, so weit das Auge reichte, begannen plötzlich alle Wasserkünste zu spielen, und mitten in dem Jubel, Rauschen und Funkeln schritt der König in einfachem Kleide langsam die breiten Marmorstufen hinab. Er sah traurig und bleich – eine leise Luft rührte die Wipfel der hohen Bäume und streute die letzten Blätter wie einen Goldregen über die fürstlichen Gestalten. Jetzt gewahrte Renald mit einiger Verwirrung auch den Grafen Dürande unter dem Gefolge, er sprach soeben halbflüsternd zu einer jungen schönen Dame. Schon rauschten die taftenen Gewänder immer näher und näher. Renald konnte deutlich vernehmen, wie die Dame, ihre Augen gegen Dürande aufschlagend, ihn neckend fragte, was er drin sehe, daß sie ihn so erschreckten? –

Wunderbare Sommernächte meiner Heimat, erwiderte der Graf zerstreut. Da wandte sich das Fräulein lachend, Renald erschrak, ihr dunkles Auge war wie Gabrielens in ihren fröhlichen Tagen – es wollte ihm das Herz zerreißen.

Darüber hatte er alles andere vergessen, der König war fast vorüber; jetzt drängte er sich nach, ein Schweizer aber stieß ihn mit der Partisane zurück, er drang noch einmal verzweifelt vor. Da bemerkt ihn Dürande, er stutzt einen Augenblick, dann, schnell gesammelt, faßt er den Zudringlichen rasch an der Brust und übergibt ihn der herbeieilenden Wache. Der König über dem Getümmel wendet sich fragend. Ein Wahnsinniger, entgegnet Dürande. –

Unterdes hatten die Soldaten den Unglücklichen umringt, die neugierige Menge, die ihn für verrückt hielt, wich scheu zurück, so wurde er ungehindert abgeführt. Da hörte er hinter sich die Fontänen noch rauschen, dazwischen das Lachen und Plaudern der Hofleute in der lauen Luft; als er aber einmal zurückblickte, hatte sich alles schon wieder nach dem Garten hingekehrt, nur ein bleiches Gesicht aus der Menge war noch zurückgewandt und funkelte ihm mit scharfen Blicken nach. Er glaubte schaudernd den prophetischen Fremden aus des Vetters Schenke wiederzuerkennen.

*

Der Mond bescheint das alte Schloß Dürande und die tiefe Waldesstille am Jägerhaus, nur die Bäche rauschen so geheimnisvoll in den Gründen. Schon blüht's in manchem tiefen Tal und nächtliche Züge heimkehrender Störche hoch in der Luft verkünden in einzelnen halbverlornen Lauten, daß der Frühling gekommen. Da fahren plötzlich Rehe, die auf der Wiese vor dem Jägerhaus gerastet, erschrocken ins Dickicht, der Hund an der Tür schlägt an, ein Mann steigt eilig von den Bergen, bleich, wüst, die Kleider abgerissen, mit wildverwachsenem Bart – es ist der Jäger Renald.

Mehre Monate hindurch war er in Paris im Irrenhause eingesperrt gewesen; je heftiger er beteuerte, verständig zu sein, für desto toller hielt ihn der Wärter; in der Stadt aber hatte man jetzt Wichtigeres zu tun, niemand bekümmerte sich um ihn. Da ersah er endlich selbst seinen Vorteil, die Hinterlist seiner verrückten Mitgesellen half ihm treulich aus Lust an der Heimlichkeit. So war es ihm gelungen, in einer dunkeln Nacht mit Lebensgefahr sich an einem Seil herabzulassen und in der allgemeinen Verwirrung der Zeit unentdeckt aus der Stadt durch die Wälder, von Dorf zu Dorfe bettelnd, heimwärts zu gelangen. Jetzt bemerkte er erst, daß es von fern überm Walde blitzte, vom stillen Schloßgarten her schlug schon eine Nachtigall, es war ihm, als ob ihn Gabriele riefe. Als er aber mit klopfendem Herzen auf dem allbekannten Fußsteig immer weiter ging, öffnete sich bei dem Hundegebell ein Fensterchen im Jägerhaus. Es gab ihm einen Stich ins Herz; es war Gabrielens Schlafkammer, wie oft hatte er dort ihr Gesicht im Mondschein gesehen. Heut aber guckte ein Mann hervor und fragte barsch, was es draußen gäbe. Es war der Waldwärter, der heimtückische Rotkopf war ihm immer zuwider gewesen. Was macht ihr hier in Renalds Haus? sagte er. Ich bin müde, ich will hinein. Der Waldwärter sah ihn von Kopf bis zu den Füßen an, er erkannte ihn nicht mehr. Mit dem Renald ist's lange vorbei, entgegnete er dann, der ist nach Paris gelaufen und hat sich dort mit verdächtigem Gesindel und Rebellen eingelassen, wir wissen's recht gut, jetzt

238

habe ich seine Stelle vom Grafen. – Drauf wies er Renald
am Waldesrand den Weg zum Wirtshause und schlug das
Fenster wieder zu. – Oho, steht's so! dachte Renald. Da
fielen seine Augen auf sein Gärtchen, die Kirschbäume,
die er gepflanzt, standen schon in voller Blüte, es
schmerzte ihn, daß sie in ihrer Unschuld nicht wußten,
für wen sie blühten. Währenddes hatte sein alter Hof-
hund sich gewaltsam vom Stricke losgerissen, sprang
liebkosend an ihm herauf und umkreiste ihn in weiten
Freudensprüngen; er herzte sich mit ihm wie mit einem
alten treuen Freunde. Dann aber wandte er sich rasch
zum Hause; die Tür war verschlossen, er stieß sie mit
einem derben Fußtritt auf. Drin hatte der Waldwärter
unterdes Feuer gepinkt. Herr Jesus! rief er erschrocken,
da er, entgegentretend, plötzlich beim Widerschein der
Lampe den verwilderten Renald erkannte. Renald aber
achtete nicht darauf, sondern griff nach der Büchse, die
überm Bett an der Wand hing. Lump, sagte er, das schöne
Gewehr so verstauben zu lassen! Der Waldwärter, die
Lampe hinsetzend und auf dem Sprunge, durchs Fenster
zu entfliehen, sah den furchtbaren Gast seitwärts mit
ungewissen Blicken an. Renald bemerkte, daß er zitterte.
Fürcht' dich nicht, sagte er, dir tu' ich nichts, was kannst
du dafür; ich hol mir nur die Büchse, sie ist vom Vater,
sie gehört mir und nicht dem Grafen, und so wahr der
alte Gott noch lebt, so hol ich mir auch mein Recht, und
wenn sie's im Turmknopf von Dürande versiegelt hätten,
das sag dem Grafen und wer's sonst wissen will. – Mit
diesen Worten pfiff er dem Hunde und schritt wieder in
den Wald hinaus, wo ihn der Waldwärter bei dem wirren
Wetterleuchten bald aus den Augen verloren hatte.

Währenddes schnurrten im Schloß Dürande die
Gewichte der Turmuhr ruhig fort, aber die Uhr schlug

Zeiger (Dialekt)

nicht, und der verrostete Weiser rückte nicht mehr von der Stelle, als wäre die Zeit eingeschlafen auf dem alten Hofe beim einförmigen Rauschen der Brunnen. Draußen, nur manchmal vom fernen Wetterleuchten zweifelhaft erhellt, lag der Garten mit seinen wunderlichen Baumfiguren, Statuen und vertrockneten Bassins wie versteinert im jungen Grün, das in der warmen Nacht schon von allen Seiten lustig über die Gartenmauer kletterte und sich um die Säulen der halbverfallenen Lusthäuser schlang, als wollt' nun der Frühling alles erobern. Das Hausgesinde aber stand heimlich untereinander flüsternd auf der Terrasse, denn man sah es hier und da brennen in der Ferne; der Aufruhr schritt wachsend schon immer näher über die stillen Wälder von Schloß zu Schloß. Da hielt der kranke alte Graf um die gewohnte Stunde einsam Tafel im Ahnensaal, die hohen Fenster waren fest verschlossen, Spiegel, Schränke und Marmortische standen unverrückt umher wie in der alten Zeit, niemand durfte, bei seiner Ungnade, der neuen Ereignisse erwähnen, die er verächtlich ignorierte. So saß er, im Staatskleide, frisiert, wie eine geputzte Leiche am reichbesetzten Tisch vor den silbernen Armleuchtern und blätterte in alten Historienbüchern, seiner kriegerischen Jugend gedenkend. Die Bedienten eilten stumm über den glatten Boden hin und her, nur durch die Ritzen der Fensterladen sah man zuweilen das Wetterleuchten, und alle Viertelstunden hackte im Nebengemach die Flötenuhr knarrend ein und spielte einen Satz aus einer alten Opernarie.

Da ließen sich auf einmal unten Stimmen vernehmen, drauf hörte man jemand eilig die Treppe heraufkommen, immer lauter und näher. Ich muß herein! rief es endlich an der Saaltür, sich durch die abwehrenden Diener drängend, und bleich, verstört und atemlos stürzte der Wald-

240

wärter in den Saal, in wilder Hast dem Grafen erzählend, was ihm soeben im Jägerhaus mit dem Renald begegnet. – Der Graf starrte ihn schweigend an. Dann, plötzlich einen Armleuchter ergreifend, richtete er sich zum Erstaunen der Diener ohne fremde Hülfe hoch auf. Hüte sich, wer einen Dürande fangen will! rief er, und gespenstisch wie ein Nachtwandler mit dem Leuchter quer durch den Saal schreitend, ging er auf eine kleine eichene Tür los, die zu dem Gewölbe des Eckturms führte. Die Diener, als sie sich vom ersten Entsetzen über sein grauenhaftes Aussehen erholt, standen verwirrt und unentschlossen um die Tafel. Um Gottes willen, rief da auf einmal ein Jäger herbeieilend, laßt ihn nicht durch, dort in dem Eckturm habe ich auf sein Geheiß heimlich alles Pulver zusammentragen müssen; wir sind verloren, er sprengt uns alle mit sich in die Luft! – Der Kammerdiener, bei dieser schrecklichen Nachricht, faßte sich zuerst ein Herz und sprang rasch vor, um seinen Herrn zurückzuhalten, die andern folgten seinem Beispiel. Der Graf aber, da er sich unerwartet verraten und überwältigt sah, schleuderte dem Nächsten den Armleuchter an den Kopf, darauf, krank wie er war, brach er selbst auf dem Boden zusammen.

Ein verworrenes Durcheinanderlaufen ging nun durch das ganze Schloß; man hatte den Grafen auf sein seidenes Himmelbett gebracht. Dort versuchte er vergeblich, sich noch einmal emporzurichten, zurücksinkend rief er: Wer sagte da, daß der Renald nicht wahnsinnig ist? – Da alles still blieb, fuhr er leiser fort: Ihr kennt den Renald nicht, er kann entsetzlich sein, wie fressend Feuer – läßt man denn reißende Tiere frei aufs Feld? – Ein schöner Löwe, wie er die Mähnen schüttelt – wenn sie nur nicht so blutig wären! – Hier, sich plötzlich besinnend, riß er die müden

Augen weit auf und starrte die umherstehenden Diener verwundert an.

Der bestürzte Kammerdiener, der seine Blicke allmählich verlöschen sah, redete von geistlichem Beistand, aber der Graf, schon im Schatten des nahenden Todes, verfiel gleich darauf von neuem in fieberhafte Phantasien. Er sprach von einem großen prächtigen Garten, und einer langen, langen Allee, in der ihm seine verstorbene Gemahlin entgegenkäme immer näher und heller und schöner. – Nein, nein, sagte er, sie hat einen Sternenmantel um und eine funkelnde Krone auf dem Haupt. Wie rings die Zweige schimmern von dem Glanz! – Gegrüßt seist du, Maria, bitt' für mich, du Königin der Ehren! – Mit diesen Worten starb der Graf.

Als der Tag anbrach, war der ganze Himmel gegen Morgen dunkelrot gefärbt; gegenüber aber stand das Gewitter bleifarben hinter den grauen Türmen des Schlosses Dürande, die Sterbeglocke ging in einzelnen, abgebrochenen Klängen über die stille Gegend, die fremd und wie verwandelt in der seltsamen Beleuchtung heraufblickte – da sahen einige Holzhauer im Walde den wilden Jäger Renald mit seiner Büchse und dem Hunde eilig in die Morgenglut hinabsteigen; niemand wußte, wohin er sich gewendet.

*

Mehre Tage waren seitdem vergangen, das Schloß stand wie verzaubert in öder Stille, die Kinder gingen abends scheu vorüber, als ob es drin spuke. Da sah man eines Tages plötzlich droben mehre Fenster geöffnet, buntes Reisegepäck lag auf dem Hofe umher, muntere Stimmen schallten wieder auf den Treppen und Gängen, die Türen flogen hallend auf und zu und vom Turme fing die Uhr

242

trostreich wieder zu schlagen an. Der junge Graf
Dürande war, auf die Nachricht vom Tode seines Vaters,
rasch und unerwartet von Paris zurückgekehrt. Unterweges war er mehrmals verworrenen Zügen von Edelleuten
begegnet, die schon damals flüchtend die Landstraßen
bedeckten. Er aber hatte keinen Glauben an die Fremde
und wollte ehrlich Freud und Leid mit seinem Vaterlande
teilen. Wie hatte auch der erste Schreck aus der Ferne
alles übertrieben! Er fand seine nächsten Dienstleute
ergeben und voll Eifer und überließ sich gern der Hoffnung, noch alles zum Guten wenden zu können.

In solchen Gedanken stand er an einem der offenen
Fenster, die Wälder rauschten so frisch herauf, das hatte
er so lange nicht gehört, und im Tale schlugen die Vögel
und jauchzten die Hirten von den Bergen, dazwischen
hörte er unten im Schloßgarten singen:

> Wär's dunkel, ich läg' im Walde,
> Im Walde rauscht's so sacht,
> Mit ihrem Sternenmantel
> Bedecket mich da die Nacht,
> Da kommen die Bächlein gegangen:
> Ob ich schon schlafen tu?
> Ich schlaf' nicht, ich hör' noch lange
> Den Nachtigallen zu,
> Wenn die Wipfel über mir schwanken,
> Es klinget die ganze Nacht,
> Das sind im Herzen die Gedanken,
> Die singen, wenn niemand wacht.

Jawohl, gar manche stille Nacht, dachte der Graf, sich mit
der Hand über die Stirn fahrend. – Wer sang da? wandte
er sich dann zu den auspackenden Dienern; die Stimme
schien ihm so bekannt. Ein Jäger meinte, es sei wohl der

neue Gärtnerbursch aus Paris, der habe keine Ruh gehabt in der Stadt; als sie fortgezogen, so sei er ihnen zu Pferde nachgekommen. Der? – sagte der Graf – er konnte sich kaum auf den Burschen besinnen. Über den Zerstreuungen des Winters in Paris war er nicht oft in den Garten gekommen; er hatte den Knaben nur selten gesehn und wenig beachtet, um so mehr freute ihn seine Anhänglichkeit.

Indes war es beinahe Abend geworden, da hieß der Graf noch sein Pferd satteln, die Diener verwunderten sich, als sie ihn bald darauf so spät und ganz allein noch nach dem Walde hinreiten sahen. Der Graf aber schlug den Weg zu dem nahen Nonnenkloster ein, und ritt in Gedanken rasch fort, als gölt' es, ein lange versäumtes Geschäft nachzuholen; so hatte er in kurzer Zeit das stille Waldkloster erreicht. Ohne abzusteigen, zog er hastig die Glocke am Tor. Da stürzte ein Hund ihm entgegen, als wollt' er ihn zerreißen, ein langer, bärtiger Mann trat aus der Klosterpforte und stieß den Köter wütend mit den Füßen; der Hund heulte, der Mann fluchte, eine Frau zankte drin im Kloster, sie konnten lange nicht zu Worte kommen. Der Graf, befremdet von dem seltsamen Empfang, verlangte jetzt schleunig die Priorin zu sprechen. – Der Mann sah ihn etwas verlegen an, als schämte er sich. Gleich aber wieder in alter Rohheit gesammelt, sagte er, das Kloster sei aufgehoben und gehöre der Nation; er sei der Pächter hier. Weiter erfuhr nun der Graf noch, wie ein Pariser Kommissär das alles so rasch und klug geordnet. Die Nonnen sollten nun in weltlichen Kleidern hinaus in die Städte, heiraten und nützlich sein; da zogen alle in einer schönen stillen Nacht aus dem Tal, für das sie so lange gebetet, nach Deutschland hinüber, wo ihnen in einem Schwesterkloster freundliche Aufnahme angeboten worden.

Der überraschte Graf blickte schweigend umher, jetzt bemerkte er erst, wie die zerbrochenen Fenster im Winde klappten; aus einer Zelle unten sah ein Pferd schläfrig ins Grün hinaus, die Ziegen des Pächters weideten unter umgeworfenen Kreuzen auf dem Kirchhof, niemand wagte es, sie zu vertreiben; dazwischen weinte ein Kind im Kloster, als klagte es, daß es geboren in dieser Zeit. Im Dorfe aber war es wie ausgekehrt, die Bauern guckten scheu aus den Fenstern, sie hielten den Grafen für einen Herrn von der Nation. Als ihn aber nach und nach einige wiedererkannten, stürzte auf einmal alles heraus und umringte ihn, hungrig, zerlumpt und bettelnd. Mein Gott, mein Gott, dachte er, wie wird die Welt so öde! – Er warf alles Geld, das er bei sich hatte, unter den Haufen, dann setzte er rasch die Sporen ein und wandte sich wieder nach Hause.

Es war schon völlig Nacht, als er in Dürande ankam. Da bemerkte er mit Erstaunen im Schloß einen unnatürlichen Aufruhr, Lichter liefen von Fenster zu Fenster, und einzelne Stimmen schweiften durch den dunkeln Garten, als suchten sie jemand. Er schwang sich rasch vom Pferde und eilte ins Haus. Aber auf der Treppe stürzte ihm schon der Kammerdiener mit einem versiegelten Blatte atemlos entgegen: es seien Männer unten, die es abgegeben und trotzig Antwort verlangten. Ein Jäger, aus dem Garten hinzutretend, fragte ängstlich den Grafen, ob er draußen dem Gärtnerburschen begegnet? der Bursch habe ihn überall gesucht, der Graf möge sich aber hüten vor ihm, er sei in der Dämmerung verdächtig im Dorf gesehen worden, ein Bündel unterm Arm, mit allerlei Gesindel sprechend, nun sei er gar spurlos verschwunden.

Der Graf, unterdes oben im erleuchteten Zimmer

Renalds Brief an den Grafen!

angelangt, erbrach den Brief und las in schlechter, mit blasser Dinte mühsam gezeichneter Handschrift: Im Namen Gottes verordne ich hiermit, daß der Graf Hippolyt von Dürande auf einem, mit dem gräflichen Wappen besiegelten Pergament die einzige Tochter des verstorbenen Försters am Schloßberg, Gabriele Dübois, als seine rechtmäßige Braut und künftiges Gemahl bekennen und annehmen soll. Dieses Gelöbnis soll heute bis elf Uhr nachts in dem Jägerhause abgeliefert werden. Ein Schuß aus dem Schloßfenster aber bedeutet: Nein. Renald.

Was ist die Uhr? fragte der Graf. – Bald Mitternacht, erwiderten einige, sie hätten ihn so lange im Walde und Garten vergeblich gesucht. – Wer von euch sah den Renald, wo kam er her? fragte er von neuem. Alles schwieg. Da warf er den Brief auf den Tisch. Der Rasende! sagte er, und befahl für jeden Fall die Zugbrücke aufzuziehen, dann öffnete er rasch das Fenster, und schoß ein Pistol, als Antwort in die Luft hinaus. Da gab es einen wilden Widerhall durch die stille Nacht, Geschrei und Rufen und einzelne Flintenschüsse bis in die fernsten Schlünde hinein, und als der Graf sich wieder wandte, sah er in dem Saal einen Kreis verstörter Gesichter lautlos um sich her.

Er schalt sie Hasenjäger, denen vor Wölfen graute. Ihr habt lange genug Krieg gespielt im Walde, sagte er, nun wendet sich die Jagd, wir sind jetzt das Wild, wir müssen durch. Was wird es sein! Ein Tollhaus mehr ist wieder aufgeriegelt, der rasende Veitstanz geht durchs Land und der Renald geigt ihnen vor. Ich hab' nichts mit dem Volk, ich tat ihnen nichts als Gutes, wollen sie noch Besseres, sie sollen's ehrlich fodern, ich gäb's ihnen gern, abschrecken aber laß ich mir keine Hand breit meines alten Grund und Bodens; Trotz gegen Trotz!

246

So trieb er sie in den Hof hinab, er selber half die Pforten, Luken und Fenster verrammen. Waffen wurden rasselnd von allen Seiten herbeigeschleppt, sein fröhlicher Mut belebte alle. Man zündete mitten im Hofe ein großes Feuer an, die Jäger lagerten sich herum und gossen Kugeln in den roten Widerscheinen, die lustig über die stillen Mauern liefen – sie merkten nicht, wie die Raben, von der plötzlichen Helle aufgeschreckt, ächzend über ihnen die alten Türme umkreisten. – Jetzt brachte ein Jäger mit großem Geschrei den Hut und die Jacke des Gärtnerburschen, die er zu seiner Verwunderung, beim Aufsuchen der Waffen im Winkel eines abgelegenen Gemaches gefunden. Einige meinten, das Bürschchen sei vor Angst aus der Haut gefahren, andere schworen, er sei ein Schleicher und Verräter, während der alte Schloßwart Nicolo, schlau lächelnd, seinem Nachbar heimlich etwas ins Ohr flüsterte. Der Graf bemerkte es. Was lachst du? fuhr er den Alten an; eine entsetzliche Ahnung flog plötzlich durch seine Seele. Alle sahen verlegen zu Boden. Da faßte er den erschrockenen Schloßwart hastig am Arm und führte ihn mit fort in einen entlegenen Teil des Hofes, wohin nur einige schwankende Schimmer des Feuers langten. Dort hörte man beide lange Zeit lebhaft miteinander reden. Der Graf ging manchmal heftig an dem dunkeln Schloßflügel auf und ab, und kehrte dann immer wieder fragend und zweifelnd zu dem Alten zurück. Dann sah man sie in den offenen Stall treten, der Graf half selbst eilig den schnellsten Läufer satteln, und gleich darauf sprengte Nicolo quer über den Schloßhof, daß die Funken stoben, durchs Tor in die Nacht hinaus. Reit' zu, rief ihm der Graf noch nach, frag', suche bis ans Ende der Welt.

Nun trat er rasch und verstört wieder zu den andern,

247

zwei der zuverlässigsten Leute mußten sogleich bewaffnet nach dem Dorf hinab, um den Renald draußen aufzusuchen; wer ihn zuerst sähe, solle ihm sagen: er, der Graf, wolle ihm Satisfaktion geben wie einem Kavalier und sich mit ihm schlagen, Mann gegen Mann – mehr könne der Stolze nicht verlangen.

Die Diener starrten ihn verwundert an, er aber hatte unterdes einen rüstigen Jäger auf die Zinne gestellt, wo man am weitesten ins Land hinaussehen konnte. Was siehst du? fragte er, unten seine Pistolen ladend. Der Jäger erwiderte: die Nacht sei zu dunkel, er könne nichts unterscheiden, nur einzelne Stimmen höre er manchmal ferne im Feld und schweren Tritt, als zögen viele Menschen lautlos durch die Nacht, dann alles wieder still. Hier ist's lustig oben, sagte er, wie eine Wetterfahne im Wind – was ist denn das? –

Wer kommt? fuhr der Graf hastig auf.

Eine weiße Gestalt, wie ein Frauenzimmer, entgegnete der Jäger, fliegt unten dicht an der Schloßmauer hin. – Er legte rasch seine Büchse an. Aber der Graf, die Leiter hinanfliegend, war schon selber droben und riß dem Zielenden heftig das Gewehr aus der Hand. Der Jäger sah ihn erstaunt an. Ich kann auch nichts mehr sehen, sagte er dann halb unwillig und warf sich nun auf die Mauer nieder, über den Rand hinausschauend: Wahrhaftig, dort an der Gartenecke ist noch ein Fenster offen, der Wind klappt mit den Laden, dort ist's hereingehuscht.

Die Zunächststehenden im Hofe wollten eben nach der bezeichneten Stelle hineilen, als plötzlich mehre Diener, wie Herbstblätter im Sturm über den Hof daherflogen; die Rebellen, hieß es, hätten im Seitenflügel eine Pforte gesprengt, andere meinten, der rotköpfige Waldwärter habe sie mit Hülfe eines Nachschlüssels heimlich durch

248

das Kellergeschoß hereingeführt. Schon hörte man Fußtritte hallend auf den Gängen und Treppen und fremde, rauhe Stimmen da und dort, manchmal blitzte eine Brandfackel vorüberschweifend durch die Fenster. – Hallo, nun gilt's, die Gäste kommen, spielt auf zum Hochzeitstanze! rief der Graf, in niegefühlter Mordlust aufschauernd. Noch war nur erst ein geringer Teil des Schlosses verloren; er ordnete rasch seine kleine Schar, fest entschlossen, sich lieber unter den Trümmern seines Schlosses zu begraben, als in diese rohen Hände zu fallen.

Mitten in dieser Verwirrung aber ging auf einmal ein Geflüster durch seine Leute: der Graf zeigt sich doppelt im Schloß, der eine hatte ihn zugleich im Hof und am Ende eines dunkeln Ganges gesehen, einem andern war er auf der Treppe begegnet, flüchtig und auf keinen Anruf Antwort gebend, das bedeute seit uralter Zeit dem Hause großes Unglück. Niemand hatte jedoch in diesem Augenblick das Herz und die Zeit, es dem Grafen zu sagen, denn soeben begann auch unten der Hof sich schon grauenhaft zu beleben; unbekannte Gesichter erschienen überall an den Kellerfenstern, die Kecksten arbeiteten sich gewaltsam hervor und sanken, ehe sie sich draußen noch aufrichten konnten, von den Kugeln der wachsamen Jäger wieder zu Boden, aber über ihre Leichen weg kroch und rang und hob es sich immer von neuem unaufhaltsam empor, braune verwilderte Gestalten, mit langen Vogelflinten, Stangen und Brecheisen, als wühlte die Hölle unter dem Schlosse sich auf. Es war die Bande des verräterischen Waldwärters, der ihnen heimtückisch die Keller geöffnet. Nur auf Plünderung bedacht, drangen sie sogleich nach dem Marstall und hieben in der Eile die Stränge entzwei, um sich der Pferde zu bemächtigen. Aber die edeln schlanken Tiere, von dem Lärm und der

249

gräßlichen Helle verstört, rissen sich los und stürzten in wilder Freiheit in den Hof; dort mit zornigfunkelnden Augen und fliegender Mähne, sah man sie bäumend aus der Menge steigen und Roß und Mann verzweifelnd durcheinander ringen beim wirren Wetterleuchten der Fackeln, Jubel und Todesschrei und die dumpfen Klänge der Sturmglocken dazwischen. Die versprengten Jäger fochten nur noch einzeln gegen die wachsende Übermacht; schon umringte das Getümmel immer dichter den Grafen, er schien unrettbar verloren, als der blutige Knäuel mit dem Ausruf: dort, dort ist er! sich plötzlich wieder entwirrte und alles dem andern Schloßflügel zuflog.

Der Graf, in einem Augenblick fast allein stehend, wandte sich tiefaufatmend und sah erstaunt das alte Banner des Hauses Dürande drüben vom Balkon wehen. Es wallte ruhig durch die wilde Nacht, auf einmal aber schlug der Wind wie im Spiel die Fahne zurück – da erblickte er mit Schaudern sich selbst dahinter, in seinen weißen Reitermantel tief gehüllt, Stirn und Gesicht von seinem Federbusch umflattert. Alle Blicke und Röhre zielten auf die stille Gestalt, doch dem Grafen sträubte sich das Haar empor, denn die Blicke des furchtbaren Doppelgängers waren mitten durch den Kugelregen unverwandt auf ihn gerichtet. Jetzt bewegte es die Fahne, es schien ihm ein Zeichen geben zu wollen, immer deutlicher und dringender ihn zu sich hinaufwinkend.

Eine Weile starrt er hin, dann von Entsetzen überreizt, vergißt er alles andere und unerkannt den Haufen teilend, der wütend nach dem Haupttor dringt, eilt er selbst dem gespenstischen Schloßflügel zu. Ein heimlicher Gang, nur wenigen bekannt, führt seitwärts näher zum Balkon, dort stürzt er sich hinein; schon schließt die Pforte sich schal-

lend hinter ihm, er tappt am Pfeiler einsam durch die
stille Halle, da hört er atmen neben sich, es faßt ihn
plötzlich bei der Hand, schauernd sieht er das Banner
und den Federbusch im Dunkeln wieder schimmern. Da,
den weißen Mantel zurückschlagend, stößt es unten rasch
eine Tür auf nach dem stillen Feld, ein heller Monden-
blick streift blendend die Gestalt, sie wendet sich. – Um
Gottes willen, G a b r i e l e ! ruft der Graf und läßt verwirrt
den Degen fallen.

Das Mädchen stand bleich, ohne Hut vor ihm, die
schwarzen Locken aufgeringelt, rings von der Fahne
wunderbar umgeben. Sie schien noch atemlos. Jetzt zau-
dere nicht, sagte sie, den ganz Erstaunten eilig nach der
Tür drängend, der alte Nicolo harrt deiner draußen mit
dem Pferde. Ich war im Dorf, der Renald wollte mich
nicht wiedersehn, so rannte ich ins Schloß zurück, zum
Glück stand noch ein Fenster offen, da fand ich dich
nicht gleich und warf mich rasch in deinen Mantel. Noch
merken sie es nicht, sie halten mich für dich; bald ist's zu
spät, laß mich und rette dich, nur schnell! – Dann setzte
sie leiser hinzu: und grüße auch das schöne Fräulein in
Paris, und betet für mich, wenn's euch wohlgeht.

Der Graf aber, in tiefster Seele bewegt, hatte sie schon
fest in beide Arme genommen und bedeckte den bleichen
Mund mit glühenden Küssen. Da wand sie sich schnell
los. Mein Gott, liebst du mich denn noch, ich meint', du
freitest um das Fräulein? sagte sie voll Erstaunen, die
großen Augen fragend zu ihm aufgeschlagen. – Ihm war's
auf einmal, wie in den Himmel hineinzusehen. Die Zeit
fliegt heut entsetzlich, rief er aus, dich liebte ich immer-
dar, da nimm den Ring und meine Hand auf ewig, und so
verlaß mich Gott, wenn ich je von dir lasse! – Gabriele,
von Überraschung und Freude verwirrt, wollte nieder-

251

knien, aber sie taumelte und mußte sich an der Wand festhalten. Da bemerkte er erst mit Schrecken, daß sie verwundet war. Ganz außer sich riß er sein Tuch vom Halse, suchte eilig mit Fahne, Hemd und Kleidern das Blut zu stillen, das auf einmal unaufhaltsam aus vielen Wunden zu quellen schien. In steigender, unsäglicher Todesangst blickte er nach Hülfe rings umher, schon näherten sich verworrene Stimmen, er wußte nicht, ob es Freund oder Feind. Sie hatte währenddes den Kopf müde an seine Schulter gelehnt. Mir flimmert's so schön vor den Augen, sagte sie, wie dazumal, als du durchs tiefe Abendrot noch zu mir kamst; nun ist ja alles, alles wieder gut.

Da pfiff plötzlich eine Kugel durch das Fenster herein. Das war der Renald! rief der Graf, sich nach der Brust greifend; er fühlte den Tod im Herzen. – Gabriele fuhr hastig auf. Wie ist dir? fragte sie erschrocken. Aber der Graf, ohne zu antworten, faßte heftig nach seinem Degen. Das Gesindel war leise durch den Gang herangeschlichen, auf einmal sah er sich in der Halle von bewaffneten Männern umringt. – Gute Nacht, mein liebes Weib! rief er da; und mit letzter, übermenschlicher Gewalt das von der Fahne verhüllte Mädchen auf den linken Arm schwingend, bahnt' er sich eine Gasse durch die Plünderer, die ihn nicht kannten und verblüfft von beiden Seiten vor dem Wütenden zurückwichen. So hieb er sich durch die offene Tür glücklich ins Freie hinaus, keiner wagte ihm aufs Feld zu folgen, wo sie in den schwankenden Schatten der Bäume einen heimlichen Hinterhalt besorgten.

Draußen aber rauschten die Wälder so kühl. Hörst du die Hochzeitsglocken gehn? sagte der Graf; ich spür schon Morgenluft. – Gabriele konnte nicht mehr sprechen, aber sie sah ihn still und selig an. – Immer ferner und leiser verhallten unterdes schon die Stimmen vom Schlosse her, der Graf wankte blutend, sein steinernes Wappenschild lag zertrümmert im hohen Gras, dort stürzt' er tot neben Gabrielen zusammen. Sie atmete nicht mehr, aber der Himmel funkelte von Sternen, und der Mond schien prächtig über das Jägerhaus und die einsamen Gründe; es war, als zögen Engel singend durch die schöne Nacht.

Dort wurden die Leichen von Nicolo gefunden, der vor Ungeduld schon mehrmals die Runde um das Haus gemacht hatte. Er lud beide mit dem Banner auf das Pferd, die Wege standen verlassen, alles war im Schloß, so brachte er sie unbemerkt in die alte Dorfkirche. Man hatte dort vor kurzem erst die Sturmglocke geläutet, die Kirchtür war noch offen. Er lauschte vorsichtig in die Nacht hinaus, es war alles still, nur die Linden säuselten im Wind, vom Schloßgarten hörte er die Nachtigallen schlagen, als ob sie im Traume schluchzten. Da senkte er betend das stille Brautpaar in die gräfliche Familiengruft und die Fahne darüber, unter der sie noch heut zusammen ausruhn. Dann aber ließ er mit traurigem Herzen sein Pferd frei in die Nacht hinauslaufen, segnete noch einmal die schöne Heimatsgegend und wandte sich rasch nach dem Schloß zurück, um seinen bedrängten Kameraden beizustehen; es war ihm, als könnte er nun selbst nicht länger mehr leben.

*

Auf den ersten Schuß des Grafen aus dem Schloßfenster war das raubgierige Gesindel, das durch umlaufende Gerüchte von Renalds Anschlag wußte, aus allen Schlupfwinkeln hervorgebrochen, er selbst hatte in der

253

offenen Tür des Jägerhauses auf die Antwort gelauert und sprang bei dem Blitz im Fenster wie ein Tiger allen voraus, er war der Erste im Schloß. Hier, ohne auf das Treiben der andern zu achten, suchte er mitten zwischen den pfeifenden Kugeln in allen Gemächern, Gängen und Winkeln unermüdlich den Grafen auf. Endlich erblickt' er ihn durchs Fenster in der Halle, er hört' ihn drin sprechen, ohne Gabrielen in der Dunkelheit zu bemerken. Der Graf kannte den Schützen wohl, er hatte gut gezielt. Als Renald ihn getroffen taumeln sah, wandte er sich tiefaufatmend – sein Richteramt war vollbracht.

Wie nach einem schweren, löblichen Tagewerke durchschritt er nun die leeren Säle in der wüsten Einsamkeit zwischen zertrümmerten Tischen und Spiegeln, der Zugwind strich durch alle Zimmer und spielte traurig mit den Fetzen der zerrissenen Tapeten.

Als er durchs Fenster blickte, verwunderte er sich über das Gewimmel fremder Menschen im Hofe, die ihm geschäftig dienten wie das Feuer dem Sturm. Ein seltsam Gelüsten funkelte ihn da von den Wänden an aus dem glatten Getäfel, in dem der Fackelschein sich verwirrend spiegelte, als äugelte der Teufel mit ihm. – So war er in den Gartensaal gekommen. Die Tür stand offen, er trat in den Garten hinaus. Da schauerte ihn in der plötzlichen Kühle. Der untergehende Mond weilte noch zweifelnd am dunkeln Rand der Wälder, nur manchmal leuchtete der Strom noch herauf, kein Lüftchen ging, und doch rührten sich die Wipfel, und die Alleen und geisterhaften Statuen warfen lange, ungewisse Schatten dazwischen, und die Wasserkünste spielten und rauschten so wunderbar durch die weite Stille der Nacht. Nun sah er seitwärts auch die Linde und die mondbeglänzte Wiese vor dem Jägerhause; er dachte sich die verlorne Gabriele wieder in

der alten unschuldigen Zeit als Kind mit den langen
dunkeln Locken, es fiel ihm immer das Lied ein: »Gute
Nacht, mein Vater und Mutter, wie auch mein stolzer
Bruder«, – es wollte ihm das Herz zerreißen, er sang
verwirrt vor sich hin, halb wie im Wahnsinn:

> Meine Schwester, die spielt an der Linde. –
> Stille Zeit, wie so weit, so weit!
> Da spielten so schöne Kinder
> Mit ihr in der Einsamkeit.
>
> Von ihren Locken verhangen,
> Schlief sie und lachte im Traum,
> Und die schönen Kinder sangen
> Die ganze Nacht unterm Baum.
>
> Die ganze Nacht hat gelogen,
> Sie hat mich so falsch gegrüßt,
> Die Engel sind fortgeflogen
> Und Haus und Garten stehn wüst.
>
> Es zittert die alte Linde
> Und klaget der Wind so schwer,
> Das macht, das macht die Sünde –
> Ich wollt', ich läg' im Meer. –
>
> Die Sonne ist untergegangen
> Und der Mond im tiefen Meer,
> Es dunkelt schon über dem Lande;
> Gute Nacht! seh' dich nimmermehr.

Wer ist da? rief er auf einmal in den Garten hinein. Eine
dunkle Gestalt unterschied sich halb kenntlich zwischen
den wirren Schatten der Bäume; erst hielt er es für eins
der Marmorbilder, aber es bewegte sich, er ging rasch
darauf los, ein Mann versuchte sich mühsam zu erheben,

255

sank aber immer wieder ins Gras zurück. Um Gott, Nicolo, du bist's! rief Renald erstaunt; was machst du hier? – Der Schloßwart wandte sich mit großer Anstrengung auf die andere Seite, ohne zu antworten.

Bist du verwundet? sagte Renald, besorgt näher tretend, wahrhaftig an dich dacht' ich nicht in dieser Nacht. Du warst mir der Liebste immer unter allen, treu, zuverlässig, ohne Falsch; ja, wär' die Welt wie du! Komm nur mit mir, du sollst herrschaftlich leben jetzt im Schloß auf deine alten Tage, ich will dich über alle stellen.

Nicolo aber stieß ihn zurück: Rühr mich nicht an, deine Hand raucht noch von Blut.

Nun, entgegnete Renald finster, ich meine, ihr solltet mir's alle danken, die wilden Tiere sind verstoßen in den wüsten Wald, es bekümmert sich niemand um sie, sie müssen sich ihr Futter selber nehmen – bah, und was ist Brot gegen Recht!

Recht? sagte Nicolo, ihn lange starr ansehend, um Gottes willen, Renald, ich glaube gar, du wußtest nicht –

Was wußt' ich nicht? fuhr Renald hastig auf.

Deine Schwester Gabriele –

Wo ist sie?

Nicolo wies schweigend nach dem Kirchhof; Renald schauderte heimlich zusammen. Deine Schwester Gabriele, fuhr der Schloßwart fort, hielt schon als Kind immer große Stücke auf mich, du weißt es ja; heut' Abend nun in der Verwirrung, eh's noch losging, hat sie in ihrer Herzensangst mir alles anvertraut.

Renald zuckte an allen Gliedern, als hinge in der Luft das Richtschwert über ihm. Nicolo, sagte er drohend, belüg' mich nicht, denn dir, grade dir glaube ich.

Der Schloßwart, seine klaffende Brustwunde zeigend, erwiderte: Ich rede die Wahrheit, so wahr mir Gott helfe,

256

Nicolo klärt Renald über alles auf, da Gabriele sich ihm anvertraut hat

vor dem ich noch in dieser Stunde stehen werde! – Graf Hippolyt hat deine Schwester nicht entführt.

Hoho, lachte Renald, plötzlich wie aus unsäglicher Todesangst gelöst, ich sah sie selber in Paris am Fenster in des Grafen Haus.

Ganz recht, sagte Nicolo, aus Lieb' ist sie bei Nacht dem Grafen heimlich nachgezogen aus dem Kloster. –

Nun siehst du, siehst du wohl? ich wußt's ja doch. Nur weiter, weiter, unterbrach ihn Renald; große Schweißtropfen hingen in seinem wildverworrenen Haar.

Das arme Kind, erzählte Nicolo wieder, sie konnte nicht vom Grafen lassen; um ihm nur immer nahe zu sein, hat sie verkleidet als Gärtnerbursche sich verdungen im Palast, wo sie keiner kannte.

Renald, aufs äußerste gespannt, hatte sich unterdes neben dem Sterbenden, der immer leiser sprach, auf die Knie hingeworfen, beide Hände vor sich auf die Erde gestützt. Und der Graf, sagte er, der Graf, aber der Graf, was tat der? Er lockte, er kirrte sie, nicht wahr?

Wie sollt' er's ahnen! fuhr der Schloßwart fort; er lebte wie ein loses Blatt im Sturm von Fest zu Fest. Wie oft stand sie des Abends spät in dem verschneiten Garten vor des Grafen Fenstern, bis er nach Hause kam, wüst, überwacht – er wußte nichts davon bis heute abend. Da schickt' er mich hinaus, sie aufzusuchen; sie aber hatte sich dem Tode schon geweiht, in seinen Kleidern euch täuschend wollte sie eure Kugeln von seinem Herzen auf ihr eigenes wenden – o jammervoller Anblick – so fand ich beide tot im Felde Arm in Arm – der Graf hat ehrlich sie geliebt bis in den Tod – sie beide sind schuldlos – rein – Gott sei uns allen gnädig!

Renald war über diesen Worten ganz still geworden, er horchte noch immer hin, aber Nicolo schwieg auf ewig, nur die Gründe rauschten dunkel auf, als schauderte der Wald.

Da stürzte auf einmal vom Schloße die Bande siegestrunken über Blumen und Beete daher, sie schrien Vivat und riefen den Renald im Namen der Nation zum Herrn von Dürande aus. Renald, plötzlich sich aufrichtend, blickte wie aus einem Traum in die Runde. Er befahl, sie sollten schleunig alle Gesellen aus dem Schlosse treiben und keiner, bei Lebensstrafe, es wieder betreten, bis er sie riefe. Er sah so schrecklich aus, sein Haar war grau geworden über Nacht, niemand wagte es, ihm jetzt zu widersprechen. Darauf sahen sie ihn allein rasch und schweigend in das leere Schloß hineingehen, und während sie noch überlegen, was er vorhat und ob sie ihm gehorchen oder dennoch folgen sollen, ruft einer erschrocken aus: Herr Gott, der rote Hahn ist auf dem Dach! und mit Erstaunen sehen sie plötzlich feurige Spitzen, bald da bald dort, aus den zerbrochenen Fenstern schlagen und an dem trocknen Sparrwerk hurtig nach dem Dache klettern. Renald, seines Lebens müde, hatte eine brennende Fackel ergriffen und das Haus an allen vier Ecken angesteckt. – Jetzt, mitten durch die Lohe, die der Zugwind wirbelnd faßte, sahen sie den Schrecklichen eilig nach dem Eckturme schreiten, es war, als schlüge Feuer auf, wohin er trat. Dort in dem Turme liegt das Pulver, hieß es auf einmal, und voll Entsetzen stiebte alles über den Schloßberg auseinander. Da tat es gleich darauf einen furchtbaren Blitz und donnernd stürzte das Schloß hinter ihnen zusammen. Dann wurde alles still; wie eine Opferflamme, schlank, mild und prächtig stieg das Feuer zum gestirnten Himmel auf, die Gründe und Wälder ringsumher erleuchtend – den Renald sah man nimmer wieder.

258

Das sind die Trümmer des alten Schlosses Dürande, die weinumrankt in schönen Frühlingstagen von den waldi- *Romantik* gen Bergen schauen. – Du aber hüte dich, das wilde Tier *(Ruinen +* zu wecken in der Brust, daß es nicht plötzlich ausbricht *Natur)* und dich selbst zerreißt.

→ nicht zu subjektiv werden

DIE ENTFÜHRUNG

Eine Novelle

Der Abend senkte sich schon über der fruchtbaren Landschaft, welche die Loire durchströmt, als ein junger Mann,
jagdmüde und die Büchse über dem Rücken aus dem Walde
tretend, unerwartet zwischen den grünen Bergen in der
schönsten Einsamkeit ein altes Schloß erblickte. Er konnte
durch die Wipfel nur erst Dach und Türme sehen, von Efeu
überwachsen, mit geschlossenen Fenstern, halb wie im
Schlafe. Neugierig drang er durch das verworrene Gebüsch
die Anhöhe hinan, es schien der ehemalige Schloßgarten zu
sein, denn künstliche Hecken durchschnitten oben den
Platz, weiterhin schimmerte noch eine weiße Statue durch
die Zweige, aber rings aus den Tälern ging der Frühling, mit
Waldblumen funkelnd, lustig über die gezirkelten Beete
und Gänge, alles prächtig verwildernd.

Jetzt, um eine Hecke biegend, sah er auf einmal das
ganze Schloß vor sich, mitten im Grün, als wollt's in alle
Fenster steigen; auf der steinernen Rampe vor der Saal-
türe, vom Abendrot beschienen, saßen eine ältliche Dame
und eine schlanke Mädchengestalt am Stickrahmen, ein
zahmes Reh graste neben ihnen in der schönen Wildnis,
alle drei den Ankommenden erstaunt betrachtend.

Dieser stutzte überrascht, aber schnell entschlossen,
näherte er sich den Frauen und entschuldigte mit vielem
Anstand seinen unwillkürlichen Überfall, er kenne hier
die Waldgrenzen noch zu wenig, so sei er in dies fremde
Revier geraten und lege nun als Wildschütz sein Geschick
in ihre Hände. Die alte Dame, ohne seine Entschuldigung
besonders zu beachten und ihn vom Kopf bis zu den
Füßen mit den Blicken messend, bat ihn, da er fein
gekleidet erschien, ziemlich kalt, neben ihnen Platz zu
nehmen, indem sie auf einen Lehnstuhl wies, den auf
ihren Wink ein bejahrter Diener in etwas verschossener
Livree soeben aus dem Gartensaal brachte.

Die Unterhaltung stockte einen Augenblick, aber der Fremde, der sich in der maskenhaften Freiheit eines Unbekannten zu gefallen schien, wußte bald mit großer Gewandtheit das Gespräch zu ergreifen und zu beleben. Sie sprachen demnächst von der Räuberbande, die sich in diesem Frühjahr hier zwischen den Bergen eingenistet und durch ihre verwegenen Züge die ganze Gegend in Furcht und Schrecken setzte. Der Gast sagte lachend, das komme von der langen Friedenszeit, da spiele der Krieg, der sich sein Recht nicht nehmen lasse, auf seine eigne Hand im Lande. Der Mensch verlange immer etwas Außerordentliches, und wenn es das Entsetzlichste wäre, um nur dem unerträglichsten Übel, der Langeweile, zu entkommen. – Die neueste Zeitung lag soeben auf dem Tischchen vor ihnen, sie enthielt eine ungefähre Personbeschreibung des vermutlichen Hauptmannes der Bande. Der Fremde las sie mit großer Aufmerksamkeit, und es fiel der Dame auf, da er darauf um die Erlaubnis bat, das Blatt mitzunehmen, und es hastig einsteckte.

Währenddes war Frenel, der alte Diener, mit sichtbaren Zeichen von Bestürzung wieder hinzugetreten. Er schien aus dem Hofe zu kommen, und, der Dame einen heimlichen Wink gebend, sprach er lange leise und lebhaft mit ihr im Hintergrunde des Saales. Er meldete, daß sich im Walde unweit des Schlosses unbekannte, bewaffnete Männer zu Pferde gezeigt, sie hielten ein lediges Roß, das schöner und kostbarer gezäumt als die andern. Der Waldhirte, der unbemerkt in ihrer Nähe gewesen, habe deutlich vernommen, wie sie von ihrem Herrn geredet, mehrmals ungeduldig nach dem Schlosse schauend, als ob sie jemanden von hier erwarteten. – Die alte Dame, bei dieser seltsamen Nachricht einen Augenblick nachsinnend, überflog unwillkürlich in Gedanken die

Beschreibung des Räuberhauptmannes aus der Zeitung, er war als ein junger, schöner, weltgewandter Mann geschildert – es fuhr ihr auf einmal wie ein Blitz durch die Seele, wie alles gar wohl auf ihren rätselhaften Gast bezogen werden konnte.

Indem sie so in großer Bewegung mit sich selber schnell beriet, wie sie in dieser sonderbaren Lage sich zu benehmen habe, schien der Fremde von alledem nichts zu bemerken. Er unterhielt sich heiter und angelegentlich mit dem Fräulein, während der Abend über dem wilden Garten schon immer tiefer hereindunkelte. Da fiel plötzlich ein Schuß unten im Walde. Die Dame trat entschlossen einige Schritte auf den Fremden zu. Das sind meine Leute, sagte dieser, rasch aufspringend. – Ihre Leute? – Gewiß, erwiderte er. – Da er aber auf einmal den Schreck der erbleichten Dame bemerkte, entschuldigte er sich abermals wegen dieser Unruhe, versprach den Frevler ernstlich zu bestrafen und nahm sogleich Abschied, indem er, flüchtig seinen Namen nennend, noch um die Erlaubnis bat, wiederkommen zu dürfen. Aber niemand hörte oder antwortete ihm in der Verwirrung; so flog er den Schloßberg hinab. Der Abend tat noch einen roten, falschen Blick über die Bergkuppen, unten war schon alles finster und still, man hörte nur den Hufschlag von mehren Rossen den Waldgrund entlang. Das Fräulein, das nun auch den entsetzlichen Verdacht vernommen, rief aufs tiefste erschrocken: o Gott, o Gott, er kommt gewiß wieder!

Wirklich konnte die Lage der verwitweten Marquise Astrenant – so hieß die Dame – gerechte Besorgnis erregen. Die Erinnerung an den alten Glanz und den verschwenderischen Aufwand ihres verstorbenen Gemahls war in der Gegend noch frisch genug, um die

Anschläge des Raubgesindels auf das abgelegene Schloß zu lenken, und doch war sie in der Tat so verarmt, daß sie nicht daran denken konnte, in diesem Augenblick mit ihrer Tochter Leontine diese gefährliche Einsamkeit zu verlassen. In dieser Not fiel ihr ein, daß der Graf Gaston, wie sie von ihren Leuten gehört, soeben auf kurze Zeit auf einem seiner benachbarten Jagdschlösser angekommen war. Diesen glücklichen Umstand benutzend, stellte sie dem Grafen, obgleich sie ihn noch nicht persönlich kannte, schriftlich in wenigen Worten ihre Abgeschiedenheit und Gefahr vor und beschwor ihn, als Nachbar sie in ihrer hülflosen Lage zu beschützen. Mit diesem Briefe wurde noch denselben Abend ein reitender Bote nach dem Jagdschlosse gesandt.

So war die Nacht allen unter mancherlei Vorsichtsmaßregeln schlaflos vergangen. Schon am folgenden Morgen aber erhielten sie die Antwort: der Graf werde nicht ermangeln, ihren Wünschen nach Kräften zu entsprechen und womöglich heute noch selbst seine Aufwartung machen. Diese Zusage und das tröstliche Morgenlicht hatten alle Sorge gewendet. Sie schämten sich fast und lachten über die übertriebene Furcht und Besorgnis, womit die Wälder rings umher im Dunkeln sie geschreckt hatten. Und wie nach Gewittern oft ein heiterer Glanz über die Landschaft fliegt, so brachte auch hier der angekündigte Besuch des Grafen Gaston sehr bald das ganze stille Haus in eine ungewohnte fröhliche Bewegung. Die gläsernen Kronleuchter, die so lustig funkelten, wurden sorgfältig geputzt, die verstaubten Tapeten ausgeklopft und Teppiche gelüftet, der Morgen glänzte durch die verbleichten, rotseidenen Gardinen seltsam auf den getäfelten Boden der Zimmer, während draußen über dem sonnigen Rasenplatz vor dem Hause die Schwalben jauchzend hin- und herschossen. Leontine erschien besonders fleißig, sie war aufgewachsen zwischen diesen Trümmern des früheren Glanzes, nun schien ihr alles so prächtig, weil es ins Morgenrot ihrer Kindheit getaucht. Die Marquise lächelte schmerzlich, aber sie mochte die Freude der Tochter nicht stören.

Die Sonne stieg indes und senkte sich schon wieder nach den Tälern, und der Graf war zu ihrem Befremden noch immer nicht angekommen, noch hatte er den ganzen Tag über etwas von sich hören lassen. Sie mußten seinen Besuch für heute schon aufgeben, und als endlich der Abend von neuem die Wälder färbte, saßen beide Frauen, durch die Geschäftigkeit des Tages zerstreut und zuversichtlicher geworden, wie sonst wieder auf der steinernen Rampe vor dem Garten an ihrer Arbeit, als wäre eben nichts vorgefallen. Leontine, in vergeblicher Erwartung des Grafen, war geschmückt wie eine arme Braut, die nicht weiß, wie schön sie in ihrer Armut ist. Aber die Abendsonne blitzte über ihre frischen Augen und hüllte sie ganz in ihr schönstes, goldnes Kleid, und ihr Reh sah von fern verwundert nach der prächtigen Herrin, es war, als hätt' es alle seine Spielkameraden mit herbeigerufen, so neugierig wimmelten die Waldvögel im Garten und guckten durch die Zweige und schwatzten vergnügt untereinander. Vor dem Hause aber ging die Abendluft lind durch die Blumen unter ihnen. Leontine sah oft in Gedanken über ihre Arbeit ins Tal hinaus und sang:

> Überm Lande die Sterne
> Machen die Runde bei Nacht,
> Mein Schatz ist in der Ferne,
> Liegt am Feuer auf der Wacht.

Die Marquise sagte: Das hast du von unserm alten Frenel,

da er noch Soldat war; sollte man doch glauben, du hätt'st einen Offizier zum Liebsten. Leontine lachte und sang weiter:

> Übers Feld bellen Hunde,
> Wenn der Mondschein erblich,
> Rauscht der Wald auf im Grunde:
> Reiter, jetzt hüte dich!

Ist's denn schon so spät? unterbrach sie sich selbst, sie läuten ja schon die Abendglocken, der Wind kommt über den Wald her, wie schön das klingt aus der Ferne herüber. Sie sang von neuem:

> Um das Lager im Dunkeln
> Jetzt schleichen sie sacht,
> Die Gewehre schon funkeln –
> So falsch ist die Nacht!

Was steigt denn da für ein Rauch auf im Walde? fragte hier die Mutter. – Es wird wohl der Köhler sein, erwiderte Leontine, aber sie sah doch gespannt hin und sang zögernd:

> Ein Gesell durchs Gesteine
> Geht sacht in ihrer Mitt',
> Es rasseln ihm die Beine –
> Hat einen leisen, leisen Tritt –

Nein! sprang sie auf, das ist ein Brand, da schlägt ja die helle Flamme auf, horch, sie läuten die Sturmglocken drüben!

Indem nun beide sich erhoben, hörten sie in derselben Richtung ein paarmal schießen, dann war alles wieder still. Da haben gewiß die Nachbarn wieder großes Jagen, sagte die Marquise, sie können nun einmal nicht fröhlich sein ohne Lärm. Da sie aber jetzt das Schloßgesinde am Abhange des Gartenberges versammelt sah, in großer Aufregung untereinander redend und nach jener Gegend hinausschauend, rief sie hinab: was es gebe? – Blutige Köpfe! hieß es zurück, der Waldwärter sei eben aus den Bergen gekommen, der Graf Gaston habe vor Tagesanbruch heimlich alle seine Bauern und Jäger bewaffnet und die Räuberbande aufgespürt und treibe sie von einem brennenden Schlupfwinkel zum andern durch den Wald, es gehe scharf her da drüben! – Da wandte sich Leontine, die bisher wie im Traume gestanden, plötzlich herum, sie sagte: es sei schändlich und gottlos, die Schlafenden zu überfallen und Menschen zu hetzen wie die wilden Tiere! – Die Mutter sah sie erstaunt an. Aber sie hatte keine Zeit, dem sonderbaren Betragen der Tochter nachzudenken, denn der alte Frenel trat soeben voll Eifer aus dem Hause, er hatte hastig seine Büchse geladen und wollte mit hinunter. Die Marquise beschwor ihn, zum Schutze bei ihnen zu bleiben, wenn etwa einzelne versprengte Räuber hier vorüberschweiften, die andern sollten das Hoftor schließen, sich mit Beilen und Sensen versehen und den offenen Garten umstellen.

Leontine aber war indes schon in das obere Stockwerk des Schlosses gestiegen, die Fledermäuse in den wüsten Sälen schossen verstört aus den offenen Fenstern, sie schaute aus einem Erker angestrengt in die Waldgründe hinaus, als wollte sie durch die Wipfel sehen. Es dunkelte schon über den Tälern, die Schüsse schienen näher zu kommen, manchmal brachte der Wind einen wilden Schrei aus der Ferne herüber, vom Walde sah sie ein Reh von dem Lärm erschrocken unten über die Wiese fliegen. O wäre ich doch ein Mann! dachte sie tausendmal; dazwischen betete sie wieder still im Herzen vor der aufsteigenden Nacht, dann lehnte sie sich weit aus dem Fenster und winkte mit ihrem weißen Schnupftuch über die dunkeln Wälder, sie wußte selbst nicht, was sie tat.

Jetzt hörte sie, wie unten im Garten nach und nach mehre Boten zurückkkamen, die die Mutter auf Kundschaft ausgeschickt; sie konnte in der Stille jedes Wort vernehmen. Die Bande, hieß es, sei völlig geschlagen, gefangen oder zerstreut. Ein anderer erzählte von der außerordentlichen Kühnheit des Grafen Gaston, wie er, überall der Erste voran, den Hauptmann selber aufs Korn genommen. Auf der Felsenkante im Walde seien sie endlich aneinandergeraten, da habe der Graf ihn, immerfort fechtend, samt dem Pferde über den Abhang hinabgestürzt. Aber Unkraut verdirbt nicht, unten sich überkugelnd, seien Roß und Reiter, wie die Katzen, wieder auf die Beine gekommen; nun jagten sie alle den Räuber hier nach dem Schlosse zu, aber er sei ganz umzingelt, er könne nicht mehr entwischen. – Gott segne den tapfern Grafen! rief die Marquise bei diesem Berichte aus, er hat ritterlich sein Wort gelöst.

Leontine aber sah wieder unverwandt nach dem Walde, denn draußen hatte die wilde Jagd sich plötzlich gewendet, ein Schuß fiel ganz nah, darauf mehre, immer näher und näher, man sah die einzelnen Schüsse blitzen im Dunkeln. Auf einmal glaubte sie einen Reiter in verzweifelter Flucht längs dem Saume des Waldes flimmern zu sehen, die Jäger des Grafen, eine andere Fährte einschlagend, schienen ihn nicht zu bemerken, er flog grade nach dem Schlosse her. Da, in wachsender Todesangst sich plötzlich aufraffend, stürzt sie pfeilschnell über die steinernen Treppen durch das stille Haus hinab und unten an dem alten Walle durch eine geheime Pforte, den Riegel sprengend, ins Freie. Als sie aber am Fuß des

Schloßberges atemlos anlangt, vor Ermattung fast in die Knie sinkend, kommt auch der Reiter schon durch die dunkelnde Luft daher – es war, wie sie geahnt, der Fremde von gestern, verstört, mit fliegenden Haaren, sein Pferd ganz von Schaum bedeckt.

Was wollen Sie hier? rief sie ihm schon von ferne entgegen. – Er, bei ihrem Anblick stutzend, hielt schnell an und, sich vom Pferde schwingend, erwiderte er höflich: er wolle, seinem Versprechen gemäß, sie und die Marquise noch einmal begrüßen. – Um Gotteswillen, sind Sie rasend! heut, in dieser Stunde? – Der Reiter entschuldigte sich, der Kampf sei ernster geworden und habe ihn länger aufgehalten, als er gedacht, es sei der einzige noch übrige Augenblick, er müsse sogleich wieder weiter. – O Gott, ich weiß, fiel Leontine ein. – Sie wissen? –

Leontine schauderte, da er, dicht vor ihr, sie auf einmal so durchdringend ansah. – Sie bluten, sagte sie dann erschrocken. – Nur ein Streifschuß, entgegnete er; doch Sie haben recht, fuhr er lächelnd fort, es ziemt sich nicht, in diesem Zustande bei Damen Besuche abzustatten. Aber Leontine hörte kaum mehr, was er sprach, sie stand in tiefen Gedanken. Ich wüßte wohl einen verborgenen Ort für diese Nacht, sagte sie darauf schnell und leise, wenn nur – nein, nein, es ist unmöglich! Das Schloß ist voll Leute, vielleicht kommt der Graf selbst noch. – Und den Fremden in steigender, höchster Angst fortdrängend, wies sie ihm einen abgelegenen Fußsteig, der führe zu einer Furt des Flusses, da solle er hinüber, dann den Pfad rechts einschlagen – nur schnell, schnell, flehte sie, da kommen schon Leute zwischen den Bäumen, sie suchen – Wen? fragte der Reiter, sich rasch umsehend. – O mein Gott, rief Leontine fast weinend, Sie selbst, den unglücklichen Hauptmann! – Der Fremde, bei diesen Worten plötzlich wie aus einem Traume erwachend, schlug schnell den Mantel zurück und nahm sie in beide Arme: Kind, Kind, wie liebst du mich so schön! Das werde ich dir gedenken mein Leben lang, du sollt noch von dem Räuberhauptmann hören. – Jetzt drängt die Zeit. Grüße die Mutter oben, sag ihr, das Land sei frei, sie könne ohne Sorgen schlafen, leb wohl! – Noch vom Pferde aber bat er sie um ihr weißes Tuch, sie reicht' es ihm zögernd; das wollte er um seine Wunde schlagen, da heilt' es über Nacht. – So ritt er fort.

Jetzt bemerkte sie erst, daß ihr Handschuh blutig geworden von seinem Arm, sie verbarg ihn, heftig an allen Gliedern zitternd. Im Walde indes und droben im Schlosse gingen verworrene Stimmen, sie sah noch immer dem Reiter nach und atmete tief auf, als er endlich in der schirmenden Wildnis verschwunden. Dann setzte sie sich auf den Rasen, den Kopf in beide Hände gestützt, und weinte bitterlich.

*

Noch in derselben Nacht brach auch Graf Gaston von seinem Jagdschlosse wieder auf, wohin er nur erst vor wenigen Tagen mit dem Ruhme eines ausgezeichneten Offiziers aus fremdem Kriegsdienste zurückgekehrt, um sich in der Einsamkeit zu erholen. Aber der Ruf seiner Tapferkeit war ihm längst nach Paris vorangeeilt, und fast gleichzeitig mit der Bitte der Marquise um seinen Schutz vor den Räubern erhielt er den unerwarteten Befehl des Königs, sich unverzüglich an den Hof zu begeben, wo man, bei den damaligen heimlichen Kriegsrüstungen, seine Erfahrung benutzen wollte. So war es gekommen, daß er, um sein Wort gegen die besorgte Dame zu lösen, die Räuberjagd auf das Gewaltsamste beschleunigt, dann aber keine Zeit mehr übrig hatte, bei der Marquise noch den versprochenen Besuch abzustatten.

In Paris zog er wie im Triumphe ein. Der frische Lorbeerkranz stand der hohen, schlanken Gestalt gar anmutig zu dem gebräunten Gesicht. Nun folgte ihm auch noch das vergrößernde Gerücht der Kühnheit, womit er soeben die lange vergeblich aufgesuchte Räuberbande wie im Fluge zwischen den Bergen vernichtet. Der König selbst hatte ihn ausgezeichnet empfangen, jedermann wollte ihn kennenlernen und die Damen sahen scheu und neugierig durch die Fenstergardinen, wenn er im vollen Schmuck soldatischer Schönheit die Straßen hinabritt. – Unter ihnen aber zog nur E i n e seine Aufmerksamkeit auf sich und diese hatte er bis jetzt noch nirgend erblickt.

Ganz Paris sprach damals von der jungen, reichen Gräfin D i a n a , einer amazonenhaften, spröden Schönheit mit rabenschwarzem Haar und dunkeln Augen. Einige nannten sie ein prächtiges Gewitter, das über die Stadt fortzöge, unbekümmert, ob und wo es zünde; andere verglichen sie mit einer zauberischen Sommernacht, die, alles verlockend und verwirrend, über seltsame Abgründe scheine. So fremd und märchenhaft erschien diese wilde Jungfräulichkeit an dem sittenlosen Hofe.

Über ihr früheres Leben konnte Graf Gaston nur wenig erfahren. Schon als Kind elternlos und auf dem abgelegenen Schlosse ihres Vormunds ganz männlich erzogen, soll sie diesen in allen Reiter- und Jagdkünsten sehr bald übertroffen haben. Da verliebte sich, so hieß es, der unkluge Vormund sterblich in das wunderbare Mädchen, dem schon längst der benachbarte junge Graf Olivier mit aller schüchternen Schweigsamkeit der ersten Liebe heimlich zugetan war. Um den Vormund zu vermeiden, hatte er, wie von einem Spazierritt oder vom Jagen zurückkehrend, sich fast jeden Abend, wenn im Schlosse schon alles schlief, unter ihren Fenstern eingefunden, wo sie in der Stille der Nacht, da sie seine zärtlichen Blicke nicht verstand, sorglos und fröhlich mit ihm zu plaudern pflegte. – Jetzt aber, da er eines Abends spät wiederkommt, trifft er zu seinem Erstaunen die Gräfin reisefertig draußen im Garten. Sie verlangt ein Pferd von ihm, sie könne mit dem Vormund nicht länger zusammen wohnen. Überrascht und einen Augenblick ungemessenen Hoffnungen Raum gebend, bietet er ihr sein eigenes Roß an und schwingt sich freudig auf das seines Dieners, der unter den hohen Bäumen am Garten hielt. So reiten sie lange schweigend durch den Wald. Da öffnet ihm die schöne Einsamkeit das Herz, er spricht zum ersten Mal glühend von seiner Liebe zu ihr, während sie eben an einem tiefen Felsenriß dahinziehn. Diana, bei seinen Worten erschrocken auffahrend, sieht ihn verwundert von der Seite an, drauf, nach kurzem Besinnen plötzlich ihr Pferd herumwerfend, setzt sie grauenhaft über die entsetzliche Kluft – sein störrisches Pferd bäumt und sträubt sich, er kann nicht nach. Drüben aber hört er sie lachen und eh' sie im Walde verschwunden, blitzt noch einmal die ganze Gestalt seltsam im Mondlicht auf; es war ihm, als hätt' er eine Hexe erblickt. – So kam sie mitten in der Nacht ohne Begleitung auf dem Landhaus ihrer Tante bei Paris an. Olivier aber hatte wenige Tage darauf seine Güter verlassen und fiel im Auslande im Kriege; man sagt, er habe sich selbst in den Tod gestürzt.

Der Tor! dachte Gaston, wer schwindelig ist, jage nicht Gemsen! Es war ihm recht wie Alpenluft bei der Erzählung von der schönen Gräfin, und er freute sich auf das bevorstehende Hoffest, wo er ihr endlich einmal zu begegnen hoffte.

*

Der Ball bei Hofe war halb schon verrauscht, als Gaston, den Besuche, Freunde und alte Erinnerungen auf jedem Schritte aufgehalten, in seinen Domino gewickelt, die Treppen des königlichen Schlosses hinaufeilte. Betäubt, geblendet trat er mitten aus der Nacht in das erschrekkende Gewirr der Masken, die sich gespenstisch schrillend kreuzten, durchblitzt vom grünen Gefunkel der Kronleuchter und in den Spiegelwänden tausendfach verdoppelt, wie wenn das heidnische Gewimmel von den gemalten Decken der Gemächer plötzlich lebendig geworden und herabgestiegen wäre.

Als er, sich mühsam durchdrängend, endlich den großen Saal erreicht, fiel eben die Musik majestätisch in eine Menuett ein, die tanzfertigen Paare, einander an den Fingerspitzen haltend, verneigten sich feierlich gegen den Eingang, als wollten sie den Eintretenden bewillkommnen, der sich nicht enthalten konnte, die Begrüßung mit einem tiefen Kompliment lustig zu erwidern. Da schwang der Kapellmeister auf dem goldverschnörkelten Chor seine Rolle wieder: ein neuer Akkord, und wie auf einen Zauberschlag mit den taftenen Gewändern auseinanderrauschend, auf den Zehen sich zierlich wendend und wieder verschlingend, wogt' es auf einmal melodisch den ganzen, kerzenhellen Saal entlang.

Gaston aber sah wie ein Falk durch die duftende Tanzwolke, denn so oft sie sich teilte, erblickte er im Hintergrunde mitten zwischen den fliegenden Schößen und Reifröcken, gleich einer Landschaft durch Nebelrisse, eine prächtige Zigeunerfürstin, hoch, schlank, mit leuchtendem Schmuck, die Locken aufgeringelt über die glänzenden Schultern.

Und wie er noch so hinstarrend stand, kam sie selber quer durch den Saal und ein Kometenschweif galanter Masken hinter ihr, die ihr eifrig den Hof zu machen schienen. Sie war in seltsamer Geschäftigkeit. Aus ihrem Handkörbchen ein Band aufrollend, schwang sie es plötzlich wie einen Regenbogen über die Verliebten, jeder griff und haschte graziös darnach. Drauf hier und dort durch den Haufen sich schlingend und alle wie mit Zaubersprüchen rasch umgehend, das eine Ende des Bandes fest in der Hand, schlang sie's behend dem einen um den Hals, dem andern um Arm und Füße, immer schneller, dichter und enger. Die überraschten Liebhaber, Ritter, Chinesen und weise Ägyptier, als sie die unverhoffte Verwickelung gewahr wurden, wollten nun schnell auseinander, aber je zierlicher die sich wanden und reckten, je unauflöslicher verwirrte sich der Knäul; auf dem glatten Boden ausglitschend, verloren sie Larven, Helme und phrygische Mützen, daß die Haarbeutel zum Vorschein kamen und der Puder umherstob, die Menuett selbst kam aus ihrer Balance, man hörte im Saale ein kurzes, anständiges Lachen – die Zigeunerin aber war unterdes in dem Getümmel verschlüpft.

Gaston aber, eh' sich die andern besannen, flog ihr schon nach, aus dem Saal, durch mehre anstoßende Zimmer. Dort in den Spiegeln ihn hinter sich gewahrend, wandte sie sich einmal nach ihm herum, daß er vor den Augen erschrak, die aus der Larve funkelten. Dann sah er sie durch den Gartensaal schweifen, jetzt trat sie aus der Tür auf die Terrasse und schien plötzlich draußen in der Nacht zu verschwinden, wie eine Elfe, die nur neckend zum flüchtigen Besuch gekommen.

Gaston wollte dennoch seine Jagd nicht aufgeben, wurde aber durch einen ungewöhnlichen Aufruhr der Gesellschaft aufgehalten. Die Masken traten rasch auseinander, ehrfurchtsvoll eine Gasse bildend; der König mit seiner vertrautesten Umgebung nahte, nach allen Seiten sprechend und lachend, unmaskiert in bürgerlicher Kleidung, ein schöner Jüngling voll lebensfrohen Mutwillens, wie damals Ludwig der Funfzehnte war. Hütet Euch, Gaston – sagte er, diesen sogleich an Größe und Haltung erkennend – dies ist eine gefährliche Räubernacht, es wird mit Augen um Herzen gefochten.

Alle Blicke waren auf den Grafen gerichtet, der nun, die Larve abnehmend, dem König folgen mußte. Sie traten, um sich zu erfrischen, vor den Gartensaal hinaus. Es war eine schwüle Sommernacht, der Himmel halbverdunkelt von finstern Wolken, aus denen sich die weißen Statuen fast gespenstisch erhoben, tiefer im Garten hörte man eine Nachtigall schlagen, zuweilen blitzte es von fern über den hohen schwarzen Bäumen.

Der König, indem er sich tanzmüde und gähnend unter den Orangenbäumen auf der Terrasse niederließ, wollte zur Unterhaltung von Gaston irgendein Abenteuer seiner Fahrten hören. Diesem, der noch immer zerstreut und unruhig in den Garten schaute, wo die Zigeunerin verschwunden, war bei dem plötzlichen Anblick der stillen Nacht soeben ein seltsamer Vorfall wieder ganz lebendig geworden und ohne sich lange zu besinnen, erzählte er, wie er auf seiner jetzigen Reise hierher eine alte verfallene Burg, in der es der Sage nach spuken sollte, aus Neugier besucht und, da es grade schwüle Mittagszeit, unter den Trümmern im hohen Grase rastend eingeschlummert.

Gute Nacht, gute Nach! unterbrach ihn der König, das ist ein schläfriges Abenteuer.

Es wird gleich wieder munter, Sire, entgegnete Gaston, denn auf einmal, mitten in dieser Einsamkeit, fiel ein Schuß ganz in der Nähe, traumtrunken seh ich ein Reh getroffen vor mir in den Abgrund stürzen, und wie ich erschrocken aufspringe, steht über mir zwischen den wilden Nelken im zerbrochenen Fensterbogen der Burg eine unbekannte, wunderschöne Frauengestalt auf ihr Gewehr gestützt, die wandte sich nach mir – den Blick vergesse ich nimmer, gleichwie das Wetterleuchten überm Garten dort!

Der König lachte: das sei eine Waldfrau gewesen mit dem Zauberblick, von dem die Jäger sprechen, die hab' es ihm angetan.

Und Sie setzten ihr nicht nach? riefen die andern.

Wohl tat ich das, erwiderte Gaston, aber ich konnte so bald über das Gemäuer und Geröll nicht den Eingang finden, und als ich endlich in die Hallen eintrat, war alles still und kühl, nur ein wilder Apfelbaum blühte im leeren Hofe, die Bienen summten drin, kein Vogel sang den weiten Wald entlang – Herr Gott, das ist sie!

Wie, unsere Amazone? rief der König überrascht herumgewendet.

Die Zigeunerin, ihre Larve am Gürtel und vom Streiflicht der Fenster getroffen, trat aus einer der Alleen zu ihnen auf die Terrasse. Gaston war ganz verwirrt, da sie ihm gleich darauf als die Gräfin Diana vorgestellt wurde.

Sie aber, als sie seinen Namen nennen hörte, der so tapfern Klang hatte, sah ihn mit großer, fast scheuer Aufmerksamkeit an. Wenn ich nicht irre, sagte sie, so traf ich schon letzthin auf der alten Burg –

Ein edles Wild mit Zauberblicken, fiel rasch der König ein. –

280

Also auch schon lahm! erwiderte sie halb für sich und wandte plötzlich dem Grafen verächtlich den Rükken. – Die Umstehenden blickten ihn schadenfroh an, Gaston aber lachte wild und kurz auf und verschwor sich innerlich, die Stolze zu demütigen, und sollt' er auf den Zinnen von Notre Dame mit ihr den Tanz wagen!

Über des Königs Stirne aber flog eine leichte Röte, denn er hegte seit Gastons Anwesenheit in Paris insgeheim den Wunsch, ihn mit Diana zu verbinden. Etwas verstimmt, um nur die plötzlich eingetretene peinliche Stille zu unterbrechen, fragte er Diana: ob sie denn so allein im Garten nicht fürchte, daß sie entführt werde? – Sie lachte: der König habe alles zahm gemacht, sie hätte nur Grillen gefunden in den Hecken, die zirpten lieblich, dort wie hier. – Gaston meinte: die Gräfin habe ganz recht, solche Grillenhaftigkeit sei nicht gefährlich, und mache auch manche noch so weite Sprünge, jeder wackere Bursch überhole sie leicht. – Diana schüttelte die Locken aus der Stirn; es verdroß sie doch grade von ihm, daß er ihr so trotzte. Und da einer der Kammerherren, um wieder einzulenken, soeben zirpte: selbst die Heimchen brächten ihr Ständchen, wenn sie träumend durch den nächtlichen Garten ging, erwiderte sie rasch in heimlicher Aufregung: wahrhaftig, mir träumte, der Tag mache der Nacht den Hof, er duftete nach Jasmin und Lavendel, blond, artig, lau, etwas lispelnd, mit kirschblütenen Manschetten und Hirtenflöte, ein guter, langweiliger Tag. – Man lachte, keiner bezog es auf sich; ein Vicomte, als Troubadour die Zither im Arme, sagte zierlich: aber die keusche Nacht wandelte unbekümmert fort, ihren Elfenreihen ätherisch dahinschwebend. – Nein, entgegnete Diana, indem sie ihm in ihrer wunderlichen Laune die Zither nahm und, sich auf das Marmorgeländer der Terrasse setzend, zur Antwort sang:

Sie steckt' mit der Abendröte
In Flammen rings das Land
Und hat samt Manschetten und Flöte
Den verliebten Tag verbrannt.

Und als nun verglommen die Gründe:
Sie stieg auf die stillen Höh'n,
Wie war da rings um die Schlünde
Die Welt so groß und schön!

Waldkönig zog durch die Wälder
Und stieß ins Horn vor Lust,
Da klang über die stillen Felder,
Wovon der Tag nichts gewußt.

Und wer mich wollt' erwerben,
Ein Jäger müßt's sein zu Roß,
Und müßt' auf Leben und Sterben
Entführen mich auf sein Schloß!

Hier gab sie lachend die Zither zurück. Gaston aber bei der plötzlichen Stille erwachte wie aus tiefen Gedanken. Und wenn es wirklich einer wagte? sagte er rasch in einem seltsamen Tone, daß es allen auffiel. – Wohlan, es gilt, fiel da der junge König ein, ich trete der Herausfoderung der Gräfin als Zeuge und Kampfrichter bei, ihr alle habt's gehört, welchen Preis sie dem Entführer ausgesetzt.

Diana stand einen Augenblick überrascht. Und verspielt der Vermessene? fragte sie dann ernst. – So wird er tüchtig ausgelacht, erwiderte der König, wie ein Nachtwandler, der bei Mondschein verwegen unternimmt, wovor ihm bei Tage graut.

Mit diesen Worten erhob er sich und im Vorbeigehen dem Grafen noch leise zuflüsternd: wenn ich nicht der König wär', jetzt möcht' ich Gaston sein! wandte er sich, wie über einen herrlich gelungenen Anschlag lebhaft die Hände reibend, durch den Gartensaal in die innern Gemächer. – Diana aber schien anderes bei sich zu beschließen, sie folgte zürnend.

Jetzt umringten die Hofleute von allen Seiten den Grafen, ihm zu dem glänzenden Abenteuer, wie einem verzauberten Prinzen und Feenbräutigam, hämisch Glück wünschend. Die übrige Gesellschaft unterdes, da der König sich zurückgezogen, strömte schon eilig nach den Türen, die Masken hatten ihre Larven abgenommen und zeigten überwachte, nüchterne Gesichter, durch die Säle zwischen den wenigen noch wankenden Gestalten strich die Langeweile unsichtbar wie ein böser Luftzug.

Gaston blieb nachdenklich am offenen Fenster, bis alles zerstoben. Er sah sich hier unerwartet durch leichtsinnige Reden, die anfänglich nur ein artiges Spiel schienen, plötzlich seltsam und unauflöslich verwickelt. Es war ihm wie eine prächtige Nacht, vor der eine marmorkalte Sphinx lag, er mußte ihr Rätsel lösen oder sie tötete ihn.

Währenddes war Diana schon in ihrem Schlafgemache angelangt. Als sie in dem phantastischen Ballschmuck eintrat, erstaunte die Kammerjungfer von neuem und rief fast erschrocken aus: wie sie so wunderschön! Die Gräfin verwies es ihr unwillig, das sei ein langweiliges Unglück. Und da das Mädchen drauf ihr Befremden äußerte, daß sie durch solche Härte so viele herrliche Kavaliere in Gefahr und Verzweiflung stürze, erwiderte Diana streng:

283

wer nimmt sich meiner an, wenn diese Kavaliere bei Tag und Nacht mit Listen und Künsten bemüht sind, mich um meine Freiheit zu betrügen? –

Draußen aber rollten indes die Wagen noch immer fort, jetzt flog das rote Licht einer Fackel über die Scheiben, in dem wirren Widerschein der Windlichter unten erblickte sie noch einmal flüchtig den Gaston, wie er eben sein Pferd bestieg, die Funken stoben hinter den Hufen, sie sah ihm gedankenvoll nach, bis er in der dunkeln Straße verschwunden. Dann, vor den Wandspiegel tretend, löste sie die goldne Schlange aus dem Haar, die schwarzen Locken rollten tief über die Schultern hinab, ihr schauerte vor der eigenen Schönheit.

*

Kurze Zeit nach diesem Feste war der Hof fern von Paris zum Jagen versammelt. Da ging das Rufen der Jäger, Hundegebell und Waldhornsklang, wie ein melodischer Sturmwind, durch die stillen Täler, breite, ausgehauene Alleen zogen sich geradlinig nach allen Richtungen hin, jede an ihrem Ende ein Schloß oder einen Kirchturm in weiter Ferne zeigend. Jetzt brachte die Luft den verworrenen Schall immer deutlicher herüber, immer näher und häufiger sah man geschmückte Reiter in Grün aufblitzen, plötzlich brach ein Hirsch, das Geweih zurückgelegt, aus dem Dickicht in weiten Sätzen quer über eine der Alleen und ein Reiter leuchtend hinterdrein mit hohen, steifen Jagdstiefeln, einen kleinen dreieckigen Tressenhut über den gepuderten Locken, in reichgesticktem grünen Rock, dessen goldbordierte Schöße weit im Winde flogen – es war der junge König. – Das ist heute gut Jagdwetter, man muß es rasch benutzen! rief er flüchtig zurückgewandt zu

Gaston herüber, der im Gefolge ritt. Gaston erschrak, er wußte wohl, was der König meinte.

Diana aber fehlte im Zuge, sie war zuletzt auf einer der entfernteren Waldhöhen gesehen worden. Des Treibens müde und ohne jemanden von ihrem Vorhaben zu sagen, hatte sie sich mitten aus dem Getümmel nach einem nahgelegenen, ihr gehörigen Jagdschloß gewendet; denn sie kam sich selber als das Wild vor auf dieser Jagd, auf das sie alle zielten. Es war das Schloß, wo sie als Kind gelebt, sie hatte es lange nicht mehr besucht. Die Nacht war schon angebrochen, als sie anlangte, niemand erwartete sie dort, alle Fenster waren dunkel im ganzen Hause, als ständ' es träumend mit geschlossenen Augen. Und da endlich der erstaunte Schloßwart, mit einem Windlicht herbeigeeilt, die alte schwere Türe öffnete, gab es einen weiten Schall durch den öden Bau, draußen schlug soeben die Uhr vom Turme, als wollte sie mit dem wohlbekannten Klange grüßen.

Diana, fast betroffen oben im Saale umherblickend, öffnete rasch ein Fenster, da rauschten von allen Seiten die Wälder über den stillen Garten herauf, daß ihr das Herz wuchs. Mein Gott, dachte sie, wo bin ich denn so lange gewesen! o wunderschöne Einsamkeit, wie bist du kühl und weit und ernst, und versenkst die Welt, und baust dir in den Wolken drüber Schlösser kühn wie auf hohen Alpen. Ich wollt', ich wäre im Gebirg, ich stieg' am liebsten auf die höchsten Gipfel, wo ihnen allen schwindelte nachzukommen – ich tu's auch noch, wer weiß wie bald!

Unterdes war das Nötigste zu ihrer Aufnahme eingerichtet, jetzt wurde nach und nach auch im Schlosse alles wieder still, sie aber konnte lange nicht einschlafen, denn die Nacht war so schwül, und in den Fliederbüschen unter den Fenstern schlugen die Nachtigallen und das Wetter leuchtete immerfort von fern über dem dunkeln Garten.

*

Als Diana am folgenden Morgen erwachte, hörte sie draußen eine kindische Stimme lieblich singen. Sie trat rasch ans Fenster. Es war noch alles einsam unten, nur des Schloßwarts kleines Töchterchen ging schon geputzt den stillen Garten entlang, singend, mit langem, blondem Haar, wie ein Engel, den der Morgen auf seinem nächtlichen Spielplatz überrascht. Bei diesem Anblick flog eine plötzliche Erinnerung durch ihre Seele, wie einzelne Klänge eines verlorenen Liedes, es hielt ihr fast den Atem an, sie bedeckte die Augen mit beiden Händen und sann und sann – auf einmal rief sie freudig: Leontine!

Da sprang sie schnell auf, es fiel ihr ein, daß die Marquise Astrenant mit ihrer Tochter ja nur wenige Meilen von hier wohnte. Sie setzte sich gleich hin und schrieb an Leontinen. Sie erinnerte sie an die schöne Morgenstille ihrer gemeinschaftlichen Jugendzeit, wo sie immer die kleine Elfe genannt wurde wegen ihrer langen blonden Locken, wie sie da in diesem Garten hier als Kinder wild und fröhlich miteinander gespielt und seitdem eines das andere nicht wiedergesehen. Sie werde sie auch nicht mehr schlagen oder im Sturm auf dem Flusse unterm Schlosse mit ihr herumfahren wie damals. Sie solle nur eilig herüberkommen, so wollten sie wieder einmal ein paar Tage lang zusammen sich ins Grüne tauchen und nach der großgewordenen Welt draußen nichts fragen. – Diese Aussicht hatte sie lebhaft bewegt. Sie klingelte und schickte noch in derselben Stunde einen Boten mit dem Brief nach dem Schlosse der Marquise ab.

286

Darauf ging sie in den Garten hinab. Sie hätte ihn beinahe nicht wiedererkannt, so verwildert war alles, die Hecken unbeschnitten, die Gänge voll Gras, weiterhin nur glühten noch einige Päonien verloren im tiefen Schatten. Da fiel ihr ein Lied dabei ein:

Kaiserkron' und Päonien rot,
Die müssen verzaubert sein,
Denn Vater und Mutter sind lange tot,
Was blüh'n sie hier so allein?

Jetzt sah sie sich nach allen Seiten um, sie kam sich selbst wie verzaubert vor zwischen diesen stillen Zirkeln von Buchsbaum und Spalieren. Die Luft war noch immer schwül, in der Ferne standen Gewitter, dazwischen stach die Sonne heiß, von Zeit zu Zeit glitzerte der Fluß, der unten am Garten vorüberging, heimlich durch die Gebüsche herauf. Es war ihr, als müßte ihr heut was Seltsames begegnen, und die stumme Gegend mit ihren fremden Blicken wollte sie warnen. Sie sang das Lied weiter:

Der Springbrunnen plaudert noch immerfort
Von der alten schönen Zeit,
Eine Frau sitzt eingeschlafen dort,
Ihre Locken bedecken ihr Kleid.

Sie hat eine Laute in der Hand,
Als ob sie im Schlafe spricht,
Mir ist, als hätt' ich sie sonst gekannt –
Still, geh' vorbei und weck' sie nicht!

Und wenn es dunkelt das Tal entlang,
Streift sie die Saiten sacht,
Da gibt's einen wunderbaren Klang
Durch den Garten die ganze Nacht.

Ich weckte sie doch, sagte sie, wenn ich sie so im Garten fände, und spräch' mit ihr.

Unterdes aber waren die Wolken von allen Seiten rasch emporgestiegen, es donnerte immer heftiger, die Bäume im Garten neigten sich schon vor dem voranfliegenden Gewitterwinde. Die schwülen Traumblüten schnell abschüttelnd, blickte sie freudig in das Wetter. Da gewahrte sie erst dicht am Abhang den alten Lindenbaum wieder, auf dem sie als Kind so oft gesessen und vom Wipfel die fernen, weißen Schlösser weit in die Runde gezählt. Er war wieder in voller Blüte, auch die Bank stand noch darunter, deren künstlich verflochtene Lehne fast bis an die ersten Äste reichte. Sie stieg rasch hinauf in die grüne Dämmerung, der Wind bog die Zweige auseinander. Da rollte sich plötzlich rings unter ihr das verdunkelte Land auf, der Strom, wie gejagt von den Blitzen, schoß pfeilschnell daher, manchmal klangen von fern die Glocken aus den Dörfern, alle Vögel schwiegen, nur die weißen Möwen über ihr stürzten sich jauchzend in die unermeßliche Freiheit – sie ließ vor Lust ihr Tuch im Sturme mit hinausflattern.

Auf einmal aber zog sie es erschrocken ein. Sie hatte einen fremden Jäger im Garten erblickt. Er schlich am Rande der Hecken hin; bald sachte vorgebogen, bald wieder verdeckt von den Sträuchern, keck und doch vorsichtig, schien er alles rings umher genau zu beobachten. Sie hielt den Atem an und sah immerfort unverwandt hin, wie er, durch die Stille kühn gemacht, nun hinter dem Gebüsch immer näher und näher kam; jetzt, schon dicht unter dem Baume, trat er plötzlich hervor – sie konnte sein Gesicht deutlich erkennen. In demselben Augenblick aber hörte er eine Türe gehn im Schlosse und war schnell im Grünen verschwunden.

288

Diana aber, da alles wieder still geworden, glitt leise vom Baume; darauf, ohne sich umzusehen, stürzte sie durch den einsamen Garten die leeren Gänge entlang nach dem Schlosse, die eichene Türe hinter sich zuwerfend, als käme das Gewitter hinter ihr, das nun in aller furchtbaren Herrlichkeit über den Garten ging.

Sie achtete aber wenig darauf. In großer Aufregung im Saale auf- und niedergehend, schien sie einem Anschlage nachzusinnen. Manchmal trat sie wieder ans Fenster und blickte in den Garten hinab. Da sich aber unten nichts rührte als die Bäume im Sturm, nahm sie ein Paar Pistolen von der Wand, die sie sorgfältig lud; dann setzte sie sich an den goldverzierten Marmortisch und schrieb eilig mehre Briefe. Und als das Wetter draußen kaum noch gebrochen, wurden im Hofe gesattelte Pferde aus dem Stalle geführt, und bald sah man reitende Boten nach allen Richtungen davonfliegen.

Gleich darauf aber rief sie ihr ganzes Hausgesinde zusammen. Sie mußten schnell herbeischaffen, was die Vorräte vermochten, Wild, Früchte, Wein und Geflügel. Einer der Jäger, dessen Vater einst Küchenmeister gewesen, verstand sich noch am besten unter ihnen auf den guten Geschmack und mußte, zu allgemeinem Gelächter, eine weiße Schürze vorbinden und den Kochlöffel statt des Hirschfängers führen. Bald loderte ein helles Feuer im Kellergeschoß, die halbverrosteten Bratspieße drehten sich knarrend in der alten verödeten Küche, überall war ein lustiges Plaudern und Getümmel. Alle guten Stühle und Kanapees aber ließ die Gräfin oben in den großen Saal zusammentragen, Spieltische wurden zurechtgerückt und in der Mitte des Saales eine lange Tafel gedeckt. Die feierlichen Anstalten hatten fast etwas Grauenhaftes in dieser Einsamkeit, als sollten die Ahnenbilder, die mit ihren Kommandostäben ernst von den Wänden schauten, sich zu Tische setzen, denn niemand wußte sonst, wer die Gäste sein sollten.

So war in seltsamer Unruhe der Abend gekommen und das Gewitter lange vorbei, als Diana allein mit ihrer Kammerjungfer unten in das Gartenzimmer trat, die sich beim Hereintreten rasch und verstohlen nach allen Seiten umsah. Sie hatte, ohne zu wissen zu welchem Zweck, das schöne Kleid anziehen müssen, das die Gräfin heute getragen, das hinderte sie, es war ihr überall zu knapp und zu lang. Sie ging vor den Spiegel, als wollte sie sich's zurechtrücken, ihre Blicke aber schweiften seitwärts durchs Fenster, und als Diana sich einmal wandte, benutzte sie's schnell und schien zornig jemanden in den Garten hinauszuwinken. Die Gräfin, sie an ihre Verabredung erinnernd, hieß sie vom Fenster wegtreten, ordnete rasch noch die Locken des Mädchens und setzte ihr ihren eigenen Jagdhut auf. Dann, die Verkleidete von allen Seiten zufrieden musternd, schärfte sie ihr nochmals ein, sich in diesem Zimmer still zu verhalten und nicht in den Garten zu gehen, bis sie draußen dreimal leise in die Hände klatschen höre, denn es dunkele schon und die Nacht habe wilde Augen. – Wo? rief das ganz zerstreute Mädchen heftig erschrocken. – Aber Diana, eilig wie sie war, bemerkte es nicht mehr; heftig einen Jägermantel umwerfend, der über dem Stuhle lag, und einen Männerhut tief in die Augen drückend, flog sie in den dämmernden Garten hinaus.

Kaum aber war sie verschwunden, so sprang die Kammerjungfer geschwind ans Fenster. Aber, Robert, bist du denn ganz toll! rief sie einem fremden Jäger entgegen, der schon längst draußen im Gebüsch steckte und nun rasch hinzutrat. – I Gott bewahre, hast du mich doch

290

erschreckt! entgegnete dieser, sie erstaunt vom Kopf bis zu den Füßen betrachtend, das ist ja ganz wie deine Gräfin! – Das Mädchen aber nannte ihn einen Unverschämten, daß er sie hier auf dem Lande besuche; wenn die Gräfin ihn sähe, sei es um ihren Dienst geschehen, er solle auf der Stelle wieder fort. – Nicht eher, erwiderte der eifersüchtige Liebhaber, bis ich weiß, wer der Mann war, der soeben von dir ging. – Da lachte sie ihn tüchtig aus: er sei ein rechter Jäger, der auf dem Anstand das Wild verwechsle, es sei ja die Gräfin selber gewesen. – So? – sagte Robert sehr überrascht und einen Augenblick in Nachsinnen versunken. Dann plötzlich mit leuchtenden Blicken fragte er hastig: warum denn die Gräfin sich verkleidet, wohin sie ginge, ob sie diesen Abend in dem Mantel bleibe? Aber das ungeduldige Mädchen, in wachsender Furcht, drängte ihn statt aller Antwort schon von der Schwelle über die Stufen hinab. Er gab ihr noch schnell einen Kuß, dann sah sie ihn freudig über Beete und Sträucher fortspringen.

Als sie wieder allein war, fiel ihr erst die seltsame Hast und Neugierde des Jägers aufs Herz, es überflog sie eine große Angst, daß sie in der Verwirrung die Verkleidung der Gräfin ausgeplaudert. Auch schreckte sie nun in dieser Stille die aufsteigende Nacht im Garten, es war ihr, als blickten wirklich überall wilde Augen aus dem Dunkel auf sie, manchmal glaubte sie gar Stimmen in der Ferne zu hören. Sie konnte durchaus nicht erraten, was es geben sollte, und verwünschte tausendmal ihre Liebschaften und die unbegreiflichen Einfälle der Gräfin und das ganze dumme Landleben mit seiner spukhaften Einsamkeit.

*

Ein tiefes Schweigen bedeckte nun schon alle Gründe, nur fern im Garten war noch ein heimlich Knistern und Wispern überall zwischen den Büschen, als zög' eine Zwerghochzeit unsichtbar über die stillen Beete hin, von Zeit zu Zeit funkelte es aus den Hecken herüber wie Waffen oder Schmuck. Dann hörte man von der andern Seite eine Zither anschlagen und eine schöne Männerstimme sang:

> Hörst du die Gründe rufen
> In Träumen halb verwacht?
> O von des Schlosses Stufen
> Steig' nieder in die Nacht! –

Drauf alles wieder still, nur eine Nachtigall schlug in dem blühenden Lindenbaum am Abhange. Auf einmal raschelt was, eine schlanke Gestalt schlüpft droben aus dem Gebüsch. Es war Diana, in ihren Jägermantel dicht verhüllt, die über den Rasen nach dem Schlosse ging. Tiefer im Garten sang es von neuem:

> Die Nachtigallen schlagen,
> Der Garten rauschet sacht,
> Es will dir Wunder sagen
> Die wunderbare Nacht.

Jetzt stand Diana vor der Tür des Gartenzimmers und klatschte dreimal leise in die Hand. In demselben Augenblick aber sieht sie auch schon zwei dunkle Gestalten zwischen den Bäumen vorsichtig hervortreten. – Bist du es, Robert? und wo ist sie? flüstert der eine dem andern leise zu.

Sie zog sich tiefer in den Garten zurück. Da sah sie, wie die Kammerjungfer auf das verabredete Zeichen oben aus dem Hause getreten, die eine Gestalt schien sich ihr zu nähern. – Diana triumphierte schon im Herzen, als jetzt plötzlich der andre grade auf ihren Versteck losschritt. Bei dieser unerwarteten Wendung flog sie erschrocken über den Rasenplatz den Gartenberg hinab, seitwärts sah sie den Fremden bei ihrem Anblick rasch durch die Hecken brechen, als wollt' er ihr den Vorsprung abgewinnen, sie verdoppelte ihre Eile, schon glaubte sie unten Bekannte zwischen den Bäumen zu erblicken, jetzt trat sie atemlos am Fuß des Berges aus dem Garten, zu gleicher Zeit aber war auch der Fremde angelangt und vor ihr stand Graf Gaston.

Hut und Mantel waren ihr im Gebüsch entfallen, Gaston, rasch die Zither wegwerfend, blickte ihr lächelnd in die Augen. – Ihr seid der kühnste Freier, den ich jemals sah, sagte sie nach einem Weilchen finster. Gaston küßte feurig ihre Hand, die er nicht wieder losließ. Vor ihnen aber, vom Gesträuche halb verdeckt, stand ein leichter Wagen mit vier Pferden, die Kutscher in den Sätteln, die Pferde schnaubend, scharrend, alles wie ein Pfeil auf gespanntem Bogen, der eben losschnellen will.

Indem aber, wie Gaston den Kutschern winkend und ihr ehrerbietig den Arm reichend, sie in den Wagen heben will, sieht er, daß sie, einige Schritte zurückgetreten, mit einem Pistol nach ihm zielt. Er stutzt, sie aber lacht und feuert das Pistol in die Luft. Da bei dem Knall, wie ein Schwarm verstörter Dohlen, brechen plötzlich seitwärts aus allen Hecken Gestalten mit Haarbeuteln, Staubmänteln und gezückten Stahldegen. Gaston erkennt sogleich mit Erstaunen die alten Gesichter aus der Residenz, alles jubelfröhlich, siegsgewiß.

Fahrt zu! ruft er da, ohne sich zu bedenken, den Kutschern zu, die nun, ihre Peitschen schwingend, grade in den glänzenden Schwarm hineinjagen, der sogleich von allen Seiten lachend den Wagen umringt, um die vermeintlich Entführte daraus zu erlösen. Gaston und Diana aber standen währenddes dicht am Bergstrom, der unter dem Garten vorüberschoß, ein Kahn lag dort am Ufer angebunden. Der Graf, eh' Diana sich besinnt, schwingt sie hoch auf dem Arm in den Nachen, zerhaut mit seinem Hirschfänger das Tau und lenkt rasch mitten ins Fahrwasser; so flogen sie, bevor noch die am Wagen es gewahr wurden, in der entgegengesetzten Richtung pfeilschnell den Fluß hinab.

Er selbst war es gewesen, den Diana am Morgen vom Lindenbaum umherspähend erblickt. Da zweifelte sie keinen Augenblick länger, daß er sein verwegenes Vorhaben in der folgenden Nacht auszuführen gedenke. Ihr Anschlag war schnell gefaßt. Voll Übermut lud sie durch vertraute Boten sogleich das ganze Hoflager zu Entführung und Abendbrot herüber, die einzeln und ohne Aufsehen eingetroffenen Hofleute wurden am Wege versteckt, Gaston in der Verwirrung und Dunkelheit sollte, statt ihr, das verkappte Kammermädchen entführen und so vor den Augen des hervorbrechenden Hinterhalts doppelt beschämt werden. – Nun aber hatte die unzeitige Liebschaft des Mädchens und Dianas eigene Unbesonnenheit im entscheidenden Augenblick plötzlich alles anders gewendet!

Schon waren Schloß und Garten hinter den Fortschiffenden dämmernd versunken, immer ferner und schwächer nur hörte man von dorther noch verworrenes Rufen, Schüsse und Hörnersignale der bestürzten Hofleute, die sich wie durch eine unbegreifliche Verzauberung auf einmal in allen Plänen gekreuzt sahen und nun die auf Gaston geladenen Witze verzweifelt gegeneinander selbst abschossen.

Der Fluß indes ging rasch durch wüsten Wald, Diana wußte recht gut, daß hier kein Haus und keine menschliche Hülfe in der Nähe war; so saß sie still am Rand des Kahnes und schaute vor sich in die Flut, die von Zeit zu Zeit in Wirbeln dunkel aufrauschte. Gaston aber, wohl fühlend, daß in dieser unerhörten Lage alle gewöhnliche Galanterie und Entschuldigung nur lächerlich und in den Wind gesprochen sei, blieb gleichfalls stumm und so glitten sie lange Zeit schweigend zwischen stillen Wäldern und Felsenwänden durch die tiefe Einsamkeit der Nacht, während der Graf immerfort Dianas Spiegelbild im mondbeschienenen Wasser vor sich sah, als zöge eine Nixe mit ihnen neben dem Schiff.

Endlich, um nur die unerträgliche Stille zu brechen, sagte er, als wäre nichts geschehen: alles hier erinnere ihn wunderbar an eine Sage seiner Heimat. Da stehe im Schloßgarten ein marmornes Frauenbild und spiegele sich in einem Weiher. Keiner wage es, in stiller Mittagszeit vorbeizugehen, denn wenn die Luft linde kräuselnd übers Wasser ging' und das Spiegelbild bewegte, da sei's, als ob es sachte seine Arme auftät.

Diana, ohne ein Wort zu erwidern, fuhr unwillig mit der Hand über das Wasser, daß alle Linien ihres Bildes drin durcheinanderlaufend im Mondesflimmer sich verwirrten.

Von diesem Bilde, fuhr Gaston fort, geht die Rede, daß es in gewissen Sommernächten, wenn alles schläft und der Vollmond, wie heut, über die Wälder scheint, von seinem Steine steigend, durch den stillen Garten wandle. Da soll sie mit den alten Bäumen und den Wasserkünsten in fremder Sprache reden, und wer sie da zufällig erblickt, der muß in Liebesqual verderben, so schön ist die Gestalt.

Was ist das für ein Turm dort überm Walde? rief hier
Diana, sich plötzlich aufrichtend, daß er zusammenschrak, als hätt' er selbst das Marmorbild erblickt, von
dem er sprach – es waren ihre ersten Worte. Er sah sich
verwundert nach allen Seiten um, weiterhin schien sich
die Schlucht zu öffnen, durch eine Waldlichtung erblickte
er wirklich schon flüchtig den Turm seines Jagdschlosses,
tiefer unten den Fahrweg, der in weiten Umkreisen um
das Gebirge ging; dort hatte er seine Leute vom Schloß
zum Empfange hinbestellt. Gleich darauf aber verdeckten
Felsen und Bäume alles wieder und der Fluß wandte sich
von neuem. Gaston, der das abgelegene Schloß selten
besucht, kannte die Umgebung nur wenig, er stand einen
Augenblick verwirrt und wußte nicht, an welchem Ufer
er landen sollte.

Da bemerkte er rechts den Schimmer eines kleinen
Feuers ungewiß durch die Büsche. Das sind sie, dachte er,
und lenkte darauf hin. Der Kahn stieß hart ans Land,
indem er aber, schon am Ufer, das Gestrippe auseinanderbog, um der Gräfin Platz zu schaffen, stieß diese, eh'
er's hindern konnte, im Heraussteigen den Nachen weit
hinter sich, der nun unwiederbringlich mit dem reißen-
den Strome forttrieb. Gaston sah sie überrascht an, sie
blickte funkelnd nach allen Seiten in der schönen Nacht
umher.

So standen sie an einem wildumzirkten Platz, Bäume,
Fels und altes Bauwerk wirr durcheinander gewachsen.
Es war, wie er beim Mondlicht erkannte, eine verfallene,
unbewohnte Wassermühle, hinten, wie ein Schwalben-
nest, an die hohe, unersteigliche Felsenwand gehängt,
von zwei andern Seiten vom schäumenden Fluß umgeben. Von dort zwischen Unkraut und Gebälk kam der
Lichtschein her, den er vom Strom gesehen, er trat eilig

mit Diana in das wüste Gehöft, voll Zuversicht, die Seinigen zu treffen. Wie groß aber war sein Erstaunen, da er den Platz leer fand, nur einzelne blaue Flämmchen zuckten noch aus der halb verloschenen Brandstätte, als wäre sie eben von Hirten verlassen worden. –

Ist das Ihr Schloß? fragte Diana höhnend. Gaston aber, der eine zerbrochene Fensterlade im Winde klappen hörte, war schon ins Haus gegangen. Dort durch die Öffnung schauend, gewahrte er zu seinem Schrecken erst, daß er auf dem falschen Ufer gelandet, drüben hinter den dunkeln Wipfeln lag sein Jagdschloß im prächtigen Mondschein – nun wußt' er's auf einmal, warum Diana vorhin den Nachen zurückgestoßen!

In dieser Verlegenheit zog er schnell ein Pistol unter seinem Mantel hervor und feuerte es in die Nacht ab, ein Reh fuhr nebenan aus dem Dickicht, man konnte seinen Hufschlag noch weit durch den stillen Waldgrund hören. Zugleich aber gab zu seiner großen Freude ein Schuß drüben Antwort, bald wieder einer, und drauf ein Schreien und Rufen vom Felde, daß fern in den Dörfern die Hunde anschlugen. Schon glaubte er einige der Stimmen zu erkennen und wollte eben ein zweites Pistol abschießen, als er auf einmal ein seltsames Knistern und Blinken in allen Ritzen des alten Hauses bemerkte. Um Gotteswillen, da schlagen Flammen auf! schrie er entsetzt hinausstürzend, der einzige Ausgang zum Walde brannte schon lichterloh – Diana, da sie bei dem Herannahen der Signale und Stimmen keine Rettung mehr sah, hatte das Haus an allen vier Ecken angezündet. Jetzt erblickte er die Schreckliche selbst hoch auf dem hölzernen Balkon der Mühle, grade über dem Strom. Da sie ihn gewahrte, wandte sie sich schnell herum, es war wieder jenes Wetterleuchten des Blicks, das ihn schon einmal geblendet. –

Komm' nun und hol' die Braut! rief sie ihm wild durch die Nacht zu, das Brautgemach ist schon geschmückt, die Hochzeitsfackeln brennen.

Unterdes aber züngelten einzelne Flammenspitzen schon hier und da durch die Fugen, der heiße Sommer hatte alles gedörrt, das Feuer, im Heidekraut fortlaufend, kletterte hurtig in dem trocknen Gebälk hinauf und der Wind faßte lustig die prächtigen Lohen, und von drüben kam das Rufen und Schießen rasch immer näher und lauter, und: »hol' deine Braut!« frohlockte Diana wieder dazwischen. – Da, ohne hinter sich zu blicken, stürzte Gaston durch den wirbelnden Rauch die brennende Treppe hinan. Zurück, rühr' mich nicht an! rief ihm Diana entgegen, wer hieß dich mit Feuer spielen, nun ist's zu spät, wir beide müssen drin verderben!

Aber die Funken von den Kleidern stäubend, stand er schon droben dicht bei ihr; am Ufer brannte ein schlanker Tannenbaum vom Wipfel bis zum Fuß, die schöne Gestalt und die stille Gegend beleuchtend. Gaston blickte ratlos in der Verwüstung umher, es schien keine Hülfe möglich, die Balken stürzten rings schon krachend in die Glut zusammen, hinten die steile Felsenwand und unter ihnen der Strom, in dem der Brand sich gräßlich spiegelte.

Indem aber hat das Feuer die dürren Wurzeln der Tanne zerfressen und, wie das Gerüst eines abgebrannten Feuerwerks allmählich verdunkelnd und sich neigend, sinkt der Baum prasselnd quer über den wütenden Felsbach. Da faßt Gaston, der alles ringsher scharf beachtet, plötzlich Dianas Hand, schwingt sie selbst, eh' sie sich des versieht, auf seinen Arm, und, seinen Mantel um sie schlagend, mit fast übermenschlicher Gewalt, trägt er die Sträubende mitten durch die Flamme über die grauenvolle Brücke, unter der der Fluß wie eine feurige Schlange dahinschoß.

Jetzt hat er, aus dem furchtbaren Bezirk tretend, glücklich das jenseitige Ufer erreicht und schleudert den brennenden Mantel hinter sich in den Fluß. Diana, plötzlich Stirn und Augen enthüllt, wandte sich von ihm ab in die Nacht. Sieh micht nicht so an, sagte sie, du verwirrst mir der Seele Grund. – Da hörte er auf einmal auch die Stimmen wieder im Felde, mehre Gestalten schwankten fern durch den Mondschein; es waren seine Leute, die, der Verabredung gemäß, am Fahrwege auf ihn gewartet und nun ganz erstaunt herbeieilten, da sie den Herrn auf dem Wege vom Fluß erkannten. Zum Schloß! rief ihnen Gaston zu, und alle Kräfte noch einmal zusammenraffend, trug er seine Beute rasch den Gartenberg hinan; schon schimmerten rechts und links ihm altbekannte Plätze entgegen, jetzt teilten sich die alten Bäume und vor ihnen ernst und dunkel lag das stille Haus; da ließ er erschöpft die Gräfin auf den steinernen Stufen vor der Schloßtüre nieder. Von drüben aber beleuchtete der Brand taghell Garten und Schloß und Dianas grausame Schönheit; Gaston schüttelte sich heimlich vor Grauen.

Indem waren auch die Diener, entschuldigend, fragend und erzählend, von allen Seiten herbeigekommen. Der Graf, ohne ihrer Neugier Rede zu stehen, befahl ihnen, rasch die Türen zu öffnen und die Kerzen anzuzünden, er schien in seinem ganzen Wesen auffallend verändert, daß sie sich fast vor ihm fürchteten. Darauf der Gräfin seinen Arm reichend, indem er sie in das unterdes geöffnete Schloß führte, sagte er mit glatter, seltsamer Kälte zu ihr: die Aufgabe sei gelöst und die wunderliche Wette entschieden, sie möge nun ausruhen und Schloß, Garten, Diener und Wildbahn hier ganz als die ihrigen betrachten. Und so, ohne ihre Antwort abzuwarten, ließ er sie im kerzenhellen Saale allein.

Draußen aber, in großer Aufregung, hieß er schnell alle Gemächer reinigen und schmücken, und ordnete, zu allgemeiner Verwunderung der Diener, sogleich alles zu einem glänzenden Feste an. Die Jäger flüsterten mit verbissenem Lachen heimlich untereinander, der eine winkte schlau mit den Augen nach der schönen Fremden im Saale. Gaston, der es bemerkte, faßte ihn zornig an der Brust und schwor jedem den Tod, der der Gräfin drin, als ihrer Herrin, nicht ehrfurchtsvoll und pünktlich wie ihm selber diente.

Drauf ließ er ein Pferd satteln und ritt noch dieselbe Stunde fort, niemand wußte wohin.

*

Auf dem Schlosse der Marquise Astrenant ging seit jener Räuberjagd gar mancherlei Gerede. Den Anführer der Räuber, hieß es, habe von dem Augenblick, da Graf Gaston ihn vom Fels gestürzt, niemand mehr wiedergesehen, nur eine blutige Fährte hätten sie beim Verfolgen bemerkt, die führte endlich zwischen ungangbaren Klippen in einen Abgrund, wo keiner hinabgekonnt, da habe er ohne Zweifel in dem Felsstrom unten seinen wohlverdienten Tod gefunden. – Leontine wußt' es wohl besser, aber das Geheimnis wollt' ihr das Herz abdrücken.

In den Wäldern war es unterdes schon lange wieder still geworden, über den wilden Garten vor dem Schlosse schien soeben die untergehende Sonne, die Luft kam vom Tal, man hörte die Abendglocken weiter durch die schöne Einsamkeit herüberklingen. Da stand Leontine, wie damals, zwischen den Hecken und fütterte wieder ihr Reh und streichelt' es und sah ihm in die klaren, unschuldigen Augen. Deine Augen sind ohne Falsch, sagte sie schmeichelnd zu ihm, du bist mir treu, wir wollen auch immer zusammenbleiben hier zwischen den Bergen, es fragt ja doch niemand draußen nach uns. Und da die Vögel so schön im Walde sangen, fiel ihr dabei ein Lied wieder ein, an das sie lange nicht gedacht, und sie sang halbtraurig:

> Konnt' mich auch sonst mitschwingen
> Übers grüne Revier,
> Hatt' ein Herze zum Singen
> Und Flügel wie ihr.
>
> Flog über die Felder,
> Da blüht' es wie Schnee,
> Und herauf durch die Wälder
> Spiegelt' die See.
>
> Ein Schiff sah ich gehen
> Fort über das Meer,
> Meinen Liebsten drin stehen –
> Dacht' meiner nicht mehr.
>
> Und die Segel verzogen
> Und es dämmert das Feld,
> Und ich hab' mich verflogen
> In der weiten, weiten Welt. –

Leontine! rief da die Marquise an der Gartentür des Schlosses, sieh doch einmal, was wirbelt denn dort für Staub auf vom Wege? Leontine trat an den Abhang des Gartens und, die Hand vor dem Glanz über die Augen haltend, sagte sie: ein Reiter kommt, die Sonne glitzert nur zu sehr, ich kann nichts deutlich erkennen. – Gott, dachte sie heimlich, wenn Er es wäre! – jetzt beugt er schon um den Weidenbusch, wie das fliegt! – ach nein, ein fremder Jäger ist's, was der nur noch bringen mag.

Die Mutter aber, voll Neugier und Verwunderung, war dem Reiter schon entgegengegangen und kam gleich darauf mit einem geöffneten Briefe zurück. Es war Dianas Einladung; sie beschwor das Fräulein in wenigen Zeilen herzlich und ungestüm, doch ja sogleich zur ihr hinüberzukommen, da sie nur eben ein paar Tage für sich habe und sich selbst dort nicht losmachen könne. – Die Marquise stand einen Augenblick nachsinnend. Daran hatt' ich am wenigsten gedacht, sagte sie dann, Diana ist übermütig, herrisch und gewaltsam, ihre Art ist mir immer zuwider gewesen, aber sie hat wie ein prächtiges Feuerwerk mit ihren Talenten, die sie selbst nicht kennt, den Hof und ganz Paris geblendet, du mußt ja doch endlich auch in die Welt hinaus, es ist wie ein Fingerzeig Gottes, sein Wille geschehe. – Leontinen aber flimmerten die Zeilen lustig im Abendrot, es blitzte ihr plötzlich alles wieder auf daraus: die schöne Jugendzeit, die wilden Spiele und kindischen Zänkereien mit Diana, alle ihre Gedanken waren auf einmal in die schimmernde Ferne gewendet, die sich so unerwartet aufgetan.

Es wurde nun nach kurzer Beratung beschlossen, daß sie, um keine Zeit zu verlieren und die angenehme Kühle zu benutzen, noch heute abreisen und die schöne Sommernacht hindurch fahren sollte; der alte Frenel sollte sie begleiten. Und nun ging es sogleich herzhaft an die nötigen Vorbereitungen, treppauf, treppab, die Türen flogen, Frenel klopfte seine alte Staatslivree aus, aus dem Schoppen wurde der verstaubte Reisewagen geschoben, der Hund bellte im Hofe und der Truthahn gollerte in dem unverhofften Rumor.

Oben aber in der Stube saß Leontine mit untergeschlagenen Beinen fröhlich plaudernd auf dem glänzenden Getäfel des Fußbodens vor ihrem Koffer, Kleider und Schuhe und Schals in reizender Verwirrung um sie her, und die Mutter half ihr einpacken, das Schönste, das sie hatt'. Dann brachte sie ihr das Reisekleid und strich ihr die Locken aus der Stirn und putzte sie auf vor dem Spiegel. Und von draußen sah der Abend durchs offene Fenster herein und füllte das ganze Zimmer mit Waldhauch, und unten sangen die Vögel wieder so lustig zum Valet und Leontine war so schön in ihrem neuen Reisehut; es war lange nicht solche Freude gewesen in dem stillen Hause.

Endlich fuhr unten der Wagen vor, es war alles bereit, vor der Haustüre stand das ganze Hofgesinde versammelt, um ihr Fräulein fortfahren zu sehen. Beim Hinabsteigen sagte die Marquise: ich weiß nicht, jetzt ängstigt mich ein Traum von heute Nacht, ich sah dich prächtig geschmückt die große Allee hinuntergehen, da war's, als würde sie immer länger und länger und hinten eine ganz fremde Gegend, ich rief dir nach, aber du hörtest mich nicht mehr, als wärst du nicht mehr mein. – Leontine lachte: der Schmuck bedeute große Ehre und Freude, wer weiß, was für ein Glück sie in der Fremde erwarte. Damit küßte sie noch einmal herzlich die Mutter und sprang in den Wagen. Aber es war ihr doch wehmütig, als nun die Wagentür wie ein Sargdeckel hinter ihr zuschlug und die Mutter, die ihr immer noch mit dem Tuche nachwinkte, im Dunkel verschwand und Schloß und Garten allmählich hinter den schwarzen Bäumen versanken.

Jetzt rollten sie schon im Freien durch die einsame Gegend hin, der Mondschein wiegte sich auf den leise wogenden Kornfeldern, der Kutscher knallte lustig, daß es weit in den Wald schallte, manchmal schlugen Hunde an fern in den Dörfern und Frenels Tressenhut blinkte immerfort vom hohen Kutschbock. Leontine hatte das Wagenfenster geöffnet, sie war noch niemals zu dieser Stunde im Felde gewesen, nun war sie ganz überrascht, so wunderbar ist die ernste Schönheit der Nacht, die nur in Gedanken spricht und das Entfernteste wie im Traum zusammenfügt. Sie hatte auch Leontinen gar bald in sich versenkt. Im Fahren durch die stille Einsamkeit dachte sie sich den Räuberhauptmann hoch im Gebirge am Feuer zwischen Felsenwänden, wie sie neben ihm auf dem Rasen schlief und er sie bewachte, tief unten aber durch den Felsenriß die Täler unermeßlich im Mondschein heraufdämmernd, Städte, Felder, gewundene Ströme und ihrer Mutter Schloß weit in der Ferne, und das Feuer, mit dem die Luft spielte, spiegelte sich flackernd an den feuchten Felsenwänden und die Nachtigallen schlugen tief unten in den stillen Gärten, wo die Menschen wohnten, und die Wälder rauschten darüber hin, bis allmählich Wald und Strom und Flammen sich seltsam durcheinanderwirrten und sie wirklich einschlummerte.

Sie mochte lange geschlafen haben, denn als sie erwachte, hielt der Wagen still mitten in der Nacht, Frenel und der Kutscher waren fort, seitwärts stand eine einzelne Hütte, man sah das Herdfeuer durch die kleinen Fenster schimmern, im Hause hörte sie den Frenel sprechen, er schien nach dem Wege zu fragen. Sie lehnte sich in das Kutschenfenster, ein finstrer Wald lag vor ihnen und drüben auf einer Höhe ein Schloß im Mondschein. Wie sie aber so, nicht ohne heimliches Grauen, mit ihren Augen noch die Öde durchmißt, hört sie auf einmal Pferdetritt fern durch die Stille der Nacht. Es schallt immer näher und näher, jetzt sieht sie einen Reiter, in seinen Mantel gehüllt, im scharfen Trabe auf demselben

Wege vom Walde rasch daherkommen. Sie fährt erschrocken zurück und drückt sich in die Ecke des Wagens. Der Reiter aber, da er den verlassenen Wagen bemerkt, hält plötzlich an.

Wer ist da, rief er, wo wollen Sie hin? – Nach St. Lüc, erwiderte Leontine, ohne sich umzusehen. – St. Lüc? das ist das Schloß der Gräfin Diana, sagte der Reiter; wenn Sie die Gräfin sehen wollen, die ist seit einigen Stunden schon auf des Grafen Gaston Schloß dort überm Wald. – Unmöglich, versetzte das Fräulein, sich lebhaft aufrichtend bei der unerwarteten Nachricht.

Leontine! – rief da auf einmal der Fremde, ganz dicht an den Wagenschlag heranreitend, daß sie zusammenfuhr, ein Mondblick durch die Wipfel der Bäume funkelte über Reiter und Roß – es war der Räuberhauptmann.

Er zog, da er sie nun erkannte, schnell das weiße Tuch hervor, das sie ihm damals gegeben, und es ihr vorhaltend, fragte er: ob sie das kenne und seiner manchmal noch gedacht? – Leontine, auf das Heftigste erschrocken und an allen Gliedern zitternd, hatte doch die Besinnung, nicht um Hülfe zu schreien. Um Gottes willen rief sie, nur jetzt nicht, reiten Sie fort! – Er aber, sich vorbeugend in sichtlicher Spannung, als hing' die Welt an ihrer Antwort, fragte noch einmal dringender: ob sie ihn und jene wildschöne Nacht vergessen oder nicht? – Rasender, was tun Sie! erwiderte sie mit einiger Heftigkeit, meine Leute sind nur wenige Schritte von hier, verlassen Sie mich auf der Stelle! – Da ließ er langsam Arm und Tuch sinken und vor sich sehend, sagte er finster: was tut's, ich bin des Lebens müde. –

Jetzt hörte sie plötzlich die Türe gehen im Hause und Frenels Stimme. Sie kommen, rief sie in Todesangst und

fast in Weinen ausbrechend, o ich beschwöre dich, reit'
eilig fort, sie fangen dich, ich überlebt' es nicht!

Das war der alte Klang, du liebst mich noch! jubelte da
plötzlich der Reiter auf, sein Pferd lustig herumwerfend.
Nun traten auch Frenel und der Kutscher wieder aus dem
Hause. Dort hinaus, immer den Wald entlang! rief er
ihnen im Vorübersprengen zu und verschwand im Dunkel vor ihnen.

Wer war denn das? fragte Frenel, ihm erstaunt nachsehend. Aber Leontine, noch ganz verwirrt, atmete erst tief
auf, als die letzten Roßtritte verhallt und sie den Reiter in
der Freiheit der Nacht wieder geborgen wußte. Darauf
befahl sie, sogleich nach dem Schloß des Grafen Gaston
zu fahren, das sie dort über dem Walde sähen, die Gräfin
Diana sei dort, sie habe es soeben von jenem Reiter
gehört, einem reisenden Herrn, setzte sie zögernd hinzu,
der von dorther gekommen. – Frenel, sehr verwundert,
wollte noch mancherlei fragen, aber sie trieb ihn in
großer Hast. – Nun, nun, es wird auch ganz finster, der
Mond geht schon unter, wir mußten ohnedies an dem
Schlosse vorüber, sagte er, mühsam seinen Sitz bestei-
gend, der Kutscher schwang die Peitsche und sie flogen
dem Walde zu; es war derselbe Weg, den ihnen der Reiter
gewiesen.

So fuhren sie rasch an den Tannen hin, von der andern
Seite schwebten Wiesen, Felder und Hecken leise wechselnd vorüber, das Schloß trat immer deutlicher über den
Wipfeln heraus, man hörte fern schon Nachtigallen in
den Gärten schlagen. Leontine, in Nachsinnen versunken, sah sich noch manchmal scheu nach allen Seiten um,
es war ihr alles wie ein Traum.

Da blitzt es von weitem, sagte sie nach einem Weilchen
zu Frenel, um in der Angst nur etwas zu sprechen. Aber

Frenel, der von seiner hohen Warte freier ins Land schauen konnte, schüttelte den Kopf: er sehe schon lange hin, das sei kein Wetterleuchten, sondern Raketen oder Leuchtkugeln, die sie vom Schlosse würfen, jetzt hab' er's ganz deutlich gesehen, sie müßten droben heut ein Fest haben.

Während sie aber noch so sprachen, kam plötzlich ein Lakai zu Pferde, in prächtiger Liverei und vom Golde flimmernd, ihnen durch die Nacht entgegen. Frenel, ganz überrascht, zog ehrerbietig seinen Tressenhut. Jener aber ritt dicht an den Wagen, das Fräulein begrüßend, indem er sich als einen Diener aus dem Schlosse ankündigte, wohin er die Herrschaft geleiten solle. Und mit diesen Worten, ohne eine Antwort abzuwarten, drückte er die Sporen wieder ein und setzte sich rasch an die Spitze, in der hohen dunkeln Kastanienallee dem Wagen vorreitend. – Frenel hatte sich von seinem Bocke ganz zurückgebogen und sah durch die Scheiben erstaunt und fragend das Fräulein an. Leontine zuckte nur mit den Achseln, sie wußte durchaus nicht mehr, was sie davon denken sollte. Ihre Verwirrung wurde aber noch größer, als sie bald darauf an mehren kleinen Häusern vorüberkamen, wo ungeachtet der weitvorgerückten Nacht alles noch in seltsamer Erwartung und Bewegung schien. Überall brannte Licht, daß man weit in die reinlichen Zimmer hineinsehen konnte, Mädchen und Frauen lagen neugierig in den offenen Fenstern. Da kommt sie, das ist sie! hörte Leontine im Vorüberfahren ausrufen. Mein Gott, sagte sie zu Frenel, das muß hier irgendein Mißverständnis sein.

In diesem Augenblick aber bogen sie rasch um eine Ecke, der Wagen rollte über eine steinerne Brücke und gleich darauf in das hohe, dunkle, lange Schloßtor hinein. Jetzt flog rotes Licht spielend über die alten Mauern und Erker, Leontine, als hätte sie plötzlich ein Gespenst erblickt, starrte mit weit offnen Augen in die Blendung, denn der ganze Hof wimmelte von Windlichtern und reichgeschmückten Dienern, und auf den Stufen des Schlosses mitten im wirren Widerschein der Fackeln stand schon wieder der Räuberhauptmann!

Er schien selbst auch erst angelangt, sein Pferd, noch rauchend, wurde eben abgeführt. Als der Wagen anhielt, stieg er rasch hinab, alles wich ihm ehrerbietig aus. Er hob die ganz Verstummte aus dem Wagen und führte sie, wie einen längst erwarteten Besuch, durch die Reihe von Dienern mit höfischem Anstand die Treppe hinan, ohne mit Wort oder Mienen anzudeuten, was zwischen ihnen vorgefallen. So gingen sie durch mehre Gemächer, alle waren hell erleuchtet, eine seltsame Ahndung flog durch Leontinens Seele, sie wagt' es kaum zu denken. Jetzt traten sie in den Saal. Mein Gott, sagte sie, Sie sind –

Graf Gaston, erwiderte ihr Begleiter, vergeben Sie die Täuschung, sie war so schön!

Drauf blickte er rasch im Saal umher. Wo ist die Gräfin Diana? fragte er die Diener. Man sagte ihm, die Gräfin habe gleich, nachdem er das Schloß verlassen, Pferd und Wagen verlangt, so sei sie mitten in der Nacht fortgefahren, der Kutscher selbst habe noch nicht gewußt, wohin es ginge. – Gastons Stirne verdunkelte sich bei dieser Nachricht, er sah nachsinnend vor sich nieder.

Leontine aber hatte unterdes schnell noch einmal alles überdacht: den ersten Besuch des Unbekannten, seine flüchtige Erscheinung, dann unten vor dem Schloß die verworrenen Gerüchte von dem Tode des Räubers – wie hatte Schreck und Zufall alles wunderbar verwechselt! Sie stand verwirrt mit niedergeschlagenen Augen, tiefbeschämt, daß er nun alles, alles wußte, wie sehr sie ihn geliebt.

Da wandte sich Gaston, nach kurzem Überlegen, lächelnd wieder zu ihr. Das Spiel ist aus, sagte er, ein todwunder Räuber steht vor Ihnen und gibt sich ganz in Ihre Hand. Morgen geleit' ich Sie zurück zur Mutter, da sollen Sie richtend entscheiden über ihn auf Leben oder Tod. –

Drauf, als wollte er schonend die Überraschte heut nicht weiter drängen, klingelte er rasch; weibliche Dienerschaft trat herein zu des Fräuleins Aufwartung. Und ihre Hand küssend, eh er schied, flüsterte er ihr noch leise zu: ich kann nicht schlafen, ich zieh' heut mit den Sternen auf die Wacht und mach' die Runde um das Schloß die ganze schöne Nacht, es ist ein heimlich Klingen draußen in der stillen Luft, als zög' eine Hochzeit ferne an den Bergen hin. –

Leontine stand noch lange am offnen Fenster über dem fremden Garten, Johanneswürmchen schweiften leuchtend durch Blumen und Sträucher, manchmal schlug eine Nachtigall fern im Dunkel. Es ist nicht möglich, sagte sie tausendmal still in sich, es ist nicht möglich! –

Unten im Hofe aber erkundigte sich Gaston jetzt noch genauer, wiewohl vergeblich, nach der Richtung, die Diana genommen. Verblendet wie er war von ihrer zauberischen Schönheit, hatte sich, als er in den Flammen dieser Nacht sie plötzlich in allen ihren Schrecken erblickt, schaudernd sein Herz gewendet, und, wie eine schöne Landschaft nach einem Gewitter, war in seiner Seele Leontinens unschuldiges Bild unwiderstehlich wieder aufgetaucht, das Diana so lange wetterleuchtend verdeckt. Dieser hatte er nun auf dem Schlosse hier Leontinen als seine Braut vorstellen wollen; das sollte seine Rache sein und ihre Buße. Nun aber war unerwartet alles anders gekommen.

*

Wenige Wochen darauf ging an dem Schloß der Marquise ein fröhliches Klingen durch die stille Morgenluft, eine Hochzeit zog an den Waldbergen hin: glänzende Wagen und Reiter, Leontine als Braut auf zierlichem Zelter voran, heiter plaudernd an Gastons Seite. Die Vögel sangen ihr nach aus der alten schönen Einsamkeit, das treue Reh folgte ihr frei, manchmal am Wege im Walde grasend. Sie zogen nach Gastons prächtigem Schloß an der Loire.

Hier lebte er in glücklicher Abgeschiedenheit mit seiner schönen Frau. Nur manchmal überflog ihn eine leise Wehmut, wenn bei klarem Wetter die Luft den Klang der Abendglocken von dem Kloster herüberbrachte, das man aus dem stillen Schloßgarten fern überm Walde sah. Dort hatte Diana in der Nacht nach ihrer Entführung sich hingeflüchtet und gleich darauf, der Welt entsagend, den Schleier genommen. Als Oberin des Klosters furchtbare Strenge gegen sich und die Schwestern übend, wurde sie in der ganzen Gegend fast wie eine Heilige verehrt. Den Gaston aber wollte sie nie wiedersehen.

DIE GLÜCKSRITTER

Novelle

1. Suppius und Klarinett

Der Abend funkelte über die Felder, eine Reisekutsche
fuhr rasch die glänzende Straße entlang, der Staub wir-
belte, der Postillon blies; hinten auf dem Wagentritt aber
stand vergnügt ein junger Bursch, der im Wandern heimlich aufgestiegen, bald auf den Zehen langgestreckt, bald
sich duckend, damit die im Wagen ihn nicht bemerkten.
Und hinter ihm ging die Sonne unter und vor ihm der
Mond auf, und manchmal, wenn der Wald sich teilte, sah
er von ferne Fenster glitzern im Abendgold, dann einen
Turm zwischen den Wipfeln und weiße Schornsteine und
Dächer immer mehr und mehr: es mußte eine Stadt ganz
in der Nähe sein. Da zog er geschwind die Ärmel seines
Rocks tiefer über die Handgelenke, denn er hatte ihn
ausgewachsen, auch war er schon etwas dünn und
spannte über dem Rücken. Im Walde neben ihm aber war
ein großes Gefunkel und Zwitschern und Hämmern von
den Spechten, bald da, bald dort, als wollten sie ihn
necken, und die Eichkätzchen guckten um die Stämme
nach ihm, und die Schwalben kreuzten jauchzend über
den Weg: kiwitt, kiwitt, was hat dein Rock für einen
schönen Schnitt!

So ging es wie im Fluge fort; es wurde allmählich
dunkel, jetzt klangen schon deutlich die Abendglocken
über den Wald herüber. Sind wir bald dort? fragte eine
wunderliebliche Stimme aus dem Wagen. – Gleich,
gleich, antwortete rasch der Bursch, der sich in der
Freude vergessen; da bemerkten sie ihn erst alle. Wart,
ich will dir herunter helfen! rief der Postillon, und hieb
mit der Peitsche zurück nach ihm; eine Hand haspelte
eifrig von innen am Wagenfenster. Indem aber fuhren sie
eben an einer Gartenmauer hin, über die der Ast eines

Apfelbaumes weit herauslangte; der Bursch hatte ihn schon gefaßt und schwang sich behend auf die Mauer und von der Mauer auf den Baum. Darüber öffnete sich das Glasfenster der Kutsche, ein junges Mädchengesichtchen guckte neugierig hervor. Gott, wie ist die schön! rief der Bursch, und schüttelte aus Leibeskräften den Baum vor Lust, daß der Wagen im Vorbeifliegen ganz von Blüten verschneit war. Über dem Schütteln aber flog ihm droben der Hut vom Kopf; er wollte ihn haschen, darüber verlor er sein Bündel, und eh' er sich's versah, fuhren Hut und Bündel und Bursch prasselnd zwischen den Zweigen in den fremden Garten hinab.

Jetzt tat's plötzlich unten einen lauten Schrei; er aber erschrak am allermeisten, denn als er aufblickte, bemerkte er in der Dunkelheit eine Dame und einen Herrn dicht vor sich, die dort zu lustwandeln schienen. Da ruft ihm aber zu seinem großen Erstaunen auch schon der Herr lachend entgegen: »Nun, endlich, endlich, willkommen!« und »Wir haben schon recht auf Sie gewartet«, sagt die Dame. Der Bursch, ohne sich in der Konfusion lange zu besinnen, macht ein Kompliment und erwidert: sein Kurier wäre an allem Schuld, der hätte zur Unzeit mit der Peitsche geschnalzt, da habe sein Roß einen erstaunlichen Satz gemacht, daß er mit der Frisur am Aste hangen geblieben; so habe er in der Geschwindigkeit die Gartentür verfehlt – und den rechten Ton getroffen, meinte die Dame, Sie spielen zum Entzücken. – Bloß das Klarinett ein wenig, sagte der Bursch verwundert. – Aber wo bleibt denn dein Schatz? fragte der Herr wieder. – Schatz? – entgegnete der Bursch – o, die kommt mir mit Extrapost nachgefahren, wie eine Ananas im Glaskasten. – Und wahrhaftig, als er unter den dunkeln Bäumen umherschaute, sah er seitwärts am Gartentor den Wagen, den er kaum verlassen, soeben im hellen Mondschein stillhalten. Aber die andern bemerkten es nicht mehr, sie waren schon lachend vorausgeeilt. Er ist da, Herr Klarinett ist da! riefen sie und sprangen nach dem Hause im Garten, daß der taftene Reifrock der Dame im Winde rauschte.

Indem aber hüpfte auch das hübsche Frauenzimmer am Tor schon aus dem Wagen, und gleich hinter ihr ein junger Mensch, schlank, gesellenhaft, ein Bündel auf dem Rücken; die streichen im Dunkeln an dem Burschen, der nicht weiß, wie ihm geschieht, schnell vorüber, gerade nach dem Hause hin, und wie sie ankommen, geht eben die Haustür auf, ein Glanz von Lichtern schlägt blendend heraus, drin summst und wimmelt es ordentlich vor Gesellschaft. Da, Herr Klarinett und sein Schatz, und superb und tausend Willkommen, hört der Bursch von dem Hause, drauf noch ein großes Scharren und Komplimentieren auf der Schwelle, dann klappt auf einmal die Saaltür hinter dem ganzen Jubel zu, und der Bursch stand wieder ganz allein draußen in der Nacht.

Das ärgerte ihn sehr; denn wußt' er gleich in der Finsternis nicht recht, wo eigentlich Fortunas Haarzopf hier flatterte, so hatte er ihn doch fast schon erwischt und sah nun unschlüssig zwischen einem Holunderstrauch hervor. Da eilt plötzlich ein galonierter Bedienter dicht an ihm vorüber, und in demselben Augenblick öffnet sich leise seitwärts ein Fensterchen, und: »Pst, pst, bist du's?« reicht ein weißer Arm fix eine Flasche Wein heraus. Der Bursch, nicht zu faul, langt schnell nach der Flasche; der Bediente, der soeben der prächtigen Felsentorte, die er nach dem Hause trug, heimlich zugesprochen, hatte beide Backen voll und konnte weder gleich reden noch zugreifen. Und eh' er sich noch besinnt, hat der Bursch auch schon der Torte das Dach eingeschlagen und schiebt sie zur Flasche in den Schubsack; das ging alles so still und rasch hintereinander, daß man's nicht so geschwind erzählen kann. Nun aber bekam der Bediente endlich Luft und schrie: Diebe, Spitzbuben! Das Frauenzimmer am Fensterchen kreischte, ein Hund schlug im Garten an, mehre Türen im Hause flogen heftig auf. Der Bursch indes war quer durchs Gesträuch schon am andern Ende des Gartens. Kaum aber hatte er beide Beine über den Zaun geschwungen, so schreit's schon wieder draußen: Wer da! neben ihm. Er, ohne Antwort zu geben, mit den dickgeschwollenen Rocktaschen über ein frisch geackertes Feld immer fort, daß der Staub flog; zwei Kerls mit langen Stangen hinter ihm: Hallo, und fangt den Schnappsacksspringer! und Gärten rechts und Gärten links, so stürzten endlich alle miteinander durch ein altes Tor unverhofft mitten in eine Stadt hinein.

Hier wäre er ihnen um ein Haar entwischt, denn er hatte einen guten Vorsprung und flog eben in ein abgelegenes Seitengäßchen; aber das war zum Unglück eine Sackgasse: dort trieben sie ihn hinein und warfen ihm ihre Stangen nach den Füßen, worüber in der ganzen Gegend ein großes Verwundern und Tür- und Fensterklappen entstand. Da trat aber plötzlich ein langer Mann in einem zottigen Mantel um die Ecke, wie ein Tanzbär in Stiefeln; der faßte, ohne ein Wort zu sagen, den einen Häscher am Genick, den andern an der Halsbinde, warf den dahin, den dorthin, riß dem dritten seine Stange aus der Hand und versetzte damit dem vierten, der etwas dick war und nicht so geschwind entspringen konnte, einen Schlag über den breiten Rücken, und in einem Augenblick war alles auseinander gestoben und der Platz leer. Nun wetzte er die eroberte Stange, die unten mit Eisen beschlagen war, kreuzweise auf dem Pflaster, daß es Funken gab, und rief zu wiederholten Malen: Hoho! sind noch mehre da, die Prügel haben wollen? Da sich aber niemand weiter meldete, so nahm er die Stange, die er einen Bleistift nannte, unter den einen Arm und den Burschen unter den andern, und führte ihn über die Straße fort. Unterweges, als dieser sich wieder etwas erholt und nach allen Seiten umgesehen hatte, fragte er endlich, was denn das für eine Stadt sei. – Das wird Halle geheißen, erwiderte jener.

So kamen sie an ein kleines Haus und über eine enge Treppe, wo der Graumantel mit seinen ungeheuren Reiterstiefeln mehrmals stolperte, in eine große, wüste Stube, in der eine Öllampe verwirrte Scheine über die kahlen Wände und in die staubigen Winkel umherwarf. Der alte Student (denn das war der im Mantel) warf, wie er eintrat, seinen Bleistift mitten in die Stube und zog mühsam den Docht der halbverloschenen Lampe zurecht; da tauchte nach und nach allerlei Gerümpel ringsher aus der Dämmerung: ein ausgetrocknetes Dintenfaß, leere Bierflaschen, die als Leuchter gedient, Rapiere und ein alter Stiefel daneben, da hatt' er seine Wäsche drin. Er selbst aber nahm sich, so bei Licht besehen, ziemlich graulich aus: große, weit herausstehende Augen, eine lederne Kappe auf dem zerzausten Kopf, einen Strick um den Leib und lauter Bart, wie ein Eremit.

Als er mit der Lampe fertig war, reckte er sich zufrieden, daß ihm alle Glieder knackten. Ach, sagte er, solche Motion tut not, wenn man so den ganzen Tag über den Büchern hockt. – Der Bursch sah sich überall um, aber es war kein Buch zu sehen. – Darauf wandte der Student sich zu ihm: Aber, Fuchs, bist du denn des Teufels, sagte er, gleich zwischen Spießen und Stangen hier mit der Tür ins Haus zu brechen! – Zerbrochen? entgegnete der Bursch, erschrocken nach seinem Schubsack greifend: nein, da ist die ganze Bescherung.

Mit diesen Worten brachte er Flasche und Torte aus den Taschen hervor. Als der Student das sah, fragte er nicht weiter nach dem Herkommen, sondern verbiß sich, obgleich es fast über Mitternacht war, sogleich mit so erstaunlichem Appetit in die Felsentorte, daß ihm die Trümmer über den Bart herabkollerten. Wie heißt du denn? fragte er dazwischen. – Der Bursch, ohne sich lange zu bedenken, erwiderte: Klarinett. – Hm, ein guter Klang, meinte der Student. Dann griff er nach dem Wein, und da kein Glas da war, trank er ihm aus der Flasche zu: Daß dich der Donner erschlag', Klarinett, wenn du nicht ein ordentlicher Kerl wirst! Überhaupt, fuhr er, sich den Bart wischend, fort, wenn du studieren willst, da mußt du die Bücher in die Nase – wollt' sagen: in die Bücher stecken und dem Cajus, Cujacius und allen den schweinsledernen Kerls auf den Leib gehen, und wenn sie noch so dick wären!

Aber, fiel ihm hier der Bursch ins Wort, ich bin ja gar kein Student, sondern eigentlich ein wandernder Musikus.

Was! ein Musikant? rief der Student: was spielst du? – Das Klarinett. – Oho! sagte er, du pfeifst also deinen eigenen Namen wie der Kuckuck. Hier ging er, wie in reiflicher Überlegung, mit langen Schritten ein paarmal im Zimmer auf und nieder, dann blieb er plötzlich vor dem Burschen stehen, und vertraute ihm, wie er eine große heimliche Lieb' gefaßt hätte seit langer Zeit zu einer vornehmen Dame hier im Orte; er wüßte aber nicht, wie sie hieße, sondern ginge nur zuweilen an ihrem

320

Hause vorüber, wo sie mit ihrem dicken Kopfzeug wie eine prächtige Hortensia am Fenster säße; aber so oft er unter die Fenster käme, hörte er bloß ein angenehmes Flüstern droben und sähe nichts als weiße Arme flimmern und Augen funkeln durch die Blumen.

Der Bursch versetzte darauf, er sollte sich nur etwas besser herausputzen bei solchen Gelegenheiten. – Der Student sah an sich herunter, schüttelte den Kopf und schien ganz zufrieden mit seinem Aufzuge. Dann sagte er, er hätte schon lange die Intention gehabt, vor ihren Fenstern eine Serenade aufzuführen, aber seine Kommilitonen könnte er dazu nicht brauchen, die würden ihn auszustechen suchen bei ihr; nun aber wolle er ihr morgen abends das Ständchen bringen, da sollte der Bursch mit blasen helfen.

Dieser war damit zufrieden, und nun sollte auch sogleich die Serenade eingeübt werden. Der Student nahm voller Eifer ein Waldhorn von der Wand, staubte es erst sorgfältig ab, setzte ein wackeliges Notenpult unter Zorn und Fluchen, weil es nicht fest stehen wollte, mitten in der Stube zurecht, legte die Notenbücher drauf, und beide stellten sich nun einander gegenüber und fingen mit großer Anstrengung ein sehr künstliches Stück zu blasen an. Darüber aber war bei der nächtlichen Stille nach und nach die ganze Nachbarschaft in Aufruhr geraten. Ein Hund fing im Hofe zu heulen an, drauf tat sich erst bescheiden ein Fenster gegenüber auf, dann wieder eins und endlich unaufhaltsam immer mehre vom Keller bis zum Dach, und dicke und dünne Stimmen durcheinander: Alles schimpfte und zankte auf die unverhoffte Nachtmusik. Zuletzt wurde es doch dem Studenten zu toll, er warf voller Wut das Horn weg, ergriff ein altes, verrostetes Pistol vom Tisch und drohte zum offenen

Fenster hinaus, den Zipfel von jeder Schlafmütze herabzuschießen, die sich ferner am Fenster blicken ließe. Da duckten auf einmal alle Mausköpfe unter, und es wurde wieder still draußen; nur der Hund bellte noch ein Weilchen den Mond an, der prächtig über die alten Dächer schien.

Der Student aber, sich den Schweiß von der Stirn wischend, streckte sich nun ganz ermüdet der Länge nach auf das zerrissene Sofa hin; Klarinett sollte sich's auch kommode machen, aber es war nur ein einziger Stuhl in der Stube, und als er ihn angriff, ging die Lehne auseinander. Da wies der Student auf einen leeren Koffer neben dem Kanapee, dann verlangte er gähnend, Klarinett sollte ihm seinen Lebenslauf erzählen, damit er ihm danach gute Ratschläge für sein weiteres Fortkommen erteilen könnte.

Der Bursch schoß einen seltsamen scharfen Blick herüber, als wollt' er erst prüfen, wieviel er hier vertrauen dürfte, dann rückte er sich auf seinem Koffer zurecht und begann nach kurzem Besinnen:

Ich weiß nicht, ob mein Vater ein Müller war, aber er wohnte in einer verfallenen Waldmühle; da rauschten die Wasser lustig genug, aber das Rad war zerbrochen und das Dach voller Lücken; in den klaren Winternächten sahen oft die Wölfe durch die Löcher ins Haus herein.

Was lachst du denn? unterbrach ihn hier der Student. – Wahrhaftig, erwiderte der Bursch, Ihr gemahnt mich heute ganz an meinen seligen Vater, wie ihn mir die Mutter einmal beschrieben hat. – Was geht mich dein seliger Vater an! meinte der Student. Aber der Bursch fuhr, von neuem lachend, fort: Es war nämlich gerade den Abend nach einer Schlacht, man hatte den ganzen Tag in der Ferne schießen hören, da ging mein seliger

Vater eilig ins Feld hinaus, denn die Mühle lag seitwärts im Grunde tief verschneit; so war der Krieg darüber weggegangen. Draußen aber hatte er mancherlei Plunder im Schnee verstreut, zerhauene Wämser, Fahnen, Pickelhauben und Waffen; mein Vater konnte alles brauchen, er fuhr sogleich in ein Paar ungeheure Reiterstiefeln hinein, zog hastig Pappenheim'sche Kürasse, schwedische Koller und Kroatenmäntel an, eins über das andere, dabei war er in der Geschwindigkeit mit beiden Armen in ein Paar spanische Pluderhosen geraten, der Wind blies den Kroatenmantel im Freien weit auf; je mehr er zuckte und reckte, je verwickelter wurde die Konfusion von Schlitzen, Falten, flatternden Zipfeln und Quasten, und als nun meine Mutter, die eben guter Hoffnung war, ihn so haspelnd und fluchend mit ausgespreizten Armen wie einen fliegenden Wegweiser daherstreichen sah, mußte sie so darüber lachen, daß sie plötzlich meiner genas. Und in demselben Augenblick, wo ich zur Welt kam, ging draußen klingendes Spiel durch die stille Luft, die Kaiserlichen bliesen noch im Fortziehen Viktoria weit auf den Bergen, daß es lustig über den Schnee herüberklang; mein Vater meinte, das wäre ein gutes Zeichen, ich würde ein glücklicher Soldat werden. Ich selbst aber weiß mich von allem dem nur noch dunkel so viel zu erinnern, daß ich so recht still und warm in der wohlgeheizten Stube in meinem Kissen lag und verwundert die spielenden Ringe und Figuren betrachtete, welche die Nachtlampe an der Stubendecke abbildete. Das zahme Rotkehlchen war von dem ungewohnten Licht und Nachtrumor aufgewacht, schüttelte die Federn, wie wenn es auch sein Bettlein machen wollte, setzte sich dann neugierig auf die Bettlade vor mir und sang ganz leise, als wollt' es mir zum Geburtstag gratulieren. Meine Mutter aber neigte sich

mit ihrem schönen bleichen Gesicht und den großen
Augen freundlich über mich, daß ihre Locken mich ganz
umgaben, zwischen denen ich draußen die Sterne und
den stillen Schnee durchs kleine Fenster hereinfunkeln
sah. Seitdem, so oft ich eine klare, weitgestirnte Winternacht sehe, bin ich immer wieder wie neugeboren.

Hier hielt er plötzlich inne, denn er hörte soeben
Herrn Suppius (so hieß der Student) auf dem Kanapee
schon tüchtig schnarchen. Der Mondschein lag wie
Schnee auf den Dächern; da war's ihm in dieser Stille, wie
der Lampenschein so flatternd an der Decke spielte, als
hörte er draußen die Wasser und den Wind wieder gehen
durch die Wipfel im Walde, und das Rotkehlchen wieder
dazwischen singen.

2. *Die Serenaden*

Am folgenden Tage durchstrich Klarinett neugierig alle
Gassen und Plätze, die der dreißigjährige Kriegssturm
übel zugerichtet. Aber es gefiel ihm doch sehr, denn die
ganze Stadt war jetzt wie ein lustiges Feldlager; die
Studenten in schönen, unerhörten Trachten schwärmten
plaudernd durch die Straßen, überall Lachen, Waffenge-
klirr und der fröhliche Klang der Jugend, als hätte sich
mitten aus dem neuen Frieden, der nun allmählich draußen die müde Welt überzog, ein Haufen Holk'scher Jäger
hierhergeworfen, um die Wissenschaften zu erstürmen.

Als er endlich, nach vielem Umherirren und Fragen,
ziemlich spät die Sackgasse wiedergefunden, traf er
Herrn Suppius schon unten an der Haustür voller Ungeduld wegen der verabredeten Serenade. Er hätte ihn
beinahe nicht wiedererkannt, denn er hatte einen gestick-

ten Modefrack mit steifen Schößen angezogen und eine große Wolkenperücke auf dem Kopf, wie ein Gesandter. Er quälte sich soeben voll Zorn und Eifer, einen alten Degen, der nicht passen wollte, galant anzustecken; darüber waren mehre Locken der Perücke aufgegangen, da und dort kam sein eigenes struppiges Haar darunter hervor, aber er fragte nichts danach, und stülpte einen dreieckigen Tressenhut drauf, daß es staubte, der saß ihm hintenüber recht im Genick. Klarinett mußte nun auch geschwind seine besten Kleider anlegen, und als die balsamische Nacht über die verräucherten Dächer daher kam, wanderten schon beide vergnügt mit ihren Instrumenten durch die finstere Stadt. Ihre Tritte hallten in der abgelegenen Einsamkeit, nur ein Student sang noch am offenen Fenster zur Zither, mehre Uhren schlugen verworren durch den Wind, der Nachtwächter rief eben die eilfte Stunde, einige Stimmen ahmten ihn verhöhnend nach, man hörte Lärm und Gezänke in der Ferne, dann plötzlich alles wieder still. Auf einmal winkte Suppius, sie schlüpften durch eine Lücke der Stadtmauer ins Freie, und standen vor einem schönen, großen Hause.

Klarinett betrachtete verwundert Dach, Äcker und den mondbeschienenen Garten zur Seite: er glaubte nach und nach dieselbe Villa wiederzuerkennen, wo er gestern abends angekommen; da dacht' er sich's gleich, daß es wieder nicht gut ablaufen würde.

Aber alles erschien heute von einer andern Seite. Sie waren in einen kleinen, winkeligen Hof geraten, voll Gerümpel und alter Tonnen; die Fenster im Hause waren fest verschlossen, nur die Wetterfahne drehte sich manchmal knarrend auf dem Dach, eine Katze unten funkelte sie mit ihren grünfeurigen Augen an und wand sich mit gebogenem Buckel spinnend um ihre Stiefeln. Hier heraus muß sie schlafen, halt' dich nur dicht hinter mich, sagte Suppius, sein Waldhorn leise zurechtsteckend.

Kaum aber hatten sie sich zwischen den Tonnen zum Blasen zurechtgestellt, so war's ihnen, als hörten sie von der einen Seite draußen ein Pferd schnauben. Sie setzten die Instrumente ab und horchten ein Weilchen, da ließ sich gleich darauf ein heimliches Knistern im Hause vernehmen, in demselben Augenblick tat sich ein Hinterpförtchen leise auf, ein Mann, vorsichtig nach allen Seiten umschauend, trat hervor und führte ein Frauenzimmer, die zögernd folgte, schnell bei der Hand an den blühenden Sträuchern fort. Der Mond schien bald hell, bald dunkel zwischen wechselnden Wolken, da sahen sie deutlich, wie der Mann jetzt unter den hohen Bäumen die Dame auf ein Pferd hob, sich selbst hinter ihr hinaufschwang, einen weiten weißen Mantel um beide schlug und sacht und lautlos davonritt. Da warf Suppius plötzlich die leeren Tonnen auseinander, und mit einem Satz sich über den Zaun schwingend, rannte er unaufhaltsam und mit entsetzlichem Geschrei übers Feld an den letzten Häusern vorüber, daß alle Hunde erwachten und die Leute erschrocken an die Fenster fuhren. Der Herr auf dem Pferde aber, da er ihn unverhofft mit seinen großen Stiefeln hinter sich so hohe, weite Sprünge machen sah, setzte die Sporen ein, und es dauerte nicht lange, so waren Roß und Reiter verschwunden.

Der Student nun, als er sie im Dunkel verloren, blieb atemlos mitten im Feld stehen und schimpfte auf die Nacht, die alles bemäntelte, und auf den Mond, der wie eine Spitzbubenlaterne dazu leuchtete, und auf den Wind, der ihm die Wolkenperücke zerzaust, und auf Klarinett, der darüber lachte. – Aber um Gottes willen, was gibt's denn eigentlich? fragte dieser endlich ganz erstaunt. – Was es gibt? erwiderte Suppius zornig, Mord, Totschlag, Entführung gibt's! hast du nicht den Reiter gesehen? – Ja, und eine Dame. – Und das war just meine Liebste! rief Suppius.

Klarinett aber, da er diese unerwartete Nachricht vernommen, lag schon der Länge nach im Grase und legte das Ohr an den Boden. Die Luft kommt von dort her, sagte er eifrig, ich höre noch den Klang der Huftritte von fern, jetzt schlagen die Hunde an drüben im Dorfe, dort sind sie hin. – Gut, so steh nur rasch wieder auf, sagte Suppius und beschloß sogleich, dem Entführer weiter nachzusetzen. Klarinett sollte auch mit, er selber habe alles von Wert bei sich und in der Stadt nichts zurückgelassen, als ein paar lumpige Schulden; den Weg aber, den der Räuber eingeschlagen, kenne er wie seine Tasche, und wisse recht gut, wohin er führe; sie brauchten nur schnell auf der Saale sich in einen Kahn zu werfen, so kämen sie ihnen noch vor Tagesanbruch ein gut Stück voraus.

Das war dem Klarinett eben recht, und so gingen sie rasch miteinander nach dem Ufer zu. Dort fanden sie bald unter dem Weidengebüsch einen angebundenen Nachen, ein Fischer lag drin voller Gedanken auf dem Rücken; der machte große Augen, als er Herrn Suppius, den hier in der Gegend alle kannten, so martialisch auf sich zukommen sah. Suppius sagte ihm, wo sie hinauswollten, der Fischer griff stumm und verschlafen nach den Rudern, und nach einigen Minuten fuhren sie alle schon lustig die Saale hinunter. Der Wind hatte unterdes die Wolken zerstreut, da legte Suppius, der sich in der Nachtkühle wieder ein wenig beruhigt, dem Fischer gelehrt den ganzen Himmelsplan aus mit lateinischen Skorpionen, Krebsen und Schlangen, und geriet, da der ungläubige Fischer von dem allem nichts wissen wollte, immer tiefer und eifriger in den Disput. Klarinett aber saß in der Einsamkeit ganz vorn im Kahn; das war eine prächtige Nacht! Sternschnuppen am Himmel, und Berge, Wälder und Dörfer am Ufer flogen wie im Traume vorüber; manchmal rauscht' es leise im Wasser auf, als wollte eine Nixe auftauchen in der großen Stille, von beiden Seiten hörte man Nachtigallen fern in den Gärten. Da sang Klarinett:

> Möcht' wissen, was sie schlagen
> So schön bei der Nacht,
> 's ist in der Welt ja doch niemand,
> Der mit ihnen wacht.
>
> Und die Wolken, die reisen,
> Und das Land ist so blaß,
> Und die Nacht wandert leise,
> Man hört's kaum durchs Gras.
>
> Nacht, Wolken, wohin sie gehen,
> Ich weiß es recht gut.
> Liegt ein Grund hinter den Höhen,
> Wo meine Liebste jetzt ruht.
>
> Zieht der Einsiedel sein Glöcklein,
> Sie höret es nicht,
> Es fallen ihr die Löcklein
> Übers ganze Gesicht.
>
> Und daß sie niemand erschrecket,
> Der liebe Gott hat sie schier
> Ganz mit Mondschein bedecket,
> Da träumt sie von mir.

Jetzt glitt der Nachen durch das säuselnde Schilf ans Ufer, ein erleuchtetes Fenster spiegelte sich im Fluß,

Klarinett erkannte nach und nach alte Mauern und Türme und eine Stadt im Mondschein. Suppius aber hatte ihn schon am Arme gefaßt und sprang mitten aus seinem Diskurse ans Land. Dort am Galgen geht der Feldweg vorbei, den sie kommen müssen, sagte er, und bezahlte rasch den Schiffer, der gähnend wieder in die schöne Nacht hinausstieß. Die beiden aber schritten nun sogleich durch das alte Tor; da hatte der Krieg das Stadtwappen ausgebissen, bei der angenehmen Friedenszeit lag der Nachtwächter schnarchend auf der steinernen Bank daneben, der Mond beschien hell die stille Straße mit ihren spitzen, finsteren Giebeln, draußen vom Felde hörte man fern eine Wachtel schlagen. Als sie auf den Markt kamen, machte Suppius plötzlich Halt. Die Stadt hat nur zwei Tore, sagte er, von dem Brunnen hier kann man von einem Tor zum andern sehen; die Nacht ist klar, sie mögen nun erst ankommen oder schon drin sein, hier können sie uns nicht entwischen. Mit diesen Worten postierte er den Klarinett an die eine Seite des Brunnens und setzte sich selbst von der andern auf die steinerne Rampe, die Arme über der Brust verschlungen und unverwandt in die Straße hinausschauend. Indem bemerkte Klarinett noch Licht in einem schönen, großen Hause, ein tief heruntergebrannter Kronleuchter drehte sich, wie verschlafen, hinter den Scheiben, man schien soeben nach einem Tanze die Kerzen auszuputzen von einem Fenster zum andern, und bald war das ganze Haus ebenfalls dunkel bis auf ein einziges Zimmer. Da tat sich plötzlich unten eine Tür auf, und laut plaudernd, scherzend und lachend brach ein dunkles Häuflein in die kühle Stille heraus; es waren Schüler oder Musikanten mit überwachten Gesichtern, ihre Instrumente unter den Mänteln. Als sie noch das Licht oben sahen, traten sie

schnell wieder zusammen, stellten sich unter das erleuchtete Fenster und fingen sogleich ein Ständchen zu blasen
an, das zog wie ein goldener Traum über die schlafende
Stadt. Auf einmal aber öffnete sich oben das Fenster,
zwischen den rotseidenen Gardinen erschien eine schöne,
schlanke Mädchengestalt und bog sich weit heraus in den
Mondschein, als wollte sie zu ihnen sprechen.

Da ist sie! rief hier plötzlich Suppius, von dem Rande
des steinernen Brunnens aufspringend. In demselben
Augenblick aber faßte von hinten ein dunkler Arm das
Mädchen schnell um den Leib, zog sie in das Zimmer
zurück und warf hastig das Fenster zu; dann sah man
noch drinnen an den Wänden lange Schatten wie Wind-
mühlflügel verworren durcheinanderarbeiten, und gleich
darauf war auch das Licht oben ausgelöscht und alles
wieder still.

Das brachte die erschrockenen Musikanten unten ganz
aus dem Konzept; einer sah den andern verwundert an,
nur hier und da fuhr noch ein verlegener Ton aus, wie bei
einer Orgel, welcher der Wind ausgegangen.

Die Musikanten, bei seiner unverhofften Erscheinung
zu beiden Seiten ehrerbietig ausweichend, antworteten
alle eifrig durcheinander: »Wir sind's, wir sind's! wir
wollten ihnen, da sie oben noch Licht hatten, einen
Willkommen blasen.« – Wem denn? – »Nun, Ihr wißt's
ja, die vorhin ankamen, als wir drinnen zum Tanze
aufspielten, der fremde Herr mit der Dame.« – Zu Pferd,
in langem Mantel? – »Ja, die Euch so höflich grüßten, Ihr
saht eben auch zum Fenster heraus.« – Ich? – »Freilich,
und: Ha, das faule Hofgesind! rief der fremde Kavalier
im Hofe, wo bleibt meine Leibkarosse? und als Ihr eben
droben den Kehraus tanztet« – Da möcht' man ja gleich
des Teufels werden! – »kam auch die Karosse wirklich

nach; Ihr rieft noch dem Kutscher aus dem Fenster zu, er sollte nach dem Hof fahren.« – Wer ist hier betrunken, ich oder Ihr? – »Ich und Ihr und wir alle für unsern Herrn Bürgermeister, vivat hoch!« schrien da auf einmal die berauschten Musikanten, und wollten nun den Suppius, den sie in seinen höfischen Staatskleidern im Dunkeln für den Bürgermeister hielten, durchaus mit Musik nach Hause bringen. Vergebens sträubte sich der entrüstete Student; sie ließen sich's nicht nehmen, und ehe er sich's versah, setzten sie sich paarweise in Ordnung und schritten, einen feierlichen Marsch spielend, quer über den Markt voran, als wollten sie die Sterne am Himmel ausblasen. In ihrem Eifer merkten sie es gar nicht, daß Suppius an einer Straßenecke hinter ihnen entwischt war; immerfort blasend, bogen sie in die finstere Gasse hinein; da wurden von allen Seiten über dem Lärm die Hunde wach, dann hörte man sie noch mit dem Nachtwächter um den verlorenen Bürgermeister zanken, immer weiter und weiter, bis endlich alles zwischen den dunkeln Häusern nach und nach vertoste.

Unterdessen aber hatten Suppius und Klarinett, der eine schimpfend, der andere lachend, schon den offenen Hof des Wirtshauses erreicht, als ihnen eine ausgespannte Reisekutsche mit Glasfenstern und vergoldeten Schnörkeln im Mondscheine prächtig entgegenglitzerte. Suppius, bei dem erfreulichen Anblick ohne ein Wort zu sprechen, öffnete sogleich die Tür der verlassenen Kutsche, schob den verwunderten Klarinett in den Wagen und schwang sich selber hurtig nach. So, sagte er, nachdem er das Glasfenster hinter ihnen behutsam wieder geschlossen hatte, jetzt sitzen wir mitten in der Entführung drin, wie der fromme Aeneas im hölzernen Pferde, um die geraubte Helena zu retten; der Kavalier kann

331

nicht fahren ohne Wagen, der Wagen nicht ohne mich, und ich nicht, ohne den Kavalier und den Wagen und ganz Troja umzuwerfen. – Amen! Gott weiß, wer dabei zu oberst oder zu unterst zu liegen kommt, erwiderte Klarinett, dem die Bündigkeit des trojanischen Anschlages noch nicht recht einleuchten wollte. Eigentlich aber freute er sich selber sehr auf die Konfusion, die nun jeden Augenblick ausbrechen konnte.

Suppius hatte sich indessen in der Finsternis des Wagens unverhofft in die seidenen Franzen und Quasten, die überall herumbommelten, verhaspelt und kam nicht aus dem Ärger. Dabei unterließ er aber doch nicht, von Zeit zu Zeit die Gardinen am Wagenfenster zurückzuschlagen und aus seinem Kastell Beobachtungen anzustellen. Das ganze Haus lag in tiefem Schlaf, nur von der einen Seite stand die Stalltür halb offen; sie hörten drinnen zuweilen Pferde stampfen und schnauben und einzelne Fußtritte; der Kutscher schien schon wach zu sein. Auf einmal stieß er Klarinetten an. Sieh doch, sagte er, was ist das für ein großer Pilz da auf der Hofmauer?

Das wackelt ja! entgegnete Klarinett scharf hinblickend: ein breiter Klapphut ist's, den Wind und Wetter so zerknattert haben; seht Ihr nicht die Augen darunter hervorfunkeln?

Wahrhaftig, bemerkte Suppius wieder, nun hampelt's und hebt's sich, Haar, Bart und Mantel verworren durcheinander gefilzt; jetzt kommt ein Bein über die Mauer.

Und ein Ellbogen aus dem Ärmel, meinte Klarinett.

Indem aber schwang sich die ganze Figur plötzlich von der Mauer in den Hof hinab, eine zweite folgte – lange, bärtige, soldatische Gesellen.

Beide, erst nach allen Seiten umherspähend, schlichen an die Haustür und versuchten vorsichtig zu öffnen,

332

fanden aber alles fest verschlossen. Suppius und Klarinett verwandten kein Auge von ihnen. Jetzt bemerkten sie, wie die Fremden, an der Stalltür vorbei, quer über den Hof gingen und in der Gaunersprache miteinander redeten. Schau, sagte der eine, haben schöne Klebis (Pferde), werden Sontzen (Edelleute) sein, oder vornehme Kummerer (Kaufleute), die nach Leipzig schwänzen (reisen). – Eine gute Schwärze (Nacht), versetzte der andere, es schlunt (schläft) noch alles im Schöcherbeth (Wirtshaus), kein Quin (Hund) bellt, und kein Strohbohrer (Gans) raschelt. Alch' (troll dich), wollen die Karosse zerlegen, hat vielleicht Messen (Gelder) in den Eingeweiden.

Das sind verlaufene Lenninger (Soldaten), flüsterte Klarinett, die kommen bracken (stehlen); ich wollt', ich könnt' den Mausköpfen grandige Kuffen stecken (schwere Schläge geben)! – Was Teufel, verstehst du denn auch das Rotwelsch? fragte Suppius erstaunt.

Aber da war keine Zeit mehr zu Erklärungen, denn die Lenninger kamen jetzt gerade auf den Wagen los; der eine schnupperte rings herum, ob er nicht einen Koffer oder Mantelsack fände, der andere aber griff geschwind, damit es sein Gesell nicht merken sollte, nach der Wagentür. Suppius und Klarinett hielten sie von innen fest, er konnte sie mühsam nur ein wenig öffnen, wunderte sich, daß es so schwer ging, und tappte sogleich mit der Hand hinein. Aha, ein Paar Stiefeln! sagte er vergnügt in sich, des überraschten Suppius Füße fassend. Indem aber schnappt Klarinett die Tür, wie eine Auster, rasch wieder zu, der Dieb hatte kaum so viel Zeit, die gequetschte Hand zurückzuziehen, er meinte in der Finsternis nicht anders, als sein Kamerad hätt' ihn geklemmt, weil er ihm den ersten Griff nicht gönnte. Was ist das! rief er zornig und böse diesem zu, bist ein Hautz (Bauer) und kein ehrlicher Gleicher (Mitgesell), möchtst alles allein schöchern (trinken) und mir den leeren Glestrich (Glas) lassen! – Der andere, der gar nicht wußte, was es gab, erwiderte ebenso: Was barlest (sprichst) du so viel, wenn wir eben was auf dem Madium (Ort) haben! Komm nur her, sollst mir den Hautz wie gefunkelten Johann (Branntwein) hinunterschlingen! – Da trat plötzlich der Mond aus den Wolken und der Kutscher in die Stalltür, und die erschrockenen Schnapphähne flogen, wie Eidechsen, unter dem Schatten des Hauses zwischen Steinen und Ritzen durch den Hof und über die Mauer wieder in die alte Freiheit hinaus.

Nun, die bleiben auch noch draußen am Galgen hangen, meinte Suppius aufatmend. Der schlaftrunkene Kutscher aber, der von allem nichts bemerkt hatte, siebte im Mondschein den Hafer für seine Pferde, gähnte laut und sang:

> Wann der Hahn kräht auf dem Dache,
> Putzt der Mond die Lampe aus,
> Und die Stern' ziehn von der Wache,
> Gott behüte Land und Haus!

Darauf ging der Knecht an den Brunnen im Hofe, pumpte Wasser in den Eimer und kämmte und wusch sich umständlich mit vielem Gegurgel und Geräusch, zu großem Ärger des Suppius, der gern gesprochen hätte. Endlich kehrte er in den Stall zurück, auch die Schnapphähne ließen sich nicht wieder blicken, und da nun alles still blieb, sagte Suppius ernst, zu Klarinett gewendet: Hör, junger Geselle, es ist ein löblicher Brauch, Verirrte auf den rechten Weg zu weisen. Du redetest vorhin ziemlich geläufig eine gewisse Sprache – Ex ungue leonem –. Also glaube ich –.

Was denn? unterbrach ihn Klarinett etwas betroffen; unter den Römern gab es Schnapphähne genug, und Ihr redet doch auch Lateinisch. Aber Suppius, den der Tiefsinn der Nacht angeweht, ließ sich nicht aus seiner feierlichen Verfassung bringen. Er hatte sich in das Wagenfenster gelehnt, den Kopf in die rechte Hand gestützt; die Sterne funkelten durch den Lindenbaum vor dem Hause, von den Bergen rauschte der Wald über die Dächer herein. Da nimm dir ein Exempel dran, fuhr er fort, Wälder und Berge stehen nachts in Gedanken, da soll der Mensch sich auch bedenken. Alle weltliche Lust, Hoheit und Pracht, die Nacht hat alles umgeworfen, die wunderbare Königin der Einsamkeit, denn ihr Reich ist nicht von dieser Welt. Sie steigt auf alle Berge und stellt sich auf die Zinnen der Schlösser und schlägt mahnend die Glocke an, aber es hört es niemand, als die armen Kranken, und niemand hört die Gewichte der Turmuhr schnurren und den Pendel der Zeit gehen in der stillen Stadt. Der Schlaf probiert heimlich den Tod und der Traum die Ewigkeit. Da hab' ich immer meine schönsten –.

Hier überwältigte ihn unversehens der Schlaf, er nickte ein paarmal mit seinem dreieckigen Tressenhut; dann plötzlich ein Weilchen wieder hinausstarrend, in abgebrochenen Sätzen wie eine abgelaufene Spieluhr: meine schönsten Gedanken, hub er noch einmal an – in der Nacht, wo Laub und Fledermaus und Igel und Iltis verworren miteinander flüstern – und der Mensch – im Traume – ihre Sprache versteht –.

Jetzt aber hatte die Nacht ihn selber umgeworfen. Klarinett horchte noch immer hin, denn es war ihm wirklich bei den Worten, als hört' er des Einsiedels

Glöcklein fern überm Wald. Er zog, da Suppius nun fest schlief, das Wagenfenster vorsichtig wieder auf; dann lehnt' er in Gedanken die Stirn an die Scheibe, da hörte er vom Stalle her wieder das einförmige Schnurren der Pferde beim Futter, und über ihm rauschte der Baum und seitwärts die Saale hinter dem Hause fort und immer fort, bis auch er endlich vor großer Ermüdung einschlummerte.

Ruck! – stießen da auf einmal beide so hart mit den Köpfen aneinander, daß es dröhnte. Suppius blickte wild nach allen Seiten um sich, und wußte durchaus nicht, wo er war. Als er sich aber endlich auf seine Liebste und die ganze Entführungsgeschichte wieder besonnen hatte, sagte er verwirrt: Was ist das Klarinett? wir fahren ja! ich glaube gar, nun werden wir selbst entführt. – Ja, und gerade in einen Wald hinein, erwiderte Klarinett nicht weniger verwundert, seht nur, vier prächtige Rosse vor dem Wagen und der fromme Kutscher drauf. – Mit einem goldbordierten Hut, sagte Suppius wieder, und hinter uns aus der Stadt krähen uns die Hähne nach, als wollten sie uns foppen; mir scheint, ich wittre schon Morgenluft. – Freilich, aber die Fledermäuse schwirren noch durch die Dämmerung, versetzte Klarinett plötzlich, aufmerksamer zur Seite blickend; da schaut nur zwischen die Bäume, da noch einer, dort wieder einer: bei Gott, das sind die Bärenhäuter von heute Nacht, die halten Euch gewiß für den reisenden Kavalier.

Indem aber fiel auch schon ein Schuß aus dem Walde und gleich darauf noch ein zweiter. Der Kutscher duckte sich, die Kugel pfiff über ihn weg, er peitschte heftig in die Pferde, Suppius schrie voll Wut aus dem Wagen: Fehlgeschossen, ihr Narren! ich bin's ja nicht! Der Kutscher, da er zu seinem großen Erstaunen auf einmal fremde Leute im Wagen bemerkte, die er gleichfalls für Strauchdiebe hielt, warf sich ohne weiteres aus dem Sattel, überkugelte sich ein paarmal im Graben und war dann schnell im Dickicht verschwunden. Über dem Lärm aber wurden die ledigen Pferde ganz wild, die Räuber fluchten, die Kugeln pfiffen, Suppius drohte: so sausten sie unaufhaltsam dahin, man hört' es noch lange durch die heitere Morgenstille rumpeln und schimpfen.

3. Waldesrauschen

In einer warmen Sommernacht schlief ein Mädchen im Walde; sie hatte den Kopf über den rechten Arm auf ihr Tamburin gelegt und das Gesicht gegen den Tau mit der Schürze bedeckt; ein Pferd weidete daneben, weiterhin lag ein junger Bursch, der wendete sich manchmal und redete unverständlich im Schlaf. Zwischen den Bäumen aber flog das erste falbe Morgenlicht schon schräg über den luftigen Rasen, ein paar Rehe, die in der Nacht mit dem Pferde geweidet, schlüpften raschelnd durch die Dämmerung tiefer in den Wald zurück; sonst war noch alles still.

Auf einmal ertönte ein gellender Wachtelschlag, das Mädchen hob sich rasch, daß die Glöckchen am Tamburin klangen. Es war der Vater, der mit seinem Pfeifchen die Schlafenden weckte. Er stand schon in voller Reisetracht: knappe blaue Beinkleider mit rotem Paß und eine grüne unger'sche Jacke mit gelben Schnüren und blinkenden Knöpfen nachlässig über die Schulter geworfen, ein ehemaliger Soldat, der nun als Puppenspieler und starker Mann mit den Kindern durchs Land zog.

Horch, sagte er, da krähen Hähne in weiter Ferne nach

jener Seite hin, die Luft kommt von drüben, da muß ein Dorf sein; der Wald liegt hoch, besteig einmal den Tannbaum, Seppi, und sieh dich um! Der Bub reckte und dehnte sich mit beiden Armen in die ungewisse Luft und schüttelte die Locken aus der Stirn; dann kletterte er schnell in den höchsten Wipfel hinauf. Nach einem Weilchen rief er herab: Da unten ist noch alles nachtkühl und still, es liegt alles durcheinander im tiefen Grund, da haben sie wieder ein Dorf verbrannt. – Ja, ja, versetzte der Vater, der große Schnitter Krieg mäht uns tapfer voran, man hört seine Sense bei Tag und bei Nacht klirren durchs Land; wir geringen Leute haben die Nachlese auf den Stoppeln. Siehst du sonst nichts? – In der Ferne ein schönes Schloß überm Wald, die Fenster glitzern herüber. – Raucht der Schornstein? – Ja, kerzengerad aus den Wipfeln. – Gut, versetzte der Vater, so komm nur wieder herunter, da wollen wir hin. – Aber im Herabsteigen zögernd rief der Bursch noch einmal: Ach, aber da drüben, da liegt das ganze Tal schon im Sonnenschein, jetzt blitzen drunten Hellebarden aus den Kornfeldern, Landsknechte ziehn nach dem Walde zu, wie schön sie singen! – Da ist der Siglhupfer dabei, sagte das Mädchen freudig. – Der Vater blickte rasch nach ihr hinüber, man wußte niemals recht, ob er lächelte oder heimlich schnappen und beißen wollte, so scharf blitzten manchmal seine Zähne unter dem langen, gewichsten Schnurrbart hervor. Rauch und Wind, sagte er, wer weiß, wo der Siglhupfer schon zerhauen im Graben liegt! – Das Mädchen aber lachte: Ihr sprecht immer so barsch, er denkt doch an mich, er ist ein Soldat von Fortüne und kommt wohl wieder, eh' wir's denken, als Offizier zu Pferde mit hohen Federn auf dem Hut.

Währenddes hatte sie ein Stück von einem zerschlagenen Spiegel vor sich an den Baum gelehnt, setzte sich davor ins Gras und flocht ihr langes schwarzes Haar auf zigeunerisch in zierliche Zöpfchen; dabei biß sie von Zeit zu Zeit in eine Wecke und streute einzelne Krümchen über den Rasen für die Vögel, die ihr neugierig aus dem Laube zusahen. Der Vater und Seppi aber zäumten und packten schon das Saumroß, unverdrossen bald einen König, bald einen Judenbart zurückschiebend, die, in schmählicher Gleichheit durcheinander geworfen, aus dem löcherigen Puppensack herausdrängten. Dann hauchte der Vater ein paarmal auf ein großes schwarzes Pflaster, das er über das linke Auge und Backe legte, damit er martialischer aussäh' und die Leute sich vor ihm fürchteten. Und als endlich alles reisefertig war, schwang er die Tochter in den Sattel, Seppi mußte vorausgehen; er aber führte das Pferd über die Wurzeln und Steine vorsichtig hinter sich am Zügel, und droben auf ihrem luftigen Sitze, das Tamburin neben sich gehängt, baumelte das Mädchen vergnügt mit den Füßchen und freute sich über ihre neuen roten Halbstiefeln; manchmal streifte ihr ein Zweig Stirn und Wange, daß sie wie eine Blume ganz voll Tauperlen hing. Da stimmte Seppi vorne lustig an:

Der Wald, der Wald, daß Gott ihn grün erhalt',
Gibt gut Quartier und nimmt doch nichts dafür!

Und das Mädchen antwortete sogleich:

Zum grünen Wald wir Herberg halten,
Denn Hoffart ist nicht unser Ziel;
Im Wirtshaus, wo wir nicht bezahlten,
Es war der Ehre gar zu viel,
Der Wirt, er wollt' uns gar nicht lassen,
Sie ließen Kann' und Kartenspiel,

Die ganze Stadt war in den Gassen,
Und von den Bänken mit Gebraus
Stürzt' die Schule heraus,
Wuchs der Haufe von Haus zu Haus,
Schwenkt' die Mützen und jubelt' und wogt',
Der Hatschier, die Stadtwacht, der Bettelvogt,
Wie wenn ein Prinz zieht auf die Freit',
Gab alles, alles uns fürstlich Geleit.
Wir aber schlugen den Markt hinab
Uns durch die Leut' mit dem Wanderstab
Und hoch mit dem Tamburin, daß es schallt'.

Und der Puppenspieler und Seppi fielen jubelnd ein:

Zum Wald, zum Wald, zum schönen grünen Wald!

Das Mädchen sang wieder:

Und da nun alle schlafen gingen,
Der Wald steckt' seine Irrlicht' an,
Die Frösche tapfer Ständchen bringen,
Die Fledermaus schwirrt leis voran,
Und in dem Fluß auf feuchtem Steine
Gähnt laut der alte Wassermann,
Strählt sich den Bart im Mondenscheine
Und fragt ein Irrlicht, wer wir sind.
Das aber duckt sich geschwind;
Denn über ihn weg im Wind
Durch die Wipfel der wilde Jäger geht,
Und auf dem alten Turm sich dreht
Und kräht der Wetterhahn uns nach:
Ob wir nicht einkehr'n unter sein Dach?
O, Gockel! verfallen ist ja dein Haus,
Es sieht die Eule zum Fenster heraus,
Und aus allen Toren rauschet der Wald.

Der Wald, der Wald, der schöne grüne Wald!

Und wenn wir müd' einst, seh'n wir blinken
Eine goldne Stadt still überm Land,
Am Tor Sankt Peter schon tut winken:
»Nur hier herein, Herr Musikant!«
Die Engel von den Zinnen fragen,
Und wie sie uns erst recht erkannt,
Sie gleich die silbernen Pauken schlagen,
Sankt Peter selbst die Becken schwenkt,
Und voll Geigen hängt
Der Himmel, Cäcilia an zu streichen fängt,
Dazwischen Hochvivat! daß es prasselt und pufft,
Werfen die andern vom Wall in die Luft
Sternschnuppen, Kometen,
Gar prächtige Raketen,
Versengen Sankt Peter den Bart, daß er lacht,
Und wir ziehen heim, schöner Wald, gute Nacht!

Und zum Chor machte der Puppenspieler mit dem
Munde prasselnd das Feuerwerk nach, und Seppi schmetterte mit einem Pfeifchen wie eine Nachtigall, und die
Tochter schwang ihr Tamburin schwirrend dazwischen;
so zogen sie wie eine Bauernhochzeit durch den Wald in
den aufblitzenden Morgen hinunter, als zögen sie schon
ins Himmelreich hinein.

Als sie aber am Rand des Waldes zu sein vermeinten,
fing jenseits der Wiese schon wieder ein anderer an; die
Heiden waren ohne Weg, die Bäche ohne Steg, manchmal
war's ihnen, wie wenn sie Hunde bellen hörten aus der
Ferne und Stimmen gehn im Grund; das Schloß aber,
wohin sie zielten, stand bald drüben, bald dort, immer
neue Schluchten dazwischen, als wollt' es sie foppen.
Und so war es fast schon wieder Abend geworden, als sie

endlich, aus einem verworrenen Gebüsch tretend, auf einmal die Burg ganz nahe vor sich sahen.

Sie schauten sich erst nach allen Seiten um: eine Allee von wilden Kastanien führte nach dem Tor, man konnte bis in den gepflasterten Hof und im Hofe einen Brunnen und Galerien rings an dem alten Hause sehen; es rührte sich aber nichts darin. Ich weiß nicht, Denkeli, sagte der Puppenspieler nach einem Weilchen zur Tochter, das kommt mir doch kurios vor mit dem Schloß, das hängt ja alles so liederlich, die Sparren vom Dach und die Läden aus den Fenstern, als wär' auch schon der Kriegsbesen darübergefahren. – Indem schlug die Uhr vom Turme langsam durch die große Einsamkeit. – Da muß aber doch jemand wohnen, der die Uhr aufzieht, sagte Denkeli. – Das tun die Toten bei Nacht in solchen Schlössern, erwiderte der Vater verdrießlich.

Darüber waren sie an ein altes Gittertor gekommen und blickten durch die ehemals vergoldeten Stäbe in den Schloßgarten hinein. Da lag alles einsam und schattig kühl; Regen, Wind und Sonnenschein waren, wie es schien, schon lange die Gärtner gewesen, die hatten einen steinernen Neptun aufs Trockne gesetzt und ihm eine hohe grüne Mütze von Ginster bis über die Augen gezogen, wilder Wein, Efeu und Brombeer kletterten von allen Seiten an ihm herauf, eine Menge Sperlinge tummelte sich lärmend in seinem Bart, er konnte sich mit seinem Dreizack des Gesindels gar nicht mehr erwehren. Und wie er so sein Regiment verloren, reckten und dehnten sich auch die künstlich verschnittenen Laubwände und Baumfiguren aus ihrer langen Verzauberung phantastisch mit seltsamen Fühlhörnern, Kamelhälsen und Drachenflügeln in die neue Freiheit hinaus, und mitten unter ihnen auf dem Dach eines halbverfallenen

Lusthauses saß melancholisch ein Pfau noch aus der vorigen Pracht, und rief der untergehenden Sonne nach, als hätte sie ihn hier in der Wildnis vergessen. Auf einmal aber tat es einen leuchtenden Blitz durchs Grün, eine wunderschöne Dame erschien tiefer im Garten, durch die stillen Gänge nach dem Schlosse zu wandelnd, ganz allein in prächtigem Gewande; ihr langes Haar wallte ihr wie ein goldener Mantel über die Schultern, die Abendsonne blitzte noch einmal leuchtend über das kostbare Geschmeide auf Stirn und Gürtel. Denkeli blickte sie scheu, doch unverwandt an, sie dachte an die vorigen Reden des Vaters; es war ihr, als ginge die Zauberin dieser Wildnis vorüber. Die Dame aber bemerkte die Wanderer nicht, sie sah ein paarmal zurück nach ihrer taftenen Schleppe, die schlängelnd hinter ihr herrauschte, und verlor sich dann wieder zwischen den Bäumen.

Jetzt hörten sie zu ihrem Erstaunen plötzlich auch Stimmen am Schloß; sie gingen eilig hin und bemerkten nach langem Umherirren endlich einen Balkon zwischen den Wipfeln, der nach dem Walde herausging. Dort sahen sie einige Herren an dem steinernen Geländer stehen, die Dame aus dem Garten schien auch bei ihnen zu sein; aber sie konnten nichts deutlich erkennen; denn die Linde, die in voller Blüte stand, reichte bis an den Balkon, und die Abendsonne funkelte blendend dazwischen. Der Puppenspieler war auf alle Glücksfälle vorbereitet: er zog schnell eine Orgelpfeife, die er vor den Mund band, und eine Geige hervor, Seppl einen Triangel und Denkeli ihr Tamburin, und so stellten sie sich unter die Bäume und brachten gleich den Herrschaften ein Ständchen. Denkeli sah dabei öfters scharf hinauf; auf einmal ließ sie, mitten in dem Geschwirre abbrechend, Arm und Tamburin sinken: sie hatte in größter Verwirrung in dem einen Kavalier droben den Siglhupfer erkannt, sie sah, wie er galant und charmant sich neigte und beugte und mit der Dame parlierte, sie konnt' es gar nicht begreifen. Der Vater stieß sie ein paarmal mit dem Ellbogen an, sie sollte zu singen anfangen; aber sie warf das Köpfchen trotzig empor und wollte durchaus nicht, und dem Vater mochte sie die Ursach' nicht sagen, denn er lachte sie immer aus mit ihrer Liebschaft. Während des Hin- und Herwinkens aber kam auch schon eine Kammerjungfer schnell aus dem Schloß herunter und brachte ihnen einen Krug Wein und jedem einen Rosenobel, sauber in Papier gewickelt, mit der Botschaft, ihre Herrschaft sei heute gar nicht wohl und zu müde, um die Musik anzuhören, auch sei im ganzen Hause kein Unterkommen für sie zur Nacht.

Seht Ihr, sie mögen meinen Gesang ja nicht, sagte Denkeli zum Vater; sie dachte bei sich, Siglhupfer habe sie erkannt und wolle sie nur los sein, weil er sich ihrer schäme vor der vornehmen Dame.

Der Puppenspieler zuckte, ohne zu antworten, ein paarmal zornig mit den buschigen Augenbraunen, trank aber doch auf die Gesundheit der Dame und reichte darauf den Krug der Tochter, die ihn mit der Hand von sich stieß. So stritten sie heimlich untereinander; der Vater zankte noch immer über Denkelis Eigensinn, dann packte er heftig seine Instrumente zusammen, um weiterzuziehen; sie wußten nicht, wohin in der fremden Gegend. Über ihnen aber summten die Bienen im Wipfel, und hinter den Blüten droben plauderten und lachten die Herrschaften in der schönen Abendkühle und machten sich lustig über die Bettelmusikanten. Denkeli erkannte Siglhupfers Stimme darunter recht gut, das schnitt ihr durch die Seele; manchmal sah sie auch seinen Federhut und die Locken und den Schmuck der Dame durch die Zweige schimmern – es war ihr alles wie ein Traum. Im Weggehen fragte sie die Jungfer noch: Wer ist denn der junge Herr da droben?

Ei, Ihr kommt wohl von weit her? erwiderte diese: das ist ja der Herr Rittmeister von Klarinett, der Bräutigam des gnädigen Fräuleins.

4. *Das verzauberte Schloß*

Der Schall einer Trompete gab das Zeichen zur Tafel, eine Flügeltür tat sich plötzlich auf, und Suppius, in goldbrokatenem Staatskleid leuchtend, einen Federhut in der einen Hand, führte an der andern eine prächtige Dame, von kostbaren Armbändern, Halsketten und Ohrgehängen umblitzt und umbommelt, daß man nicht hinsehen konnte, wenn die Sonne darauf schien. So stiegen beide feierlich eine steinerne Treppe in den großen, alten Gartensaal hinab; ein Hündchen mit silbernen Schellen um den Hals trat oft der Dame auf die schwere Schleppe, die von Stufe zu Stufe hinter ihnen herrauschte. Klarinett folgte in reicher Offizierskleidung: in dunkelgrünem Samt mit geschlitzten Ärmeln, einem Kragen von Brüsseler Kanten darüber und den Hut mit goldener Spange und nickenden Federn schief auf den Kopf gedrückt; es paßte ihm alles prächtig. Er spielte vornehm mit einer Reitgerte und nickte kaum, als ihm der Diener der Dame meldete, daß sein Reisegepäck gehörig untergebracht sei.

Im Saale aber war der Tisch schon gedeckt, sie nahmen mit großem Geräusch und unter vielen Komplimenten Platz auf den schweren rotsamtnen Sesseln mit hohen, künstlich geschnitzten Lehnen. Klarinett überblickte unterdes erstaunt die Tafel: da gab's so wunderliche Pracht, abenteuerlich gehenkelte Krüge, hohe, altmodisch geschliffene Stengelgläser von den verschiedensten Farben und Gestalten, seltsam getürmte Speisen und Schaugerichte und heidnische Götter von Silber dazwischen, die Pomeranzen in den Händen hielten. Seitwärts aber stand die Tür auf, daß man weit in den Garten sehen konnte; die Sonne funkelte in den Gläsern, der Diener eilte mit Schüsseln und vergoldeten Aufsätzen flimmernd hin und her, und draußen sangen die Vögel dazu, und vor der Tür saß ein Pfau auf der marmornen Rampe und schlug sein prächtiges Rad.

So saßen sie lange in freudenreichem Schalle, da hub Fräulein Euphrosyne (so war die Dame genannt) mit freundlicher Gebärde an: sie könne sich noch immer nicht dreinfinden; denn es käme selten ein Fremder in diese Einsamkeit, und keiner so seltsam als ihre beiden Gäste, die, wie sie versicherte, heute beim ersten Morgengrauen vom Walde quer übers Feld plötzlich mit vier schäumenden Rossen ohne Kutscher mitten in den Schloßhof, und gewiß auch am andern Ende wieder hinausgeflogen wären, hätten sie nicht am Torpfeiler Achse und Deichsel gebrochen. – Klarinett, mit zierlichen Reden den verursachten Schreck entschuldigend, erzählte nun, sie seien fremde Kavaliere, die, vom westfälischen Frieden nach ihren Herrschaften reisend, in jenem Walde von Räubern überfallen worden; Haushofmeister, Kutscher, Leibhusar, alles sei erschossen, und da das Fräulein auf die Frage: ob sie in Tztschneß hinter Tzquali in Mingrelien bekannt, mit dem Kopf schüttelte, bedauerte er das sehr, denn gerade von dort seien sie her.

Suppius stürzte ein Glas Ungarwein so eilig aus, daß er sich den gestickten Zipfel seiner Halsbinde begoß; es

346

war, als hätte Klarinett mit seinen Lügen ihn plötzlich in einen Strom gestoßen: nun mußte er mit durch oder schmählich vor den Augen der Dame untergehen. Dabei sah er oft das Fräulein bedenklich von der Seite an, sie kam ihm schon wieder auf ein Haar wie seine entführte Geliebte vor; aber er traute sich doch nicht recht, er hatte seine Liebste so selten und immer nur flüchtig am Fenster hinter den Blumen gesehen; so wurde er ganz konfus und wagte es nicht, von der Entführung zu reden. Und als er darauf dennoch mit großer Feinheit die Sommerkühle der vergangenen Nacht pries, gelegentlich einen Seitenblick über jenes mondbeschienene Städtchen warf, und endlich leise über den Marktplatz am steinernen Brunnen vorbei zu dem Wirtshaus kam, auf das Fenster zielend, wo ihnen damals der lieblichste Stern erschienen: sah die Dame ihn befremdet an und wußte durchaus nicht, was er wollte. Aber Suppius war einmal im Zuge ausbündiger Galanterie: Was frag' ich noch nach Sternen! rief er aus: flogen wir doch auf vergoldeten Rädern Fortunas aus Nacht zu Aurora, daß ich vor Blendung noch nicht aufzublicken vermag. – Da schlug das Fräulein mit einem angenehmen Lächeln die schönen Augen nieder, Suppius, entzückt, griff hastig nach ihren Fingerspitzen, um sie zu küssen, warf aber dabei mit dem breiten Aufschlag seines Ärmels dem silbernen Cupido die Pomeranze aus der Hand, und wie er sie haschen wollte, verwickelte er sich mit Sporen und Degenspitze unversehens ins Tischtuch, alle Gläser stießen auf einmal klirrend an, als wollten sie seine Gesundheit ausbringen, der Cupido stürzte und riß einen Weinkrug mit, das Hündchen bellte, der Pfau draußen schrie. Euphrosyne aber mit flüchtigem Erröten stand rasch auf, die Tafel aufhebend, indem sie dem Klarinett ihren Arm reichte.

Sie traten vor die Saaltür auf die Terrasse, von der eine breite Marmortreppe nach dem Garten führte. Eine Eidechse, als sie herauskamen, fuhr erschrocken zwischen die Ritzen der Stufen, aus denen überall das Gras hervordrang; seitwärts stand ein alter Feldstuhl, eine Zither lehnte daran. Als Suppius, der noch immer den Aufruhr an der Tafel mit seinen weiten Alamode-Ärmeln ausführlich zu entschuldigen beflissen war, das Instrument erblickte, stockt' er auf einmal und entfernte sich schnell, wie einer, der plötzlich einen guten Einfall hat. Das Fräulein aber ließ sich in der Tür auf den Feldstuhl nieder; Klarinett, die Zither auf den Knien prüfend und stimmend, setzte sich auf die Stufen zu ihren Füßen, daß der Pfau von dem steinernen Geländer ihm mit seinem schlanken Hals über die Schulter sah. Draußen aber war es unterdessen kühl geworden, der ganze Garten stand tief in Abendrot, während die Täler schon dunkelten; auch der Pfau steckte jetzt den Kopf unter die Flügel zum Schlaf, die Luft kam über den Garten und brachte den Schall einer Abendglocke aus weiter Ferne. Da fiel dem Klarinett in dieser Abgeschiedenheit eine Sage ein, die er unten in den Dörfern gehört, und da das Fräulein sie wissen wollte, erzählte er von einem verzauberten Schlosse der Grafen Gerold; da wüchse auch das Gras aus den Steinen, da sänge kein Vogel ringsum, und kein Fenster würde jemals geöffnet: man höre nichts, als den Wetterhahn sich drehen und den Zugwind flüstern und zuweilen bei großer Trockne das Getäfel krachen im Schloß; so stünd' es öde seit hundert Jahren, als redet' es mit geschlossenen Augen im Traum. – Jetzt hatte er die Zither in Ordnung gebracht. – Es gibt auch eine Weise darauf, sagte er, und sang:

Doch manchmal in Sommertagen
Durch die schwüle Einsamkeit
Hört man mittags die Turmuhr schlagen,
Wie aus einer fremden Zeit.

Und ein Schiffer zu dieser Stunde
Sah einst eine schöne Frau
Vom Erker schaun zum Grunde –
Er ruderte schneller vor Graun.

Sie schüttelt' die dunkeln Locken
Aus ihrem Angesicht:
»Was ruderst du so erschrocken?
Behüt' dich Gott, dich mein' ich nicht!«

Sie zog ein Ringlein vom Finger,
Warf's tief in die Saale hinein:
»Und der mir es wiederbringet,
Der soll mein Liebster sein!«

Hier gewahrte Klarinett auf einmal, daß das Fräulein, wie
in tiefes Nachsinnen versunken, aufmerksam den kostbaren Demantring betrachtete, den er mit dem andern Staat
in der fremden Karosse gefunden und leichtsinnig angesteckt.

Er stutzte einen Augenblick; das Fräulein aber, als hätte
sie nichts bemerkt, fragte mit seltsamem Lächeln nach dem
Ausgang der Sage. Klarinett, etwas verwirrt, erzählte weiter: Und wenn nun der Rechte mit dem Ring kommt, hört
die Verzauberung auf; aus den Winkeln der stillen Gemächer erheben sich überall schlaftrunken Männer und
Frauen in seltsamen Trachten, das öde Schloß wird nach
und nach lebendig, Diener rennen, die Vögel singen wieder
draußen in den Bäumen, und dem Liebsten gehört das
Land, so weit man vom Turme sehen kann.

Bei diesen Worten fiel auf einmal draußen ein Waldhorn ein; der galante Suppius war es: er zog in seinem Goldbrokat wie ein ungeheurer Johanniswurm durch den finstern Garten, als wollt' er mit seinen Klängen die Nacht anbrechen, die nun von allen Seiten prächtig über die Wälder heraufstieg. Schloß, Büsche und Garten wurden immer wunderbarer im Mondschein, und wenn die Luft die Zweige teilte, blinkte aus der Tiefe unterm Schloß die Saale herauf, und das Geschmeide und die Augen des Fräuleins blitzten verwirrend dazwischen – da hub plötzlich die Uhr vom Turme zu schlagen an. Klarinett fuhr unwillkürlich zusammen, in demselben Augenblick glaubte er einen flüchtigen Händedruck zu fühlen, und als er verwundert aufsah, traf ihn ein funkelnder Blick der Dame.

Indem aber trat der Diener mit einer Kerze hinter ihnen in den Saal, um die Fremden ins Schlafgemach zu geleiten; die Dame erhob sich, zierlich und gemessen wie sonst, und war nach einer freundlichen Verbeugung schnell durch eine innere Tür des Saales verschwunden. Doch als Klarinett sich betroffen wandte, ging eben der Mond aus einer Wolke und beschien hell das steinerne Bildwerk über der Tür: es war wirklich das ihm wohlbekannte Wappen der Grafen Gerold! – Was ist denn das? dachte er erschrocken: am Ende hab' ich da selber den Ring! –

Am folgenden Tage hielt er's fast für einen Traum, so ganz anders sah die Welt aus: der Morgen hatte alles wieder mit Glanz und Vogelschall verdeckt, nur das unheimliche Wappen über der Tür blieb aus jener Nacht, und der Zauberblick der Dame. Er hatte sich in dem Wetterleuchten ihrer Augen nicht geirrt, sie spielten munter fort, ihre Liebe zu Klarinett brach rasch aus, wie der Frühling nach einem warmen Gewitterregen. Und so ließ er denn auch alles gut sein und wollte mit Grübeln das Glück nicht versuchen, das ihm so unversehens über den Kopf gewachsen.

Dem Suppius aber ging es über den seinigen weg, ohne daß er's merkte. Jeden Morgen putzte er sich, mit Rat und Beistand des mutwilligen Klarinett, auf das sorgfältigste heraus, und probierte vor dem Wandspiegel insgeheim artige Stellungen. Aber bis zu Mittag war doch alles wieder schief und verschoben, das vornehme Kleid der guten Lebensart saß ihm, als wär' er in der Eile mit einem Arm in den falschen Ärmel gefahren. Manchmal fielen ihm auch plötzlich die Wissenschaften wieder ein; da erschrak er sehr und verwünschte alle Abenteuer, die er doch immer selbst wieder anzettelte. Dann ergriff er hastig das dicke Buch, das in der Tasche seines Serenadenrockes mitgekommen, damit setzte er sich in die abgelegensten Winkel des Gartens ins Gras, und schlug das Kapitel auf, wo er in Halle stehengeblieben. Aber der alte Ungarwein aus dem Schloßkeller war stärker als er, der ließ die Buchstaben auf Magyarisch vor ihm tanzen und drückte ihm jedesmal die Augen zu und die Nase ins Buch. Und wenn er aufwachte, steckte zu seinem Erstaunen das Zeichen im Buch immer beim unrechten Paragraphen, auch glaubte er auf dem Rasen Spuren von Damenschuhen zu bemerken, als hätten ihn Elfen im Schlafe besucht; ja, das eine Mal lag, statt des Zeichens, ein ganzer Strauß brennender Liebe zwischen den Blättern. Da steckt' er ihn triumphierend vorn an die Brust und sprach den ganzen Tag durch die Blume zu Euphrosynen von heimlicher Lieb' und Hochzeit. Er zweifelte und verwunderte sich nicht im mindesten, daß sie in ihn verliebt, und ließ oft gegen Klarinett fallen, wie er darauf bedacht sein werde, ihn hier als seinen Kapellmeister oder Fasanengärtner anzustellen.

Klarinett aber wußt' es wohl besser, es kam alles bald zum Ausgang. Denn als er eines Morgens bei einem Spaziergang mit Euphrosynen und ihrem Diener auf eine Anhöhe gestiegen, von der man weit ins Land hinaus sehen konnte, wies ihm der Diener rings in die Runde die Schlösser, Wälder, Teiche, weidenden Herden und Untertanen, die alle seinem Fräulein gehörten. Der Morgen funkelte drüber, die Teiche blickten wie Augen aus dem Grün, alle Wälder grüßten ehrerbietig rauschend herauf, Klarinett war wie geblendet. Da sagte Euphrosyne rasch: Und alles ist dein – wenn du diese Hand nicht verschmähst, setzte sie mit gesenkten Augen kaum hörbar hinzu. Klarinett aber, ganz verblüfft, stürzte auf ein Knie nieder und schwor, so wahr er Kavalier und Rittmeister sei, wolle er sie nimmer verlassen, und ein Kuß auf ihre Hand versiegelte den schönen Bund, und in dem Auge des grauen Dieners zitterte eine Freudenträne.

Nun aber lebten sie alle vergnügt von einem Tage zum andern; da war nichts als Schmausen und Musizieren und Umherliegen über Rasenbänken und Kanapees. Täglich zur selben Zeit lustwandelten sie rauschend in vollem Staate vor dem Schloß, gleichsam leuchtende Zirkel und Namenszüge durch den Garten beschreibend, der mit seinen Schnörkeln von bunten Scherben wie ein Hochzeitskuchen im Sonnenschein lag; im Hofe hatte der blühende Holunderbusch ihre Staatskarosse schon beinah ganz überwachsen, auf der Marmortreppe schlug der Pfau täglich dasselbe Rad, die Vögel sangen immer dieselben Lieder in denselben Bäumen. Und an einem prächtigen Morgen, den er halb verschlafen, dehnte sich Klarinett, daß ihm die Glieder vor Nichtstun knackten; nein, sagte er, nichts langweiliger, als Glück!

5. Fortunas Schildknappen

Zur selben Zeit lag das Dorf, das einst zu dem Schlosse gehört, fern unterm Berg in Trümmern. Es war seit dem letzten Durchzug der Schweden zerstört und verlassen; nun rückte der Wald, den die Bauern so lange tapfer zurückgedrängt, über die verrasten Beete unter Vogelschall mit Stacheln, Disteln und Dornen wieder ein, und hatte sich das verbrannte Gebälk schon mit Efeu und wilden Blumen prächtig ausgeschmückt und auf dem höchsten Aschenhaufen einen blühenden Strauch als Siegesfahne ausgesteckt; nur einzelne Schornsteine streckten noch, wie Geister, verwundert die langen weißen Hälse aus der verwilderten Einsamkeit. Heute aber fing auf einmal der eine Schornstein wieder zu rauchen an, ein helles Feuer knisterte unter demselben, und so oft der Wind den Rauch teilte, sah man in der Glut des Widerscheins wilde dunkle Gestalten, wie Arbeiter in einem Eisenhammer, mit aufgestreiften Ärmeln vor dem Feuer hantieren, kochen und Bratspieße drehn; einer saß im Grase und flickte sein Wams, ein anderer lag daneben und sah ihm verächtlich zu, den Arm stolz in die Seite gestemmt, daß ihm im Mondschein der Ellbogen aus dem Loch im Ärmel glänzte, während weiterhin zwei Holk-'sche Jäger soeben durch das Dickicht brachen und ein frisch geschossenes Reh herbeischleppten.

Es waren versprengte Landsknechte, die das Ende des dreißigjährigen Krieges plötzlich vom Pferd auf den Friedens- und Bettelfuß gesetzt. In solchem Schimpf hatten sie beschlossen, den Krieg auf ihre eigene Faust fortzusetzen und sich mitten durch ihren gemeinschaftlichen Feind, den Frieden, nach Ungarn durchzuschlagen, wo sie gegen den Türken neue Ehre und Beute zu gewinnen hofften.

Hartes Bett, gemeines Bett! sagte der Stolze mit dem Loch im Ärmel. Heute ist's gerade ein Jahr, es war auch so eine blanke Nacht, da hing es nur von mir ab, ich konnte auf kostbaren Teppichen liegen mit eingewirkten Wappen, in jedem Zipfel mein Namenszug in Gold.

Da kniff ein grauer Kerl seitwärts den neben ihm liegenden Dudelsack, der plötzlich schnarrend einfiel. – Ruhe da! rief ein breiter Landsknecht hinüber, und mehre Schalke rückten zum Feuer, um den Schreckenberger (so hieß der Stolze) besser zu hören. Dieser warf dem Dudelsack einen martialischen Blick zu und fuhr fort:

Denkt ihr noch dran, nach der Schlacht bei Hanau, wie wir da querfeld mit der Regimentskasse retitierten, nichts als Rauchwirbel in der Ferne und Rabenzüge über uns? In den Dörfern guckten die Wölfe aus den Fenstern, und die Bauern grasten im Wald. – Freilich, versetzte der schlaue Landsknecht, und eine vornehme Dame auf kostbarem Zelter, einen Pagen hinter sich, retitierte immer neben uns her, und als wir am Abend an einem verbrannten Dorfe Halt machten, kehrte sie auch über Nacht ein in dem wüsten Gartenschloß daneben. – Ja, und die Augen, sagte Schreckenberger, spielten ihr wie zwei Spiegel im Sonnenschein; dich und die andern hat's geblendet, ihr wart alle vernarrt in sie. Nun denk' ich an nichts und gehe abends am Schloß vorüber, da schreibt sie euch aus dem Fenster ordentlich: Vivat Schreckenberger! mit den feurigen Blicken in die Luft, und wie ich mich wende, ruft sie: Ach! und fällt in Ohnmacht vor großer Lieb' zu mir. Sowas war mir schon oft passiert, ich fragte wenig danach; da ich aber tiefer im Garten bin, kommt plötzlich der Page im Dunkel daher mit einem Briefe an mich auf rosafarbenem Papier.

Hier zog Schreckenberger ein Brieflein aus dem Wams und reichte es mit vornehm zugekniffenen Augen über die Achsel den andern hin. Der Landsknecht nahm es hastig und las: »Im Garten bei Nacht – das Lusthaus ohne Wacht – Sturmleitern daran – Cupido führt an – Um Mitternacht Runde – Parol: Adelgunde.«

Das klappt ja wie ein Trommelwirbel, sagte der Landsknecht, indem er, den Brief zurückgebend, neugierig noch näher rückte. Ja, Cupido hat schon manchen angeführt; nur weiter, weiter!

Kurz: um Mitternacht bin ich auf meinem Posten, hub Schreckenberger wieder an: im Garten nichts als Mondschein, große Stille, das Lusthaus, wie es im Briefe steht, droben ein offenes Fenster auf dem Dach, drunten eine Leiter, ich weiß nicht mehr, ob von Sandelholz oder Seide oder Frauenhaaren. Ich fackle nicht lange: die Büchse auf dem Rücken, in jeder Hand ein Pistol, den blanken Säbel zwischen den Zähnen, so klettre ich hinauf –.

Also du warst es doch! fiel hier der Landsknecht verwundert ein.

Nun, wer denn sonst? erwiderte Schreckenberger, und Jasmin, wie ich hinaufsteige, Rose von Jericho, Holunder, Jelängerjelieber, alles umhalst und umschlingt mich vor Freuden, das riß sich ordentlich um mich, daß ich die Sporen nicht nachbringen konnte, und vom Fenster droben hoben mich plötzlich zwei alabasterne Schwanenarme aus dem Brunnen der Nacht, und über mir ein prächtiges Gewitter von schwarzen Locken, da blitzen

Augen und Juwelen daraus, und in dem Brunnen gehen immerfort goldene Eimer auf und nieder mit Muskateller und Konfekt, und die Gräfin Adelgunde sitzt neben mir auf einem mit Diamanten gesprenkelten Kanapee, und: langen Sie zu, sagt sie, und: o, ich bitte sehr, sag' ich –. Da hör' ich auf einmal unter uns in dem Lustpalaste inwendig ein Gesumse wie in einem Bienenstock. Was war das? rufe ich –.

Jetzt brach plötzlich ein Lachen aus. Wir waren es, sagte einer der Zuhörer, denn wir steckten ja alle drinnen, der Page hatte uns alle nacheinander auch ins Lusthaus geladen und darauf die Tür hinter uns verriegelt.

Aber Schreckenberger, einmal im Strom der Erzählung, ließ sich nicht irre machen: ich springe auf, fuhr er fort, ha, Verrat! schreie ich –.

Nun sprachen alle rasch durcheinander: Ja, du machtest einen Teufelslärm auf dem Dache, denn sie hatten hinter dir die Leiter weggenommen, und das Fenster oben war verschlossen.

Und die Gräfin in dem einen Arm, den Säbel im andern, und unter mir kocht es und zischt es und rumpelt es –.

Freilich, im dunklen Lusthause stießen wir einer auf den andern, und einer fragte den andern trotzig, was er hier suchte, und jeder hatte seine Parole Adelgunde, bis wir zuletzt alle aneinander gerieten und aus der Parole ein großes Feldgeschrei und Geraufe wurde.

Und ich steche links, steche rechts; die Gräfin, ohnmächtig, ruft: Genug des Gemetzels! Aber ich lass' mich nicht halten und feuere prasselnd alle meine Pistolen ab nach allen Seiten wie ein Feuerwerk –.

Das hörten wir wohl, fiel nun der Landsknecht wieder ein, und hielten es für einen feindlichen Überfall; da arbeiteten wir und stemmten uns an die verriegelte Tür und die Wände, bis das ganze morsche Lusthaus über uns in Stücken auseinanderging. So kamst du auch kopfüber mit herunter – du machtest einmal Sprünge quer über das Feld fort, ohne dich umzusehen! wir erkannten dich nicht in der Verwirrung, und wußten dann gar nicht, wo du auf einmal hingekommen; später hieß es, du wärst zu den Kaiserlichen desertiert in dieser Nacht.

Nacht? fuhr der unverwüstliche Schreckenberger noch immer fort: ja recht mitten durch die Nacht auf einem schneeweißen Zelter, sich die Tränen wischend mit dem goldbordierten Schleier und mir zuwinkend, flog die dankbar gerettete Gräfin –.

Mit eurer verlassenen Regimentskasse in die weite Welt, versetzte einer der Holk'schen Jäger, denn es war unsere Marketenderin, die schöne Sinka, die hatt's euch allen angetan, das merkte sie wohl und vexierte euch von der Feldwacht fort.

Schreckenberger schwieg und warf wieder einen martialischen Blick rings in die Runde. Aber der Jäger fuhr fort: Und gleich am andern Morgen, da wir bei unserem Regiment sie alle kannten, wurden wir kommandiert, ihr nachzusetzen. Das war eine lustige Jagd; wir strichen wie die Füchse auf allen Diebswegen und schüttelten jeden Baum, ob das saubere Früchtchen nicht herabfiele. So kamen wir am folgenden Abend – es war gerade ein Sonntag – in ein kleines Städtchen; da war großes Gewirr auf dem Platz; ein Stoßen und Drängen und Lärm von Trommeln und Pfeifen, in allen Fenstern lagen Damen wie ein Blumengelände bis an die Dächer herauf, wo die Schornsteinfeger aus den Rauchfängen guckten und vor Lust ihre Besen schwangen. An des Bürgermeisters Hause aber war vom Balkon ein Seil gespannt über die

Stadt und die Gärten weg bis zum Waldberg jenseits überm Fluß. Ein schlanker Bursch stand auf dem Geländer des Balkons in flimmernder spanischer Tracht mit wallenden Locken. Der alte Bürgermeister schien wie vernarrt in das blanke Püppchen, plauderte und nickte ihm freundlich zu, daß die Sonne in den Edelsteinen seines kostbaren Hutes spielte; der Bursch reckte ihm lachend den Fuß hin; er mußte ihm mit einem großen Stück Kreide die Sohlen einreiben. Auf einmal wendet er sich herum – das ist Sinka! rufe ich erstaunt meinen Kameraden zu. – Aber sie hatte uns auch schon bemerkt, und eh' wir uns durchdrängen können, nimmt sie rasch dem Bürgermeister den kostbaren Hut von der Glatze, drückt sich ihn auf die Locken, und zierlich mit zwei bunten Fähnchen schwenkend und grüßend, schreitet sie unter großem Jubelgeschrei über Köpfe, Dächer und Gärten fort. Der Abend dunkelte schon; das Seil wurde unkenntlich aus der Ferne; es war, als ginge sie durch die leere Luft, die untergehende Sonne blitzte noch einmal in den Steinen am Hut, so verschwand sie wie eine Sternschnuppe jenseits überm Walde; niemand hat sie wiedergesehen.

Meinetwegen, Stern oder Schnuppe! fiel hier Schrekkenberger ein, tat einen Zug aus seiner Feldflasche und sang:

> Aufs Wohlsein meiner Dame,
> Eine Windfahn' ist ihr Panier,
> Fortuna ist ihr Name,
> Das Lager ihr Quartier.
>
> Und wendet sie sich weiter,
> Ich kümmre mich nicht drum,
> Da draußen ohne Reiter,
> Da geht die Welt so dumm.

Statt Pulverblitz und Knattern:
Aus jedem wüsten Haus
Gevattern sehn und schnattern
Alle Lust zum Land hinaus.

Fortuna weint vor Ärger,
Es rinnet Perl' auf Perl'.
»Wo ist der Schreckenberger?
Das war ein andrer Kerl!«

Sie tut den Arm mir reichen,
Fama bläst das Geleit,
So zu dem Tempel steigen
Wir der Unsterblichkeit.

Nun schwenkten die andern die Hüte, und: Vivat das
hohe Brautpaar! schrien sie jubelnd, hoch lebe unser
Tempelherr der Unsterblichkeit! und der Dudelsack
schnurrte wieder einen Tusch dazu.

Da schlugen plötzlich die großen Hunde an, die jede
Nacht um ihr Lager die Runde machten; die Gesellen
horchten auf, es war auf einmal alles totenstill. Man hörte
in der Ferne Äste knacken, wie wenn jemand durchs
Dickicht bräche; es kam immer näher; jetzt vernahmen
sie deutlich Fußtritte und Stimmen, die Wipfel der Sträucher bewegten sich schon; Schreckenberger nahm schnell
seine Muskete und zielte nach der Gegend hin.

Plötzlich aber ließ er Arm und Flinte wieder sinken: I
Pamphil, wo kommst denn du hergezigeunert? rief er
ganz verwundert aus. Der Puppenspieler trat aus dem
Gebüsch, Seppi und Denkeli hinter ihm; die großen
Hunde, denen sie Brocken zuwarf, gaben ihnen frei
Geleit. Der Puppenspieler visierte erst die ganze Gesell-
schaft rings im Kreise scharf mit dem einen Auge, dann,

da er lauter bekannte Gesicher bemerkte, nahm er das schwarze Pflaster vom andern. Hast du wieder Mondfinsternis gemacht, um besser zu mausen? fragte lachend der Landsknecht. – Wir sind alle im abnehmenden Mond bei dem wachsenden Frieden, erwiderte Pamphil, wir haben den faulen Bauern die Felder mit Blut gedüngt, nun schießt alles in Kraut und Rüben; die Welt wird noch ersticken vor Langerweile. Aber was treibt ihr hier, ihr alten Kriegsgurgeln? man hört euch ja eine halbe Meile weit durch die stille Nacht, ich konnt' nicht fehlen.

Nun raschelte es in allen Winkeln, immer mehr wilde Gestalten richteten sich aus dem Dunkel empor; da war des Begrüßens, Händeschüttelns und Fragens kein Ende. Wie sie aber hörten, daß Pamphil soeben von dem Schlosse kam, das sie unterwegs von fern über dem Walde gesehn, trat alles um ihn herum, und da er von zwei Kavalieren droben erzählte und von einem schönen Reisewagen im Hofe, mußte er ihnen alles ausführlich beschreiben; sie zweifelten nicht, daß es die beiden Edelleute mit der Karosse seien, welche sie vor einiger Zeit bei Nacht in dem Städtchen gesehen, und die ihnen dann im Walde mitten durchs Kreuzfeuer ihrer Pistolen so schnöde entwischt.

Unterdes saß Denkeli seitwärts auf einem Baumsturz, den Kopf in die Hand gestützt und ohne sich um die andern zu bekümmern; man wußte nicht, ob sie müde oder traurig. Das stach die Gesellen in die Augen; einige wollten sich galant zeigen und scharrten und gollerten wie aufgeblasene Truthähne um sie herum. Der Holk-'sche Jäger, kecker als die andern, schlich sich leis von hinten heran, um das Mädchen zu küssen; da wandte sie sich und gab ihm unversehens eine Ohrfeige, daß es laut klatschte. Der Überraschte griff wütend nach seinem

Hirschfänger, aber der Puppenspieler, der alles bemerkt, hatte ihn schon von unten an dem einen Bein gefaßt und hob ihn so, zu allgemeinem Gelächter, mit ausgestrecktem Arm hoch über sich in die Luft. Bleibt meiner Denkeli vom Leib, rief er mit martialischen Mienen, oder ich mache meine schönsten Kunststücke an euren eigenen Knochen durch. – Laßt sie nur, sagte Denkeli, ich werde schon allein mit ihnen fertig, heute kommen sie mir gerade recht. – Der Jäger, da er wieder auf dem Boden war, sah den Puppenspieler halb verwundert, halb trotzig vom Kopf bis zu den Füßen an, wie ein Mops, der unverhofft auf einen Bullenbeißer gestoßen.

Denkeli aber blickte scharf zur Seite zwischen die dunkeln Bäume; dort waren die andern unterdes wieder zusammengetreten und redeten heimlich untereinander in der Spitzbubensprache. Eine entsetzliche Ahnung stieg plötzlich in ihrer Seele auf, denn sie hörte von Zeit zu Zeit des reichen Fräuleins auf dem Schloß und der beiden Kavaliere erwähnen. Ihr Herz klopfte; scheinbar gleichgültig am Feuer kauernd und die Flamme schürend, horchte sie mit wachsender Angst hinüber; da erfuhr und erriet sie nach und nach alles: wie sie noch heute den Berg hinaufschleichen, das schlechtverwahrte Schloß im ersten Schlafe überfallen und die Beraubten auf ewig still machen wollten. Auch der Vater trat nun hinzu, und schien mancherlei guten Rat zu erteilen.

Denkeli dachte mit Schrecken an Siglhupfer, den sie oben gesehen. Sonst achtete sie wenig auf die Anschläge der Männer, sie war von Jugend daran gewöhnt; jetzt kam ihr auf einmal alles ganz anders und undleidlich vor. Aber zu verhindern war es nicht mehr, das wußte sie wohl, eher hätte sie den Sturmwind im Fluge wenden können. So suchte sie nach kurzem Bedenken unbemerkt die Pistolen des Vaters hervor, lud sie und legte darauf hastig ihren schönsten Putz an; ihre Augen funkelten, und wie sie auf einmal, von den schwarzen Locken umringelt, sich in ihrem Schmuck am Feuer aufrichtete, erschrak alles, so prächtig war sie. Der Vater lobte sie, daß sie etwas auf sich hielt vor den Leuten. Sie erwiderte rasch: sie wisse schon alles, sie habe sich die Gegend wohl gemerkt und wolle nach dem Schlosse vorausgehen, um auszukundschaften, ob der Wald sicher, ehe die andern nachkämen. Es fiel dem Vater nicht auf; er kannte sie, wie beherzt sie war. Da stand sie noch einen Augenblick zögernd. Lebt wohl, sagte sie dann aus tiefstem Herzensgrund. Der Vater stutzte bei dem ungewöhnlich bewegten Klang der Stimme, und sah ihr in Gedanken nach; aber, ihr Tamburin schwingend, war sie schon im Wald verschwunden.

6. Viel Lärmen um Nichts

Währenddes ruhte schon alles im Schloß, nur Klarinett konnte vor den vielen schlagenden Nachtigallen im Garten nicht einschlafen. Der Mond schien hell durchs ganze Zimmer, manchmal bewegte die Zugluft die alten Tapeten, und wo sie zerrissen, waren auf den kahlen Wänden, dem Stammbuch müßiger Soldaten, überall Gesichter und Figuren ungeschickt mit Kohle gemalt. Seitwärts, in einen weiten damastenen Schlafrock gehüllt, saß er auf dem schweren Himmelbett, an dem Himmel und Betten fehlten, und dachte noch seiner, immer näher heraufrückenden, Vermählung nach. – Jetzt öffnete er ungeduldig ein Fenster, der frische Waldhauch wehte ihn plötzlich über die Dächer an, da war's, als wollten die rauschenden Wipfel ihn an ein Lied erinnern, das er früher gar oft in

solcher nächtlichen Einsamkeit gesungen. Er besann sich
lange, dann stimmte er, halb singend, halb sprechend,
leise vor sich an:

> Es ist ein Klang gekommen
> Herüber durch die Luft –

die Weise wollte ihm durchaus nicht einfallen –

> Der Wind hat's gebracht und genommen –

Er ärgerte sich, daß er hier alles verlernt, was ihm sonst
lieb gewesen; es wurde ihm so heiß und angst, er schob es
auf den ungewohnten Ungarwein und eilte endlich aus
dem schwülen Gemach, die stille Treppe hinab, durch ein
verborgenes Pförtchen ins Freie. Er ging so eilig durch
den Garten, daß er sich alle Augenblicke in die weiten
Falten des Schlafrocks verwickelte; die Mücken stachen
ihn, die Gedanken jagten sich ihm durch die Seele, wie
die Wolken am Himmel, er wußte sich gar nicht zu
retten. Sei kein Narr, sei kein Narr! sagte er hastig zu sich
selbst: ein Schloß, drei Weiler, vier Teiche und fette
Karpfen und Untertanen und Himmelbett – und was
macht die Frau Liebste? – Danke für höfliche Nachfrage,
sie wiegt – ach, und die lieben Kleinen? – sie schreien,
und die Wiegen rumpeln – und derweil rauscht der Wald
draußen und schilt mich, und die Rehe gucken durch den
Gartenzaun und lachen mich aus – ja, Wald und Rehe, als
wenn das alles nur so zum Einheizen und Essen wäre! –
So war er in seinem Eifer mit dem langen Schlafrock
mitten ins Dickicht zwischen Dornen und Nesseln geraten, und als er sich umsah, erblickte er wahrhaftig die
wunderbare Fei in einem Fensterbogen über sich. Er
starrte betroffen hin, denn dieser Teil des Schlosses war
völlig wüst und unbewohnt, auch kam die Gestalt ihm

jetzt schlanker und ganz anders vor als Euphrosyne, sie bog sich weit herüber, als säh' sie nach jemand aus, ihn schauerte – da schien sie ihn zu bemerken und verschwand schnell wieder am Fenster.

Jetzt aber hörte er zu seinem Erstaunen eine wunderschöne Stimme singen, bald näher, bald ferner, wie in goldnen Kreisen um das ganze stille Haus. Er stutzte und hielt den Atem an, das Herz wurde ihm so leicht und fröhlich bei dem Klange, die Luft kam vom Schloß, er meinte die Weise zu kennen aus alter Zeit. Da schlug er sich plötzlich vor die Stirn, jetzt wußt' er auf einmal das Lied, auf das er sich niemals besinnen konnte, und sang jauchzend aus frischer Brust:

> Es ist ein Klang gekommen
> Herüber durch die Luft,
> Der Wind hat's gebracht und genommen,
> Ich weiß nicht, wer mich ruft.
> Es schallt der Grund von Hufen,
> In der Ferne fiel ein Schuß –
> Das sind die Jäger, die rufen,
> Daß ich hinunter muß!

Und auf einmal ganz nahe unter dem Garten antwortete die Stimme:

> Das sind nicht die Jäger – im Grunde
> Gehn Stimmen hin und her,
> Hüt' dich zu dieser Stunde!
> Mein Herz ist mir so schwer.
> Wer dich lieb hat, macht die Runde,
> Steig' nieder und frag' nicht, wer!
> Ich führ' dich aus diesem Grunde –
> Dann siehst du mich nimmermehr.

Aber Klarinett hatte schon den Schlafrock abgeworfen, er fühlte sich auf einmal so leicht in dem alten Wanderkleid und schaute in das stille Meer der Nacht, als hört' er die Glocken gehn von den versunkenen Städten darunter, und aus dem Waldgrund tönte der Gesang immerfort dazwischen:

> Ich weiß einen großen Garten,
> Wo die wilden Blumen stehn,
> Die Engel frühmorgens sein warten,
> Wenn alles noch still auf den Höh'n;
> Manch zackiges Schloß steht darinne,
> Die Rehe grasen ums Haus,
> Da sieht man weit von der Zinne,
> Weit, über die Länder hinaus. –

Klarinett erkannte die Stimme recht gut, und ganz verwirrt, zwischen den wankenden Schatten der Bäume, stieg er durch den Garten in die mondbeglänzte Einsamkeit hinab, immer tiefer, tiefer, das Schloß war hinter ihm schon versunken.

Nun wurde oben alles wieder totenstill, nur der Wetterhahn auf dem Turm drehte sich unruhig im Winde hin und her, als traute er der falschen Nacht nicht und wollte die Schlafenden warnen. Da raschelt plötzlich etwas in der Ferne, lockeres Steingeröll, wie hinter Fußtritten, rollt schallend in den Abgrund, drauf wieder die alte unermeßliche Stille. Allmählich aber schien das heimliche Geknister ringsum sich zu nähern, manchmal fuhr ein verstörter Waldvogel aus dem Gebüsch, sich erschrocken in wildem Zickzack in die Nachtluft stürzend, da und dort blinkte es wie Stahl auf und funkelten wilde Augen durchs Gesträuch. Jetzt trat eine fremde Gestalt vorsichtig aus den Hecken hervor, ein zweiter und mehre folgten von allen

Seiten, die ganze Bande mit Blendlaternen, Brecheisen, Stricken und Leitern schritt sacht und lautlos dem Schlosse zu. – Nur immer mir nach hier die Marmorstufen hinauf! flüsterte der Puppenspieler zurück. Sie arbeiteten nun, daß ihnen die Schweißtropfen aus dem struppigen Haar rannen, an der verschlossenen Tür, um sie unbemerkt zu öffnen. Andere hoben ungeduldig indes die Scheiben aus den Fenstern und legten die Leitern an, eifrig hinansteigend. Indem aber tut auch die Tür sich schon mit Krachen auf, und das ganze Gesindel durch Fenster und Tür stürzt auf einmal mitten in den Gartensaal. – Das Fräulein! schreit plötzlich der Puppenspieler: Euphrosyne, von ihrem Diener begleitet, erschrocken, mit fliegendem Haar im Widerschein eines Windlichts tritt ihnen rasch entgegen. – Was Teufel, die tolle Sinka! ruft da der Holk'sche Jäger, und alle stehen wie verzaubert.

Pamphil war der erste, der sich von seinem Erstaunen wieder erholte. Was ist das, wie kommt ihr hieher? fragte er den Diener: Ich traf dich doch erst vor kurzem in Halle, es war gerade Geburtstag, glaub' ich, und Maskerade in des Grafen Gerold Haus an der Stadtmauer; da sagtest du, du hättest einen Schatz drin. – Und den hab' ich auch in der folgenden Nacht gehoben aus der Jungfernkammer auf mein Roß, entgegnete der Diener, denn Sinka war Kammerjungfer im Hause, und ich entführte sie die Nacht nach dem Feste. – Wie die andern so viel von Schätzen hörten, schrien alle durcheinander: da stecke was dahinter, sie wüßten's wohl, Sinka hätte hier auf dem Schloß wie eine Prinzessin gelebt und aus dem gräflichen Haus mehr als ihren Abschied genommen, auch sei sie ihnen noch ihre Regimentskasse schuldig, sie sollte ihnen zur Goldtruhe vorleuchten, oder sie würden ihr das Schloß überm Kopfe anzünden.

Sinka blickte ratlos umher, wie nach einem guten Einfall, denn sie gedachte des in Halle gestohlenen Schmuckkästchens unter ihrem Bett, und verwünschte im Herzen die beiden Kavaliere und ihr Heiratsprojekt, das sie so lange hier im Schlosse aufgehalten. Doch die Gesellen ließen keine Bedenkzeit; überwacht und in der übelsten Laune stürmten die einen schon die innere Saaltür, die andern wollten das Schlafzimmer der beiden Edelleute aufsuchen, wieder andere verrannten diesen wie jenen den Weg, um die ersten zu sein beim Fange, und jeder zankte auf den Puppenspieler, daß er sie mit seinem falschen Schloßfräulein vexiert; so gerieten endlich alle, lärmend, stoßend und über die Marmorstufen sich wieder hinabdrängend, auf dem Gartenplatz vor dem Schlosse wütend aneinander. Vergebens warf sich Sinka dazwischen und schimpfte sie wilde Gänse, die ihr ins Netz fielen und alle Maschen zerrissen, da sie eben einen jungen Goldfasan fangen wollte; morgen sei die Hochzeit mit dem Rittmeister, sie wolle ehrlich mit ihnen teilen. Keiner hörte mehr, alles stach, hieb und raufte in der stockfinstern Nacht, daß die Fetzen flogen und die Funken von den Klingen sprühten.

Da schrie plötzlich Sinka durchdringend auf, mit Entsetzen bemerken sie auf einmal mitten unter sich ein fremdes Gesicht, jetzt wieder eins, bald da, bald dort, beim Streiflicht des Mondes immer mehr unbekannte Gestalten, die schweigend mitkämpfen, die eine von furchtbarem Aussehen ingrimmig durch den dicksten Haufen mähend, als föchte der Teufel mit ihnen. Da faßt alle ein unwiderstehliches Grauen, und, Sinka voran, stiebt plötzlich der ganze verbissene Knäul wie ein Nachtspuk in die Waldschluchten auseinander.

Nur der grimme Fechter, mit zerhauenem Hute blutend auf ein Knie gesunken, verteidigte sich noch immer gegen die geisterhafte Runde der Unbekannten, die nun allein auf dem Platz zurückgeblieben. Der eine leuchtete ihm mit seiner Fackel unter die herabhangende Hutkrämpe. – Ei, Herr Suppius! was machen Sie denn hier? rief er erschrocken zurückprallend.

Suppius – der bei dem ersten Lärm sich sogleich aus seinem Schlafgemach in das Getümmel gestürzt hatte – blickte im Kreise herum und erkannte nun mit großem Erstaunen einige reichgekleidete Jäger des Grafen Gerold aus Halle, die er damals öfters gesehen, wenn er unter den Fenstern seiner eingebildeten Geliebten vorbeistrich. Sie halfen ihm sogleich wieder auf die Beine, und da sie seine umherschweifenden fragenden Blicke bemerkten, erzählten sie ihm in aller Geschwindigkeit, wie ihrem Herrn vor kurzem, da er mit seiner Tochter im nächsten Städtchen übernachtet, eine Karosse nebst Effekten, die er auf der Reise vorausgeschickt, verwegen weggeschnappt worden; da seien sie endlich der Diebsbande auf die Spur gekommen und ihr immer dicht auf den Fersen bis hier zu des Grafen wüstem Jagdschloß gefolgt.

Des Grafen Schloß? fragte Suppius ganz verwirrt. Aber er hatte nicht Zeit, sich lange zu verwundern. Wo ist der Samson, der die Philister geschlagen? rief ein stattlicher Herr im Garten. Es war Graf Gerold selbst, der, sich rasch vom Pferde schwingend, herzutrat und den abenteuerlichen Studenten mit heimlichem Lächeln betrachtete. Hinter ihm hielt seine Tochter, im ersten Morgenlicht mit den wallenden Federn vom Zelter nickend. – Das ist sie wirklich und leibhaftig! dachte Suppius überrascht.

Nun war unter den Schälken ringsum viel Rühmens von dem wütenden Studenten, der wie ein Sturmwind das

Gesindel auseinander geblasen. Indem hatten die Jäger im Schloßhofe auch die verschwundene Karosse entdeckt, andere brachten soeben den verlorenen Reisekoffer mit den Staatskleidern und das gestohlene Schmuckkästchen herbei. Der lustige Graf, ohne lange zu kramen, zog sogleich eine schwere goldene Kette hervor, aus lauter St. Jürgen und Lindwürmern künstlich zusammengefügt, und reichte sie seiner Tochter, die mußte sie feierlich dem tapfern Retter des Schlosses um den Hals hängen. Dann gab er seinen Leuten einen Wink. Da setzten sie rasch die Trompeten an und bliesen dem Suppius zu Ehren einen schmetternden Tusch, während die andern, eh' er sich's versah, ihn auf ihre Schultern schwangen und so im Triumph ins Schloß zum Frühstück trugen.

Unterdes war der Tag schon angebrochen, Suppius konnte von seinem luftigen Sitz weit über die Hecken weg ins Tal schauen. Da sah er, zu neuem Erstaunen, unter seinen Gefährten Klarinett zu Roß, seine Denkeli vor sich im Sattel, wie einen Morgenblitz am Saum des Waldes dahinfliegen. Siglhupfer (denn niemand anders war Klarinett) hatte sich nicht getäuscht: Denkeli, entschlossen, mit Gefahr ihres eigenen Lebens ihn zu warnen und zu retten, war die singende Fei im Fenster gewesen – nun verstand er erst die Sage; so weit man vom Turm des Schlosses sehen konnte, es war ja alles, alles wieder sein!

Oben aber schmetterten jetzt von Frischem die Trompeten, Vivat und Jubelgeschrei, und hinter sich sah Suppius die Hüte schwenken und Weinflaschen blinken und die schönen Augen der jungen Gräfin dazwischen funkeln. – So hatte er, wie man die Hand umdreht, sein Glück gemacht. – Siglhupfer aber blieb fortan in den Wäldern selig verschollen.

LIBERTAS UND IHRE FREIER

Ein Märchen

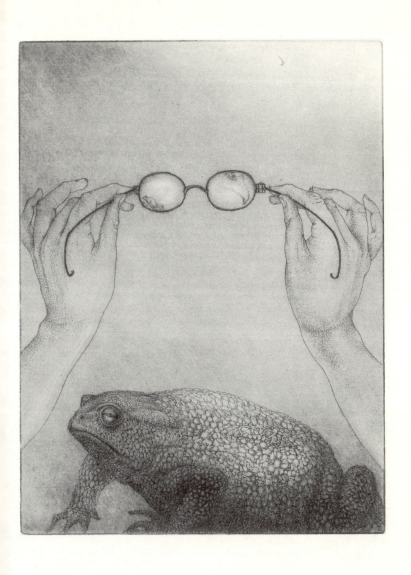

Es war einmal ein Schloß in Deutschland mit dicken
Pfeilern, Bogentor und Türmchen, von denen Wind und
Regen schon manchen Schnörkel abgebissen hatten. Das
Schloß lag mitten im Walde und war sehr verrufen in der
ganzen Gegend, denn man wußte nicht, wer eigentlich
darin wohnte. Jemand konnte es nicht sein, sonst hätte
man ihn doch manchmal am Fenster erblicken müssen;
und niemand auch nicht, denn in dem Schlosse hörte man
bei Tag und Nacht beständig ein entsetzliches Rumoren,
Seufzen, Stöhnen und Zischen, als würde drin die Welt
von neuem erschaffen; ja des Nachts fuhr bald da bald
dort ein Feuerschein aus einem der langen Schornsteine
oder Fenster heraus, als ob gequälte Geister plötzlich ihre
lechzenden Zungen ausstreckten. Über dem Schloßportal
aber befand sich eine überaus künstliche Uhr, die mit
großem Geknarre Stunden, Minuten und Sekunden
genau angab, aber aus Versehen rückwärts fortrückte und
daher jetzt beinah schon um fünfzig Jahre zu spät ging;
und jede Stunde spielte sie einen sinnigen Verein gebildeter Arien zur Veredlung des Menschengeschlechts, z.B.:

> In diesen heil'gen Hallen
> Kennt man die Rache nicht –
> Und Ruhe ist vor allen
> Die erste Bürgerpflicht usw.

Die benachbarten Hirten, Jäger und andere gemeinen
Leute aber waren das schon gewöhnt und fragten nicht
viel danach, denn sie wußten ohnedem von der Sonne
schon besser, was es an der Zeit war, und sangen unbekümmert ihre eignen Lieder. Wer aber recht genau auf-
paßte, der konnte wirklich zuweilen zur Nachtzeit oder
in der schwülen Mittagstille den Schloßherrn aus dem
großen Uhrportal hervortreten und auf den einsamen

375

Kiesgängen des Ziergartens lustwandeln sehen; einen hagern, etwas schiefbeinigen Herrn mit gebogener Nase und langem Schlafrock, der war von oben bis unten mit allerlei Hieroglyphen und Zaubersprüchen verblümt und punktiert, und hatte unten einige Zimbeln am Saume, die aber immer gedämpft waren, um ihn nicht im Nachdenken zu stören. Das war aber niemand anders, als der Baron Pinkus, der große Negromant, und die Sache verhielt sich folgendermaßen:

Vor geraumer Zeit und bevor er noch Baron war, hatte der Staatsbürger Pinkus auf dem Trödelmarkt in Berlin den ganzen Nachlaß des seligen Nicolai (der damals gerade altmodisch geworden, weil soeben die Romantik aufgekommen war) für ein Lumpengeld erstanden und machte in Ideen. Er war ein anschlägiger Kopf und setzte die Ware ab, wo sie noch rar war. So war er denn eines Tages an das abgelegene Schloß eines gewissen Reichsgrafen gekommen. Der Graf saß gerade in freudenreichem Schalle an der Mittagstafel mit seinem Stallmeister, Hofmarschall und dem andern Hofgesind. Da riß es plötzlich so stark an der Hausglocke, daß die Kanarienvögel, Papageien und Pfauen vor Schreck zusammenschrien und die Puthähne im Hofe zornig zu gollern anfingen. Der Graf rief: wer ist da draußen vor dem Tor? Der Page lief: was wollen Sie, mein Herr? – Menschenwohl, Jesuiten wittern und Toleranzen. – Der Page kam: dem Menschen ist nicht wohl, er will einen Bittern oder Pomeranzen. – Das verdenk ich ihm nicht, entgegnete der Graf, aber geh' und frag' noch einmal genauer wer er sei. – Der Page ging: Ihr Charakter, mein Herr? – Kosmopolit! – Der Page kam; Großhofpolyp. – Das Brockhausische Konversationslexikon war damals noch nicht erfunden, um darin nachschlagen zu können, es entstand daher ein allgemeines

Schütteln des Kopfes und der Graf war sehr neugierig die neue Hofcharge kennenzulernen. So wurde nun Pinkus eingelassen und trat mit stolzer Männerwürde in den Saal, und nachdem die notwendigen Bewillkommnungskomplimente zu beiderseitiger Zufriedenheit glücklich ausgewechselt waren, begann er sogleich eine wohlstilisierte Rede von der langen Nacht, womit die schlauen Jesuiten das Land überzogen, kam dann auf den großen Nicolai, wie derselbe, da in dem Stichdunkel alle mit den Köpfen aneinanderrannten, in edler Verzweiflung seinen unsterblichen Zopf ergriff, ihn an seiner Studierlampe anzündete und mit dieser Fackel das Volk der Tugendusen, die bloß von Moral leben, siegreich bis mitten in die Ultramontanei führte. – Hier nahm der Hofmarschall verzweiflungsvoll eine Prise, und verschiedene Kavaliere gähnten heimlich durch die Nase. Aber Pinkus achtete nicht darauf, sondern fing nun an, den besagten Nicolaischen Zopf ausführlich in seine einzelnen philosophischen Bestandteile zu entwickeln. Das ist ja nicht auszuhalten! rief der Oberstallmeister mit schwacher kläglicher Stimme, die andern stießen schon schlummernd mit ihren Frisuren gegeneinander, daß der Puder stob, die Pfauen draußen hatten längst resigniert die Köpfe unter die Flügel gesteckt, im Vorzimmer schnarchte die umgefallene Dienerschaft fürchterlich auf Stühlen und Bänken. Es half alles nichts, der unaufhaltsame Pinkus zog immer neue, lange, vergilbte Papierstreifen aus dem erstandenen Nachlaß, rollte sie auf und murmelte fort und immerfort von Aufklärung, Intelligenz und Menschenbeglückung. – Sapperment! schrie endlich der Graf voll Wut und wollte aufspringen, aber er konnte nicht mehr, sondern versank mit dem ganzen Hofstaat in einen unauslöschlichen Zauberschlaf, aus dem sie alle bis heut noch nicht wieder erwacht sind.

Man muß nur haben Verstand! rief da der böse Negromant und rieb sich vergnügt die Hände, legte sie aber nicht müßig in den Schoß, denn durch die offenen Türen, da niemand mehr da war sie zuzumachen, kam der Wind dahergepfiffen und griff unverschämt nach seinen Papieren; aus der großen Kristallflasche, die der Hofmarschall beim Einschlafen umgeworfen, war ihm das Wasser in die Schnallenschuhe gestürzt und die Kerze, woran sie ihre Pfeifen anzuzünden pflegten, flackerte unordentlich und wollte durchaus die seidene Gardine anstecken. Pinkus aber hatte sie alle schon lange auf dem Korn und eine gründliche Verachtung vor der Luft, dem landstreicherischen Windbeutel, sowie vor dem Wasser, das keine Balken hat und immer nur von Stein zu Stein springen, glitzern, schlängeln und die unnützen Vergißmeinnichts küssen möchte, und vor dem Feuer, das nichts tut, als vertun und verzehren. Er trat daher entrüstet in den Garten hinaus, zivilisierte ohne Verzug jene ungeschlachten Elemente durch seine weitschweifigen Zaubersprüche, die keine Kreatur lange aushält, und stellte sie dann in dem verstorbenen Schlosse an. In demselben Schlosse aber legte er sofort eine Gedankendampffabrik an, die ihre Artikel zu Benjowskys Zeiten bis nach Kamtschatka absetzte und eben den außerordentlichen Lärm machte, den sich die dummen Leute in der Umgegend nicht zu deuten wußten.

So war also der Staatsbürger Pinkus ein überaus reicher Mann und Baron geworden, und befand, daß alles gut war.

*

Seitdem waren viele Jahre vergangen, da gewahrte man in einer schönen Nacht dort in der Gegend ein seltsames Zittern und Blinkern in der Luft, als würde am Himmel

ganz was Absonderliches vorbereitet. Die Vögel erwachten darüber und reckten und dehnten noch verschlafen
ihre Flügel, da sahen sie droben auch den Adler schon
wach und fragten erstaunt:

> Was gibt's, daß vom Horste
> An der zackigen Kluft
> Der Adler schon steigt
> Und hängt überm Forste
> In der stillen Luft,
> Wenn alles noch schweigt?

Der Adler aber vernahm es und rief hinab:

> Ich hörte in Träumen
> Ein Rauschen gehn,
> Sah die Gipfel sich säumen
> Von allen Höhn –
> Ist's ein Brand, ist's die Sonne,
> Ich weiß es nicht.
> Aber ein Schauer voll Wonne
> Durch die Wälder bricht.

Jetzt schüttelten die Vögel geschwind den Tau von den
bunten Wämschen und hüpften und kletterten nun selber
in ihrem grünen Haus bis in die allerhöchsten Wipfel
hinaus, da konnten sie weit ins Land hinaussehn, und
sangen:

> Sind das Blitze, sind das Sterne?
> Nein, der Aar hat recht gesehn,
> Denn schon leuchtet's aus der Ferne,
> Daß die Augen übergehn.

379

Und in diesen Morgenblitzen
Eine hohe Frau zu Roß,
Als wär' mit den Felsenspitzen
Das Gebirge dort ihr Schloß.

Geht ein Klingen in den Lüften,
Aus der Tiefe rauscht der Fluß,
Quellen kommen aus den Schlüften,
Bringen ihr der Höhen Gruß.

Und die grauen Schatten sinken,
Wie sie durch die Dämm'rung bricht,
Und die Kreaturen trinken
Dürstend alle wieder Licht.

Ja, sie ist's, die wir da schauen,
Uns're Königin im Tal!
O Libertas! schöne Fraue,
Grüß' dich Gott vieltausendmal!

Habt Dank, meine lustigen Kameraden! rief da eine
wunderliebliche Stimme, die wie ein Glöcklein durch die
Einsamkeit klang, und die Lerche stieg sogleich kerzengerade in die Höh' und jubilierte: die Libertas ist da, die
Libertas ist da! – es wollt's niemand glauben. Sie war's
aber wirklich, die soeben zwischen dem Gesträuch auf
den Schloßberg heraustrat. Sie ließ ihr Rößlein frei neben
sich weiden und schüttelte die langen wallenden Locken
aus der Stirn; die Bäume und Sträucher hatten sie ganz
mit funkelndem Tau bedeckt, daß sie fast wie eine
Kriegsgöttin in goldener Rüstung anzusehen war. Hinter
ihr aber, wo sie geritten, zog sich's wie eine leuchtende
Furt durchs Land, denn sie war über Nacht gekommen,
der Mond hatte prächtig geschienen und die Wälder
seltsam dazu gerauscht, in den Tälern aber schlief noch

alles, nur die Hunde bellten erschrocken in den fernen Dörfern und die Glocken auf den Türmen schlugen von selbst an, wo sie vorüberzog.

»Ich wollte doch auch wieder einmal meine Heimat besuchen«, sagte sie jetzt, »die schönen Wälder, wo ich aufgewachsen. Da ist viel abgeholzt seitdem, das wächst so bald nicht wieder nach auf den kahlen Bergen.« Nun erblickte sie erst das geheimnisvolle Schloß und den Ziergarten. »Aber wo bin ich denn hier hingeraten?« fragte sie erstaunt. Es schwieg alles; was wußten die Vögel von dem Baron Pinkus! Es war ihr alles so fremd, sie konnte sich gar nicht zurechtfinden. »Das ist die Burg nicht mehr, wo sonst meine liebsten Gesellen gewohnt. Mein Gott! wo sind die alten Linden hin, unter denen wir damals so oft zusammengesessen?« – Darüber wurde sie auf einmal ganz ernsthaft, trat an den Abhang und sprach laut in die Tiefe hinaus:

> Die gebunden da lauern,
> Sprengt Riegel und Gruft,
> Du ahnend Schauern
> Der Felsenkluft,
> Unsichtbar Ringen
> In der stillen Luft,
> Du träumend Singen
> Im Morgenduft!
> Brecht auf! schon ruft
> Der webende blaue
> Frühling durchs Tal.

Und die Vögel jubelten wieder:

> O Libertas, schöne Fraue,
> Grüß' dich Gott vieltausendmal!

Da ging erst ein seltsames Knistern und Flüstern durch die Buchsbäume und Spaliere, fast grauenhaft, wie wenn sie heimlich miteinander reden wollten in der großen Einsamkeit, drauf kam von den Waldbergen auf einmal ein Rauschen immerfort wachsend über den ganzen Garten, es war, als stiege über die Hecken und Gitter von allen Seiten verwildernd der Wald herein, die Fontäne fing wie eine Fee mit kristallenen Gewändern zu tanzen an, und Krokus, Tulipanen, Königskerzen und Kaiserkronen kicherten lustig untereinander; im Schloß aber entstand zu gleicher Zeit ein entsetzliches Krachen und Tosen, daß alle Türen und Fenster aufsprangen. Da kam plötzlich Pinkus, ganz verstört und zerzaust, aus dem Haupttor mit solcher Vehemenz dahergeflogen, daß die Schöße seines punktierten Schlafrocks weit hinter ihm dreinrauschten. Er wollte vernünftig reden, aber der Frühlingssturm hatte ihn mit erfaßt, er mußte zu seinem großen Ärger in lauter Versen sprechen und schrie ingrimmig:

Bin ich selber von Sinnen?
Im Schlosse drinnen
Ein Brausen, Rumoren,
Alles verloren!
Die Wasser, die Winde,
Das Feuer, das blinde,
Die ich besprochen,
Wild ausgebrochen,
Die rasen und blasen
Aus feurigen Nasen,
Mit glühenden Blicken,
Brechen alles in Stücken!

Hier stutzte er auf einmal, er hatte die Libertas erblickt, da schoß ihm plötzlich das Blatt. Er kannte sie zwar nicht

382

von Person, aber der schlaue Magier wußte nun sogleich, wer die ganze Verwirrung angerichtet. Ohne Verzug schritt er daher auf sie los und forderte ihren Paß. Sie betrachtete ihn von oben bis unten, er sah vom Schreck so windschief und verschoben aus; sie mußte ihm hellaut ins Gesicht lachen. Da wurde er erst recht wild und rief die bewaffnete Macht heraus, die sich nun von allen Seiten mit großer Anstrengung mobil machte, denn der Friedensfuß, auf dem sie so lange gestanden, war ihr soeben etwas eingeschlafen. Libertas stand unterdessen wie in Gedanken und wußte gar nicht, was die närrischen Leute eigentlich wollten. Doch sie sollte es nur zu bald erfahren. Pinkus befahl, die gefährliche Landstreicherin im Namen der Gesittung zu verhaften. Sie ward eiligst wie ein Wickelkind mit Stricken umwunden und ihr, in gerechter Vorsicht, darüber noch die Zwangsjacke angelegt. Da hätte man sehen sollen, wie bei dieser Arbeit manchem würdigen Krieger eine Träne in den gewichsten Schnurrbart herabperlte; aber der Patriotismus war groß und Stockprügel tun weh. So wurde Libertas unter vielem Lärm in das mit dem Schlosse verbundene Arbeitshaus abgeführt.

Pinkus aber, nachdem er sich von der Alteration einigermaßen wieder erholt hatte, schrieb sogleich ein großes Renaissancefest aus, das in einem feierlichen Aufzuge aus dem chinesischen Lusthause nach dem Schloß bestand und wohl einer würdigeren Feder wert wäre. Da sah man nämlich zuerst zwölf weißgekleidete Mädchen, eine hinter der andern vorschreitend, in den chinesischen Saal hereinschweben, sie trugen auf ihren Achseln eine wunderliche Festgabe, die wie eine lange Wurst oder wie ein gräulicher Wurm aussah. Damit traten sie in einer Reihe

383

vor Pinkus, stellten sich auf das eine Bein und streckten
das andere anmutsvoll in die Luft, während eine jede die
rechte Hand auf ihr Herz legte, mit der linken aber das
langschweifige Weihopfer hoch in die Höhe hob und alle
lieblich dazu sangen:

> Wir bringen dir der Treue Zopf
> Von eigner Locken Seide,
> Lang' trag' ihn dein erhabner Kopf
> Zu deines Landes Freude,
> Kopf, Zopf und Lockenseide!

Es war wirklich ein ungeheurer Zopf, den sie eiligst aus
ihren eigenen Locken zusammengewunden hatten. Der
gerührte Pinkus riß sofort den Haarbeutel vom Haupt,
verehrte ihn unter angemessenen Worten den Jungfrauen,
um ihn als teures Andenken in dem Prüfungssaale ihrer
Pensionsanstalt aufzuhängen und ließ sich dann den
patriotischen Zopf am Genick befestigen, was sich sehr
feierlich ausnahm, denn er schleppte ihn hinten etwas
nach, so daß ihm jeder drei Schritt vom Leibe bleiben
mußte, um nicht unversehens darauf zu treten. Jetzt aber
begann der Zug durch den Garten. Voran schritten wie
eine Schar schneeweißer Gänse, die glücklichen Jungfrauen mit dem Haarbeutel auf samtnem Kissen, ihnen
folgte der Haushofmeister, an dessen Allongeperücke in
der feuchten Abendluft die Locken aufgegangen waren
und wie ein Fürstenmantel fast bis an die Fersen herabfie-
len, endlich kam Pinkus selbst, dem der Kammerdiener
den Zipfel des Opferzopfes ehrerbietig nachtrug. Auch
der Ziergarten, der seit Libertas gebunden war, hatte
unterdes seine vorige würdige Haltung wiedergewonnen,
und wo Pinkus vorüberschritt, präsentierte der mar-
morne Herkules mit seiner Keule, der geigende Apollo

salutierte mit dem Fidelbogen und die Tritonen in den steinernen Becken bliesen auf ihren Muscheln aus Leibeskräften: Heil dir im Siegerkranz!

*

Die Geschichte machte damals großes Aufsehn in Deutschland. Die Schwalbe schoß ängstlich hin und her und schwatzte und schrie von allen Dächern und Zäunen: weh, weh, Frau Libertas ist gefangen! Die Lerche stieg sogleich wieder kerzengerade in die Höh' und meldete es dem Adler, die Nachtigall schluchzte und konnt' sich gar nicht erholen, selbst der Uhu seufzte einigemal tief auf; der Rohrdrommel aber trommelte sofort Alarm und der Storch marschierte im Paradeschritt durch alle Wiesen und Felder und klapperte unablässig zum Appell. Bald wurde es auch weiter im Walde lebendig; der Hase duckte sich im Kohl und mochte von der ganzen Sache nichts wissen, der Fuchs wollte erst abwarten, welche Wendung sie nehmen würde; der biedere Bär dagegen ging schnaubend um und wurde immer brummiger, und die Hirsche rannten verzweiflungsvoll mit ihren Geweihen gegen die dicksten Eichen, oder fochten krachend miteinander, um sich in den Waffen zu üben.

Da kam zur selben Stunde der Doktor Magog dahergewandert, der seinen Verleger nicht finden konnte und daher soeben in großer Verlegenheit war. Der hörte mit Verwunderung das ungewöhnliche Geschrei der Vögel; durch einen entflogenen Star, der reden gelernt, erfuhr er alles, was geschehen, und wollte aus der Haut fahren über diese Nachricht. Ha! rief er, und dabei fuhr ihm wirklich der Ellbogen aus dem Ärmel. Aber sein Entschluß war sogleich gefaßt: er wandte sich eiligst seitwärts nach dem Wald hin. Da erblickte ihn ein Köhler von fern und rief

385

ihm zu, wohin er ginge? – Zum Urwald, erwiderte
Magog. – Seid Ihr toll? schrie der Köhler wieder herüber,

Kehrt um auf der Stelle,
Dort steht ein Haus,
Da brennt die Hölle
Zum Schornstein heraus,
Und auf der Schwelle
Tanzt der Teufel Kehraus.

Laßt ihn tanzen! entgegnete Magog und schritt stolz
weiter. Der fromme Köhler sah ihm nach, bis er im
Walde verschwunden war. So gnad' ihm Gott, sagte er
dann und schlug ein Kreuz. Magog aber räsonierte noch
lange innerlich: Abergläubisches Volk, das im Mittelalter
und in der Religion stecken geblieben! Darum wächst
auch der Wald hier so dumm ins Blaue hinein, daß man
keinen vernünftigen Fortschritt machen kann.

So war er eine Weile durch das Dickicht vorgedrungen,
als er unverhofft eine dünne Gestalt sehr eilfertig auf sich
zukommen sah. Es war eine lange, hagere, alte Dame in
ganz verschossenem altmodischem Hofstaat, das graue
Haar in lauter Papilloten gedreht, wie ein gespickter
Totenkopf, die hatte unter jedem Arm eine große Papp-
schachtel, hielt mit der einen Hand ein zerrissenes Parasol über sich und stützte sich mit der andern auf einen
Haubenstock. – »Ist das der rechte Weg zum Urwald?«
fragte Magog. – »Gewiß, leider, mein Herr«, erwiderte
die Dame, sich feierlich verneigend. »Ja«, setzte sie dann
mit außerordentlicher Geschwindigkeit in einem Striche
fortredend hinzu – »ja, diese bäuerische ungesittete
Nachbarschaft macht sich von Tag zu Tag breiter, besonders seit einigen Tagen, man sagt, die famose Libertas sei
wieder einmal in der Luft, es ist nicht mehr auszuhalten

386

in dieser gemeinen Atmosphäre, keine Gottesfurcht mehr
vor alten Familien, aber ich hab' es meinem hochseligen
Herrn Neveu immer vorausgesagt, das war auch so ein
herablassender Volksfreund, wie sie es nennen, ja das eine
Mal embrassierte er sich gar mit dem Pöbel, da haben sie
ihn jämmerlich erdrückt, und nun gar wir Jungfrauen
sind beständigen Attacken ausgesetzt, und so sehe ich
mich soeben bemüßiget zu emigrieren: o Sie glauben gar
nicht, mein Herr, was so eine arme Waise von Distink-
tion sich zerärgern muß in der gegenwärtigen Abwesen-
heit aller Tugenden von Stande!« Hier kam sie vor großem Eifer ins Singen und machte plötzlich einen langen
feinen Triller wie eine verdorbene Spieluhr, bis sie sich
endlich ganz verhustete. Magog, der ihr voll Erstaunen
zugehört, brach in ein schallendes Gelächter aus. Darüber geriet die Dame in solchen Zorn, daß sie verächtlich
und ohne Abschied zu nehmen eiligst weiter emigrierte. –
»Ohne Zweifel die Urtante, da kann ich nicht mehr weit
haben«, dachte Magog und schritt getrost wieder vorwärts.

Bald aber verlor sich der Fußsteig vor seinen Füßen,
der Forst wurde immer wilder und dichter, von fern nur
sah er eine seltsame Rauchsäule über die Wipfel aufsteigen; da gedachte er der Warnung des Köhlers und des
wüsten Hauses, aus dem die Hölle brennen sollte. Aber
ein rauchender Schornstein war ihm von jeher ein anzie-
hender Anblick und so klomm er mühsam eine Anhöhe
hinan, um das ersehnte Haus zu entdecken. Doch zu
seinem Schrecken bemerkte er, daß es ringsum bereits zu
dunkeln anfing. Jetzt begann es auch unten am Boden
schon sich geheimnisvoll zu rühren, Eidechsen raschelten
durch das trockne Laub, die Fledermäuse durchkreuzten
mit leisem Flug die Dämmerung, aus den feuchten Wie-

sen krochen und wanden sich überall trägringelnd lange Nebelstreifen und hingen sich an die Tannenäste wie Trauerflöre, und als Magog endlich droben ins Freie trat, stieg die kühle stille Nacht über die Wälder herauf und bedeckte alles mit Mondschein. Auch die Rauchsäule konnte er nicht mehr bemerken, es war als hätte die fromme Nacht die Hölle ausgelöscht. Da beschloß er, hier oben den Morgen abzuwarten, streckte sich auf das weiche Moos hin, schob sein mit Manuskripten vollgepfropftes Reisebündel unter den Kopf, betrachtete dann noch eine Zeitlang die zerrissenen Wolken, die über ihm dahinjagten und manchmal wie Drachen nach dem Monde zu schnappen schienen, und war endlich vor großer Müdigkeit fest eingeschlafen.

So mochte er eine geraume Zeit geruht haben, da meinte er mitten durch den Schlummer ein Geflüster zu vernehmen und dazwischen ein seltsames Geräusch, wie wenn ein Messer auf den Steinen gewetzt würde. Die Stimmen kamen immer näher und näher. »Er schläft«, sagte die eine, »jetzt ist's die rechte Zeit.« – »Ein schlechter Braten«, entgegnete eine andere tiefe Stimme, »er ist sehr mager, hab' seinen Futtersack untersucht, den er unterm Kopf hat, er lebt bloß von Papier.« – Nun schien es dem Magog, als hörte er auch die emigrierte Tante leise und eifrig dazwischenreden in verschiedenen unbekannten Sprachen, die andern antworteten ebenso, die Wipfel rauschten verworren drein, auf einmal schlug sie wieder ihren schrillenden Triller. Da sprang Magog ganz entsetzt auf – es war ein heiserer Hahn, der fern im Tale krähte. Verstört blickte er um sich, der Morgen blitzte zu seinem Erstaunen schon über die Wälder, er wußte nicht, ob ihm das alles nur geträumt oder sich wirklich ereignet hatte.

Jetzt sah er auch die Rauchsäule von gestern wieder

emporwirbeln, er hielt es für einen unverhofften feuer-
speienden Berg. Als er indes näher kam, erkannte er,
daß es nur eine ungeheure Lehmhütte war, in welcher
wahrscheinlich das Frühstück gekocht wurde. In diesen
tröstlichen Gedanken ging er also unaufhaltsam darauf
los. Auf einmal aber blieb er ganz erschrocken stehen.
Denn auf dem Rasenplatze vor der Hütte war ein Rie-
senweib wahrhaftig soeben damit beschäftigt, ein großes
Schlachtmesser zu wetzen. Sie schien ihn nicht zu
bemerken oder weiter nicht zu beachten, weil er so klein
war, und in demselben Augenblick brachen auch mehrere Riesenkinder mit großem Geschrei aus der Hütte
und zankten und würgten und rauften miteinander, daß
die Haare davonflogen. Über diesem Lärm aber erhob
sich plötzlich eine wunderbare baumlange Gestalt und
gähnte, daß ihm die Morgensonne bis tief in den
Schlund hineinschien. Der Mann war greulich anzusehen, ungewaschen und ungekämmt, wie ein zerzaustes
Strohnest, und hatte eine ungeheure Wildschur an, die
war aus lauter Lappen und Fetzen von Fuchsbalg, wilden Schweinshäuten und Bärenfellen zusammengeflickt.
– »Herr Rüpel?!« rief da Magog in freudigem Erstaunen.
– »Wer ruft mich?« erwiderte der Riese noch halb im
Schlafe und sah den Fremden verwundert an. – »Sie
eben hab' ich aufgesucht«, entgegnete Magog, »eine
höchst wichtige Angelegenheit.« – Aber Rüpel hatte
gerade mit der Kindererziehung zu tun. »Hetzo!« schrie
er den Jungens zu, die noch immer fortrauften, »du da
wirst dich doch nicht unterkriegen lassen, frisch drauf!«
Dann streckte er unversehens sein langes Bein vor, da
stürzten und kollerten die Verbissenen plötzlich verworren übereinander, während die Riesenmutter voller Zorn
ihren Kehrbesen mitten in den Knäuel warf. Darüber

389

kamen alle in ein so herzhaftes Lachen, daß der Wald zitterte.

Da nun Magog die Familie in so guter Laune sah, faßte er sich ein Herz und rückte sogleich mit seinem eigentlichen Plane heraus. »Herr Rüpel«, sagte er, »ich bin ein Biedermann und kenne kein Hofieren und keinen Hof, als den Hühnerhof meiner Mutter, aber das muß ich Ihnen rund heraussagen: Ihre Macht und Gesinnungstüchtigkeit ist durch ganz Europa ebenso berühmt als geschätzt und ebenso geschätzt als gefürchtet. Darum wende ich mich vertrauensvoll an Ihr großes Herz und rufe: wehe und abermals wehe! die Libertas ist geknechtet! – wollen wir das dulden?« – »Libertas? wer ist die Person?« fragte Rüpel. – »Libertas?« erwiderte Magog, »Libertas ist die Schutzpatronin aller Urwälder, die Patronin dieses langweiligen – wollt sagen: altheiligen Waldes.« – »I bewahre«, fiel ihm hier die Riesin ins Wort, »unsere Grundherrschaft ist das gnädige Fräulein Sybilla da draußen.« – »Was? die mit den Papilloten und großen Haubenschachteln?« rief Magog, den dieser unerwartete Einwurf ganz aus dem Konzept gebracht hatte. Aber er faßte sich bald wieder. »Grundherrschaft!« fuhr er fort, »schützt die Grille Krokodille, der Frosch das Rhinozeros, der Weißfisch den Haifisch? – Wer die Macht hat, ist der Herr und Ihr habt die Macht, wenn die Libertas regiert, und habt die Macht nicht, wenn die Libertas gefangen ist, und die Libertas ist gefangen – ich frage also nochmals, wollen wir das dulden?«

Hier aber wurde er, da er eben im besten Zuge war, durch einen seltsamen Auftritt unterbrochen. Ein Reiher kam nämlich pfeilschnell dahergeschossen, setzte sich gerade auf seinen zerknitterten Kalabreser, drehte ein paarmal mit dem dünnen Halse, verneigte sich dann

390

feierlich vor der Gesellschaft und sagte: »Sie lassen alle ihren Respekt vermelden und es tut ihnen sehr leid, aber sie können heut und morgen nichts bringen, wir haben alle außerordentlich Wichtiges zu tun; schönen guten Morgen!« Und damit sich abermals höflich verneigend, schwang er sich wieder in die Lüfte. – »Guten Morgen, Herr Fischer«, erwiderte Rüpel, ihm ganz verblüfft und mit einer verzweifelten Resignation nachschauend. Jetzt sah man auf einmal auch einen ungeheuern Schwarm wilder Gänse über den Wald fortziehen, einen alten gewiegten Gänserich voran, alle die Hälse wie Lanzen weit vorgestreckt und in einem spitzen Keile dahinstürmend, als wollten sie den Himmel durchbrechen, und dabei machten sie ein so entsetzliches kriegerisches Geschrei, daß man sein eigenes Wort nicht hören konnte. Währenddes aber hatte der eine Riesenknabe sich mit dem Ohr auf den Boden gelegt und gesagt: »Draußen im Grund hör' ich ein groß Getrampel, man kann die Tritte deutlich unterscheiden: Hirsche, Auerochsen, Bären, Damhirsche, Rehe, zieht alles wild durcheinander den großen See entlang.« – »Die Tollköpfe!« rief die Riesenmutter aus, »da haben sie gewiß wieder Verdruß gehabt mit dem gnädigen Fräulein und haben unsern guten Wald in Verruf getan und wandern aus; denn das Fräulein ist ihnen immer spinnefeind gewesen und ließ sie mit Hunden hetzen und schinden und braten obendrein.«

»Nein, nein, die alte Spinne ist ja selber ausgewandert, ich bin ihr gestern begegnet«, sagte Magog voll Verwunderung, »aber warum nehmen Sie sich denn die Sache so sehr zu Herzen, teuerste Frau von Rüpel?«

»Wie sollt' ich nicht!« erwiderte die Riesin, »ach wir armen Waldleute müssen uns gar kümmerlich durchhelfen mit der großen Familie. Sehen Sie, lieber Herr, ich und mein Mann arbeiten hier für die vornehmen Tiere: Hirsche, Rehe und anderes Hochwild um Tagelohn, den wir von ihnen in Naturalien beziehen. Des Abends spricht mancher Edelhirsch bei uns ein, wenn er nachts auf die Freite gehen will, da muß ihm mein Mann die Pelzstiefelchen putzen, dafür erhalten wir denn die Felle der verunglückten Kameraden und die abgeworfenen Geweihe in die Wirtschaft. Alle Morgen aber kommen die Bären und lassen sich ihre Pelze ausklopfen und bringen uns große Honigfladen, oder ein paar wilde Schweine lassen sich ihre Hauer schleifen und werfen uns zum Dank einen fetten Frischling auf die Schwelle, denn die Zeiten sind schlecht, da kommt es ihnen auf ein Kind mehr oder weniger nicht an. Ich aber flechte Nester für die Adler, Habichte und Auerhühner und die lassen uns dann im Vorüberfliegen einen Hasen oder ein Zicklein herunterfallen, oder legen uns nachts einige Schock Eier vor die Tür, wenn sie eben nicht Lust haben, alle auszubrüten. Und nun – ach das große Unglück! jetzt haben wir unsere Kundschaft verloren und stehen ganz verlassen in der Welt, o! o!« – Und hier fing sie jämmerlich zu heulen an und der Riese, der sich lange gehalten, stimmte plötzlich furchtbar mit ein.

Da trat Magog mannhaft mitten unter sie. »Das soll bald anders werden!« rief er; »kennt Ihr das Schloß des Baron Pinkus?« Der Riese entgegnete, er habe es wohl von fern gesehen, wenn er manchmal zur Unterhaltung bis an den Rand des Waldes gegangen, um die Köhler und andere kleine Leute zu schrecken. – »Nun gut«, fuhr Magog fort, »dort eben sitzt die Libertas gefangen. Seht, mich hat auch die Welt nur auf elende Lorbeeren gebettet, daß ich mir an dem stacheligen Zeug schon den ganzen Ärmel am Ellbogen durchgelegen; darum habe ich ein Herz für das arme Riesenvolk. Die Libertas ist eine reiche Partie, wir müssen sie befreien! Dabei kann es vielleicht einige Püffe setzen, was frag' ich danach! Ihr habt ja ein dickes Fell, alles für meine leidenden Brüder! Mit einem Wort: Ihr befreit sie und ich heirate sie dann und Ihr seid auf dem Schlosse Portier und Schloßwart und Haushofmeister, eh' man die Hand umdreht. Topp, schlagt ein – aber nicht zu stark, wenn ich bitten darf.«

Darüber war Rüpel ganz wild geworden und schritt, ohne ein Wort zu sagen, so eilig in die Hütte, daß Magog nur mühsam und mit vorgehaltenen Händen tappend folgen konnte. Denn sie stiegen über viele ungeschickte Felsenstufen in eine große Höhle hinab, über welcher der Berg, den Magog für die Hütte gehalten, nur das Dach und den Schornstein bildete. Im Hintergrunde der Höhle hing ein Kessel über dem Feuer, ein zahmer Uhu mit großen funkelnden Augen saß in einem Felsenspalt daneben und fachte mit seinen Flügeln die Flamme an und schnappte manchmal nach den Fledermäusen, die geblendet nach dem Feuer flogen. Die Flamme warf ein ungewisses Licht über die rauhen und wunderlichen Steingestalten umher, die bei den flackernden Widerscheinen sich heimlich zu bewegen schienen, und mächtige Baumwurzeln drängten sich überall wie Schlangen aus den Wänden, in der Tiefe aber hörte man ein Picken und Hämmern und unterirdische Wasser verborgen gehen, und dazwischen rauschte der Wald immerfort durch die offene Tür herein. Rüpel aber rumorte eifrig in der Höhle herum, er schien allerlei zusammenzusuchen. Auf einmal wandte er sich zu Magog: »Und damit Punktum, ich geh' mit auf die Befreiung!«

Da nun die Riesin merkte, wo das alles eigentlich hinauswollte, wurde sie plötzlich ganz empfindlich und

393

nannte ihren Mann einen alten Bummler und den Magog einen verlaufenen Schnappsacksprung, der nur gekommen, das häusliche Familienglück zu stören. Vergebens hielt ihr Magog den Patriotismus und den gebieterischen Gang der neuen Weltgeschichte entgegen. Sie behauptete, sie hätten schon hier im Hause Geschichten genug und nicht nötig, noch neue zu machen, und die ganze Geschichte ging die Welt gar nichts an! So entspann sich unversehens ein bedenklicher Streit. Rüpel fluchte, die Riesin zankte, die Kinder schrien und draußen war von dem Lärm das Echo aus dem Morgenschlummer erwacht und schimpfte immerfort mit drein, man wußte nicht, ob auf Rüpel, auf Magog oder auf die Riesin.

Da hob sich auf einmal im Boden ein Stein dicht neben Magog, der erschrocken die Beine einzog, denn er meinte, es wollte ihn ein Riesenmaulwurf in die Zehen beißen. Es war aber nur eine heimliche Falltür und aus dieser fuhr mit halbem Leibe ein winziges Kerlchen mit altem Gesicht und spitzer Mütze zornig empor: »Was macht Ihr heute hier oben wieder für ein greuliches Spektakel«, sagte er mit seiner dünnen Stimme, »wenn Ihr nicht manierlicher seid, kündigen wir Euch die Miete auf!« Dabei tat es einen glühenden Blick aus der Tiefe herauf und Magog konnte durch die Öffnung weit hinabschauen. Da sah er unzählige kleine Wichte, jedes eine Grubenlampe auf dem Kopf, in goldnen Eimern wundersam singend auf und nieder schweben, und ganz unten blitzte und funkelte es bei den vielen irrenden Lichtern von Diamanten, Kristallen und Saphiren wie ein prächtiger Garten. – »Um Gottes willen«, rief die Riesin ihm leise und ängstlich zu, schaut nicht so hin, man wird wahnsinnig, wenn man lange da hinuntersieht; das sind unsere Hausherren, die Zwerge und Grubenleute, die unter uns wohnen und uns diese Dachkammer für ein Billiges überlassen haben.« Aber Rüpel, dem noch der vorige Zank in den Gliedern steckte, hatte schon mit dem Fuße nach dem Zwerglein gestoßen und hätte es sicherlich zertreten, wenn es nicht fix wieder untergeduckt und den Stein hinter sich zugeklappt hätte.

Sodann ergriff Rüpel rasch seinen knotigen Wanderstab, warf einen Sack über die Schultern und stand in seinen Pelzhäuten wie eine Kürschnerbude reisefertig in der Tür. Da hätte man nun die feierliche Abschiedsszene sehen sollen, die wohl geeignet war, ein fühlendes Herz mit den sanftesten Regungen zu erfüllen! Die Riesin hing mit aufgelöstem Haar am Halse des geliebten Mannes und schluchzte außerordentlich: auch von seinem gerechten Schmerze zeugte eine ungeheure Träne im Auge, die lieben Kleinen umklammerten kindlich lallend die Knie ihres verehrten Erzeugers, da hörte man nichts, als die süßen Namen: Papa und teurer Gatte und treue Lebensgefährtin! Aber Rüpel zerdrückte die Träne und riß sich los wie ein Mann. »Weib, du sollst von mir hören!« rief er und schritt majestätisch in den Wald hinein und Magog versäumte nicht, ihm auf das allereilfertigste nachzufolgen, denn hinter ihnen hörte er noch immer die Stimme der verwaisten Familienmutter und konnte nicht recht unterscheiden, ob sie noch immer weinte oder etwa von neuem schimpfte.

*

Endlich war alles verhallt, man vernahm nur noch den Tritt der einsamen Wandrer. Magog bemerkte mit vieler Genugtuung den langen Fortschritt seines Reisekumpans, und da er seinen Rücken recht betrachtete, freute er sich dieser breitesten Grundlage und lud ihm auch noch sein eigenes Ränzel mit auf, das freilich nicht sonderlich schwer war. Durch die Wildnis aber wehte ihnen ein kräftiger Waldhauch entgegen, da wurden beide ganz lustig. Rüpel erzählte, wie er eigentlich von dem berühmten deutschen Bärenhäuter abstamme, Magog aber stimmte sein Lieblingslied an:

> Von des Volkes unverjährbaren Rechten
> Und der Tyrannen Attentaten,
> Die die Völker verdummen und knechten,
> Fürsten und Pfaffen und Bürokraten.

»Und Bier und Braten!« fiel hier Rüpel jubelnd mit ein. – »Haben Sie etwas mit?« wandte sich Magog rasch herum. Rüpel schüttelte mit dem Kopfe. – »Ha, also nur immer vorwärts, vorwärts!« ermutigte Magog.

Über dem Singen und den vergnügten Gesprächen aber hatte Rüpel unvermerkt den rechten Weg verloren. Vergebens bestieg er nun jeden Berg, dem sie begegneten, um sich wieder zurechtzufinden; man sah nichts als Himmel und Wald, der wie ein grünes Meer im frischen Winde Wellen schlug, so weit die Blicke reichten. Und fragen konnten sie auch niemand. Denn der Lärm, den sie unterwegs machten, war groß, und wo sie etwa ein einsamer Hirt oder Jäger hörte und des erschrecklichen Riesen ansichtig wurde, entfloh er sogleich oder verbarg sich im dicksten Gebüsch, bis sie vorüber waren. So irrten sie den ganzen Tag umher.

Des Abends, da sie schon sehr hungrig waren, kamen sie endlich an eine anmutige Anhöhe, an der unten ein Fluß vorüberging. Jenseits des Flusses aber lag ein weiter wüster Platz, rings vom finstern Walde eingeschlossen, und auf dem Platze lagen einzelne große Felsblöcke zerstreut, wie Trümmer einer verfallenen Stadt, was sehr einsam anzusehen war. Auf dieser Höhe machte Rüpel plötzlich halt und ließ den Magog seitwärts zwischen das Gebüsch treten und sich dort ganz still verhalten. Er selbst aber setzte sich mitten auf die Höhe, zog sein haariges Wams, gleich einer Nebelkappe, aus der nur seine großen Augen hervorfunkelten, bis über den Kopf herauf, kniff aus den Fellen ein Paar seltsame Ohren darüber und breitete mit beiden Armen den Pelzmantel aus wie zwei Flügel, so daß er wie eine ungeheuere Nachteule aussah. Es dauerte auch nicht lange, so kamen von allen Seiten die schreckhaftesten Vögel, wilde Auerhühner, Birkhähne und Fasanen mit großem Geschrei herbei und stießen und hackten auf das Ungetüm; und als der Schwarm am dicksten, schlug er rasch beide Pelzflügel über ihnen zusammen und schob alles in seine weitläufigen Manteltaschen. – »Das hab' ich von meinem Urgroßvater Kauzenweitel gelernt«, rief er sehr zufrieden aufstehend zu Magog hinüber. Dann ging er zu dem Fluß hinab und streckte sich unter dem hohen Schilfe platt auf den Leib am Ufer hin. Magog meinte, er sei durstig und wolle den Fluß austrinken; aber Rüpel ließ bloß seinen verworrenen Bart ins Wasser gleiten, den hielten die klügsten Hechte und die breitmauligsten Karpfen für spielendes Gewürm und so oft sie danach schnappten, schnappte Rüpel auch nach ihnen und hatte gar bald mehrere Mundvoll auserlesene Fische aufs Trockne gebracht. Darauf kehrte er wieder zu Magog zurück, holte aus seinem Reisesack einen Feldkessel, Bratspieß, Messer und Gabeln hervor und schlug sich mit der Faust auf beide Augen, daß es Funken gab. Daran zündete er ein großes Feuer an und fing sogleich mit vielem Eifer zu kochen und zu braten an; und eh' es noch dunkel wurde, saßen beide Wanderer um die lustige Flamme gelagert und schmausten in freudereichem Schalle.

Unterdes war die Nacht herangekommen, in dem Feuer neben ihnen flackerte nur noch manchmal ein blaues Flämmchen auf; sie richteten sich daher in dem trocknen Laube, so gut es gehen wollte, zur Ruhe ein und waren auch beide sehr bald eingeschlafen. Es mochte aber noch lange nicht Mitternacht sein, als Magog, wie in seiner ersten Reisenacht, wieder ein seltsames Rauschen und Murmeln vernahm, das bald schwächer, bald wieder lauter wurde, fast wie das verworrene Brausen einer fernen Stadt. Er richtete sich mit halbem Leibe auf, aber diesmal war es kein bloßer Traum. Denn obgleich der Mond zwischen vorüberjagendem Gewölk den wüsten Platz jenseits des Flusses nur flüchtig beleuchtete, so konnte er doch zu seinem Erstaunen deutlich bemerken, daß der Platz jetzt ganz belebt war. In einem weiten Halbkreise am Waldrande drüben lagen nämlich, dicht Kopf an Kopf gereiht, zahllose Auerochsen, zunächst hinter ihnen standen Rehe und Damhirsche, über diese hinweg starrte dann ein ganzer Wald von Hirschgeweihen und weiterhin noch bis tief in die Schatten des Waldes schien es verworren zu wimmeln und zu drängen, denn so oft ein Mondstrahl das Dunkel streifte, sah man da und dort den Kopf eines Einhorns oder bärtigen Elends sich abenteuerlich hervorstrecken, und zwischen ihren Beinen Marder, Iltis und andere geringe Tiere geschäftig hin und her schlüpfen. Selbst die Bäume, die den Platz von der einen Seite umschlossen, waren von allerlei großen und kleinen Vögeln bedeckt, daß sie aussahen wie Weinstöcke im Herbst und man nicht wußte, was Blatt oder Vogel war, rings um den Platz aber machten Störche ernsthaft die Runde und hoben die langen Schnäbel gegen den Wind, ob etwa von fern ein Feind nahe.

»Aha, das sind gewiß die Tiere, die der Riesenknabe schon heute früh in der Ferne hat marschieren gehört«, dachte Magog und wollte, als er sich vom ersten Erstaunen ein wenig erholt, geschwind den Rüpel wecken und rüttelte und schüttelte ihn mit großer Anstrengung aus Leibeskräften. Der tat aber nach der guten Mahlzeit einen schweren Schlaf, er hob bloß den Kopf in die Höh' und glotzte ihn an, ohne etwas zu sehen, dann wälzte er sich auf die andere Seite und schnarchte so schrecklich weiter, daß von dem Atem die nächsten Bäume sich auf und nieder bogen.

Nun schaute Magog still und unverwandt nach dem Platze hinüber, denn er war sehr neugierig, was die Tiere in dieser Einsamkeit eigentlich vorhätten. Da sah er, wie ein Auerochs plötzlich aus der vorderen Reihe brach, mit einem gewaltigen Satze auf einen der umherliegenden Seitenblöcke sprang und, nachdem er mit seinem zottigen Haupte sich dreimal vor der Versammlung verneigt, sofort eine donnernde Rede begann. Dabei brüllte er mitten im Sprechen oft plötzlich furchtbar auf, scharrte mit dem einen Vorderfuß, ringelte wütend den Schweif in die Luft und schüttelte die Mähne, daß man beim Mondschein seine rotglühenden Augen rollen sah. Magog konnte nichts davon verstehen, aber die Rede mußte sehr hinreißend sein, denn als er endlich von dem Steine wieder zu seinem Kameraden zurücksprang, ging ein freudiges Brüllen, Schnurren und Scharren durch die ganze Versammlung und alle Hirsche schlugen mutig mit ihren Geweihen zusammen. Darauf hatte ein Bär das Wort erhalten. Auch dieser kletterte bedächtig auf einen der Steine herauf, stellte sich auf die Hinterbeine und streckte während seiner Ansprache bald das eine, bald das andere Vorderbein weit vor sich aus, dann legte er die eine Tatze an sein Herz – er konnte vor Rührung nicht weiter und mußte abtreten. Jetzt ließ sich unerwartet aus irgendeinem dunklen Winkel ein Uhu auf dem Steine nieder. Das wollten die andern Vögel durchaus nicht leiden, ja ein kecker Nußhäher schoß plötzlich hervor und hackte nach ihm, aber die wachthabenden Störche stellten klappernd sogleich die Ruhe wieder her. Nun schüttelte der Uhu seine Federn auf, daß er aussah wie eine Allongeperücke, klappte zum Gruß dreimal mit dem Schnabel, setzte eine Brille auf und fing aus einem Blatte, das er mit der einen Klaue vor sich hielt, zu lesen an. Er schien alles sehr weitläufig und gründlich auseinanderzusetzen, denn die ganze Gesellschaft hörte dem gelehrten Redner so aufmerksam zu, daß man dazwischen das Wiederkäuen der Ochsen vernehmen konnte; nur die ungeduldigen Vögel in den Bäumen, die nun einmal ärgerlich geworden, störten leider zuweilen die feierliche Stille durch plötzliches ungebührliches Schreien und Raufen. Unterdes aber ging die Vorlesung ohne Komma und ohne Punktum in e i n e m Tone immer fort und fort, wie murmelnde Bäche und spinnende Kater, und Magog wußte nicht, wie lange die Rede gedauert, denn ehe sie noch ihr Ende erreicht hatte, war er über dem einförmigen Gemurmel, so sehr er sich auch dagegen sträubte, unaufhaltsam eingeschlummert.

Er hätte auch wahrscheinlich bis in den Tag hinein geschlafen, wenn ihn nicht mitten in der Nacht Rüpel auf einmal durch unablässiges Rufen geweckt hätte. Sein erster Blick fiel auf den geheimnisvollen Platz drüben, der war aber, als wäre eben nichts geschehen, wieder so still und einsam wie gestern. Rüpel aber verzehrte bereits mit großem Appetit die Überbleibsel vom gestrigen Mahle und hatte auch ein gut Stück davon für Magog zurückgelegt. Da dieser ihm nun erzählte, was er in der Nacht jenseits des Flusses gesehen, gab Rüpel wenig darauf und meinte, das sei ohne Zweifel eine geheime Verschwörung, da kümmere er sich nicht darum, wenn er nur sein Auskommen habe. Mit dem Auskommen aber stehe es heute gerade sehr schlimm. Er habe nämlich jetzt erst an den Gestirnen die rechte Richtung erkannt, sie seien ganz auf den Holzweg geraten und hätten noch weit zu gehen. In dieser Richtung gebe es jedoch keinen Fluß, um darin zu fischen, und mit dem vom seligen Kauzenweitel ererbten Kunststück sei es auch nichts, weil die verschwornen Vögel heut alle nicht zu Hause seien. Sie mußten daher eilen, um womöglich noch in der Nacht ihr Ziel zu erreichen.

So geschah es also, daß sie noch zur selben Stunde, nachdem sie sich gehörig gestärkt hatten, ihren Befreiungszug unverdrossen wieder fortsetzten. War aber schon der Anfang dieser Nacht schön gewesen, so war sie jetzt noch viel tausendmal schöner. Die Sterne blinkten durch das dunkle Laub, als ob die Bäume silberne Blüten trügen und der Mond ging wie ein Einsiedler über die stillen Wälder und spielte melancholisch mit der schlummernden Erde, indem er bald einen Felsen beleuchtete, bald einen einsamen Grund in tiefen Schatten versenkte und Berg und Wald und Tal verworren durcheinanderstellte, daß alles fremd und wunderbar aussah. Auf einmal blieb Rüpel stehen, denn ein seltsam schweifendes Licht streifte die Spitzen des Gebüsches vor ihnen. Sie bogen die Zweige vorsichtig auseinander und erblickten nun mehrere schöne schlanke Mädchengestalten in leuchtenden Gewändern, die sich bei den Händen angefaßt

401

hatten und dort einen Ringeltanz hielten. Ihre langen blonden Haare flogen in der leisen Luft, daß es wie ein Schleier von Mondschein um sie herwehte, und doch sahen sie aus wie Kinder und berührten mit den zierlichen Füßchen kaum den Boden, und wo sie ihn berührten, schimmerte das Gras von goldnem Glanze. Dabei sangen sie überaus lieblich:

Luft'ge Kreise, lichte Gleise
Von Gesang und Mondenschein
Zieh'n wir leise dir zur Reise,
Kehre bei uns Elfen ein!

Elfen

Das ließen sich die Reisenden nicht zweimal sagen und eilten sehr erfreut über die große Höflichkeit aus ihrem Versteck hervor. Kaum waren sie indes auf den freien Platz herausgekommen, so war plötzlich die ganze Erscheinung lautlos verschwunden und sie schwankten auf einem mit trügerischem Rasen bedeckten Moorgrund, in welchem Rüpel sogleich bis über die Knie versank. Dabei glaubten sie hie und da heimlich lachen zu hören, konnten jedoch durchaus niemand mehr entdecken. Rüpel aber, um sich zu helfen, griff wütend um sich, erwischte den Magog, der soeben schon wieder aufs Trockne sprang, beim Rockzipfel und riß ihm einen Schoß seines alten Frackes glatt weg, worüber der Doktor höchst entrüstet wurde und beide in einen sehr unangenehmen und lauten Wortwechsel gerieten.

Nachdem sie sich endlich herausgearbeitet und an dem Moose möglichst wieder gesäubert hatten, sagte Rüpel: »Ja, in dieser Gegend ist's nicht recht geheuer, hier nahebei muß auch der stille See liegen mit dem versunknen Schlosse; man kann, wenn's windstill ist, tief im Grunde noch die Träume sehen und manchmal in schö-

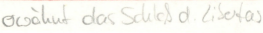

402

nen Sommernächten taucht es herauf, bis die ersten Hähne krähen.« Und in der Tat, der unheimliche Spuk wollte gar nicht aufhören, je weiter sie in der verrufenen Gegend fortschritten. Irrlichter hüpften überall über den Weg vor ihnen und spielten und wanden sich untereinander wie junge Kätzchen; dann fuhren sie neckend nach Rüpels Bart; setzten sich auf Magogs Hut oder haschten von hinten nach ihm, als wollten sie ihm den noch übriggebliebenen Frackschoß abreißen. Rüpel sagte: »Die närrischen Dinger werden mir noch meine Wildschuhe anzünden«, und suchte immerfort eines zu greifen und da es jedesmal mißlang, brach er endlich in ein so herzhaftes Lachen aus, daß es weit durch den Wald schallte und die Irrlichter erschrocken nach allen Seiten auseinanderfuhren.

»Hab' ich's nicht gesagt?!« rief dann Rüpel, indem er plötzlich ganz erschrocken stillstand und mit dem Finger in die Nacht hinauswies. Magog wandte sich rasch herum und erblickte in der Waldeinsamkeit einen großen klaren See, und mitten in dem See ein schneeweißes Schloß mit goldenen Zinnen, das sich wie ein schlummernder Schwan im Wasser spiegelte, und rings um das Schloß herum schien ein Garten mit Myrten, Palmen und andern wunderbaren Bäumen gleichfalls zu schlummern, so still war es dort. Jetzt aber erhoben sich auf einmal einige Elfen, die unter den Palmen geschlafen hatten, dann immer mehrere, und gleich darauf sah man sie alle wie Johanniswürmchen geschäftig hin und her irren, als würde dort ein großes Fest vorbereitet. Dabei streiften sie im Vorüberschweben mit ihren Fingerspitzen Bäume, Blumen und Sträucher, die von der flüchtigen Berührung allmählich in hundertfarbigem Glanze, wie lauter Bergkristalle, Rubinen, Smaragden und Saphire zu leuchten anfingen, und wenn die Luft durch den Garten ging, gab es einen wunderbaren Klang, als ob der Mondschein selber sänge. – »Das ist ihr Traumschloß«, flüsterte Rüpel dem Magog zu und wandte kein Auge von der prächtigen Illumination. Magog aber warf stolz den Kopf zurück. »Einfältiges Waldesrauschen, alberne Kobolde, Mondenschein und klingende Blumen«, sagte er mit außerordentlicher Verachtung, »nichts als Romantik und eitel Märchen, wie sie müßige Ammen sonst den Kindern erzählten. Aber der Menschengeist ist seitdem mündig geworden. Vorwärts! die Weltgeschichte wartet draußen auf uns.« Mit diesen Worten drängte er den kindischen Riesen fort zu verdoppelter Eile und ruhte nicht, bis der Blumengesang und der schimmernde Garten hinter ihnen verklungen und versunken.

Das war aber nun einmal eine wahre Hexennacht, denn sie mochten kaum noch eine Stunde lang gegangen sein, so hörten sie schon wieder ein seltsames Geräusch vor sich, ein Schwanken und Knistern in den Zweigen und Hufklang dazwischen, immer näher und näher, wie wenn jemand rasch und heimlich durch das Dickicht bräche. Und es war auch wirklich ein flüchtiger Zug, der gerade auf sie zukam. Voran eilten viele Irrlichter in lustigen Sprüngen, um unter den Eichenschatten den Weg zu zeigen, dann folgte ein Hirsch und auf dem Hirsche saß eine sehr schöne Dame, von ihren Locken, wie von einem goldnen Mantel, durch den die Sterne schienen, rings umwallt und einen Kranz ums Haupt, der in grüngoldenem Feuer funkelte. Als sie die beiden Wanderer gewahrte, stutzte sie und auf einen Wink von ihr hielten Hirsch und Irrlichter plötzlich an. Rüpel verneigte sich so tief er's vermochte und wagte kaum verstohlen aufzublinzeln, während die Irrwische, die keinen Augenblick

404

ruhig bleiben konnten, sich schon wieder mit Magogs verwitwetem Rockschoß zu schaffen machten. »Was sucht Ihr hier?« fragte die Reiterin, die Fremden mit einem strengen und durchdringenden Blick betrachtend. – »Die Libertas«, entgegnete Magog stolz. Da lachte die Dame und winkte wieder, und wieder eilten die Irrlichter voran und flog der Hirsch mit seiner schönen Herrin über den Rasen fort – sie schienen nach dem Traumschlosse hinzuziehen.

Jetzt erst richtete sich Rüpel mühsam aus seiner Devotion wieder auf; »gewiß Ihre Majestät die Elfenkönigin«, rief er, dem Zuge noch lange nachsehend. »Das wäre mir eine schöne Königin«, erwiderte Magog, »ihr Diadem war nicht einmal echt, nichts als leuchtende Johanniswürmchen.«

*

Der Morgen fing endlich an zu dämmern, in der Ferne krähte schon ein Hahn; da bog Rüpel bald da, bald dort die Wipfel auseinander und spähte unruhig nach allen Seiten umher. »Jetzt hab' ich's!« rief er auf einmal, »dort ist das Schloß des Baron Pinkus.« – »Das trifft sich ja vortrefflich«, entgegnete Magog, »es scheint noch alles zu schlafen droben, wir müssen das Schloß überrumpeln. Der Star hat mir alles ausführlich beschrieben; dort in dem Eckturm sitzt die Libertas gefangen. Sie, lieber Herr Rüpel, haben gerade die gehörige Leibeslänge, Sie langen also ohne weiteres in das Turmfenster hinein und heben die Gefangene in meine Arme. Ja, jetzt gilt's: Entführung, Hochzeit, Tod oder Haushofmeister!« Nun aber hatte er seine Not mit dem Riesen, der nicht so leise auftreten konnte, wie es die Wichtigkeit des entscheidenden Augenblicks erheischte und überdies bald Eicheln knackte, bald wieder einen Ast abbrach, um sich die Zähne zu stochern. Jetzt glaubten sie in dem Schloßhofe einen Hund anschlagen zu hören. »Um des Himmels willen«, flüsterte Magog seinem Gefährten zu, »nur still jetzt, sachte, sachte!« – So zogen sie sich vorsichtig am Rande des Waldes hin, als ob sie ein Eulennest beschleichen wollten.

Da sahen sie zu ihrer nicht geringen Verwunderung auf einmal einen glänzenden Punkt sich wie eine Sternschnuppe übers Feld bewegen. Es kam immer näher und bald konnten sie deutlich unterscheiden, daß es eine Frauengestalt und die Sternschnuppe eine glimmende Zigarre war, die sie im Munde hielt. Sie kam, wie es schien, in großer Angst vom Schlosse gerade auf sie dahergeflogen: eine prächtige Amazone mit Schärpe, Reitgerte und klingenden Sporen, ein zierliches Reisebündel unter dem Arm. Jetzt stand sie atemlos dicht vor Magog, den sie beinah umgerannt hätte. – »Mein Ideal!« rief sie da plötzlich aus, und »Libertas!« schallte es aus Magogs entzücktem Munde herüber. Sie hatten einander im Augenblick erkannt, ein geheimnisvoller Zug gleichgestimmter Seelen riß Herz an Herz, und in einer langen stummen Umarmung gingen ihnen die Welt unter und die Ewigkeit auf. – Unterdes war auch Rüpel neugierig zwischen den Bäumen hervorgetreten, da erschrak die Dame sehr und sah ihn scheu von der Seite an. Rüpel aber, dem ihr neckisches Wesen gefiel, wurde auf einmal sehr galant, wollte ihr seine Bärenhaut unterbreiten und sie in seinem Futtersack durch den Wald tragen, ja er versuchte sogar in seiner Lustigkeit auf dem Rasen eine Menuett auszuführen, die er einst die alte Urtante hatte tanzen gesehen. Nun wurde auch die Dame wieder ganz vertraulich und erzählte, wie sie es auf dem barbarischen

406

Schlosse nicht länger habe aushalten können; dann geriet sie immer mehr in sichtbare Begeisterung und sprach von Tyrannenblut, von Glaubens-, Rede-, Preß- und allen erdenklichen Freiheiten. Da hielt sich Magog nicht länger, reckte zum Treuschwur den Arm hoch zu den Göttern empor, reichte ihr darauf die Rechte und verlobte sich sogleich mit ihr, und Rüpel schrie in einem fort Vivat! dazu.

Über diesem Freudengeschrei aber entstand nach und nach ein bedenkliches Rumoren im Schlosse. Die Verliebten draußen merkten es gar nicht, wie erst einzelne Wachen verdächtig über das stille Feld fast bis zum Walde streiften und dann eiligst wieder zum Schlosse zurückkehrten. Auf einmal aber tat sich das Schloßtor auf und die ganze bewaffnete Macht schritt mit dem Feldgeschrei: »die Libertas ist entwischt!« todesmutig daraus hervor. Dazwischen konnte man deutlich die Stimme des Baron Pinkus unterscheiden, der entrüstet gegen das Dasein von Riesen und dergleichen abergläubischen Nachtspuk, wovon die Streifwachen gefabelt, im Namen der Aufklärung protestierte. Jetzt aber erblickten sie den Rüpel, den sie anfangs für einen knorrigen Baumstamm angesehen hatten, und hielten plötzlich an. Niemand wagte sich zu regen, es war so still, daß man fast die Gedanken hören konnte; überall nichts als ein irres Flüstern mit den Augen, todbleiche Gesichter und fliegende Röte dazwischen, kurz, alle Symptome einer allgemeinen Verschwindsucht. Bei Pinkus endlich kam sie zum Ausbruch. Erst ganz leise mit langen langen Schritten, den Kopf noch immer zurückgewendet, dann unaufhaltsam in immer weitern Sprüngen, daß ihm der Opferzopf hoch in der Luft nachflog, stürzte er nach dem Schlosse und die bewaffnete Macht in wildester Flucht ihm nach.

407

Rüpel hatte eben nur noch Zeit genug, den behenden Pinkus mit ein paar gewaltigen Sätzen am Zipfel seines Zopfes zu erfassen, aber er behielt den Zopf allein in der Hand und damit hieb er wütend rechts und links und trieb sie alle vor sich her; ja, er wäre ohne Zweifel mit ihnen zugleich in das Schloß gedrungen, wenn er nicht in der Hitze des Gefechts an den Schwibbogen des Tores mit solcher Vehemenz mit dem Kopfe angerannt wäre, daß er unversehens rücklings zu Boden fiel, was den empfindlich Geschlagenen notdürftigen Vorsprung gewährte, sich in das Schloß zu salvieren und, ehe Rüpel sich wieder aufraffte, die eisernen Torflügel dicht vor ihm krachend zuzuwerfen.

Nun wandte sich Rüpel sehr vergnügt um, mit Magog weitern Kriegsrat zu pflegen. Aber wie erstaunte er, als er niemand hinter sich erblickte. Vergebens ging und rief er am Rande des Waldes auf und nieder, die beiden Liebenden waren spurlos verschwunden. Die Libertas mag sich wohl vor dem Schlachtlärm etwas tiefer in den Wald zurückgezogen haben, dachte er; er hoffte noch immer sie wiederzufinden und ging und rief von neuem immer weiter fort, worüber er aber mit dem Echo, das ihm lauter unvernünftige Antworten gab, in einen ebenso heftigen als fruchtlosen Wortwechsel geriet. Und so hatte er denn von der ganzen großen Unternehmung nichts als ein paar neuer Löcher in seiner alten Wildschur gewonnen und schritt endlich voller Zorn und so eilfertig wieder in den Urwald zurück, daß wir ihm unmöglich weiter nachgehen können.

*

Wie aber war die Libertas so unverhofft aus ihrem Turme entkommen?

Wir haben schon früher gesehen, daß seit ihrer Gefangenschaft im Pinkus'schen Schlosse und Garten die gute alte Zeit wieder repariert und neu vergoldet worden, wo sie durch ihre impertinente Einmischung etwa gelitten hatte. Alles schämte sich pflichtschuldigst der augenblicklichen Verführung und Verwilderung; in der schillernden Mittagsschwüle plätscherten die Wasserkünste wieder wie blödsinnig immerfort in endloser Einförmigkeit; die Statuen sahen die Buchsbäume, die Buchsbäume die Statuen an und die Sonne vertrieb sich die Zeit damit, auf den Marmorplatten vor dem Schlosse glitzernde Schnörkel und Ringe zu machen; es war zum Sterben langweilig. Libertas hatte daher schon lange nachgedacht, wie sie sich befreien könnte, und sann und sann, bis endlich die Nacht der ganzen Industrie im Schloß das Handwerk gelegt und draußen die Welt ungestört wieder aufatmete. Auch der Schwan auf dem Wallgraben unter dem Turm war nun eingeschlummert und drüben standen die Wälder im Mondschein. Da trat Libertas an das offene Fenster und sprach:

> Wie rauscht so sacht
> Durch alle Wipfel
> Die stille Nacht,
> Hat Tal und Gipfel
> Zur Ruh gebracht.
> Nur in den Bäumen
> Die Nachtigall wacht
> Und singt, was sie träumen
> In der stillen Pracht.

Die Nachtigall aber antwortete aus dem Fliederbusche unten:

In der stillen Pracht,
In allen frischen Büschen, Bäumen flüstert's in
                                    Träumen
Die ganze Nacht,
Denn über den mondbeglänzten Ländern
Mit langen weißen Gewändern
Ziehen die schlanken
Wolkenfrauen, wie geheime Gedanken,
Senden von den Felsenwänden herab die behenden
Frühlingsgesellen: die hellen Waldquellen,
Um's unten zu bestellen
An die duftigen Tiefen,
Die tun, als ob sie schliefen,
Und wiegen und neigen in verstelltem Schweigen
Sich doch so eigen mit Ähren und Zweigen,
Erzählen's den Winden,
Die durch die blühenden Linden,
Vorüber an den grasenden Rehen
Säuselnd über die Seen gehen,
Daß die Nixen verschlafen auftauchen
Und fragen,
Was sie so lieblich hauchen?
Ich weiß es wohl, dürft' ich nur alles, alles sagen.

Hier kam plötzlich ein Storch aus dem Gesträuch und
klapperte zornig nach dem Fliederbusche hin, und die
Nachtigall schwieg auf einmal. – Was hat nur der Storch
mit der Nachtigall zu so später Zeit? er ruht doch sonst
auch gern bei Nacht, sagte Libertas zu sich selbst und
wußte gar nicht, was sie davon denken sollte.

Aber die Nachtigall wußte es recht gut, und daß sie in
der Nähe des Schlosses nicht so viel ausplaudern sollte;
denn unter den freien Tieren des Waldes war in jener

großen nächtlichen Versammlung, die Magog auf seiner Wanderschaft von ferne mit angesehen hatte, eine geheime Verschwörung gemacht worden und sollte eben in der heutigen Nacht zum Ausbruch kommen. Schon am vorigen Abend war es den Landleuten, die vor Schlafengehen noch ihre Saaten in Augenschein nahmen, sehr aufgefallen, wie da über der Au im Tale, wo die glänzenden Sommerfäden an den Gräsern hingen, so viele Schwalben emsig hin und her schweiften und mit ihren Schnäblein die Fäden aufrafften, so viel eine jede im Fluge erhaschen konnte, daß sie, als sie damit durch die Luft flogen, wie in langen silbernen Schleiern dahinzogen. Dieses feine Gespinst aber breiteten die Schwalben sodann auf einer einsamen Waldwiese im Mondschein aus; da kamen hurtig unzählige kleine Spinnen, die schon darauf gewartet, rote, braune und grüne, und drehten die Fäden fleißig zusammen und woben, damit es besser aussähe, auch etwas Mondschein darein, während die Johannesfünkchen ihnen dabei leuchteten und die Heimchen dazu sangen. Kaum aber hatten sie die letzten Maschen geknüpft, so säuselte es leise leise durch die Stille, von allen Seiten kamen Bienen, die heute Schlaf und Honig vergaßen, dicke Päckchen an ihren Füßen, die streckten und streiften mit dem Wachs das Gespinst gar kunstreich zu einer langen Strickleiter. Unterdes sah man bei dem klaren Mondlicht bald da, bald dort am Waldessaume ein Reh mit den klugen Augen hervorgucken und schnell wieder im Dickicht verschwinden, denn das wachsame Wild machte die Runde, um sogleich zu warnen, wenn etwa Verrat drohte. Der getreue Storch aber, der vorher die Nachtigall wegen ihrer Plauderhaftigkeit ausgescholten, stand die ganze Zeit hindurch, nur ein paar Mal wider Willen einnickend, unbeweglich auf einem Beine bei den Spinnen und Bienen, um auf ihr Werk aufzupassen und ohne Nachsicht jeden wegzu-schnappen, der sich bei der Arbeit saumselig zeigte. Und als die Leiter fertig war, prüfte er sie bedächtig, hing sie dann an den Ast des nächsten Baumes und stieg selbst daran hinauf, um zu versuchen, ob sie fest genug, wobei er sich aber so ungeschickt und seltsam anstellte, daß die kleinen behenden Kreaturen ringsumher einigemal heim-lich kichern mußten und die Heimchen neckend: Storch, Storch Steiner, hast so lange Beine! zu ihm hinüberriefen, worüber er jedesmal sehr böse wurde und mit seinem langen Schnabel nach ihnen hackte.

Als er nun aber sah, daß alles gut war, nahm er das eine Ende der luftigen Leiter in den Schnabel, flog damit zu dem Fenster der Libertas hinan und schlang es fest um das Fensterkreuz. Zu gleicher Zeit schlug die Wachtel gellend in dem nahen Kornfelde; das war das verabredete Zeichen. Da erwachten alle Waldvögel draußen, die ohnedies nicht fest geschlafen vor Freude und Erwartung und weil die Nachtigall die ganze Nacht so laut geschmettert hatte. Die flogen nun alle nach dem Turmfenster droben, pickten an die Scheiben und sangen ganz leise:

> Frau Libertas, komm heraus!
> Denn der liebe Gott hat lange
> Draußen unser grünes Haus
> Schon geschmückt dir zum Empfange,
> Hat zur Nacht die stillen Tale
> Rings mit Mondenschein bedeckt,
> Und in seinem Himmelssaale
> Alle Lichter angesteckt.
> Horch, das rauscht so kühl herauf,
> Frau Libertas, wache auf!

Aber Libertas, die an dem heimlichen Treiben draußen längst alles gemerkt, hatte schon ihr Bündel geschnürt und betrat, die treuen Vögel freundlich grüßend, die Strickleiter, und wie sie so in die Nacht hinabstieg, boten ihr die kleinen Birken, die aus den Mauerritzen des alten Turmes wuchsen, überall helfend die grünen Hände, und von unten wehte ihr der Duft der Wälder und Wiesen erfrischend entgegen. Als sie aber an den breiten Wallgraben kam, war schon der Schwan am Ufer und schwellte stolz seine Flügel wie zwei schneeweiße Segel. Da setzte sich Libertas dazwischen und er glitt mit ihr hinüber und betrachtete voll Entzücken ihr schönes Bild, das auf dem *romantisch* Spiegel des Weihers neben ihm dahinschwebte. Unterdes hatte aber der Kettenhund im Hofe schon lange die Ohren gespitzt und weckte jetzt laut bellend seinen Nachbar, den boshaften Puter, der hätte bald alles verraten, er gollerte so heftig, daß er ganz rot und blau am Kragen wurde vor Zorn und Hoffart, darüber wachten auch die Gänse im Stalle auf und schrien Zeter und abermals Zeter, denn sie hatten die rechte Witterung von den heimlichen Umtrieben am Turme und fürchteten alle, wenn die Libertas entwischte, aus dem guten Futter zu kommen und zu den andern gemeinen Vögeln in die Freiheit gesetzt zu werden. Aber ihr Lärm und Ärger kam zu spät, Libertas war schon jenseits des Wallgrabens. Drüben aber stand ein Hirsch am Waldessaume und neigte die Knie und sein Geweih vor bis auf den Rasen. Da schwang sie sich rasch hinauf und fort ging es durch Nacht und Wald, und der Storch mit den andern Vögeln, um ihr das Geleit zu geben, stürzte sich hinterdrein vom Turme in die Luft, in stillen Kreisen über den mondbeglänzten Gärten, Wäldern und Seen schwebend. Die im Schlosse merkten es erst bei Tagesanbruch, wo sie, wie wir gesehen, zu ihrem Unglück auf ihre Verfolgung ausrückten. Nur die Hirten, die an den Bergeshängen bei ihren Herden wachten, hörten erstaunt den Gesang in den Lüften und die geheimnisvolle Flucht im Waldesgrund an den einsamen Weilern vorüberziehn. Und das war eben die schöne Frauengestalt auf dem Hirsch, die in derselben Nacht Rüpel und Magog auf ihrer Wanderschaft im Urwald gesehen, ohne die Libertas zu erkennen, auf deren Befreiung sie so schlau und vorsichtig ausgezogen.

Die Amazone aber, die sie gerettet hatten, war niemand anders als die Pinkus'sche Silberwäscherin Marzebille, ein herzhaftes Frauenzimmer, die schon früher als Marketenderin mit den Aufklärungstruppen durch Dick und Dünn mit fortgeschritten und nirgends fehlte, wo es was neues gab. Die hatte nun seit der Libertas Erscheinung eine inkurable Begeisterung erlitten und sich daher an jenem denkwürdigen Morgen kurz resolviert, aus dem Schloßdienst in die Freiheit zu entlaufen. Der Dr. Magog aber war damals vor dem unverhofften Schlachtgetümmel am Schlosse so heftig erschrocken, daß er mit seiner glücklich emanzipierten Braut, die hier alle Schliche und Wege kannte, unaufhaltsam sogleich quer durch Deutschland und übers Meer bis nach Amerika entfloh, wo er wahrscheinlich die Marzebille noch heut für die Libertas hält.

Da konnte sie denn Rüpel freilich nicht mehr errufen. Und das schadet auch nichts, denn Magog hatte schon während der feierlichen Verlobung hin und her gesonnen, auf welche Weise er den Riesen, da er ihn nun nicht mehr brauchte, wieder loswerden könnte; er dachte gar nicht daran, einen so ungeschlachten Gesellen zu seinem Haushofmeister zu machen, dessen große Familie ihm

414

wohl bald Haus und Hof verzehrt hätte. Dafür haben ihn, gleichwie die Menschen Vogelscheuchen aufzurichten pflegen, die dankbaren Vögel in Erwägung seiner vor dem Schlosse bewiesenen Bravour als Hüter des Urwalds angestellt, mit der einzigen Verpflichtung, von Zeit zu Zeit mit den schrecklichsten Tierfellen, Mähnen und Auerochsenhörnern sich am Rande des Waldes zu zeigen. Dort also hat der Biedermann endlich sein sicheres Brot.

Die emigrierte Urtante ist gänzlich verschollen. Von der Libertas dagegen sagt man, daß sie einstweilen bei den Elfen im Traumschlosse wohne, das aber seitdem niemand wiederaufgefunden hat.

ANHANG

Zu diesem Band

Mit den Erzählungen nach 1830 liegen jetzt zusammen mit Band 1 sämtliche Erzählungen Eichendorffs vor. Ursprünglich sollten in diesen Band auch noch die Versepen aufgenommen werden. Dies hätte jedoch den Umfang von Band 2 überspannt. Sie werden daher in einem der Folgebände erscheinen. – Für die Erläuterungen wurden die in den Abkürzungen genannten Eichendorff-Ausgaben und -Orientierungswerke vergleichend herangezogen. Die verschiedentlich gewünschte Zeittafel ist für den Schlußband der Ausgabe vorgesehen.

Jens Beck, Stephan Kirchner (auch für Bd. 1) und Stephan Wasenauer danke ich sehr für ihre Hilfsbereitschaft bei der Druckeinrichtung dieses Bandes.

W. D.

BdK 21   Joseph von Eichendorff: Werke in sechs Bänden.
            Hg. von W. FRÜHWALD, B. SCHILLBACH und
            H. SCHULTZ, Bd. 1: Gedichte. Versepen. Hg.
            von H. SCHULTZ, Frankfurt/M. 1987 (= Biblio-
            thek deutscher Klassiker 21).

BdK 34   Johann Wolfgang Goethe: Sämtliche Werke
            I. Abteilung Bd. 2: Gedichte 1800–1832. Hg. von
            Karl EIBL, Frankfurt/M. 1988 (= Bibliothek
            deutscher Klassiker 34).

DR   Deutsche Romantiker. Bildthemen der Zeit von
            1800–1850. Kunsthalle der Hypo-Kulturstiftung.
            Katalog, hg. von C. HEILMANN, München 1985.

E 1   Joseph von Eichendorff: Werke in sechs Bänden.
            Hg. von W. DIMTER, Bd. 1: Erzählungen 1. Mit
            Radierungen von Ch. Mischke, hg. und mit einem
            Anhang versehen von W. DIMTER, Würzburg
            1991.

Frühwald   Eichendorff-Chronik. Daten zu Leben und
            Werk. Zusammengestellt von W. FRÜHWALD,
            München/Wien 1981.

Grimm   Deutsches Wörterbuch von Jacob und Wilhelm
            Grimm. 33 Bände, Nachdr. München 1984.

HdA   Handwörterbuch des deutschen Aberglaubens.
            Hg. von H. BÄCHTHOLD-STÄUBLI; unter Mitwir-
            kung von E. HOFFMANN-KRAYER. 10 Bände,
            Nachdr. Berlin/New York 1987.

HdE   Handbuch der deutschen Erzählung. Hg. von
            K. K. POLHEIM, Düsseldorf 1981.

Hillach/   A. HILLACH und K.-D. KRABIEL: Eichendorff-
Krabiel   Kommentar, Bd. I: Zu den Dichtungen, München
            1971.

HKA   Sämtliche Werke des Freiherrn Joseph von Ei-
            chendorff. Historisch-kritische Ausgabe. Hg. von

W. Kosch und A. Sauer (seit 1962 von H. Kunisch; seit 1978 von H. Kunisch und H. Koopmann), Regensburg 1908 ff. (seit 1970: Stuttgart/Berlin/Köln/Mainz).

LCI   Lexikon der christlichen Ikonographie. Hg. von E. Kirschbaum SJ. 8 Bände, Rom/Freiburg/Basel/Wien: Herder 1990 (Sonderausgabe).

Katalog   Ich bin mit der Revolution geboren... 1788 Joseph von Eichendorff 1857. Ausstellungskatalog. Hg. von Sibylle von Steinsdorff und Eckhard Grunewald, Ratingen 1988.

Krabiel: K.-D. Krabiel: Joseph von Eichendorff. Kommentierte Studienbibliographie, Königstein/Ts. 1971.

Novalis   Novalis: Schriften. Die Werke Friedrich von Hardenbergs. Hg. von P. Kluckhohn und R. Samuel, unter Mitwirkung von H. Ritter und G. Schulz. 4 Bände, Darmstadt 1960 ff.

Riemen   Ansichten zu Eichendorff. Beiträge der Forschung 1958–1988. Für die Eichendorff-Gesellschaft hg. von A. Riemen, Sigmaringen 1988.

Schulz   Gerhard Schulz: Die Deutsche Literatur. Zwischen Französischer Revolution und Restauration. Zweiter Teil: Das Zeitalter der napoleonischen Kriege und der Restauration 1806–1830. München 1989 (= Geschichte der deutschen Literatur von den Anfängen bis zur Gegenwart. Begründet von Helmut de Boor und Richard Newald. Siebenter Band/Zweiter Teil).

SE   Joseph von Eichendorff: Sämtliche Erzählungen. Hg. von H. Schultz, Stuttgart 1990 (= RUB 2352).

Sengle   Friedrich Sengle: Biedermeierzeit. Deutsche Literatur im Spannungsfeld zwischen Restauration und Revolution 1815–1848. Bd. I–III, Stuttgart 1971–1980.

Werke I–V Joseph von Eichendorff. Werke. Textredaktion: J. PERFAHL. Mit einer Einführung und einer Zeittafel sowie Anmerkungen von A. HILLACH, München 1970 ff.

Literaturhinweise

(Andernorts schon zitierte Literatur wird nicht nochmals aufgelistet)

ANTON, Bernd: Romantisches Parodieren. Eine spezifische Erzählform der deutschen Romantik. Bonn 1979 (= Abhandlungen zur Kunst-, Musik- und Literaturwissenschaft, Bd. 285).

Deutsche Erzählungen des 19. Jahrhunderts. Von Kleist bis Hauptmann. Hg. und kommentiert von J. HORN, J. JOKL, A. MEIER und S. VON STEINSDORFF. München 1982 (= dtv 2099).

EMRICH, Wilhelm: Protest und Verheißung. Studien zur klassischen und modernen Dichtung. Frankfurt/Main–Bonn ²1963.

FRÜHWALD, Wolfgang: Der Philister als Dilettant. Zu den satirischen Texten Joseph von Eichendorffs. In: Aurora 36 (1976), S. 7–26.

GILLESPIE, Gerald: Zum Aufbau von Eichendorffs »Eine Meerfahrt«. In: Literaturwissenschaftliches Jahrbuch. Neue Folge 6 (1965), S. 193–206.

HERTRICH, Elmar: Über Eichendorffs satirische Novelle »Auch ich war in Arkadien«. In: Literaturwissenschaftliches Jahrbuch. Neue Folge 2 (1961), S. 103–116.

JANITZA, Rudolf: Joseph von Eichendorffs »Eine Meerfahrt«. Marburg 1960 (= Marburg Phil. Diss. 1960).

KÖHNKE, Klaus: »Hieroglyphenschrift«. Untersuchungen zu Eichendorffs Erzählungen. Sigmaringen 1986

(= Aurora-Buchreihe, hg. von W. FRÜHWALD, F. HEIDUK, H. KOOPMANN und P. H. NEUMANN, Bd. 5).

KORTE, Hermann: Das Ende der Morgenröte. Eichendorffs bürgerliche Welt. Frankfurt/M.–Bern–New York 1987 (= Historisch-kritische Arbeiten zur Deutschen Literatur. Hg. von H. KRAFT, Bd. 6).

MORITZ, Karl Philipp: Götterlehre oder Mythologische Dichtungen der Alten. Bremen 1966.

MÜHLHER, Robert: Lebendige Allegorie. Studien zu Eichendorffs Leben und Werk. Sigmaringen 1990 (= Aurora-Buchreihe, hg. von F. HEIDUK, K. KOOPMANN und P. H. NEUMANN, Bd. 6).

PAULINE, George: Eine Meerfahrt, d'Eichendorff. In: Etudes Germaniques. Année 10 (1955), S. 1–16.

POST, Klaus-Dieter: Hermetik der Häuser und der Herzen. Zum Raumbild in Eichendorffs Novelle »Das Schloß Dürande«. In: Aurora 44 (1984), S. 32–50.

POTT, Hans-Georg (Hg.): Eichendorff und die Spätromantik. Paderborn/München/Wien/Zürich [2]1988.

RIBBAT, Ernst (Hg.): Romantik. Ein literaturwissenschaftliches Studienbuch. Königstein/Ts. 1979 (= AT 2149).

SCHUMANN, Detlev W.: Betrachtungen über zwei Eichendorffsche Novellen. »Das Schloß Dürande« und »Die Entführung«. In: Jahrbuch der deutschen Schillergesellschaft 18 (1974), S. 466–481.

SEIDLIN, Oskar: Versuche über Eichendorff, Göttingen 1965.

STEINSDORFF, Sybille von: »Das Gantze noch einmal umarbeiten!«. Notizen Eichendorffs zur geplanten Überarbeitung seiner Novelle »Eine Meerfahrt«. In: Aurora 44 (1984), S. 71–78.

ERLÄUTERUNGEN

Viel Lärmen um Nichts

Textgrundlage ist die 1833 in der Berliner Vereinsbuchhandlung erschienene Buchausgabe der Erzählung: *Viel Lärmen um Nichts*. Von Joseph Freiherrn von Eichendorff; und: *Die mehreren Wehmüller und ungarischen Nationalgesichter* von Clemens Brentano. Zwei Novellen. Berlin 1833. – Erstdruck in der von F. W. Gubitz herausgegebenen Berliner Zeitschrift *Der Gesellschafter oder Blätter für Geist und Herz*. Sechzehnter Jahrgang, 2.–28. April 1832. – Im Ersten Jahrgang *Des Gesellschafters* war (gleichfalls in Fortsetzungen) auch Brentanos Erzählung in der Zeit vom 24. September bis 13. Oktober 1817 erstmals erschienen.

Entstehung

Von Eichendorff selbst sind direkte Äußerungen zur Genese der Novelle (bislang) nicht bekannt. Anlaß und Hintergrund gehen jedoch unschwer aus dem Text selbst hervor: die langlebigen Fehden nämlich zwischen der *Mittwochsgesellschaft* und dem *Sonntagsverein*. – Bei der 1824 von Julius Eduard Hitzig in Berlin gegründeten Mittwochsgesellschaft war Eichendorff bereits 1827 als auswärtiges Mitglied registriert. Seit dem Sommer 1831, dem Beginn seiner Tätigkeit als Ministerial-Beamter in Berlin, erlebte Eichendorff vor Ort die Kontroversen mit dem 1827 von Moritz Gott-

424

lieb Saphir ins Leben gerufenen *Berliner Sonntagsverein* (dem späteren *Tunnel über der Spree*). Der Streit ging um das adäquate Literaturverständnis. Er war 1831 durch den zwanzigjährigen Karl Gutzkow in seinem *Forum der Journalliteratur* von neuem entfacht worden. In das gleiche Jahr datiert die Forschung gemeinhin den Arbeitsbeginn an *Viel Lärmen um Nichts.*– Obwohl Eichendorff zu einem auch literaturgeschichtlich brisanten Zeitpunkt in dieser Erzählung hochaktuelle Fragestellungen und Positionen der Zeit, ja des Tages aufwirft, war die Resonanz auf die Erstveröffentlichung der Novelle 1832 in mehreren Fortsetzungen wie auch auf die Buchausgabe 1833 schwach.

Einzelhinweise

Viel Lärmen um Nichts gibt die Übersetzung des Titels der Shakespeare-Komödie *Much Ado About Nothing* durch Wolf Graf Baudissin wieder.

11,2 *Prinz Romano:* Zahlreiche Indizien im Text verweisen auf Hermann Fürst von Pückler-Muskau (1785–1871), den populärsten deutschen Reiseschriftsteller zur Zeit Eichendorffs. Unmittelbar relevant für *Viel Lärmen um Nichts* sind seine *Briefe eines Verstorbenen. Ein fragmentarisches Tagebuch aus England, Wales, Irland und Frankreich, geschrieben in den Jahren 1828 und 1829.* Theil 1 und 2: München 1830, Theil 3 und 4: Stuttgart 1832. – Zwei Jahre später erschien: *Tutti Frutti. Aus den Papieren des Verstorbenen,* 5 Bde., Stuttgart 1834. – Weltweite Anerkennung erlangte sein Lehrbuch über Parkgestaltung: *Andeutungen über Landschaftsgärtnerei, verbunden mit der Beschreibung ihrer praktischen Anwendung in Muskau.* Stuttgart 1834.

14,25 *Jockei:* Heute ein berufsmäßiger Rennreiter, zu Eichendorffs Zeit die Bezeichnung für einen Stalljungen.

20,17 *Florentin:* Der Name des »hübschen Jägerbürschchens«, das mit der vielbegehrten Aurora identisch ist, verweist – außer der Geschlechtsambivalenz – auf eine weitere Besonderheit dieser von der Forschung wie der Leserschaft gemeinhin wenig geschätzten Erzählung: die Beziehungsvielfalt. So läßt er an Florens, Eichendorffs Pseudonym innerhalb des Loeben-Kreises, denken: des weiteren an Florio, den jugendschönen Protagonisten des *Marmorbilds;* nicht zum wenigsten auch an Dorothea Schlegels 1801 erschienenen Roman *Florentin,* dessen Bedeutung für Eichendorffs Jugendroman *Ahnung und Gegenwart* (1815) noch detaillierter (als bislang geschehen) herausgestellt werden müßte. Kurz zuvor (S. 17) hat Eichendorff Leontin und Faber, die beiden gegensätzlichen Dichterfiguren aus seinem Erstlingsroman, auftreten lassen.

20,30 *als Volontär die Retirade mitgemacht:* Das Grimmsche Wörterbuch (26, 736) weist auf den »zunächst in den alten armeen gebräuchlich(en)« Terminus »Volontair« hin, wo »man im kriege denjenigen, welcher aus freyem willen, und auf seine kosten, dienet« so nennt; und der »sich bisweilen, um sich zu distinguiren, an die gefährlichsten örter mit gebrauchen lässet«. – Retirade = Rückzug.

21,13 *Thetis:* »Eine Tochter des Nereus, welche mit der Thetis, einer Tochter des Himmels und Vermählten des Oceans, nicht zu verwechseln ist«, wie Karl Philipp Moritz in seiner *Götterlehre oder Mythologische Dichtungen der Alten* (Bremen 1966) vermerkt (S. 54); und »vor deren Umarmung Prometheus den Jupiter warnte« (S. 253). Sie leistete auch energischen Widerstand, als sie »durch die Veranstaltung der Götter (...) mit dem Könige Peleus vermählt« (S. 55) wurde.

21,30 *diese langharigen reisenden Maler:* Hierbei ist an die allseits bekannten »Deutsch-Römer« zu denken, wie sie etwa auf dem 1824 entstandenen Gemälde Franz Ludwig Catels »Kronprinz Ludwig von Bayern in der spanischen Weinschänke zu Rom« dargestellt sind. Noch deutlicher kommen *diese Maler* in Carl Philipp Fohrs Konzeption eines Caffè Greco-Bildes vors Auge, dessen linke Gruppe im zweiten Entwurf »von dem Freiheitsdichter Friedrich Rükkert überragt« wird: »eine vollkommene Riesengestalt, (...), dunkles Haar, das in langen, dichten Locken auf die breiten Achseln fällt«. Der rechten Gruppe sind »Künstler der romantischen Richtung« zugeordnet. »Zwischen Rehbenitz und Overbeck steht Peter Cornelius. Bei der Gestalt neben ihm mit den langen Locken unter dem altdeutschen Barett handelt es sich wahrscheinlich um ein Selbstbildnis Fohrs.« (Künstlerleben in Rom. Bertel Thorvaldsen 1770–1844. Der dänische Bildhauer und seine deutschen Freunde. Ausstellungskatalog. Nürnberg 1991, S. 167/168).

21,31 *die genialen Frauen:* Hier wären unter anderen zu nennen Caroline Herder, Dorothea Schlegel, die Günderode, Caroline von Humboldt, Rahel Varnhagen oder Bettina von Arnim. Sie stellen freilich alles andere denn eine einheitliche Interessengruppe dar: »Nicht bloß traten dramatische Zerwürfnisse wie zwischen Bettina und der Günderode dazwischen oder herzhaft empfundene Idiosynkrasien wie gegen Caroline Schlegel. In einem allgemeineren Sinn bezeugen viele dieser Briefe Beziehungen, die lebelang bloß gewünscht, Verbindungen, die nie geschlossen wurden.« (Gert Mattenklott: Romantische Frauenkultur. Bettina von Arnim zum Beispiel. In: Frauen, Literatur, Geschichte. Schreibende Frauen vom Mittelalter bis zur Gegenwart. Hg. von Hiltrud Gnüg und Renate Möhrmann. Stuttgart 1985, S. 124.)

21,32 *unsere tapfersten Anführer hat der Himmel quiesziert:* Eichendorffs Empfinden, der *letzte Romantiker* zu sein, ist vollauf begründet. 1832 sind fast alle bedeutenden Romantiker tot. Überlebende wie Ludwig Tieck oder Clemens Brentano haben sich anders orientiert.

22,33 *die schottischen Plaids:* Verweisen auf die große Beliebtheit der historischen Romane des 1832 gestorbenen Walter Scott.

30,26 *mit Dampf getriebene ungeheure Maschine:* 1811 war die Schnellpresse erfunden worden. Die massenhafte

Literaturproduktion beschleunigte sich seither entsprechend. Mit bissiger Satire weist Eichendorff auf die Beschaffenheit dieser Massenware hin.

30,32 *den Grafen Khevenhüller:* Nach Auskunft des Kosch (Deutsches Literatur-Lexikon. Biographisch-bibliographisches Handbuch. 3., völlig neu bearbeitete Aufl., 8. Bd. Bern/München 1981, Sp. 1129/30) war Franz Christoph Graf Khevenhüller-Frankenburg (1588–1650) zuletzt Oberhofmeister der Gattin Ferdinands II. in Wien. Seine *Annales Ferdinandei* 1640–1646 = 9 Bde., erschienen in der Neuausgabe 1716–1726 in 12 Bänden. Korrekturen (von der Namensschreibung bis zum Geburtsdatum) sind nach den Mitteilungen in Jörg Jochen Berns' Abhandlung »Reflex und Reflexion der oberösterreichischen Bauernaufstände im Werk Johann Beers« vorzunehmen. (In: Die österreichische Literatur. Ihr Profil von den Anfängen bis ins 18. Jahrhundert. Unter Mitwirkung von Fritz Peter Knapp hg. von Herbert Zeman. Teil 2. Graz 1986, S. 1149–1179). Danach ist Khevenhiller 1589 geboren. Er spielt überdies eine Rolle in der Genealogie Johann Beers. Der Großvater des Dichters war als Marktrichter in St. Georgen vom Grafen Khevenhiller eingesetzt und »nahm in dessen Auftrag die Gerichtsbarkeit erster Instanz wahr« (S. 1154). – Vgl. auch die Lokalisierung der Schriften Khevenhillers in der grundlegenden Studie von Erich Trunz: Pansophie und Manierismus im Kreise Kaiser Rudolfs II. (ebd., S. 865–1034).

31,10 *Vielliebchen in Taschenformat und in Maroquin gebunden:* In dem von Karl August Friedrich von Witzleben (Pseudonym: A. von Tromlitz) 1827 bis 1841 herausgegebenen Periodikum *Vielliebchen* erblickt Eichendorff offenbar ein charakteristisches (hauptsächlich von Damen gelesenes) Massenprodukt, wie es von Publikum hergestellt wird. Der kostbare Einband, feines Ziegenleder (Saffian würde man heute sagen), steht zum Inhalt in aufschlußreichem Kontrast.

31,22 *ein literarischer Klatsch-Kurier:* Der Eichendorff wohlbekannte Gründer des *Berliner Sonntagsvereins* Moritz

Gottlieb Saphir gab auch zwei die Tratschbedürfnisse der Gesellschaft befriedigende Organe heraus: den *Berliner Courier, ein Morgenblatt für Theater, Mode, Eleganz, Stadtleben und Lokalität* (1827–1829) und die *Berliner Schnellpost für Literatur, Theater und Geselligkeit* (1826–1829).

33,22 *voll romantischer Wut:* Ein Beispiel für die semantische Vielfalt des Begriffs *romantisch.* Von den Auskünften des *Deutschen Wörterbuchs* käme in diesem Fall wohl das »mit steigerung des begriffes so viel als ›abenteuerlich, seltsam, überspannt‹« markierte Feld in Betracht: also etwa voll unglaublicher, unerwarteter Wut (Grimm 14, 1156).

41,1 *den dumpfen Schlag eines Eisenhammers:* officina ferraria = eine Werkstatt, in der Eisen durch den Eisenhammer bearbeitet wird. Der dabei entstehende Lärm ist in Eichendorffs Prosa immer wieder zu hören.

42,10 *ein Diener lag auf der Schwelle ausgestreckt wie ein Toter:* Ähnlich im *Marmorbild:* »ein Diener lag eingeschlafen auf der Schwelle« (E 1, S. 77; auch S. 79). Derartige Anklänge an vorausliegende Werke finden sich in *Viel Lärmen um Nichts* häufiger.

44,13 *den alten wahnsinnigen Harfner aus »Wilhelm Meister«:* Mit dem Harfner beruft Eichendorff jene Figur aus Goethes *Wilhelm Meisters Lehrjahre,* die (unter Ausklammerung jeglicher Begrifflichkeit) sich ausschließlich poetisch artikuliert: im Gesang. Vor allem im 13. Kapitel des Zweiten Buches wird deutlich, daß Wilhelms Leiden nachhaltig nur durch das *Lied* des Harfners zu lindern sind.

45,19 *an Don Quixote gemahnte:* Die romantische Erzählung gründet schon bei den Brüdern Schlegel »auf einem breiten komparatistischen Verständnis der europäischen Tradition der Erzählung« (HdE, S. 124 f.). Cervantes kommt dabei maßgebliche Bedeutung zu, auch bei Eichendorff.

47,23 *von dem Gericht der Pairs und vom Haus der Gemeinen an den hohen Minnehof:* Als Dichter, also in fiktiver Versuchsanordnung, appelliert Faber, als ginge es um eine Cause célèbre, an drei Instanzen: die Mitglieder des französischen Adelsgerichts, das englische Unterhaus und den Liebeshof, wie er um 1800 mehrfach thematisiert wird. Etwa in Schillers *Jungfrau von Orleans* I/2:

> Gegründet hat er einen Liebeshof,
> Wohin die edlen Ritter sollen wallen,
> Wo keusche Frauen herrlich sollen thronen,
> Wo reine Minne wiederkehren soll,
> Und mich hat er erwählt zum Fürst der Liebe.
>
> (v. 526 ff.).

52,7 *ein kalekutischer Hahn:* Mit einem Beleg aus Rollenhagen *wahrhafte lügen* (1717) 298 im *Deutschen Wörterbuch* aufgeführt: »einen calecutischen hahnen in Africa oder India ... der sich aufgeblasen und die rote nasen greulich niedergehengt.« (Grimm 10, 163).

54,16 *Willibald:* Vor allem in den unmittelbar folgenden Passagen ist der Dichter Willibald unschwer als Stellvertreter Eichendorffs zu erkennen.

59,19 *Hoffmannisieren:* In der Manier E. T. A. Hoffmanns zu erzählen, ist in den Augen Eichendorffs, der ihm reserviert gegenübersteht, kein Vorzug. Romanos Schilderung läßt an Hoffmanns *Die Räuber. Abenteuer zweier Freunde auf einem Schlosse in Böhmen* (1822) denken.

62,32 *und rang mit ihm:* Auch der Kampf Daniels mit Romano ist in einer früheren Erzählung, der *Zauberei im Herbste,* vorgebildet (E 1, S. 52; vgl. auch S. 286 f.).

64,28 *den wahnsinnigen Harfner ..., der dort über seiner Harfe eingeschlafen war:* Erinnert an Eichendorffs zweites Initiationserlebnis zum Dichter: an die »prächtige Fee eingeschlummert über der Zither« (E 1, S. 303 f.).

66,15 *des alten Altans:* Balkon.

66,31 *eine Novelle aus seinem Leben zum besten geben:* So ist es Usus in Tiecks *Phantasus.*

67,6 *aus Halle nach dem Harzgebirge:* Erneut eine stark

autobiographisch geprägte Passage. »Die Erzählung geht bis in Einzelheiten auf Erinnerungen an die Wanderung zurück, die die Brüder E im September 1805 von Halle aus in den Harz unternahmen. Vgl. das Tagebuch vom 12.9.1805.« (Hillach/Krabiel, S. 152).

68,24 *eine reizende Huri:* Paradiesjungfrau im Islam. In der islamischen Mystik, dem Sufismus, gelten sie als Hindernis zu Gott: »Wenn Er deinen Sinn mit Paradies und Huris füllt, dann wisse, daß Er dich fern von sich selbst hält (MT 204)«. (Annemarie Schimmel: Mystische Dimensionen des Islam. Die Geschichte des Sufismus. Köln 1985, S. 67; vgl. auch S. 468).

70,23 *mit zahllosen Papilloten:* Haarwickel von Papier. Bekannt ist Heines Vers aus dem Zyklus *Lyrisches Intermezzo 1822–1823* im *Buch der Lieder:*

> (Das Lied spricht:)
> Ach, wär' ich nur das Stück Papier,
> Das sie als Papillote braucht!
> Ich wollte heimlich flüstern ihr
> In's Ohr, was in mir lebt und haucht.

(Heinrich Heine: Historisch-kritische Gesamtausgabe der Werke. Hg. von M. Windfuhr, Band I/1: Buch der Lieder. Bearb. von P. Grappin, Hamburg 1975, S. 167).

78,20 *sentenziösen Paroxismus:* Hier der verstärkte Anfall der Redekrankheit des *schwungreichen, jungen Mannes.* – Wirkungsvoll eingesetzt beim jungen Schiller in den *Räubern* III/2, wenn Grimm konstatiert, daß der überreizte Zustand Moors seinen Höhepunkt überschritten hat: »Nur Geduld! der Paroxysmus ist schon im Fallen«. (Friedrich Schiller: Sämtliche Werke, hg. von G. Fricke und H. G. Göpfert in Verb. mit H. Stubenrauch, Bd. I. München ²1960, S. 562).

79,20 *Karbonaro-Mantel:* »Carbonari (ital. Köhler) nannten sich zu Anfang des 19. Jahrhunderts die Mitglieder eines Geheimbundes in Italien. Die Verkleidung des Prinzen weist darauf hin, daß für ihn Gesinnungen wie Kleidungsstücke auswechselbar sind (zielt wiederum auf den Fürsten Pückler).« (Hillach/Krabiel, S. 152).

79,23 *Der anschlägische Prinz:* anschlägig, anschlägisch im Sinne von prudens, callidus, versutus; also klug, schlau, listig (vgl. Grimm 1, 443).

80,18 *gar zu appetitlich:* hier = reizend (vgl. Grimm 1, 538).

82,29 *Da schoß der Gräfin auf einmal das Blatt:* Das *Deutsche Wörterbuch* zu dieser Redewendung: »das blatt schosz ihm, *er ward bestürzt, aufgeregt, ahnte wichtiges*« (Grimm 2, 75).

83,18 *Mundlack:* Diente zum Verschließen der Briefe.

84,23 *Eskarpins:* Leichte Schuhe; vor allem die zu Seidenhosen und Strümpfen getragenen Schnallenschuhe der Herrn im 18. Jahrhundert.

87,19 *Agrément:* Annehmlichkeit.

93,6 *Es geht wohl anders, als du meinst:* In der ersten umfangreichen Anthologie seiner Lyrik von 1837 als Nr. I unter dem Titel *Wandersprüche* gedruckt. – Hans Pfitzner (1869–1949) eröffnet mit diesem Gedicht sein op. 28 *Von Deutscher Seele. Eine romantische Kantate auf Texte von Joseph von Eichendorff* für vier Soli, gemischten Chor, Orchester und Orgel. Uraufgeführt am 27. Januar 1922 in Berlin.

Auch ich war in Arkadien

Der Text ist, wie andere späte Erzählungen auch, erst nach Eichendorffs Tod von seinem Sohn Hermann 1866 veröffentlicht worden. Letzterer hat auch aus den Schlußworten der Satire den Titel des Textes gebildet, vor allem aber die ersten drei Absätze weggelassen, um die Erzählung zu entschärfen. 1901 hat Konrad Weichberger die unterdrückten Passagen in seiner *Incognito*-Ausgabe veröffentlicht (vgl. Hillach/Krabiel, S. 152 f.).

Entstehung

Mit gutem Grund wird die Genese des Textes für die Zeit unmittelbar nach dem Hambacher Fest im Mai 1832 angenommen, auf das er ja direkt reagiert. Der gegenwärtige Stand der Forschung, vor allem die Publikation und Erläuterung der *Politischen Schriften* Eichendorffs durch K.-D. Krabiel in *Werke V* sowie dessen Beitrag »Zwischen Liberalismus und Restauration« (Katalog, S. 297–320), lassen das komplexe Umfeld erkennen, in dem diese politische Satire entstanden ist und mit dem sie vielfache Verflechtungen aufweist. Einen gedrängten Überblick gibt H. Schultz (SE, S. 576–579). Danach kann insbesondere der von W. Kosch so genannte *Politische Brief* »als Vorstudie zur politisch-literarischen Satire *Auch ich war in Arkadien* angesehen werden; einige Gestalten sowie eine Reihe von Bildern, Vergleichen und Anspielungen sind hier bereits vorgeprägt und werden in die Satire übernommen« (Werke V, S. 470). Wichtige Sachthemen der Erzählung finden sich weiters in dem *Entwurf eines Gesetzes über die Presse und ihre Erzeugnisse* (Werke V, S. 202 ff.), den Eichendorff im Auftrag Eichhorns, des Referenten der Deutschlandabteilung im Berliner Außenministerium, anfertigte. (Eichendorff war vom 1. Oktober 1831 bis 30. Juni 1832 in dieser Dienststelle »Hilfsarbeiter«.)

101,8 *Juli-Revolution:* Entscheidend für Eichendorffs Satire ist das Ereignis der französischen Juli-Revolution von 1830 hauptsächlich in seinen Folgen für Deutschland: Auftrieb für die liberalen Bestrebungen und die Debatten um Pressefreiheit und Zensur.

101,10 *Deutschheit:* Eine von mehreren Bezeichnungen des Alamodepatriotismus, der in lauter Äußerlichkeiten bestand: von der Kleidung bis zur Frisur. Wer besonders »altdeutsch« erscheinen wollte, frisierte sich zum Beispiel nach der Haartracht der Albrecht Dürer-Bilder.

101,24 *ein wenig polnisch geworden:* Vor allem unter den Liberalen genossen der Novemberaufstand von 1830 in Warschau und die folgenden Auseinandersetzungen zwischen Polen und Russen große Sympathien. »Der letzte Widerstand erlosch mit dem Fall von Zamość am 21. Oktober 1831. In den folgenden Monaten ergoß sich über Deutschland ein Strom von Flüchtlingen, die durch Sachsen und Hessen, durch Bayern, die Pfalz und Württemberg nach Frankreich und in die Schweiz zogen. Überall fanden sie begeisterte Aufnahme. Zahlreiche Polenkomitees, die bereits zur Zeit des Aufstandes die Kämpfenden aktiv unterstützt hatten, ließen ihnen Hilfe angedeihen (...). In jenen Monaten war die Presse ganz Deutschlands voll von Meldungen über Polen; je nach politischer Orientierung der Blätter waren die Kommentare mehr oder minder freundlich, versuchten sie, die öffentliche Meinung Deutschlands für oder gegen Rußland zu mobilisieren. In einer Fülle von publizistischen und wissenschaftlichen Abhandlungen befaßte man sich mit Polens Geschichte, seiner Verfassung, seiner Kultur und mit den sozialen Verhältnissen«. (Das Polenbild der Deutschen 1772–1848. Anthologie. Hg. von Gerhard Koziełek. Heidelberg 1989, S. 43.)

101,24/25 *liberum veto:* »Der Ausdruck *ein Veto einlegen* wurde wahrscheinlich erst geflügelt durch das *liberum veto* das freie: ich verbiete im alten polnischen Reichstag (1652–1791), mit dem jedes Mitglied das Recht hatte, durch seinen Einspruch Beschlüsse nichtig zu machen« (*Geflügelte Worte. Der Zitatenschatz des deutschen Volkes. Gesammelt und erläutert von Georg Büchmann*, Berlin [32]1972, S. 659).

102,5 *Schlegels Luzinde:* Friedrich Schlegels einziger Roman *Lucinde* löste gleich bei seinem Erscheinen 1799 einen Skandal aus (vornehmlich wegen seiner, wie die Ablehnenden meinten, freizügigen Liebesauffassung). Eichendorff ist gleichfalls kein Freund des Textes.

102,6 *Kotzebuaner:* Als ein Mann vom Schlage Kotzebues (1819 vom Burschenschaftler K. L. Sand erstochen) apostrophiert zu werden, ist bei Eichendorff nicht schmeichelhaft. August von Kotzebue (1761–1819), einer der erfolgreichsten Bühnenautoren um 1800, »blieb es vorbehalten, das letzte Stadium der Verstandesdichtung zu erreichen, indem er die allgemeine Indifferenz (…) frech emanzipierte. Das Charakteristische der Kotzebueliteratur ist eben die konventionelle Charakterlosigkeit, eine Blasiertheit, die alles, was sie nicht begreift oder was sie geniert, vornehm verlacht« (*Werke III*, S. 15).

102,15 *Pegasus:* Den für die Dichtung interessantesten Vorgang mit dem geflügelten Roß Pegasus erzählt K. Ph. Moritz so: »Als einst die Musen auf dem Helikon Gesang und Saitenspiel so mächtig ertönen ließen, daß alles rundherum belebt ward und selbst der Berg zu ihren Füßen hüpfte, da zürnte Neptun und sandte den Pegasus hinauf, daß er den zu kühn gen Himmel sich Erhebenden Grenzen setzen sollte; als dieser nun auf den Gipfel des Helikon mit dem Fuße stampfte, war alles wieder in dem ruhigern, sanftern Gleise, und unter seinem stampfenden Fuße brach der Dichterquell hervor, der von des Rosses Tritt die Hippokrene heißt« (*Götterlehre*, S. 88).

103,4 *Missalien:* Das *Missale Romanum* enthält die Texte für die Meßfeier des liturgischen Jahres.

103,15 *»Preßfreiheit«, »Garantie« oder »Konstitution«:*

Zentralbegriffe und -forderungen der Liberalen. Eichendorffs reservierte Einstellung zu diesen Forderungen ist seinen *Politischen Schriften* zu entnehmen. (Vgl. *Werke V*).

103,23 *Freimaurer-Händedruck:* Aus der Fülle der den Freimaurern nachgesagten Praktiken ist der spezifische Händedruck nur e i n e groteske Einzelheit: »Sie selbst erkennen sich am Gruß wie am Türeschließen, am Druck der Hand (mündl.) oder Handgeben; da strecken sie die Daumen gegeneinander, berühren mit den Fingerspitzen des andern innere Handfläche, schlagen Winkel, reichen sich nur zwei Finger« (HdA 3,36).

103,33 *harangierte:* er hielt eine langweilige, überflüssige Rede.

104,14 *im Moniteur geblättert: Le moniteur universel* wurde 1789 als »Gazette nationale« von Ch.-J. Panckoucke gegründet; seit 1811 »Moniteur universel«, 1868 eingestellt. Diese französische Tageszeitung zählt zu den wichtigsten Quellen über die Französische Revolution.

105,4 *aus des Professors Kompendium des Naturrechts:* »das bekannteste derartige Werk war Karl von Rottecks *Lehrbuch der Staatswissenschaften und des Vernunftrechts* (1829–1836) (Hillach/Krabiel, S. 154).

105,13 *Walpurgis:* Im christlichen Kalender ist der 1. Mai unter anderem der heiligen Walpurga (Walpurgis) geweiht. Es ist der Tag ihrer Heiligsprechung. Der 25. Februar, an dem liturgisch ihr Fest gefeiert wird, ist ihr Todestag. Eichendorff spielt hier natürlich auf den vielfältigen Aberglauben an, der sich (fernab des christlichen Festes) mit der Vorstellung der *Walpurgisnacht* verbindet. In dieser Nacht »regen sich die G e i s t e r, und allerlei Z a u b e r wirkt sich aus. In Würzburg fährt der Parlafex (d.i. der Teufel selbst) in einer prächtigen Kutsche durch die Stadt (...). Arme Seelen, in Fische verwandelt, dürfen in dieser Nacht auf dem Wasserspiegel tanzen.« Vor allem aber ist die Nacht vor dem 1. Mai den

Hexen »preisgegeben. Sie reiten nach dem Blocksberg oder einem der unzähligen örtlichen Hexentanzplätze« (HdA 5, 1545/46).

105,29 *Nicolai und Biester:* Die beiden Spätaufklärer, der Buchhändler, Verleger, Herausgeber, Literaturkritiker und Prosaautor Friedrich Nicolai (1733–1811) und der Publizist, Herausgeber und Übersetzer Johann Erich Biester (1749–1816), dürften Eichendorff allein schon wegen ihrer ›Jesuitenriecherei‹ unsympathisch gewesen sein. Dabei hat sich zum Beispiel Nicolai in seinem *Sebaldus Nothanker*-Roman (1773–1776) bereits in der gleichen Tonlage wie Eichendorff in *Viel Lärmen um Nichts* (1832) über Literatoren aufgehalten, die Bücherschreiben zu einem Gewerbe erniedrigt haben, also lediglich marktgerecht produzieren.

107,8 *bekannte Redakteurs liberaler Zeitschriften:* solche für die *Arkadien*-Satire relevante waren unter anderem: die Freiburger Professoren und Führer der badischen liberalen Opposition Wenzeslaus Rodecker von Rotteck (1775–1840) und Karl Theodor Welcker (1790–1869). Seit 1832 gaben sie die Zeitschrift *Der Freisinnige,* seit 1834 das *Staatslexikon* heraus, »in dem die Ideen der französischen Revolution und des französischen Konstitutionalismus (allgemeines Wahlrecht, Volkssouveränität, Pressefreiheit) propagiert wurden« (Alfred Estermann [Hg.]: Politische Avantgarde 1830–1840. Eine Dokumentation zum »Jungen Deutschland«. 2 Bde. Frankfurt/Main 1972, S. 622). Ferner: der Journalist und liberale Politiker Johann Georg August Wirth (1798–1848), der die Zeitschriften *Das liberale Deutschland* und *Deutsche Tribüne* herausgab. Wirth organisierte auch die *Vaterlands- und Preßvereine* in der bayerischen Rheinpfalz, desgleichen zusammen mit Siebenpfeiffer das Hambacher Fest 1832.

109,6 *unter einem dreifarbigen Zelte …, auf welchem ein fuchsroter Hahn saß:* »Dreifarbig war in Frankreich wie in Deutschland die Fahne der Revolution. Der Hahn wurde in der Revolution von 1789 als Wappentier Frankreichs eingeführt« (Hillach/Krabiel, S. 155).

109,7 *Sieben Pfeifer:* Der schon erwähnte Mitorganisator des Hambacher Festes Philipp Jakob Siebenpfeiffer (1789–1845) wurde 1833 verhaftet, floh in die Schweiz und war von 1834 bis 1845 Professor in Bern.

109,9 *ça ira:* »es wird gehen«: Anfang des französischen Revolutionsliedes von 1789.

109,11/12 *Tribüne-Wirt:* Gemeint ist natürlich der oben genannte Organisator des Hambacher Festes und seine Zeitschrift *Deutsche Tribüne.* Hämische Anspielungen auf das Bewirtungsgewerbe im Zusammenhang mit Johann August Wirth waren nach 1832 nicht selten. Ein Beispiel aus dem Jahr 1838: Das Hambacher Fest »war das Ende des Schauspiels ›der Partei der Bewegung‹ in Deutschland. Nach ihm tauchte der Demagogismus noch einmal auf, der mit der ganzen politischen *Wirth*schaft Rheinbaierns den Händen der Gerechtigkeit anheimfiel« (Estermann: Politische Avantgarde, S. 662).

110,23 *die öffentliche Meinung:* In seinen politischen Schriften setzt sich Eichendorff wiederholt mit diesem nach seiner Ansicht neuen Götzen des Liberalismus auseinander, der seinerseits den Unterdrücker herauskehrt: »wie sie jedem, der seine eigene Meinung zu haben sich untersteht, schnell das Medusenhaupt der öffentlichen Meinung vorhalten« (Werke V, S. 147).

111,12 *Kolophonium:* Mit diesem Harzprodukt präpariert der Geigenspieler seinen Bogen. – Hier ist an die Verwendung »auf der Bühne bei der Herstellung von künstlichen Blitzen« (SE, S. 585) zu denken.

112,14 *Schiller-Taft:* »schillernder, in mehreren farben spielender taft« (Grimm 15, 149).

112,17 *regardez moi:* schauen Sie auf mich!

112,18 *von böhmischen Steinen:* Imitationen aus Glas und Kunstharz. »Sie zeigen deshalb auch ganz andere chemisch-physikalische Eigenschaften. Nur im Äußerlichen, in Farbe, Glanz und gewissen Lichterscheinungen ähneln sie den wirklichen Edelsteinen. Gablonz in der ČSSR und Neu-

Gablonz bei Kaufbeuren/Bayern sind die weltweit bekannten Zentren der Imitationen von einst und jetzt« (Walter Schumann: Steine und Mineralien. München/Wien/Zürich 1982, S. 47).

112,23 *air enragé:* wütendes Aussehen.

113,24 *insinuieren:* hier: sich beliebt machen.

113,31 *mit Ziegenhainer und Kanonen:* »ursprünglich ein dornknüppel aus den zweigen des herlitzenstrauchs« (Grimm, 31, 925). Studentenstock und Studentenstiefeln: »schwere stiefeln bis an die knie oder weiter reichend (Grimm 11, 169).

115,23 *ein Oberpriester im Talar eines ägyptischen Weisen:* Am einleuchtendsten lassen sich (zusammen mit den im Text folgenden Verweisen auf Schikaneders/Mozarts *Zauberflöte*) im ägyptischen Stil auftretende Figuren auf den Freimaurerkomplex beziehen. Im reichen Arsenal des mit ihm verbundenen Aberglaubens findet sich auch die Ableitung der Freimaurerei »aus uralten ägyptischen, druidischen usw. Geheimlehren« (HdA 3, 25). »Ihre Tracht ist ein schwarzer Talar mit Stern« (ebd., 37).

116,2 *seid umschlungen, Millionen!:* Außer der Herkunft aus Schillers Ode *An die Freude* und der weltweiten Verbreitung durch Beethovens Vertonung am Schluß seiner IX. Symphonie klingt auch das Humanitätsideal der Freimaurer an.

117,22 *Papageno-Flöte:* Eichendorff verwechselt (als passionierter Opernbesucher!) die beiden Wunderinstrumente der *Zauberflöte*. Natürlich ist die Flöte Taminos und das Glockenspiel Papagenos Instrument.

117,24 *Contre-Tanz:* Gegentanz, bei dem die Tänzer einander im Viereck oder in zwei Reihen gegenüberstehen. Die Wurzeln reichen bis in die keltisch-germanischen Schwertreigen zurück. Für den Kontinent wurde am einflußreichsten der englische country-dance. Aus ihm sind Anglaise, französische und deutsche Contredanse, Cotillon und Quadrille hervorgegangen (vgl. im einzelnen MGG 2,

1646 ff.). Zahlreiche Kompositionen von Contredanses, zum Beispiel Mozarts Contratanz KV 267. Gegen Ende des 18. Jahrhunderts versteht man unter Contredanse eine solche für vier Paare und unter Anglaise eine Contredanse für zwei Reihen. Um 1830 kam die Contredanse aus der Mode, lebte aber als Volkstanz weiter.

119,1 *Regierungsmaschine:* Sie zeigt einen mechanistischen Staatsbegriff an, der diametral Eichendorffs organischer Staatsauffassung entgegensteht.

119,17 *où peut-on être mieux, qu'au sein de sa famille!:* Wo könnte es einem besser gehen als in der Familie.

119,19 *jesuitische Zauberformel:* Hier hält nun Eichendorff seinerseits den weithin antiklerikal eingestellten, tonangebenden Gruppierungen des Tages (wie zum Beispiel den Liberalen) abergläubische Unterstellungen hinsichtlich der Jesuiten vor. Im Falle der Freimaurer verhält er sich jedoch kaum reflektierter.

121,15 *den Thron selbst, auf dem soeben der Wirt ... sich breit ... zurechtsetzte:* Dieses Schlußbild einer neuen Tyrannis ist nach Eichendorff durchaus »die Folge allen Liberalismus und Parlamentarismus« (Hillach/Krabiel, S. 156). Insgesamt gilt für die *Arkadien*-Satire: »Eichendorffs tiefes Mißtrauen gegenüber dem Liberalismus und seinen Erscheinungsformen erhält hier seinen extremsten Ausdruck« (Schulz, S. 497).

121,31 *kommst du ... noch selbst mit in das Stück:* Bereits in seiner gleichfalls 1832 erschienenen Novelle *Viel Lärmen um Nichts* war Eichendorff am Schluß des Textes selbst aufgetreten. Daß Zuschauer in einem Theaterstück plötzlich Akteure werden, ist schon in Tiecks *Gestiefeltem Kater* der Fall.

122,25 *Korollarium:* eine Zugabe. In der Logik ein Satz, der aus einem schon bewiesenen Satz als Folgerung hervorgeht, die ohne weiteres einleuchtet.

122,26 *Heischesatz:* »ein heischesatz wird insgeheim ein satz genennet, den man ohne beweis zu geben von einem

440

andern fordern kann« (Grimm 10, 901). – Heischebräuche (mit Heischesprüchen und -liedern) sind im allgemeinen Gabensammeln mit Sprüchen, Glückwünschen usf.

123,19 *auch ich war in Arkadien!:* Am bekanntesten ist die Wendung *Et in Arcadia ego* natürlich als Motto von Goethes *Italienischer Reise* (1816/17).

Eine Meerfahrt

Die zu Eichendorffs Lebzeiten unveröffentlicht gebliebene Erzählung liegt erstmals in Bd. III der von seinem Sohn Hermann herausgegebenen sechsbändigen Edition der *Sämmtlichen Werke* im Druck vor. (*Joseph Freiherr von Eichendorff's sämmtliche Werke. Zweite Auflage. Mit des Verfassers Portrait und Facsimile. Bd. I–VI. Leipzig: Voigt & Günther 1864*). Der Text der *Meerfahrt* findet sich in Bd. III, S. 227–292.

Entstehung

Das von seinem Sohn Hermann angegebene Entstehungsjahr 1835 dürfte zutreffend sein. Wichtig sind die Recherchen zu Eichendorffs Absicht, »die Erzählung noch einmal gänzlich umzuarbeiten« (Sibylle von Steinsdorff: »Das Gantze noch einmal umarbeiten!«, S. 71). Dazu ist es nicht gekommen. Überdies galt das Manuskript der *Meerfahrt* mit den handschriftlichen Anmerkungen des Dichters seit 1945 als verschollen. Vier Einzelblätter sind jedoch jüngst wiedergefunden worden. Eines davon »mit Notizen für die geplante Überarbeitung der Novelle« (ebd., S. 72) hat Frau von Steinsdorff im zitierten Beitrag zugänglich gemacht und erläutert. Geplant war danach unter anderem: »*Das Gantze mehr zusammenziehen, verkürzen,* alle Entdeckungsszenen

441

(...) aus des Einsiedlers Geschichte streichen und gleich im Anfange bei Entdeckung der ersten Insel mut[atis] mut[andis] benutzen, so daß sich nichts wiederholt« (ebd.).

Einzelhinweise

129,1 *das valenzische Schiff Fortuna:* die »Fortuna« kommt also aus dem spanischen Valencia mit wechselvoller maurischer Vergangenheit.

129,2 *die Linie passierte:* »Verankerungen in der geographischen Realität wie ihre Konkretisation als Äquator oder der im Vertrag von Tordesillas 1494 von Papst Alexander VI. gezogenen Linie, die das spanische vom portugiesischen Herrschaftsgebiet trennen sollte, lassen sich nicht aufrechterhalten« (Peter Krahé: Eichendorffs »Meerfahrt« als Flucht vor dem »praktischen Abgrund«. In: Aurora 44/ 1984, S. 52). Krahé denkt eher an einen metaphorischen Sinn des Begriffs: »als Übergang zum Ungewissen« (ebd.). Das wäre ein Vorgriff Eichendorffs auf die Psychologisierung, ja Dämonisierung der »Linie«, wie wir sie aus den Meer-Geschichten Joseph Conrads (1857–1924) kennen. Vgl. *Die Schattenlinie* von 1917.

129,16 *Salamanka:* die spanische Universitätsstadt im Süden des ehemaligen Königreichs Léon zählte mit ihrer 1218 von Alfons IX. gegründeten Universität bis ins 16. Jahrhundert neben Oxford, Paris und Bologna zu den vier bedeutendsten Universitäten des Abendlandes.

132,2 *Baccalaureus:* niedrigster akademischer Grad.

132,12 *Perspektiv:* kleines Fernrohr.

133,2 *nur von böhmischen Steinen:* Siehe Anm. zu S. 112,18.

137,8 *Windlicht:* »meist kerze aus wachs; ursprünglich in einer art laterne« (Grimm 30, 311).

137,20 *Walpurgis:* Siehe Anm. zu S. 105,13.

137,33 *Mater saeva cupidinum:* die grausame Mutter der

Begierden. So beginnt carm. 1,19 des Horaz im Blick auf Venus.

140,17 *Ritter Rhetorio:* in der Redekunst bewanderter Ritter.

140,18 *Sermone:* Redeschwall.

140,21 *die Tonsur scheren:* im lateinischen Kirchenrecht Tonsura, auch Corona clericalis. Letztere ist die kleine runde Stelle, die durch das Ausscheren des Haupthaars beim Weltklerus entsteht, im Unterschied zur Voll-Tonsur bei vielen Mönchsorden. Zur Zeit Eichendorffs war das Kirchenrecht diesbezüglich noch vielgestaltig.

140,23 *Koller:* ärmelloser Lederwams.

141,28 *Fandango:* Spanischer Volkstanz; ein sogenannter »danza cantada«, also ein gesungener Tanz. Heute vor allem in Mittel- und Südspanien verbreitet. Es ist ein Paartanz, der von einem Tänzer und einer Tänzerin getanzt wird, die einander nicht berühren. Es ist ein leidenschaftlicher Tanz bei stetig sich steigerndem Tanztempo. Da er oft sehr anzüglich getanzt wurde, stand immer wieder sein Verbot durch die Kirche zur Debatte.

146,16 *Palisaden:* von lat. palus = Pfahl. Bei Befestigungen gebräuchliche Hindernisse, die aus einer Reihe eng nebeneinander eingerammter Pfähle bestanden.

146,33 *Ambassade:* Botschaft, Gesandtschaft.

147,13 *Allongeperücke:* siehe Anm. zu S. 384,25.

147,23 *die indischen Sprachen:* Hier sind natürlich die indianischen Sprachen gemeint.

153,5 *Julius Cäsar, Brutus, Hannibal und der alte Cid:* Zum klassischen Lektürekanon treten in der Romantik die Heldentaten des *El Cid* genannten Rodrigo de Bivar (1030/54–1099). Wichtig wurde Herders Nachdichtung der *Cid*-Romanzen (1803–1805) in trochäischen Versen.

157,6 *Gloria:* Das *Gloria in excelsis Deo* ist der Preisgesang der katholischen Messe.

163,28 *Der Teufel hat's gegeben, der Teufel hat's genommen:* Wie in Bürgers *Lenore* bei der Umdichtung einzelner

Bibelstellen der Geliebte an die Stelle des Erlösers tritt, so hier der Teufel an die Stelle Gottes in dem bekannten Passus aus Hiob 1, 21.

164,30 *verwogen:* ältere Form für verwegen.

165,22 *Megära:* eine der drei strengen Furien (die Drohende), die unerbittlich Unrecht und Frevel strafen.

180,22 *Die letzte Macht der Mohren war zertrümmert:* Verweist auf das Ende der Maurenherrschaft in Spanien nach dem Fall Granadas 1492.

181,5 *des Königs Namenstag:* Seit 1510 war Karl I. König von Spanien, der spätere deutsche Kaiser Karl V. – Zu diesem Zeitpunkt kommt als Namenspatron eigentlich nur Karl der Große in Frage, dessen Fest am 28. Januar begangen wird, seine Translation in Aachen am 27. Juli und in Paris am 30. Juli (kanonisiert wurde er allerdings durch den Gegenpapst Paschalis III. am 29. 12. 1165). – Karl Borromäus, dessen Fest auf den 4. November fällt, wurde erst 1610 heiliggesprochen. Er gilt als beispielhafte Bischofsgestalt der Gegenreformation.

181,17 *Eldorado:* (span.) das vergoldete Land; legendäres Goldland in Südamerika. Im übertragenen Sinne für Wunsch-, Traumland.

182,26 *Feldschlangen:* Geschütze.

200,3 *meine Muhme, die tote Königin:* Die Königin ist also Almas Tante. Entsprechungen wie die Königin und ihre Nichte Alma sowie Diego und sein Neffe Antonio zählen ebenso zu den Kunstmitteln der Novelle wie die wechselseitigen Spiegelungen der beiden Meerfahrten (vgl. S. 201).

Das Schloß Dürande

Der Text folgt dem Erstdruck der Novelle in Brockhaus'
Urania. Taschenbuch auf das Jahr 1837. Hier S. 51–107.

Entstehung

Einzelheiten der Arbeit an dieser Novelle sind nicht
bekannt. Lediglich der sehr allgemein und kurz gehaltene
Brief des Leipziger Buchhändlers und Verlegers F. A. Brock-
haus vom 19. Oktober 1835, in dem er Eichendorff um einen
Text für die *Urania* ersucht (»wenn sich Ihnen ein günstiger
Stoff zur Bearbeitung in Form einer Novelle geboten, deren
Veröffentlichung in einem Taschenbuche angemessen
erscheint« [HKA XIII, S. 127]), läßt auf die Entstehung von
Schloß Dürande im Jahre 1836 schließen, denn das jeweilige
Taschenbuch wurde, wie auch aus Brockhaus' Brief hervor-
geht, in der Regel bereits zur Herbstmesse des Vorjahres
ausgeliefert.

Einzelhinweise

210,13 *schlechten grünen Mantel:* Hier in der »nebenform
schlicht«, welche »die guten seiten der bedeutung von
schlecht an sich zog« (Grimm 15, 519).

211,29 *pinkte er ... Licht an:* er machte Licht (nach der
alten Verb-Bedeutung von pinken im Sinn von »feuer schlagen mit stahl, stein und zunder« [Grimm 13, 1860]).

212,30 *Muhme:* siehe Anm. zu S. 200,3.

214,21 *Gut Nacht, mein Vater und Mutter:* Eichendorff
zitiert hier die letzte Strophe der *Judentochter* aus *Des
Knaben Wunderhorn* (dtv-Ausgabe I, 166).

214,30 *sangen die Nonnen soeben ihre Metten:* das am

frühen Morgen gesungene Chorgebet, die Matutin. Es folgten in den nach der Benediktinerregel lebenden Klöstern in festen Abständen über den Tag verteilt die Prim, Terz, Sext, Non, Vesper und Komplet. – Die Tatsache des Chorgebets und ihre weiße Ordenstracht lassen an Zisterzienserinnen denken. Die Nonnen der Abtei Mariastern in Gwiggen bei Bregenz singen zum Beispiel noch heute um 5 Uhr morgens die Matutin (»Mette«).

217,32 *in meiner Zelle:* Die Cella ist der kleine, nur mit dem Notwendigsten eingerichtete Raum, in dem der Mönch beziehungsweise die Nonne leben.

218,31 *Vedette:* ein vorgeschobener Posten oder Späher.

222,4 *Gratialgute:* klösterlicher Gutsbesitz.

222,7 *eine reichliche Kollation:* Zwischenmahlzeit, Imbiß.

222,30 *betete ihr Brevier:* das Stundengebet verrichten. An Tagen (wie diesem Weinlesetag), an denen sich die Mönche/Nonnen nicht im Kloster befanden und daher auch das jeweilige Chorgebet nicht gemeinsam singen konnten, beteten jeder/jede still für sich die jeweilige Hore.

225,16 *mit Hirschfänger und … Bandelier:* Jagdmesser, mit dem angeschossenes Wild getötet wird. – Schulterriemen, Wehrgehänge.

225,24 *Apollo mit seltsamer Lockenperücke:* In *Der Adel und die Revolution,* einem für das Verständnis von *Schloß Dürande* wichtigen Text, glossiert Eichendorff diesen Umgang mit der Antike zu seiner Zeit unverkennbar ablehnend: »Daher mußten Götterbilder in Allongeperücken überall an den Salon und die französierte Antike erinnern« (Werke I, S. 906).

227,31 *Hornkäfer:* Hirschkäfer (Grimm 10, 1829).

228,4 *Nährstand:* Zu diesem dritten Stand wurden vor 1789 alle gezählt, die nicht zum Adel oder Klerus (dem ersten und zweiten Stand) gehörten. Vgl. hierzu den Verweis bei Hillach/Krabiel: »Ähnlich wie der Redner in Eichendorffs Novelle argumentiert die Schrift des Abbé Sieyès

(1748–1836) *Was ist der dritte Stand?*, eine der berühmtesten Flugschriften der Französischen Revolution« (S. 160).

229,25 *Jakobiner, Volksfreunde und Royalisten:* Unterschiedliche Gruppierungen zur Zeit der Französischen Revolution. Die *Jakobiner,* die sich im Pariser St. Jakobs-Kloster trafen, waren die radikalste Revolutionsgruppe. – *Volksfreunde* hießen die nach dem Herausgeber der Zeitschrift *Der Volksfreund,* Jean Paul Marat (1744–1793), tätigen Revolutionäre. – *Royalisten* schließlich wurden die Anhänger des Königs genannt.

230,16 *Ottomane:* eigentlich eine türkische Liege. Zum Liegen dienendes Möbel ohne Rückenlehne.

231,14 *Landläuferin:* Landstreicherin/Vagabundin (siehe 2. Buch des *Simplicissimus*).

235,27 *Ludwig XVI.:* Der König, das prominenteste Opfer der Revolution, wurde 1793 in Paris geköpft.

235,31 *eine Supplik:* Bittschrift.

236,14 *die Schweizer:* Wie am päpstlichen Hof bestand auch die Leibgarde Ludwigs XVI. aus Schweizer Söldnern.

237,8 *Partisane:* eigentlich Waffe eines partigiano (Partisan); Stoßwaffe mit langem Stil und langer, schwertartiger Spitze.

246,28 *Veitstanz:* Der hl. Vitus war einer der Fürsprecher, die um Hilfe bei der sogenannten Fallsucht (Epilepsie) angerufen wurden. Zum Thema Fallsucht vgl. auch HdA 2, 1168 ff.

254,22 *äugeln:* blicken, blinken, liebäugeln. Das *Deutsche Wörterbuch* meint: »ein gutes, erst seit dem 16. jh. eingeführtes wort« (Grimm 1, 801).

Die Entführung

Druckvorlage ist der Erstdruck, der auch im Falle dieser Novelle wiederum in Brockhaus' *Urania* erfolgt: im *Taschenbuch auf das Jahr 1839. Neue Folge.* Erster Jahrgang, S. 147–192.

Entstehung

Aus der Korrespondenz mit dem Verleger geht hervor, daß der Text spätestens im Frühjahr 1837 fertig vorlag. In dem der Manuskriptsendung beiliegenden Brief vom 11. April 1837 hätte Eichendorff von Brockhaus gern die gleichen Konditionen wie bei *Schloß Dürande*. Es würde ihn sehr freuen, »wenn Dieselben von dieser Novelle, bei ihrem geringen Umfange, noch pro 1838 unter den vorjährigen Bedingungen Gebrauch machen könnten« (HKA XII, S. 55).

Einzelhinweise

265,26 *Wildschütz:* Wilderer. Vgl. die bekannte Oper *Der Wildschütz* von Albert Lortzing (1801–1851) nach einem Lustspiel von August von Kotzebue.

277,6 *Domino:* weiter Mantel mit Kapuze; als Verkleidungsstück zum Beispiel oft bei Verdi (*Un Ballo in Maschera* u. a.).

278,21 *phrygische Mützen:* Diese in der Französischen Revolution als Zeichen der Freiheit des Volkes getragenen kegelförmigen und an der Spitze nach vorn gebogenen Mützen ähneln den Kopfbedeckungen mancher Studentenverbindungen.

281,6 *Notre Dame:* die Kathedralkirche des Pariser Erzbischofs.

281,30 *Vicomte:* lat. vice = an Stelle und comes = Graf. Französischer Adelstitel im Rang zwischen Graf und Baron.

284,27 *Tressenhut:* Hut, der mit einer schmalen Borte verziert ist.

303,10 *Valet:* Lebewohl; Abschiedsgruß.

Die Glücksritter

Der Erstdruck der letzten zu Eichendorffs Lebzeiten veröffentlichten Erzählung erfolgte 1841 (Rheinisches Jahrbuch. Hg. von F. Freiligrath, Chr. J. Matzerath und K. Simrock. 2/1841, S. 1–58).

Entstehung

Bislang sind keinerlei Einzelheiten über die Entstehung dieses späten Prosatextes bekannt geworden. Bedeutsam ist sie unter anderem auch für die wenig beachtete Barock-Rezeption innerhalb der deutschen Romantik; denn die Anklänge zum Beispiel an Grimmelshausen wird jeder Leser alsbald bemerken.

Einzelhinweise

317,25 *galonierter Bedienter:* ein mit einer Livree bekleideter Diener.

318,15 *Schnappsackspringer:* Siehe Anm. zu S. 394,2.

319,22 *Rapiere:* Schläger.

319,33 *Fuchs:* Student, der sich um Aufnahme in eine studentische Verbindung bewirbt. Kann zu allen Erledigungen der ›Burschen‹ herangezogen werden.

320,19 *Cajus/Cujacius:* Nach Hillach/Krabiel ist Caius ein römischer Rechtsgelehrter des 2. Jahrhunderts, »dessen Hauptwerk *Institutiones* (= Unterweisungen) das wichtigste Lehrbuch zum Studium des römischen Rechts war.« – Bei Cujacius handelt es sich um Jacques de Cujas (1522–1590), französischer Lehrer des römischen Rechts (S. 162).

324,24 *Holk'scher Jäger:* Truppe des kaiserlichen Feldmarschalls Heinrich Graf von Holk (1599–1633).

334,11 *Schnapphähne:* Strauchdieb.

335,1 *ex ungue leonem:* den Löwen erkennt man an der Klaue.

339,7 *Saumroß:* Lastpferd im Gebirge.

340,6 *Hatschier:* kaiserliche Leibwache zu Pferde.

344,11 *Rosenobel:* englische Goldmünze aus der Zeit Edwards IV. (1442–1483).

354,15 *Schalke:* »die ältesten belege zeigen das wort in der bedeutung knecht, diener« (Grimm 14, 2067).

355,27 *Rose von Jericho:* vielleicht nach der Stelle in Sirach 24,18, wo die göttliche Weisheit mit den vor Jericho gepflanzten Rosen verglichen wird.

Libertas und ihre Freier

Auch diese Erzählung ist postum veröffentlicht worden: 1864 in Band 3 der von Hermann von Eichendorff herausgegebenen sechsbändigen Ausgabe der *Sämmtlichen Werke*. Seit Wilhelm Koschs Nachlaß-Publikation von 1906 muß die Forschung davon ausgehen, daß der Sohn Hermann verändernd in den Text eingegriffen hat (Einzelheiten bei Hillach/Krabiel, S. 164).

Brief-Äußerungen verdanken wir die wichtigsten Hinweise auf Verlauf und Wandel der Arbeit an diesem Text. Am 7. März 1849 schreibt Eichendorff an den seit einiger Zeit mit ihm befreundeten Hamburger Notar Lebrecht Dreves, den »katholisch gewordene(n) Freund Jarcke's« (HKA XII, S. 92): »Frau Libertas dankt verbindlichst für gütige Nachfrage. Sie ist noch immer in den Geburtswehen begriffen, d. h. ungefähr über die Hälfte fertig. Das dafür projektierte Drama hat sich mir unter den Händen unversehens in ein Märchen in Prosa verwandelt, zu klein um selbständig zu erscheinen, und etwa für die Brockhaussche Urania passend« (ebd., S. 98). Dazu kommt es nicht. Die Prosasatire bleibt zu Eichendorffs Lebzeiten ungedruckt. Daß sie 1849 vollendet war, ist dem Brief vom 1. August 1849 an Dreves zu entnehmen: »Frau *Libertas* ist längst fix und fertig, aber einstweilen *ad acta* gelegt, da sie wohl mit der gegenwärtigen Zeit zu sehr kollidiert, um sich in ihr zu produzieren« (ebd., S. 104). Eichendorff, der den Hergang der 48er-Revolution hautnah in Berlin und Dresden miterlebt hatte, äußert sich zu eben dieser Gegenwart seinem früheren Vorgesetzten Theodor von Schön gegenüber am 2. Juni 1849 unmißverständlich: »Ich befürchte das Dümmste, und also auch das Gräßlichste« (ebd., S. 102). Die Erzählung nimmt diese Befürchtung voll auf.

Einzelhinweise

375,21 *In diesen heil'gen Hallen:* Sarastros populäre Arie aus Mozarts *Zauberflöte* II/12 ist für den Erzähler ein Beispiel aus dem »sinnigen Verein gebildeter Arien zur Veredlung des Menschengeschlechts« (ebd.). Was nach Eichendorffs Ansicht davon zu halten ist, signalisiert die bereits in der dritten Zeile einsetzende Parodie: »Und Ruhe ist vor allen Die erste Bürgerpflicht usw.«. Bekanntlich hatte 1806 Graf von der Schulenburg nach der Schlacht bei Jena und Auerstedt die Parole »Jetzt ist Ruhe die erste Bürgerpflicht« ausgegeben. Geschichte und Bedeutungswandel dieser Ordnungsformel im Verbund mit einer Anthologie entsprechender Texte vom ausgehenden 18. Jahrhundert bis zum Zweiten Weltkrieg bei Wolfgang Frühwald: »Ruhe und Ordnung«. Literatursprache – Sprache der politischen Werbung. Texte, Materialien, Kommentar. München/Wien 1976 (= RH 204). Offenkundig ist die (im Falle dieser Textstelle) spöttische Distanz Eichendorffs gegenüber dieser Losung, deren reaktionären Charakter W. Frühwald für die Zeit unseres *Märchens* herausstellt: »In den Jahren der Revolution 1848/49 hat der Prozeß einer Verselbständigung der Ordnungsparole seinen Höhepunkt erreicht; der inflationäre Gebrauch denunziert ›Ruhe und Ordnung‹ endgültig als ein Schlagwort der Reaktion, der Gegensatz von ›Freiheit‹ und ›Ordnung‹ bricht offen aus« (ebd., S. 116). – Drei Jahre nach Abschluß von *Libertas und ihre Freier* erschien Willibald Alexis' Roman *Ruhe ist die erste Bürgerpflicht,* in dessen Band II eine Erkenntnis formuliert ist, die auch Eichendorff unter anderem für die Misere seiner Zeit verantwortlich macht: »Die Blasiertheit ist weder der Begeisterung noch der Entrüstung fähig« (Ullstein-Buch Nr. 20519, S. 305).

376,5 *Zimbeln am Saume:* »die von der bibel unabhängige literatur versteht unter einem *zimbel* eine art glocke von verschiedener gestalt und grösse« (Grimm 31, 1277). Sp. 1278 zitiert diese Eichendorff-Stelle als Beleg.

376,8 *Negromant:* hier wohl der Nekromant = der Totenbeschwörer. Nach HdA 6, 998 wird über die Schreibweise Negromant der Totenbeschwörer zum Nigromanten, zum Schwarzkünstler, dann zum Zauberer allgemein.

376,12 *den ganzen Nachlaß des seligen Nicolai:* ein weiterer Seitenhieb auf die durch Friedrich Nicolai repräsentierte Aufklärung. Die *soeben aufgekommene Romantik* gilt hier klar als die moderne Richtung.

452

377,9 *in dem Stichdunkel:* Das Adjektiv stichdunkel beziehungsweise stickdunkel erscheint nach Grimm 18, 2732 neben stockdunkel im 18. Jahrhundert als jüngere Bildung, »gegen das es sich schriftsprachlich nicht recht durchsetzen kann« (ebd.).

377,12 *Tugendusen:* H. Schultz vermutet, daß Eichendorff damit die »Vertreterinnen des Pietismus« meint: »wie die ›schöne Seele‹ im *Wilhelm Meister,* die er in *Krieg den Philistern!* vorstellt« (SE, S. 614).

377,13 *Ultramontanei:* streng päpstliche Gesinnung im 19. Jahrhundert. Im Verlauf dieses Jahrhunderts »bedeutet Ultramontanismus in zahlreichen europäischen Ländern eine Haltung, die für die Freiheit der Kirche gegenüber dem Staat und damit für die Stärkung der Macht des Papstes und der katholischen Kirche auf allen Gebieten des öffentlichen Lebens kämpft« (RGG VI, 1113).

378,22 *Gedankendampffabrik:* Schon in *Viel Lärmen um Nichts* und in anderen Texten werden Eichendorffs Vorbehalte gegenüber der technischen Neuerung der Dampfmaschine deutlich.

378,23 *zu Benjowskys Zeiten bis nach Kamtschatka:* Bezieht sich auf Kotzebues Drama »Die Verschwörung in Kamtschatka« (1791), das Erlebnisse des ungarischen Grafen Benjowsky (1741–1788) zum Gegenstand hat (zu Einzelheiten vgl. Hillach/Krabiel, S. 165).

378,26 *der Staatsbürger Pinkus ein überaus reicher Mann und Baron geworden:* In Person und Karriere des Pinkus sehen Hillach/Krabiel eine Anspielung »auf den raschen Aufstieg des jüdischen Bankiers Anselm Meyer Rothschild (1743–1812) und seiner Söhne, die 1822 in den österreichischen Freiherrnstand erhoben wurden« (ebd., S. 165).

383,20 *der Patriotismus war groß und Stockprügel tun weh:* Eine von mehreren Stellen, die Eichendorffs Vorbehalte gegen opportune »Vaterländerei«, vollends im Zusammenhang mit Gewalttätigkeiten, belegen. Patriotis-

mus ist ansonsten für Eichendorff ganz und gar nichts
Ehrenrühriges.

383,24 *Alteration:* Aufregung, Schreck.

384,6 *Wir bringen dir der Treue Zopf:* Parodie auf das
von Carl Maria von Weber selbst so genannte *Volkslied*
»Wir winden dir den Jungfernkranz« (III/4) aus seiner Oper
Der Freischütz (1821 in Berlin uraufgeführt). Der wiederholt
hier genannte *Zopf* signalisiert bei Eichendorff alles Abge-
standene, Überholte.

384,25 *Allongeperücke:* langlockige Perücke im 17. und
18. Jahrhundert. Gleiche Bedeutung wie der Zopf.

385,1 *Tritonen:* Im Gefolge des Poseidon stellen sie
zusammen mit den weiblichen Nereiden ein buntes Meer-
völkchen dar.

385,3 *Heil dir im Siegerkranz!* Die erste Zeile der von
Balthasar Gerhard Schumacher am 17. Dezember 1793 unter
dem Titel »Berliner Volksgesang« in den *Berliner Nachrich-
ten von Staats- und gelehrten Sachen* veröffentlichten späteren preußischen Königshymne. (Vgl. Büchmann: Geflügelte
Worte, S. 233.) »Volkstümlich ist das am Geburtstage Friedrich Wilhelms III. am 3. 8. 1833 zur preußischen Volks-
hymne erhobene Lied merkwürdigerweise jedoch erst unter
der Regierung Wilhelms II. (1888–1918) geworden« (ebd.,
S. 234).

385,22 *Doktor Magog:* ein durchaus sprechender Name,
der allein schon Eichendorffs Einstellung zum tonangebenden Liberalismus anzeigt. »›Gog und Magog‹, von Brentano
um ›Demagog‹ erweitert, sind die bevorzugten Invektiven
konservativer Schriftsteller (Görres, Eichendorff, Stäge-
mann, Brentano etc.) gegen den liberalistischen Journalis-
mus« (Frühwald, S. 140).

386,23 *Parasol:* Sonnenschirm.

386,25 *Haubenstock:* Stock, auf dem eine Haube aufbe-
wahrt und in Form gehalten werden kann.

387,3 *Neveu:* Neffe.

387,5 *embrassierte:* umarmte, küßte.

389,19 *Wildschur:* derber Pelzmantel.

390,19 *Papilloten:* Haarwickel von Papier (vgl. Anm. S. 70,23).

390,32 *Kalabreser:* (nach der italienischen Landschaft Kalabrien): breitrandiger Filzhut mit spitz zulaufendem Kopfteil.

392,5 *auf die Freite gehen:* sich eine Frau suchen.

394,2 *Schnappsackspringer:* einer, der den Proviantbeutel (= Rucksack) entreißen will.

396,5 *Bärenhäuter:* ein Schimpfwort unter Soldaten: einer, der nicht kämpft, sondern auf der Bärenhaut liegt; Faulpelz. Als Märchengestalt schon im *Simplicissimus* Grimmelshausens. Vor allem aber veröffentlichte Brentano in Arnims *Zeitung für Einsiedler* vom 15. bis 25. Juni 1808 die mannigfach angereicherte »Geschichte und Ursprung des ersten Bärenhäuters«. Eichendorff selbst hat in seiner »Sage vom häßlichen Schuster« einen Text aus dem Umkreis des Bärenhäuter-Themas vorgelegt (vgl. E. 1, S. 28–29).

397,17 *Kauzenweitel:* In Brentanos 1846 erschienenen *Rheinmärchen* setzt *Das Märchen von dem Hause Starenberg* unter anderem mit diesem Namen ein: »Radlauf erzählt, wie er den Kohlenjockel, den Kautzenveitel und den Grubenhansel fand« (Clemens Brentano: Werke. Dritter Band. Hg. von W. Frühwald und F. Kemp, München ²1978, S. 106). Vergleiche auch S. 1088: »Brentano fand den Namen in einem kleinen Buch des Johannes Praetorius (alias Hans Schultze, 1630–1680): ›Ein gründlicher Bericht Vom Schnackischen Katzen-Veite, Als einem wercklichen und würcklichen Abentheure beym Kohlenberge im Voigtlande‹ (1665). Der Katzenveit ist dort ein Berggespenst wie der Rübezahl.«

398,25 *bärtigen Elends:* Elen, Elend. Grimm 3,406 bedauert, daß »dieser, allem anschein nach, Slaven abgesehene name, unsern heimischen, welcher (...) mhd. elch (...) lautete und zum lateinischen alces stimmte, verdrängt hat.«

403,28 *Johanniswürmchen:* verbreiten ein geheimnisvolles Leuchten.

404,33 *Irrwische:* Irrlichter, die vor allem im Aberglaubensinne beunruhigende Erscheinungen darstellen, die den Menschen irreführen (wenn man auf sie zugeht).

406,12 *eine Frauengestalt und (...) eine glimmende Zigarre:* H. Schultz verweist auf »George Sand, die in zeitgenössischen Karikaturen stets mit Zigarre dargestellt wurde« (SE, S. 620). Daß Eichendorff die diesbezüglichen Emanzipationstendenzen verspottet, verwundert nicht.

408,7 *Schwibbogen:* ungenaue Bezeichnung für einen größeren Bogen, unter dem man hindurchgeht.

408,26 *nichts als ein paar neuer Löcher in seiner alten Wildschur:* Augenfälliger Hinweis, daß die 48er-Revolution für die verarmten Massen ergebnislos verlaufen ist, ja eher Verschlechterungen gebracht hat.

409,16 *der ganzen Industrie im Schloße:* hier wörtlich: Betriebsamkeit.

412,9 *Storch, Storch, Steiner:* Die ersten beiden Zeilen des Kinderliedes *An den Storchschnabel* in *Des Knaben Wunderhorn* lauten: »Storch, Storch, Steiner. Mit den langen Beiner« (Dritter Teil. Gesammelt von Achim von Arnim und Clemens Brentano. München 1963, S. 216 [= dtv KW3]).

414,12 *Marzebille:* Auch dieser Name findet sich bei Brentano im *Märchen von dem Müller Radlauf* (Werke. Dritter Band, S. 56).

414,17 *inkurable:* unheilbar.

414,18 *resolviert:* entschlossen.

EICHENDORFFS
SPÄTE ERZÄHLUNGEN

Abgesehen von *Schloß Dürande*, das mit dem *Marmorbild* und dem *Taugenichts* die Trias der Meisternovellen bildet, sind die zwischen den Revolutionen von 1830 und 1848 entstandenen Erzählungen Eichendorffs beim Lesepublikum nahezu unbekannt geblieben und von der Forschung hauptsächlich unter prosaspezifischen Fragestellungen oder zeitkritischen Aspekten beachtet worden. Die Erzähltechnik etwa oder die (vereinfachend so genannte) satirische Tendenz einzelner Texte sind von Interesse. Als eigenständige Dichtungen stehen sie nicht hoch im Kurs. Ein Sachverhalt, der sich nicht zuletzt aus der unzulänglichen Berücksichtigung aller Eigenschaften, die eine romantische Erzählung als ästhetisches Phänomen begründen, erklärt. Der Hinweis auf die augenfälligen Unterschiede innerhalb dieser späten Prosa sollte jedenfalls nicht übersehen lassen, daß es sich hier um aufschlußreiche Fallbeispiele in einer rundum brisanten historischen Konstellation handelt.

Das ausgeprägte Spätzeit-Bewußtsein Eichendorffs in Verbindung mit der festen Überzeugung der konkurrenzlosen Überlegenheit romantischer Dichtungsauffassung gerade in einer Zeit literarischer Massenproduktion signalisiert eher die Einzigartigkeit seiner Position als deren leichthin behauptete Aussichtslosigkeit. Diese Einsicht erfordert allerdings die umfassende Kenntnisnahme sehr verschiede-

ner, weithin gleichzeitig verlaufender Bestrebungen innerhalb der Gesamtsituation der Restaurationszeit. Zuvörderst
gilt, was Friedrich Sengle schon vor zwanzig Jahren in den
Allgemeinen Voraussetzungen seiner Darstellung der Biedermeierzeit festgehalten hat: »Die Romantik endet weder
1815 noch 1830« (Sengle I, S. 221). Wenn man darunter die
um 1800 in Jena, später in Heidelberg und Berlin inaugu-
rierte Auffassung der Künste, der Welt und des Menschen
versteht, so bleiben diese Vorstellungen – in jeweils histo-
risch bedingter Variation – in der Tat auf der (nicht nur
literarischen) Tagesordnung. Sengle meint sogar weiterge-
hend, »daß man alle Literaturperioden zwischen 1815 und
1945 ohne die mehr oder weniger untergründige Roman-
tiknachfolge nur halb versteht. Sicher aber ist, daß man
von der Biedermeierzeit eine völlig falsche Vorstellung
bekommt, wenn man die ständige Präsenz der
Romantiktradition und den heftigen Kampf um
die Romantik nicht beachtet« (Sengle I, S. 244). Auf
weit ins 19. Jahrhundert hineinragendem Außenposten der
romantischen Bewegung versucht Eichendorff im Angesicht
biedermeierlicher, jungdeutscher, junghegelianischer und
frührealistischer Zielvorstellungen, auch nach der für ihn
irritierenden Revolution von 1830 ein poesiebestimmtes
Leben zu führen, zu dem er keine für ihn annehmbare
Alternative erblickt. »Je schlimmer die Zeiten, desto not-
wendiger diese Poesie, desto ungünstiger ihre Rezeptionsbe-
dingungen. In diesem Zirkel scheint sich seine Literatur zu
bewegen« (B. Anton: Romantisches Parodieren, S. 170).

Nach Eichendorffs Geschichts- und Gesellschaftsver-
ständnis haben sich die Zeiten seit 1830 insofern verschlim-
mert, als die Gegenwart (getrennt von Ursprung und Ziel)
von der Vorherrschaft des Tagesaktuellen geprägt ist. Das
politische Leben wird dadurch (im Blick auf die Revolution)
furchterregend-unberechenbar, das private banal. In der
Literatur bestimmen Macher, nicht Dichter die Szene (vgl.
die »Novellenmacher« in *Viel Lärmen um Nichts*). In einer

458

derart sich im bloßen Augenblick erschöpfenden Gegenwart findet sich insbesondere kein Platz für Sehnsucht, den romantischen Beweggrund, der Ahnung tieferer Bedeutung und eines höheren Sinns des Lebens wachsende Deutlichkeit zu verleihen.

1815, in *Ahnung und Gegenwart,* hatte Eichendorff eben dies als Sache der Poesie erkannt: »die eigentümliche Grundmelodie (..), die jedem in tiefster Seele mitgegeben ist«, möglichst »ganz auszudrücken«. Im *Wünschelruten*-Gedicht wird die Aufgabe allumfassend, wenn es auch das schlafende Lied in den Dingen und den Gesang der Welt aufzuspüren gilt. Die poetische Kunsthandhabung sollte im Endergebnis »die Musik selbst und Bedeutung des Lebens« (Werke II, S. 60/61) vorstellen. »Ein redlicher Dichter« kann dabei, wie Fortunato im *Marmorbild* sagt, »viel wagen« (E 1, S. 113). Eine dergestalt in ihrer schöpfungsimmanenten Verankerung erkannte Poesie steht auch unter ungünstigsten politischen und soziokulturellen Verhältnissen nicht zur Disposition. Die Verläßlichkeit zum einmal Erkannten ist im Selbstverständnis des *redlichen Dichters* einbeschlossen. Ein Verzicht auf *diese Poesie* wäre im Blick auf das Getriebe am Literaturmarkt der Zeit aberwitzig, ja unverantwortlich; denn allenthalben ist aus Eichendorffs Sicht eine Entstellung der Kunst im Gange. Von den zu *Novellenmachern* verkommenen Dichtern ist nicht mehr jene *Grundmelodie* zu vernehmen, sondern nur noch *Viel Lärmen um Nichts.*

I

Eichendorffs erste Novelle nach 1830 bringt vorwiegend über ihr Personal und dessen Aktivitäten des Dichters Zeitkritik in wichtigen ihn bedrängenden Punkten launig-einnehmend vor den Leser – im Unterschied zum manchmal mit einer gewissen Verbissenheit durchsetzten Ernst seiner theoretischen Werke. (Auf seine außerdichterischen Schriften und seinen persönlichen Einsatz während dieser Jahrzehnte ist im 6. Band dieser Werkausgabe hinzuweisen.)

Die ansonsten zur Breite tendierende, längste Erzählung dieses Bandes kommt in ihrem knappen Eröffnungsabschnitt in rascher Frage- und Antwortabfolge umschweiflos auf den zeitkritischen Punkt: die verworrene Lage rings um die Poesie. Über zunächst drei Hauptfiguren scheinen hinsichtlich der romantischen Konzeption von Poesie und Leben unter den auseinander- und durcheinanderstrebenden Aktivitäten des Tages Probleme auf, die einer Klarstellung bedürfen. – Der vor Einfällen sprühende Prinz und Novellenautor Romano vergegenwärtigt eine von Eichendorff stets skeptisch betrachtete Poeten-Spezies: den wesentlich auf sich selbst bezogenen Verfasser von Schriftwerken, der die Bezüglichkeit, den Zusammenhang aller Bereiche des Lebens nachhaltig in Frage stellt, indem er alles auf einen Pol, sich selber, zusammenzieht. Die vormals mit Emphase proklamierte freie romantische Subjektivität schwächt sich so zur Selbst-Gefälligkeit ab. – Der (mit sprechendem Namen ausgestattete) Herr Publikum, auf dessen »prächtige(n) Palast« der erste Blick des Lesers gelenkt wird, vertritt mit seinem platten Rationalismus den nach wie vor allgegenwärtigen Philister. Als Unternehmer in der hochmodernen Schnellpressen-Branche forciert er durch Rationalisierung handgreiflich die Literaturproduktion. Er kann und will sich Mäzenatentum leisten, obgleich er sich selbst nur »geringes Interesse an den schönen Künsten und Wissenschaften« (S. 19) bescheinigt. – Mit augenfälligen Vorzügen aber, die auf das Wohlgefallen vor Gott und den Menschen hinweisen, ist »ein schöner Jüngling aus dem Gefolge« des Prinzen ausgestattet. Ihm gehören die Sympathien der Natur wie des Menschen. »Am wohlgefälligsten aber spielten die Abendlichter über der zierlichen Gestalt jenes schönen Jünglings, der vorhin dem Prinzen den Besitzer des Palastes genannt hatte. Der muntere Bursch, (...) sein frisches, fröhliches Wesen schien den ganzen bunten Trupp wunderbar zu

460

beleben.« Doch schon kommt ein störender Faktor ins Bild. »Der Prinz aber (...) gedachte sich des hübschen, gewandten Jungen in den nächsten Tagen als Pagen und Liebesboten sehr vorteilhaft zu bedienen« (S. 12). Der Mensch also läßt in diesem Falle Schönheit nicht selbstlos bestehen, sondern zwingt sie in die Funktionale. Bemerkenswert ist nicht zuletzt, daß die Identität dieser Gestalt bis zum Schluß der Novelle nicht erkannt wird. Es ist die Gräfin Aurora, die Poesie selbst. Wie umfassend deren Sache zum Generalthema in *Viel Lärmen um Nichts* erhoben wird, zeigt das halbe Dutzend Poeten unterschiedlicher Befindlichkeit und Provenienz an, die im Verlauf dieser Erzählung auftreten. (Nicht mitgezählt sind dabei die anscheinend unbezifferbaren »Novellenmacher«.) Ein solches Aufgebot von Schreibenden weist keine andere Erzählung Eichendorffs auf. Doch zunächst darf Prinz Romano noch einige Aufmerksamkeit für sich beanspruchen.

Daß er in seiner Lebensführung wie auch als Literat einer dieser »ästhetischen Grafen und Barone« (S. 21) ist, erweist gleich sein erster »Einfall«, der ihm zu Herrn Publikum durch den Kopf schießt: »Es juckt mich lange in allen Talenten, ihm einmal ein Schnippchen zu schlagen (...). Laßt mich nur machen, es gibt die köstlichste Novelle!« (S. 11/12). Der An-Reizcharakter entscheidet über Tun und Lassen dieser ganz der occasion ausgelieferten Figur. Dies gilt natürlich auch für die schriftstellerische Betätigung. Sie bedarf des Überraschungseffekts, um überhaupt in Gang zu kommen. Ihr Resultat, »die köstlichste Novelle«, ist vornehmlich zum Genuß bestimmt. Das Leben des Prinzen beruht auf analoger Grundlage: »Dem Rausch einer wüst durchlebten Jugend war frühzeitig ein fataler Katzenjammer gefolgt.« Insgesamt präsentiert sich Prinz Romano als ästhetizistische Existenz im Sinne weitgehender Veräußerlichung, Gustav Aschenbach auf dem tragikomischen Tiefpunkt seines Venedig-Aufenthalts präludierend. Um sein ramponiertes Äußeres »geschickt zu decken«, verfügt sich Romano in der »Heimlichkeit der Morgenzeit« vor den »hohen Wand-spiegel zwischen Kämmen, Flaschen und Büchsen, die auf allen Stühlen umherlagen« (S. 16). Die lächerliche Situation bringt einen ernsten Störfall an den Tag.

Wenn genuin romantische Mentalität stets auf Universali-tät im Sinne der Hervorbringung von Kunst und poetischer Lebensweise ausgerichtet bleibt, so sieht Eichendorff gerade zur Zeit der Arbeit an *Viel Lärmen um Nichts* dieses roman-tische Selbstverständnis offensichtlich erneut gefährdet. »Stichworte zu einer Antwort« auf einen Brief des Bruders Wilhelm (2. September 1831) weisen darauf hin: »Ich schreibe poetisch, du lebst poetisch, wer dabei besser fährt, ist leicht zu denken« (Frühwald, S. 133). Eine bloß schrei-bende Existenz ist für Eichendorff nicht nur schwer erträg-lich, sie ist auch grundsätzlich unvereinbar mit seiner (im Kern romantisch gebliebenen) Denk- und Anschauungs-weise, wonach gerade die gesteigerte Erlebnis- und Einbil-dungsfähigkeit dieser Generation berufen war, Leben in erstarrte Bereiche von Staat und Gesellschaft zu bringen. Das unbefriedigende Beamtendasein in unterschiedlichen preußischen Dienststellen führte ihm die diesbezügliche Notwendigkeit tagtäglich vor Augen. Den beängstigenden Aspekt restaurativer Starre beleuchteten andere Vorgänge des Jahres 1831. Mörikes Bruder Karl wurde auf dem (wie zu Schillers und Schubarts Zeiten immer noch bedrohlichen) Hohenasperg festgesetzt. Heine, den Moritz Daniel Oppen-heims Porträt aus dem gleichen Jahr als romantischen Dich-ter zeigt (DR, S. 60), wich nach Paris aus. In solchen Kon-stellationen sind Literaten à la Romano bedenkliche Zeiter-scheinungen. Poesie haben sie auf ihren Reizwert reduziert. Die Erlebnisfähigkeit ist auf Sensationshascherei herunterge-kommen.

Daß es Lied wie Sängern im vom Philister beherrschten Lebensbereich übel ergeht, müssen Leontin und Faber aus *Ahnung und Gegenwart* vor dem Palast des Herrn Publi-kum erfahren. Mit ihrem *In den Wipfeln frische Lüfte* wollten sie der Gräfin Aurora in aller Frühe ein Ständchen bringen. Wie Siegfried im *Ring des Nibelungen* könnten sie jedoch im Blick auf das Resultat feststellen: »Da hätte mein Lied mir was Liebes erblasen!« Denn wie dessen Waldweise anstatt des ersehnten »lieben Gesellen« Fafner, »in der Gestalt eines ungeheuren eidechsenartigen Schlangenwurms« (*Siegfried* II/2), anlockt, so haben sich hier die beiden aus dem Jugendroman überstellten Figuren Herrn Publikum ersungen. Durch »eine schneeweiße Schlafmütze auf dem Kopfe« (S. 19) als Philister ausgewiesen, ist er wie Fafner aus dem Schlaf gerissen worden, gähnt durchaus konkurrenzfähig und ist gewiß von dessen Geistesart:

> »Ich lieg und besitz:
> laßt mich, schlafen!«   (*Siegfried*, II/1)

Wie rabiat dieser Bevölkerungsanteil werden kann (nach Ödön von Horváth besteht 100 Jahre später gar – Alptraum laß nach! – »Deutschland, wie alle übrigen europäischen Staaten zu neunzig Prozent aus vollendeten oder verhinderten Kleinbürgern, auf alle Fälle aus Kleinbürgern«. *Gesammelte Werke*, Bd. IV, Frankfurt/Main 1971, S. 662), erfahren die Morgensänger postwendend, nachdem Leontin mit einer derben Strophe Publikums Irrtum beseitigt hat. Zornentbrannt will er »die impertinenten Kerls« (S. 19) greifen lassen.

Kunst unter der Ägide des vermögenden Philisters hat, wenn er sich als Mäzen versteht, lediglich Renommierwert; tritt er aber in seiner Eigenschaft als Unternehmer auf, ist nur mehr ihr Warencharakter von Interesse. Aurora kommt aus dem Staunen nicht mehr heraus, als sie Publikums »mit Dampf getriebene ungeheure Maschine« erblickt. Sie »bemerkte, wie hier von der einen Seite unablässig ganze Stöße von dicken, in Schweinsleder gebundenen Folianten in den Beutelkasten geworfen wurden (…). ›Das will wieder nicht vom Fleck!‹, rief Herr Publikum den Arbeitern zu; ›rasch, nur rasch!‹ – Darauf führte er die Gräfin an das andere Ende der Maschine und es dauerte nicht lange, so spuckte ein bronzener Delphin die verarbeiteten Folianten als ein zierliches ›Vielliebchen‹ in Taschenformat und in Maroquin gebunden zu ihren Füßen aus« (S. 30/31). Hochironischerweise erhält die Gräfin Aurora ein druckfrisches Exemplar von Publikum als Präsent. In der Tat: difficile est satiram non scribere! Eichendorff widersteht jedoch aus gutem Grund, *Viel Lärmen um Nichts* als durchgehende Satire zu gestalten.

In seiner *Geschichte der poetischen Literatur Deutschlands* erläutert und definiert Eichendorff den Begriff am Beispiel Johann Fischarts, bei dem »die Satire selbständig und in einer seitdem noch unübertroffenen Vollendung« auftrete. Insgesamt erweise sich »hier überall die Satire als die eigentliche Poesie des V e r s t a n d e s« (HKA IX/III, S. 167/168). Eine derart dem Rationalismus verpflichtete Kunstform ist für dezidiert romantische Vorstellungsweise schwer praktikabel. Schon Wackenroder, einer der ersten Vertreter der romantischen Generation, erklärt: »Erträglicher noch ist Intoleranz des Gefühls, als Intoleranz des Verstandes« (*Werke und Briefe*. München 1984, S. 181). Im Blick auf die Untrennbarkeit von Kunst und Leben in seiner Erzählung vom *Tonkünstler Joseph Berglinger* ist die Furcht vor der »Intoleranz des Verstandes« vor allem hinsichtlich der Ermöglichung eines *musikalischen Lebens* durchaus nicht fehl am Platze. – Auch für Eichendorff ist Satire kein Selbstzweck. Sie spielt lediglich ihren Part innerhalb der Artikulationsweisen des Komischen in dieser *Novelle,* dem generell die Funktion zufällt, die Faktoren der Konfusion um die Poesie herum in ihrer Verkehrtheit aufzudecken. Die vielfach in Szene gesetzten Spektakel als das zu erweisen, was sie sind: Viel Lärmen um Nichts. Die satirische Schreibweise gilt dabei vor allem der Philistermentalität Publikums und der Einfallslosigkeit der vor ihm antichambrierenden und von ihm profitierenden Novellenmacher. Der eigentliche Sinn der Erzählung, die Sache der Poesie auch in uner-

464

sprießlichen Zeitläuften nicht aus dem Auge zu verlieren, gerät darüber nie in Vergessenheit. Nimmt man die der Novelle eingelagerten Formen des Komischen wie Satire, Parodie oder Ironie als Ausdrucksweisen des Unernsten, so wird das Haltlose der davon geprägten Unternehmungen augenfällig. Sie stellen im eigentlichen Verstande keinen Kontrast zur Poesie dar. Der um sie veranstaltete Lärm ist aber geeignet, die Poesie und die poetische Existenz zu überdröhnen. Die Konzeption von *Viel Lärmen um Nichts* baut dem vor.

Gleich zu Beginn der Novelle wird die mögliche Steigerung der Daseinsqualität durch Florentin, die buchstäblich lebendige Allegorie der Poesie selbst also, deutlich: »Sein frisches, fröhliches Wesen schien den ganzen bunten Trupp wunderbar zu beleben.« Dazu kommt ein unverwechselbar romantisches Lebenselixier zum Einsatz, mit dem die Unpoetischen aber nicht umzugehen wissen: »Er sang zu allgemeinem Ergötzen die herrlichsten Jagdlieder. Der Kammerherr des Prinzen schrieb die Lieder sorgfältig auf, und ärgerte sich dann, wenn der Bursch sie das nächste Mal wieder ganz anders sang, so daß er mit Notieren der Varianten gar nicht zu Ende kommen konnte« (S. 12). Der kleine Vorgang weist auf nicht immer beachtete Prioritäten romantischen Selbstverständnisses hin. Für romantisches Existieren ist es entscheidender, daß g e s u n g e n wird, als daß Lieder als L i t e r a t u r entstehen. Poetische Erlebnisfähigkeit ist ebenso wichtig wie Werk gewordene romantische Sinnesart. Improvisation schließlich ist unerläßlich, um Öde und Langeweile, die von einem auf sich selbst bezogenen Narziß nach Art von Romano (aber auch vom Philister) ausgehen, zu bannen; um überhaupt jeglicher Erstarrung entgegenzuwirken.

Geradezu experimentellen Charakter gewinnt die Erzählung mit dem Auftritt von Leontin und Faber (um bei den Dichtern zu bleiben) aus dem 1815 erschienenen Roman *Ahnung und Gegenwart*. In gewisser Weise stellt Eichendorff hier sein eigenes Werk unter nur noch sich romantisch gerierenden (und daher immer wieder als bloße Nachahmer etwa E. T. A. Hoffmanns verspotteten) Literaten auf den Prüfstand. Leontin weiß, was die Stunde geschlagen hat: »Ja, das fliegende Korps der Jugend, dem wir angehörten, ist längst aufgelöst, (…) sie sind nach allen Richtungen hin zerstreut; unsere tapfersten Anführer hat der Himmel quiesziert, ein neues, aus unserer Schule entlaufenes Geschlecht hat neue, grade, langweilige Chausseen gezogen, und wir stehen wie vergessene Wegweiser in der alten, schönen Wildnis« (S. 21/22). Dennoch macht er in seinem ersten Lied, bei dem Faber »die Baßpartie« übernimmt und damit unverändert als Dichter von nicht allzu hoher Akzeptanz vorgeführt wird, nicht die geringsten Abstriche von romantischen Grundüberzeugungen Eichendorffs:

> Und wir nah'n noch halb in Träumen,
> Und wir tun in Klängen kund,
> Was da draußen in den Bäumen
> Singt der weite Frühlingsgrund.

> Regt der Tag erst laut die Schwingen:
> Sind wir alle wieder weit –
> Aber tief im Herzen klingen
> Lange nach noch Lust und Leid.   (S. 18)

Auch die unangemessene, weil nur äußerliche Rezeption durch Prinz Romano – »Ein charmantes Lied!« – wird Leontin nicht zur Umorientierung bewegen. Bei illusionsloser Einsicht in die erneut veränderte geistige Situation der Zeit nach 1830 sieht Eichendorff keine Veranlassung, seine Auffassung von Poet und Poesie zu revidieren. Es bleibt bei der für ihn richtigen Erkenntnis, daß Poesie (vor allem in ihrer schönsten Gestalt: im Lied) Geheimnisse *in Klängen kundtut*, die auf andere Weise nicht in Erfahrung zu bringen sind und überdies den Menschen übersteigen. Diese Dichtungsauffassung kann sich auf Jean Paul stützen. In seiner *Vorschule der Ästhetik* heißt es: »Ist Dichtung Weissagen: so

466

ist romantisches das Ahnen einer größern Zukunft, als hie-
nieden Raum hat« (Werke. Fünfter Band. Darmstadt 1967,
S. 89). Eichendorffs Beharren auf solcher Position ist keine
»Treue zum Unbekannten«, wie Emrich formuliert
(Emrich: Protest und Verheißung, S. 22); denn für den über-
zeugten Katholiken ist ja dieses Ahnen nicht auf Chimären
gegründet. Vielmehr gibt gerade die Treue zur eigenen Poe-
siekonzeption Gewißheit über deren originäre Botschaft im
ansonsten freischwebenden romantischen Spiel der Bedeutungen. Für den Dichter selbst wirkt sie sich identitätsstif-
tend aus. Von den zwei mit *Treue* übertitelten Gedichten
Eichendorffs (das eine 1818 erstmals gedruckt, das andere
1837) ermuntert sich vor allem der Sänger des ersten selbst
zum Wagnis seines ureigenen, im Spannungsbezug zwischen
Erde und Himmel verankerten Gesangs inmitten gänzlich
anders gearteter Betriebsamkeit:

> Frisch auf, mein Herz! wie heiß auch das Gedränge,
> Bewahr' ich doch mir kühl und frei die Brust.
> Schickt Wald und Flur doch noch die alten Klänge,
> Erschütternd mich mit wunderbarer Lust.
> Und ob die Woge feindlich mit mir ränge:
> So frömmer nur sing' ich aus treuer Brust,
> Da bricht das Wetter, Himmelblau scheint helle,
> Das Meer wird still und zum Delphin die Welle.

In ausgeglichener Verfassung, mit klarem Durch- und Weit-
blick, sogar die Kreatur in seinem Dienst, stellt sich der
Sänger in den folgenden Strophen den Provokationen der
eigenen Zeit, wobei er die Grenzen seines Liedes unmißverständlich benennt; also alles andere denn absolute Kunst
beansprucht.

> »Was wollt Ihr doch, mit Euer'm Lieder-Spaße!
> Des Würd'gern beut die große Zeit so viel,«
> So schallt's hoffärtig nun auf jeder Gasse
> Und jeder steckt sich dreist sein glänzend Ziel.

Die Lieder, die ich stammelnd hören lasse
Ew'ger Gefühle schwaches Widerspiel, –
Sie sind es wahrlich auch nicht, was ich meine,
Denn ewig unerreichbar ist das Eine.

Doch lieben oft, der Sehnsucht Glut zu mildern,
Gefang'ne wohl, das ferne Vaterland
An ihres Kerkers Mauern abzuschildern.
Ein Himmelsstrahl fällt schweifend auf die Wand,
Da rührt's lebendig sich in allen Bildern. –
Dem Auge scheint's ein lieblich bunter Tand,
Doch wer der lichten Heimat recht zu eigen,
Dem wird der Bilder ernster Geist sich zeigen.

Die letzten Zeilen des Gedichts aber signalisieren (wie so oft
bei Eichendorff in Gebetsform), daß das eigene Vermögen
nicht wie des Novalis' qualitative Potenzierung unendlich
steigerungsfähig ist (vgl. E 1, S. 299f.), sondern auf den die
eigene Kraft stabilisierenden *Wunderbaren* angewiesen
bleibt:

Du aber, wunderbare, ew'ge Güte,
Die mir den Himmel wies im schönen Traum,
Erhalt' auf Erden rüstig mir die Seele,
Daß ich, wo's immer ehrlich gilt, nicht fehle!
(BdK 21, S. 223).

Die Bitte ergeht um eine rüstige Seelenverfassung *auf
Erden*, damit der Poet nicht in Verkennung der Möglichkei-
ten von Poesie ins (nur noch zur Selbsthypostasierung von
Kunst taugende) Abseits gerät. Auch Eichendorff kann und
will nicht in seinem Werk vor d e m Zentralproblem seiner
Zeit, dem schwierigen Verhältnis von (formelhaft gesagt)
Künstler und Bürger, ausweichen, das freilich schon in der
zweiten Hälfte des 18. Jahrhunderts wahrzunehmen ist und
noch weit in unser Jahrhundert reicht. Im Rahmen dieses
Bandes kann nur ein Hinweis darauf erfolgen. Man muß sich
nur die am weitesten gehenden Beispiele vor Augen halten,

um Eichendorffs divergierende Version diesfalls festzustellen.

Richard Wagners »romantische Oper in drei Aufzügen« von 1848, *Lohengrin,* versucht diesbezüglich die Quadratur des Kreises. Wer die *Mitteilung an meine Freunde* zu lesen und natürlich vor allem die Lohengrin-Musik zu hören versteht, kann nicht im Zweifel bleiben, daß der vom Gral gesandte Ritter Lohengrin als Repräsentant der höchsten Idee des säkularisierten 19. Jahrhunderts, der Kunst, zu begreifen ist. Ihre Herkunft und Qualität, daran muß im Stenogramm noch erinnert werden, stammen nicht aus Gesellschaft und Zivilisation, sondern aus »fernem Land, unnahbar euren Schritten«. Die häufige Rede von *Reinheit* und *Reine* des Ritters, aber auch der *Magd* (Elsa), die nur noch die Erlösung durch Lohengrin ersehnt, hat nichts mit Prüderie des 19. Jahrhunderts zu tun (wie sich emanzipiert dünkende Regisseure der Gegenwart oftmals einbilden), sondern verweist auf die Makellosigkeit und Vollkommenheit dieser Kunst-Idee, mit der zugleich die Utopie der unbedingten Liebe und der Erlösung verknüpft ist (*Monsalvat* ist der Name der Gralsburg). Das unlösbare Dilemma beginnt mit dem Eintritt der Kunst und des Künstlers in die Wirklichkeit. Nichts ist hier dem Kunst-Anspruch adäquat. Letztendlich auch Elsa nicht. So kann der Künstler seine Erlösungsfunktion nicht ausüben. Lohengrin muß in die von der Musik zwar verklärte, doch von der menschlichen Zivilisation abgesonderte splendid isolation der Gralsritter zurückkehren. »Mein zürnt der Gral, wenn ich noch bleib!« (*Lohengrin* III/3).

Das ist nicht die Kunst »ohne Stolz und Frevel«, auf die Eichendorffs »redlicher Dichter« (E 1, S. 113) setzt. Das Geheimnis derartiger, aus dem allgemeinen Leben ausgegrenzter Poesie ist letztlich der mit der Aura des Nicht-Vermittelbaren umgebene Absolutheitsanspruch, wie ihn etwa die Gedichte von Stéphane Mallarmé verteidigen. Solche Kunst vermag insbesondere nicht zu bewirken, daß *es sich lebendig in allen Bildern rührt;* das heißt in der Form lebendiger Allegorien das subjektivistische Spiel der Bedeutungen und des reinen Selbstgenusses unterbunden werden kann. Romantischer gesagt: das freischwebende Potential des Sehnens unzweideutig auf eine Person beziehbar ist. Das ist im exzessivsten Fall, den romantische Kunst hervorgebracht hat, in Wagners *Tristan und Isolde,* nicht mehr möglich. Die Exorbitanz des Sehnens ist hier so weit getrieben, daß es sogar den Tod übertrumpft. Es ist stärker als alles, was von Tristan vorhanden ist, und fördert damit seinen insgeheimen Wunsch nach Selbstauflösung und Selbstverlust. Anders als bei Eichendorff sagt »die alte Weise« ihm:

> mich sehnen – und sterben!
> Nein! Ach nein!
> So heißt sie nicht!
> Sehnen! Sehnen!
> Im Sterben mich zu sehnen,
> vor Sehnsucht nicht zu sterben!

(Tristan und Isolde III/1)

Der denkbar schärfste Gegensatz zu Willibald in *Viel Lärmen um Nichts.* Mit dem Auftritt dieses wahren Dichters im Verständnis Eichendorffs, seinem Alter ego, in der Mitte der Novelle gewinnt die Poesie zunehmend an Terrain. (Im Sinn der herkömmlichen Novellentheorie kann man an dieser Stelle durchaus den »Wendepunkt« des Textes sehen.) Der *Wanderdichter* führt eine rundum poetische Existenz im Sinn der Analogie von Poesie und Leben, was vor allem – auch von der Erzählstruktur her gesehen – die »Novelle aus seinem Leben« (S. 66) bezeugt, die er nach den Gepflogenheiten in Tiecks *Phantasus* dem Kreis um Leontin, Faber, Romano und deren Gefolge erzählt. Diese Novelle in der Novelle von beträchtlichem Umfang (S. 67–76) ist durchsetzt mit Erlebnissen einer Harzwanderung, die Eichendorff mit seinem Bruder Wilhelm während ihrer Hallenser Studienzeit unternommen hatte. Zentral aber ist die Betonung der jugendlichen Weltsicht. Auch im späten Erzählwerk erscheint Jugendlichkeit als unverzichtbares romantisches Essentiale. Sie ist keine Sache des Lebensalters, sondern eine Seelenverfassung: »Ich aber bilde mir ein, aus jungen Philistern werden alte Philister, und wer dagegen einmal wahrhaft jung gewesen, der bleibt's zeitlebens. Denn das Leben ist ja doch nur ein wechselndes Morgenrot, die Ahnungen und Geheimnisse werden mit jedem Schritt nur größer und ernster, bis wir endlich von dem letzten Gipfel die Wälder und Täler hinter uns versinken und vor uns im hellen Sonnenschein das andere Land sehen, das die Jugend meinte« (S. 67).

Der unmißverständliche Verweis auf die Ewigkeit, der Eichendorffs Gesamtwerk durchzieht, könnte die (von vielen auch als selbstverständlich erachtete) Einstufung als christlicher Dichter nahelegen. Eine unreflektierte Verwendung solcher Etikettierung verwischt jedoch eher die Konzeption Eichendorffscher Dichtung. Denn grundsätzlich wäre zunächst mit einem abgewandelten Diktum Robert Musils festzustellen, daß eine festgefügte Weltordnung wie das (katholische) Christentum keine Dichtung braucht. Außerdem hat sich Eichendorff selbst in seinem Pantheismus-Vorwurf an Novalis gegen eine Mischung von Religion und Poesie ausgesprochen (E 1, S. 302). Seiner eigenen Dichtung wird man aber ein Moment der Verkündigung nicht absprechen können. Doch ist es eben eine des Dichters, nicht des Priesters. Legt letzterer die ewigen Wahrheiten der Schrift in der Art der Homilie aus, so läßt sie der Dichter in der Poesie aufscheinen. Ohrenfälliger kann man den Unterschied in einem analogen Fall der Musik angeben. Der entschieden naiver gläubige Katholik Anton Bruckner läßt in der zweiten Hälfte des 19. Jahrhunderts in seinen (erst allmählich in ihrer Einzigartigkeit in unser Bewußtsein dringenden) Symphonien die göttliche Ordnung des Kosmos (die 9. Symphonie ist ausdrücklich *Dem lieben Gott* gewidmet) erklingen, ohne daß man auf den Gedanken verfallen wird, von christlicher Musik zu sprechen. Das im Vergleich zu allen anderen denkbaren Verfahrensweisen dabei zu erreichende Plus liegt in dem nur von der Kunst zu bewirkenden Umstand, daß Glaubensvorstellungen auf ästhetische Weise, das heißt von ihrer faszinierenden Seite her ins Bewußtsein des Hörenden beziehungsweise Lesenden dringen. Das wohl schönste und zugleich unaufdringlichste Beispiel hierfür bei Eichendorff sind seine zu Recht berühmten Sonnenaufgänge.

Auch in *Viel Lärmen um Nichts* geht am Schluß »soeben die Sonne auf« (S. 94). Beläßt man es beim Verständnis eines damit angezeigten guten Endes der Geschichte, hat sich schwerlich *des Bildes ernster Geist* erhellt. Auch der Eichendorff in solchem Zusammenhang stets bescheinigte Optimismus stünde auf unfestem Boden. »Doch wer der lichten Heimat recht zu eigen« (und hoffentlich nicht nur dieser), wird die Transparenz auf den jegliche Zuversicht fundierenden, da den Sieg über den Tod verkündenden, Sonnenaufgang des Ostermorgens unschwer wahrnehmen. Eichendorffs Wendung von der soeben aufgehenden Sonne ist die wörtliche Übertragung des *orto iam sole* aus der Antiphon *Et valde mane, una sabbatorum* am Schluß der Osternachtliturgie. – Man muß sich nur an das analoge Schlußbild 50 Jahre später in Henrik Ibsens *Gespenster* erinnern, um sich vor Augen zu führen, wie konsistent auch noch 1832 Eichendorffs Menschen- und Weltbild ist, das in Verbindung mit dem Sonnenaufgang hervortritt. Die bei Ibsen am Schluß aufgehende Sonne beleuchtet die Inkonsistenz schlechthin: Die »Lebenslüge« als die unhaltbare Grundlage von Gesellschaft wie Charakteren insgesamt; im einzelnen aber den Schrei des von der Gehirnparalyse befallenen Malers Osvald nach der Sonne, die für ihn unerreichbar geworden ist. Der Blick ist hier nicht zur Leben und Freude anzeigenden Sonne, gar zu dem dies alles bekräftigenden Christus resurgens et ascendens gerichtet, sondern in den schwärzesten Abgrund der Todverfallenheit gebohrt.

Zumindest als Schöpfer seiner Sonnenaufgänge ist Eichendorff denkbar weit von jeglicher Moderne entfernt.

Wenn gegen Ende der Novelle schließlich der »Schreiber dieses« (S. 88) noch persönlich auftritt, dann verhindert nicht zum wenigsten dieses ebenso ernste wie launige Erscheinen von Eichendorff selbst in seinem Text, daß reine Erbaulichkeit um sich greifen kann. Auch sub specie aeternitatis handeln seine Erzählungen eben von dieser Welt und dem Leben in ihr, das nun einmal zwischen Ernst und Komik (für die der *lichten Heimat* Zugetanen allerdings unerschütterbar) oszilliert. Mit der Präsenz des Autors sind aber auch alle Verwirrungen zur Auflösung gekommen, desgleichen hat sich das Lärmen der unterschiedlichen Erzählhaltungen und Schreibweisen gelegt in der nun allein vorfindlichen Position des Ich-Erzählers. – Auch hier erhellt ein ähnlicher erzählkonzeptioneller Einfall aus der Gegenwart den Unterschied zum diesbezüglichen »Trick« bei Eichendorff, wo er die immer noch intakte Fähigkeit der Klärung von Konfusion und Rumor – Schlüsselwörter in diesem und anderen Erzähltexten des Dichters – vorführt. Wenn in Ingeborg Bachmanns *Malina* von 1971 am Schluß die bislang erzählende Ich-Figur in die Wand verschwindet und die Autorin unmittelbar die Verantwortung für den erzählerlos gewordenen Schlußsatz »Es war Mord« (I. Bachmann: Werke, Bd. 3, München/Zürich 1978, S. 337) übernimmt, geht es längst nicht mehr um die ebenso souveräne wie augenzwinkernde Bereinigung aller möglichen Verwirrungen, sondern um einen in letzter Verzweiflung unternommenen Schritt, die Faktizität des absolut Verwerflichen im Umgang mit den Gefühlen (einer Frau) sicherzustellen. – Ein (in seinen Auswirkungen auf die Gefühls- und Bewußtseinslage gerade der »positiven« Figuren nicht zu unterschätzender) Wehmuts-Tropfen bleibt auch bei Eichendorff: Willibald und Aurora ziehen »nach Italien fort« (S. 95), der Heimat der Kunst. Die Poesie und der wahre Dichter mögen nicht in Deutschland bleiben. Weitere Gründe hierfür zeigen Eichendorffs politische Satiren auf.

II

Die eine nimmt Bezug auf das Hambacher Fest von 1832, die andere auf die revolutionären Vorgänge von 1848. Kleidet Eichendorff das letztgenannte Projekt in die seit Tiecks *Gestiefeltem Kater* bewährte Form der Märchen-Satire, so wählt er für *Auch ich war in Arkadien* die zur Zeit der Entstehung dieser Satire besonders vielfältig ausgeprägte »Textsorte« des Reiseberichts (vgl. dazu Sengle II, S. 238–277).

Der im Gasthof »Zum goldenen Zeitgeist« abgestiegene Erzähler kritisiert indirekt sich selbst und sein romantisches Desinteresse an den politisch-gesellschaftlichen Entwicklungen seiner Zeit, wenn er dem Adressaten seines Berichts einräumt, »seit langer Zeit fast wie ein Einsiedler« gelebt und »von der Welt und ihrer Juli-Revolution leider wenig Notiz genommen« (S. 101) zu haben. Was er bei seiner Rückkehr in die Öffentlichkeit zu sehen und zu hören bekommt, ist so niederschmetternd, daß er sich am Schluß fragt, ob nicht »alles bloß ein Traum war« (S. 123). Ein Alptraum auch bei Tage in Eichendorffs Perspektivik, ausgelöst durch nicht wegzudiskutierende Vorgänge seit 1830! Daß trotz der literarischen Fiktion des Alptraums der Reisebericht des Erzählers gattungsspezifisch als narratio vera zu lesen ist, legt schon der Tatbestand nahe, daß die politische Einschätzung der mit dem Hambacher Fest zusammenhängenden Bestrebungen in der Erzählung die gleiche ist wie im *Politischen Brief* (Werke V, S. 134–150).

Aus der Fülle des Aberwitzigen berichtet der Erzähler nur »das Hauptabenteuer« (S. 101): die Goethes *Faust I* nachgestellte zeitgenössische Walpurgisnacht. Vor dem Leser zieht ein mehr oder weniger widerlicher Zug liberaler Redakteure, ebensolcher weißgekleideter Mädchen und ein »wie gedruckt« (S. 112) lügender Professor vorbei. Der Gipfel in jeder Hinsicht aber ist mit der Anbetung der *öffentlichen Meinung* erreicht. Der Teufelskult um sie am Hexenaltar übersteigt den Rahmen der Goetheschen Szenerie deutlich auf den Kult um die Göttin Vernunft hin in der Französischen Revolution. Ein gleichfalls bei Goethe nicht vorgegebenes Moment ist das Theaterstück auf dem Blocksberg mit dem Blick in eine chaotische Zukunft. Ein Ausnahmefall unter Eichendorffs vollendeten Erzählungen ist *Auch ich war in Arkadien* schon insofern, als sie ganz ohne lyrische Einschübe auskommt. Dem Sänger hat es in solcher Zeit offensichtlich die Stimme verschlagen. Das Feld beherrschen satirische Schärfe und literarischer Witz.

Beides findet sich auch in dem die Situation nach der 1848er Revolution thematisierenden »Märchen« *Libertas und ihre Freier.* Doch ist diese letzte, 1849 fertiggestellte Erzählung Eichendorffs darüber hinaus in vielfacher Hinsicht für seine Spätzeit-Position aufschlußreich. Die in diesem Zusammenhang stets aufgeworfene Frage nach seinem politischen Standort scheint im wesentlichen bis heute keinem Zweifel zu unterliegen: konservativ (ab und zu restaurativ bis reaktionär changierend)! So einlinig liegen die Dinge jedoch gerade auch in den politischen Schriften nicht. In der Dichtung der späten Jahre aber erfährt der Leser vornehmlich, wogegen der Baron und praktizierende Katholik ist, weniger auf den ersten Blick, wofür er sich einsetzt. Die kleine, *1848* übertitelte Gedichtgruppe bietet eine erste Klärungsmöglichkeit des angesprochenen Problemkomplexes.

Die neun Gedichte erweisen die Gedankenlosigkeit, ja literarhistorische Unhaltbarkeit der oben angedeuteten Klischierungen, wenn man etwa an die vormärzliche Position der gleichfalls unbezweifelbaren Katholikin Annette von Droste-Hülshoff denkt. Als Levin Schücking, dem die heftige Zuneigung des wesentlich älteren Freifräuleins galt, das Feuilleton der liberalen Kölnischen Zeitung übernahm, war er für sie schlichtweg zum »Demagogen« geworden. In ihren Briefen erklärte sie ihr völliges Einverständnis mit der restaurativen Praxis des deutschen Vormärz: »Völkerfreiheit! Preßfreiheit! Alle die bis zum Ekel gehörten Themas der neueren Schreier« *(Die Briefe der Annette von Droste-Hülshoff.* Gesamtausgabe, hg. von Karl Schulte-Kemminghausen. 2 Bände. Jena 1944, Bd. II, S. 457). Wenn wir auch von einer analogen Mentalität bei Eichendorff in der grundsätzlichen Einschätzung etwa des Liberalismus ausgehen müssen, so halten sich die *1848*-Gedichte eben bemerkenswerterweise nicht mit partei- oder gesellschaftspolitischer Schelte auf. Schon die Sonettform der meisten Gedichte schließt eine punktuelle Stellungnahme zu den Aufgeregtheiten des Tages aus. Ebenso läßt der schaffenschronologische Umstand, daß Eichendorff (nach langjähriger Konzentration auf vorwiegend theoretische Abhandlungen) 1848/49 nochmals die Poesie forciert, auf ein außergewöhnliches Anliegen schließen. Man darf in diesem Zyklus ruhig Eichendorffs Ultima ratio angesichts einer verheerenden Situation sehen. Es geht nicht mehr um die eine oder andere Partei; weder um Restauration noch Revolution. Der vorfindliche Zustand insgesamt ist unerträglich geworden und reif zum Untergang. Endzeitbilder unterstreichen es. *Die Altliberalen* (I) müssen sich nicht wundern, wenn der »Hexentopf« ihres eigenen Zeitgeistgebräus sie »in die Lüfte sprengt mit allem Plunder!« (BdK 21, S. 449). Den Fortschrittsfanatikern, die angesichts der Folgen freigesetzter Dynamik »ängstlich« rufen, wird ungerührt entgegengehalten: *Ihr habt es ja nicht anders haben wollen* (II). *Kein Pardon* (III) allenthalben. *Will's Gott* (IV), so kommt die einzig noch vorstellbare Perspektive inmitten des angerichteten Scherbenhaufens in den Blick, die Versöhnung »vor dem Bild« des Gekreuzigten:

> »Doch *eins,* das hastig alle übersehen,
> Das Kreuz, bleibt auf den Trümmern einsam stehen«
> (BdK 21, 451)

Nicht bloß das Zeichen, sondern die Garantie für sonst nicht erreichbare Erlösung ist in den Blick gekommen. Daß es keine Alternative zum neutestamentlichen redemptor mundi gibt, legt das folgende Sonett schonungslos klar.

Wer rettet?

Es ist den frischen hellen Quellen eigen,
Was alt und faul, beherzt zu unterwühlen
Und Wasserkünste unversehns und Mühlen
Wild zu zerreißen, wenn die Fluten steigen.

Es liebt das Feuer frei emporzusteigen,
Verzehrend, die mit seinen Lohen spielen,
Es liebt der Sturm, was leicht, hinwegzuspülen,
Und bricht, was sich hochmütig nicht will neigen.

Sah'n wir den Herren nun in diesen Tagen
Ernstrichtend durch das deutsche Land geschritten,
Und Wogenrauschen hinter seinen Tritten,

Und Flammen aus dem schwanken Boden schlagen,
Empor sich ringelnd in des Sturmes Armen:
Wer rettet uns noch da, als Sein Erbarmen?
(BdK 21, S. 451/452).

Schon der Gedichttitel ist symptomatisch. Die jegliches Objekt weglassende Frage ausschließlich nach dem Retter signalisiert eine allumfassende Katastrophenlage. Nichts scheint mehr intakt zu sein. Summarisch, ohne auch nur ein konkretes Ärgernis um 1848 zu nennen, führen die beiden Quartette in einprägsamem Feststellungsstil, dem unschwer ein nur mühsam gezügelter Ingrimm abzuhören ist (in IX wird er sarkastisch ausbrechen), den maroden Gegenwartszustand und dessen Ablösung vor Augen. Alles, »was alt und faul« ist, wird (wie zur Zeit der Sintflut) vom ungeschwächten Element des Wassers verschlungen. Feuer und Sturm rechnen mit nicht minder elementarer Gewalt mit denen ab, die sich leichtfertig oder aus intellektueller Überheblichkeit als die Situationsmächtigen im Vormärz aufge-

477

spielt und die aus den Fugen geratene Zeitlage selbst geschaffen haben. In den beiden Terzetten wird Bilanz gezogen: Der Herr hat unwiderruflich Gericht gehalten über »das sündengraue Alte« (BdK 21, S. 451) in Deutschland. Der Richter ist aber auch der Retter. Dies gerade einer krisengeschüttelten Zeit klarzulegen, ist vornehmste Aufgabe des Dichters; weswegen sich der alte Eichendorff nochmals aufrafft, sich in Poesie (und nicht bloß in theoretischen Werken) zu äußern. Daß ein solcher Entschluß in der Revolutionszeit nicht leicht in die Tat umzusetzen ist, geht aus dem Brief an Theodor von Schön vom 25. Januar 1849 hervor: »Die Dichter sind eigentlich am schlimmsten daran. Wir alle stehen den Dingen noch allzunahe, um sie poetisch aufzufassen und ruhig gestalten zu können. Ich fühle das an mir selbst. Das Pöbelregiment ist dumm, das Säbelregiment noch dümmer, und so ärgere ich mich, ich mag mich stellen, wie ich will, täglich tausendmal; und der Ärger ist eine schlechte Muse« (HKA 12, S. 96). Eichendorff hat ihn nach Kräften im vorliegenden Zyklus zu zügeln versucht, indem er das konkret Tagespolitische weitgehend ausklammert.

Das ist also die nach Eichendorffs Ansicht adäquate Reaktion auf die 48er Zustände: ihre poetische Auffassung, die auch die Rettung einbeschließt. Ein romantisches Poesieverständnis seit jeher! Bereits Novalis bekundet es in seiner Notiz von den Söhnen eines Zauberers, die sich Gaben aussuchen. »Der Jüngste wählt die Gabe der Posie – erhält alles dadurch was seine Brüder suchen, und rettet sie aus großen Gefahren« (Novalis III, S. 642). Damit dieser Rettungsgedanke zum Tragen kommen kann, muß an eine weitere romantische Grunddisposition erinnert werden: die enge Beziehung zwischen Poesie und Religion. Seit den Tagen der Frühromantik kommt der Vorstellung von der Dichtung als Predigt Bedeutung zu. Für beide gelten gleiche kunstästhetische Anforderungen: »*Einfach* müssen Lieder und Predigten seyn und doch hoch poëtisch« (Novalis III, S. 588). Da nach Aussage des VI. Sonetts Staat, Adel und

478

selbst die Kirche in den Strudel enthemmter Gedanken-
spiele geraten sind,

>»Thron, Burg, Altar, es hat sie all' verschlungen
Ein wilder Strom entfesselter Gedanken«
(BdK 21, S. 452)

und »Gott nun selbst die Weltgeschichte dichtet« (so im
IV. Sonett), ist die Position des Dichters nach Eichendorffs
hier ein letztes Mal durchaus romantisch ausgerichtetem
Verständnis vorgezeichnet. Das Erbarmen des Mediators
Christus, der selbst Mensch geworden ist und dem nichts
Menschliches fremd ist, kann nach der letzten Zeile von
Wer rettet allein noch einen Umschwung herbeiführen.
Und selbst wenn es nach Eichendorffs kaum zu überhören-
dem Gefühl schon zu spät sein sollte, ist es nach seinem
Selbstverständnis vom *redlichen Dichter* dessen Aufgabe,
dies ins Wort zu setzen; denn nur der romantische Dichter
bringt hierfür die Voraussetzungen mit. Die tagesorientier-
ten Autoren des Vormärz kommen dafür nicht in Frage. Sie
haben beispielsweise das Bilderdenken in Sturm und Was-
serfluten zur politischen Metaphorik verkürzt.

Es betont den außergewöhnlichen Ernst der Lage und
spricht nicht gegen diese Gedichte, wenn die aus der bishe-
rigen Lyrik Eichendorffs gewohnten romantischen Requisi-
ten (Wald, Feld, Bach und Lerche) hier fehlen. Da eine
Alles- oder Nichts-Situation beschworen wird, können nur
letzte Mittel zum Einsatz kommen. So stehen denn auch
die für Eichendorff unveräußerlichen Eckwerte der Schöpfung zur Diskussion: die elementaren Kräfte der Natur
(Erde, Feuer, Luft und Wasser), der redliche Mensch und
der treue Gott.

Poesie erscheint hier auch als der letztmögliche Weg, sich
nicht in der zermürbenden Parteinahme für die eine oder
andere Seite zu veräußern, sondern sich selbst treu zu bleiben. Das VIII. und kürzeste, *Spruch* übertitelte Gedicht
markiert diesen für Eichendorff zu keinem Zeitpunkt und

unter keinen Umständen zur Disposition stehenden Standpunkt:

> Magst du zu dem Alten halten
> Oder Altes neu gestalten,
> Mein's nur *treu* und laß Gott walten!

(BdK 21, S. 453)

Wer sich etwas zugute hält auf den Schick seiner Profanität, wird dies altväterisch finden. Weniger Modeversessenen wird die im säkularisierten 19. Jahrhundert nicht eben häufig anzutreffende Konstanz im Poesie- und Selbstverständnis Eichendorffs nicht entgehen. Schlägt doch die letzte Zeile den Bogen zurück zur ersten großen Novelle von 1818, dem *Marmorbild*, wo der es treu und redlich meinende Dichter »viel wagen« kann, »denn die Kunst, die ohne Stolz und Frevel, bespricht und bändigt die wilden Erdengeister, die aus der Tiefe nach uns langen« (E 1, S. 113). Und weiters nimmt dieser Schlußvers nochmals das grenzenlose Gottvertrauen des ersten Liedes der *Taugenichts*-Erzählung von 1826 auf (E 1, S. 142), das auch in den Turbulenzen des Revolutionsjahres letztlich keinen Raum läßt für Verzagtheit, Ratlosigkeit oder gar Verzweiflung. Vergißt man nicht ganz, daß im Verein mit dem frühromantischen Novalis, der auf der grundsätzlich allegorischen Struktur der Poesie insistiert, Eichendorff modifizierend für eine »lebendige Allegorie« der dichterischen Artikulation eintritt, wird man auch den positiven Akzent der ansonsten mit großer Betroffenheit registrierten Umstürze nicht überhören dürfen. Das unhaltbar Erstarrte ist weggefegt. Es gibt wieder Gestaltungsmöglichkeiten. Noch der 1952 geborene Komponist Wolfgang Rihm empfindet ganz ähnlich, wenn er anläßlich seines vierzigsten Geburtstags äußert: »Es entsteht nur etwas, wenn nichts steht.« Sprich: nichts Fixiertes.

Der Vorhalt einer unübersehbaren Wirkungslosigkeit Eichendorffs zählt nicht. Er beruht auf dem Mißverständnis derart strukturierter Poesie, das schon Novalis anprangert:

»Auf Verwechslung des *Symbols* mit dem Symbolisirten – auf ihre Identisirung (...) – kurz auf Verwechselungen von Subj[ekt] und Obj[ect] beruht der ganze Aberglaube und Irrthum aller Zeiten, und Völker und Individuen« (Novalis III, S. 397). Die Poesie bleibt die Ultima ratio. Ansonsten wäre Eichendorff gezwungen, zu tun, was er am 1. August 1849 Theodor von Schön schreibt: »Wahrlich, wenn ich jünger und reicher wäre, als ich leider bin, ich wanderte heut nach Amerika aus; nicht aus Feigheit – denn die Zeit kann mir persönlich ebensowenig etwas anhaben als ich ihr – sondern aus unüberwindlichem Ekel an der moralischen Fäulnis, die – mit Shakespeare zu reden – zum Himmel stinkt« (HKA 12, S. 106). Doktor Magog in Eichendorffs zur gleichen Zeit entstandenen letzten Erzählung *Libertas und ihre Freier* wird dies (unter anderen Vorzeichen) tun.

Auf den ersten Blick erscheinen die beiden männlichen Protagonisten dieses Märchens, der Baron Pinkus und Doktor Magog, als Gegner. In Wirklichkeit aber stellen sie großenteils nur zwei Varianten des von Eichendorff alles andere denn als harmlos betrachteten Menschenschlags dar: des Philisters (Ödön von Horváth, der dieses Massenphänomen nicht minder fürchtete, setzte sich in unserem Jahrhundert damit unter dem Titel *Der ewige Spießer* in einem *Erbaulichen Roman in drei Teilen* auseinander). In Eichendorffs letztem Prosawerk tritt er in zwei raffinierten Maskierungen auf: als Erbe der Aufklärung und als rhetorisch versierter Literat des Vormärz. Doch sollte man endlich das Entschlüsseln lassen und Eichendorff nicht unterschieben, er sei auch in diesem Märchen darauf aus, »Persönlichkeiten der Zeitgeschichte allegorisch einzukleiden«. Und noch massiver (im Blick auf Magog): »am Ende steht ein jungdeutscher Literat, eine maulflinke, bettelarme Karikatur der Herwegh, Börne und Weerth, als düpierter Bräutigam da« (Paul-Wolfgang Wührl: Das deutsche Kunstmärchen. Geschichte, Botschaft und Erzählstrukturen. Heidelberg 1984 [= UTB 1341], S. 126 bzw. 128). Solche Schlüssel-

Philologie verkennt die allegorische Struktur Eichendorffscher Dichtung. Es geht auch in diesem Text nicht um
konkrete Persönlichkeiten des Vormärz und des Revolutionsjahres, sondern um die (politische, gesellschaftliche,
kulturelle ...) Verfassung der Epoche insgesamt. Der Baron
und Schloßbesitzer gewordene »Staatsbürger Pinkus« hat
beides mit einem üblen Trick erlangt. Aus dem »auf dem
Trödelmarkt in Berlin« erstandenen »ganzen Nachlaß des
seligen Nicolai (der damals gerade altmodisch geworden,
weil soeben die Romantik aufgekommen war)« schlägt er
Kapital und »machte in Ideen« (S. 376). Eine davon richtet
sich auf einen »gewissen Reichsgrafen« in einem abgelegenen
Schloß. Pinkus hält vor Graf und Dienerschaft eine ellen-
lange Rede, wobei er »immer neue, lange, vergilbte Papierstreifen aus dem erstandenen Nachlaß« zieht »und immerfort von Aufklärung, Intelligenz und Menschenbeglückung«
grummelt. Nach einigen Abwehrversuchen versinkt der
Graf »mit dem ganzen Hofstaat in einen unauslöschlichen
Zauberschlaf, aus dem sie bis heut noch nicht wieder
erwacht sind« (S. 377). Pinkus ist am Ziel und legt im Schloß
»sofort eine Gedankendampffabrik« (S. 378) an. Daß hier mit
der Aufklärung nach allen Regeln des Kommerzes Schindlu-
der getrieben wird, liegt auf der Hand. Pinkus krönt seine
Aktion, indem er mit dem Schlußbefund des romantischen
Taugenichts (vgl. E 1, S. 253) seine philiströse Selbstzufriedenheit besiegelt: und er »befand, daß alles gut war« (S. 378). Der
Philister ruiniert alles: Aufklärung wie Romantik!
  An die unverfälschte Romantik erinnern nur noch die
Libertas genannte Feenfigur und noch nicht vom derzeitigen
Spießerregiment erfaßte Bereiche der Schöpfung wie Vögel
und geheimnisvolle Seen. Erstere sind nicht nur die einzigen,
welche die Libertas erkennen, sondern ihnen wird auch eines
der unentbehrlichen Elemente der romantischen Erzählung
bei Eichendorff, das Lied, anvertraut. Nur Libertas selbst
singt noch ein wirkliches Lied, auf das ihr die Nachtigall
»aus dem Fliederbusche« (S. 409) antwortet. Die übrigen

Verseinlagen sind anderer Natur. Die Vögel sind es auch, die erneut (nun aber adäquat) Liedzeilen des Taugenichts (vgl. E 1, S. 151) zur Begrüßung der Freiheit aufnehmen:

> O Libertas, schöne Fraue,
> Grüß' dich Gott vieltausendmal!   (S. 380 u. 381)

Das Selbstzitat ist beim späten Eichendorff zu einem aussagestarken Kunstmittel geworden. Sein bekräftigender, ironisierender oder parodierender Einsatz signalisiert genau, welche Stunde dem *redlichen Dichter* geschlagen hat. Illusionslos stellt sich der späte Eichendorff der geistigen Situation der Zeit. In *Libertas und ihre Freier* gibt es nur noch romantische Reservate inmitten einer Philistersatire. Doch die zeigen Wirkung. Den in den Wirren von 1848/49 perspektivlos Gewordenen erinnern sie an die romantische Grundüberzeugung von der Unentbehrlichkeit der Vorstellungskraft. Die Vögel sind in diesem Text an imaginativer Kraft den Menschen in ausweglos scheinenden Lagen weit voraus. Der saturierte Schloßbesitzer aber empfindet Libertas als Bedrohung. Er reagiert darauf in vollendeter Spießer Art. Zunächst schurigelt er sie mit bürokratischen Maßnahmen »und forderte ihren Paß«. Als ihm die Freiheit »hellaut ins Gesicht« lacht, wird er brutal, ordnet ihre Verhaftung an und läßt sie »in das mit dem Schlosse verbundene Arbeitshaus« (S. 383) abführen.

Die Befreiung der Libertas aber hat sich der mit allen tagesaktuellen Parolen jonglierende Doktor Magog in den Kopf gesetzt, »der seinen Verleger nicht finden konnte und daher soeben in großer Verlegenheit war« (S. 385). Schon der aus der Bibel entlehnte Name läßt nichts Gutes erwarten. Der außer bei Ezechiel 38/39 noch in der Offenbarung des Johannes erwähnte Gog und Magog, wo sie für vom Teufel verführte Völker stehen, finden sich derart beschrieben: »Sie sind so zahlreich wie die Sandkörner am Meer. Sie schwärmten aus über die weite Erde und umzingelten das Lager der Heiligen und Gottes geliebte Stadt.

Aber Feuer fiel vom Himmel und verzehrte sie« (Offenbarung 20,8–9).

Obschon sich Magog der Hilfe des Riesen Rüpel bedient, entschwindet ihm Libertas; denn die einfallsreichen Tiere hatten bereits Vorrichtungen zu ihrer Befreiung getroffen. Daß Magog im Kern ebenso Philister ist wie Pinkus (also auch mit dem gleichen Unverständnis für das Romantische behaftet), offenbart seine Definition der begehrten Braut: »Libertas ist die Schutzpatronin aller Urwälder, die Patronin dieses langweiligen – wollt sagen: altheiligen Waldes« (S. 390). Magog geht es ausschließlich um seine Besserstellung mittels einer Traumhochzeit. Das schlägt freilich fehl, ohne daß es der nur auf seinen Vorteil fixierte Werber merkt; denn wie alle *Unpoetischen* in Eichendorffs Erzählungen erkennt er das romantische Wesen nicht. Er hält »die Pinkus'sche Silberwäscherin Marzebille« (S. 414) für Libertas und begibt sich mit der falschen Braut nach Amerika.

»Von der Libertas dagegen sagt man, daß sie einstweilen bei den Elfen im Traumschlosse wohne, das aber seitdem niemand wiederaufgefunden hat« (S. 415). Dieser Schlußsatz der Märchensatire legt klar, daß das Romantische nicht gegenstandslos geworden ist. Libertas fungiert auch im letzten Erzähltext als *lebendige Allegorie*. Ihre Belebung vollzieht sich allerdings im Märchen- und Fabelbereich. Die gängige Normalität findet allem Anschein nach keinen Zugang mehr zu ihrem »im Traumschlosse« vermuteten Wohnsitz.

III

Von selbst verstehen sich romantische Impulse schon lange nicht mehr. »Mit Gewalt« will die Mannschaft in *Eine Meerfahrt* von 1835 »neue Länder entdecken« (S. 129). Die kaum gelesene und von der Forschung bislang nicht übermäßig beachtete Erzählung thematisiert schwerlich »die

484

Europäisierung und Christianisierung außereuropäischer Erdteile« (Köhnke: »Hieroglyphenschrift«, S. 105). Die exakte Jahresangabe 1540 und verstreute Hinweise auf Praktiken aus der Konquistadorenzeit reichen zur Gestaltung dieses komplexen Themas nicht aus. Wir haben es vielmehr mit durchaus innerhalb des Eichendorffschen Wirkungskreises spielenden Problemstellungen zu tun. Zu viele und gravierende Umstände sprechen gegen eine Christianisierungsgeschichte aus der Zeit nach Kolumbus.

Weder das Schiff, welches »eben nicht das beste Aussehen« hatte, noch die Mannschaft, die als »lumpig« (S. 129) bezeichnet wird, sind für ein solches Vorhaben sonderlich ausgestattet. Vor allem aber hat der Kopf des ganzen Unternehmens, »der Schiffshauptmann Alvarez«, durchaus nicht vorrangig »Europäisierung und Christianisierung« der angesteuerten Landstriche im Sinn, sondern offenbart nach dem Betreten der ersten Insel mit dem Studenten Antonio vornehmlich seine rundum romantische Verfassung. Zwar stößt er auf dem ersten Berg »sogleich seinen Degen« ins Erdreich »und nahm feierlich Besitz von diesem Lande mit allen seinen Buchten, Vorgebirgen und etwa dazugehörigen Inseln. Amen! sagte Antonio, sich das Wasser von den Kleidern schüttelnd« (S. 135): doch ist dies nicht mehr als ein kurz und fast mechanisch absolviertes Ritual. Auf sein »zukünftiges Königreich« von Antonio angesprochen, kommt seine wahre Einschätzung der Meerfahrt an den Tag: »Langweiliges Zeug! Da lob' ich mir einen Regenbogen, zweifelhafte Türme von Städten, die ich noch nicht sehe, blaues Gebirge im Morgenschein, es ist als ritt'st du in den Himmel hinein; kommst du erst hin, ist's langweilig! Um ein Liebchen werben ist charmant; heiraten: wiederum langweilig! Hoffnung ist meine Lust, was ich liebe, muß fern liegen wie das Himmelreich« (S. 135). Selten hat Eichendorff so unverblümt den romantischen Grundimpuls des Sehnens als Selbstzweck zum Ausbruch kommen lassen. Selbst »das Himmelreich« ist hier lediglich unter dem romantischen

Aspekt der Unerreichbarkeit gesehen. Seinen Standpunkt bekräftigt der Kapitän noch durch ein Lied, das seine Version vom Leben als Glücksreise enthält. Anders als beim Taugenichts ist dabei die zweifelhafte Glücksgöttin Fortuna im Visier:

> Soll Fortuna mir behagen,
> Will ich über Strom und Feld
> Wie ein schlankes Reh sie jagen
> Lustig, bis ans End' der Welt!   (S. 136)

»Fortuna« heißt auch das Schiff, das die offensichtlich in erster Linie überaus gelangweilten Abenteurer in die Neue Welt bringt (Eichendorff greift hier von seiner Warte aus ein zwischen 1830 und 1848 besonders drängend gewordenes Problem auf, das von jungdeutscher Seite unmittelbar nach der Entstehung von *Eine Meerfahrt* Ernst·Willkomm in seinem 1837 geschriebenen und 1838 in Julius Wunders Verlags=Magazin zu Leipzig erschienenen Briefroman *Die Europamüden* breit dargestellt hat). Da die »künstlich geschnitzte bunte Glücksgöttin am Vorderteil des Schiffes« (S. 129) als Galionsfigur auch noch eine Art Patronat über Schiff und Besatzung ausübt, verwundert es nicht, daß außer der ohnehin auf Gold, Lust und Abenteuer jeglicher Art eingestellten Mannschaft auch der Leiter der »Fortuna«, Alvarez, beim Anblick der ersten Frau sogleich die Vorstellung von Frau Venus und vom Venusberg ins Spiel bringt.

Man darf jedoch bei den Wiederaufnahmen wesentlicher Motiv- und Themenkomplexe in den späten Erzählungen nicht die Differenz zur Erstfassung einebnen. Im Unterschied zur *Zauberei im Herbste* und zum *Marmorbild* stellen sich die Venus-Phantasien in der *Meerfahrt* im Zusammenhang mit der Walpurgisnacht ein, sind also weitgehend außengelenkt und bei weitem nicht so verinnerlicht wie im Falle des unrettbar seiner selbstgeschaffenen Wahnwelt ausgelieferten Raimund in der *Zauberei im Herbste* (vgl. E 1, S. 305). Noch augenfälliger zeigt sich der Wandel des Poesieverständnisses im intellektuellen Einspruch des hinsichtlich Jugend und Schönheit mit Florio aus dem *Marmorbild* vergleichbaren Baccalaureus: »Antonio, so verwirrt er von dem Anblick war, ärgerte doch die Unwissenheit des Hauptmanns. Was wollt Ihr? entgegnete er leise, die Frau Venus hat ja niemals auf Erden wirklich gelebt, sie war immer nur so ein Symbolum der heidnischen Liebe, gleichsam ein Luftgebild, eine Schimäre. Horatius sagt von ihr: Mater saeva cupidinum« (S. 137). In diesem Anlauf zur Auflösung von Phantasmagorien via Wissenschaft darf man durchaus eine Prosa-Parallele zu Heines berühmten Illusionsaufhebungen in zahlreichen Gedichtschlüssen sehen. Um die Veränderungen, denen Eichendorff in seinen Erzählungen zwischen den Revolutionen von 1830 und 1848 Rechnung trägt, noch einmal unmißverständlich hervorzuheben, bleibt hinsichtlich der beiden jugendlichen Helden im Blick nicht nur auf die Venus-Thematik festzustellen, daß es sich beim Adepten in der *Meerfahrt* nicht mehr um einen angehenden Dichter handelt wie im *Marmorbild*, sondern um einen Intellektuellen, der auch Alma (seiner künftigen Frau) »einen kurzen Begriff von dem Nutzen der Wissenschaft beizubringen« (S. 178) sucht. Gleichwohl wird letztere ihn nicht vor der erotischen Verwirrung bewahren können, in der auch er »verworren und zerstreut« von »einem Bergwerk« spricht. »Alvarez blieb dabei, das Frauenzimmer sei die Frau Venus gewesen und jene Höhle, die sie in der Walpurnisnacht entdeckt, der Eingang zum Venusberge« (S. 158). In nachromantischer Zeit hat sich das ehemals fest in die Bezüglichkeit von Ursprung und Ziel verankerte Sinnen-Bild gelöst, ist zum herrenlosen Treibgut geworden und kann als Versatzstück in den Dienst jeglicher Begier gestellt werden. Dies führt der Lieutenant Sanchez, die dritte aus der namenlosen Mannschaft der Fortuna herausgehobene Figur, in der komischen Version vor Augen. Die späten Erzählungen geben gerade auch bezüglich des bislang viel zu wenig beachteten komischen Darstellungsvermögens Eichendorffs mannigfachen Aufschluß.

Der von hoffmannesker Trinkfreudigkeit beseelte Sanchez hat Alvarez' Schilderung des »Venusberges« gut zugehört und macht sich reichlich alkoholisiert sofort auf den Weg dorthin. Doch seine Venus-Expedition geht im Pfeilhagel der Inselbewohner unter. Im Anschluß daran entwirft Eichendorff eine urkomische Szenerie. Vor versammelter Mannschaft hält Kommandant Alvarez eine bald von Tränen erstickte »Leichenrede«: »Ja, da seht ihn liegen, er war tapfer, oftmals betrunken, aber tapfer.« Dann versagt ihm die Stimme. Sanchez wird ins Meer gesenkt. »Kaum aber hatte der Tote unten die kalte See berührt, als er auf einmal in seinem Segeltuch mit großer Vehemenz zu arbeiten anfing. Ihr Narren, ihr, schimpfte er, was, Wein soll das sein? elendes Wasser ist's!« (S. 164). Sanchez bleibt Sanchez, auch im Scheintod. *Eine Meerfahrt* weist eine reichhaltige Facettierung des Komischen auf. Verwiesen sei nur noch auf das parodistische Tableau zu Beginn der Novelle. »Alvarez, Antonio und die Offiziere saßen zusammen auf Fortunas Schopfe« (S. 133), eine Position der Creme des Schiffes auf der Galionsfigur, die jedem Komment auf See widerspricht.

Zentral für das adäquate Verständnis der Novelle ist jedoch vor allem die Lesart der Schiffsallegorik, also der Schreibweise der *Meerfahrt* überhaupt. Gemeinhin wird die Fahrt auf dem Schiffe – um Oskar Seidlin, einen der prominentesten Interpreten dieser Novelle, zu zitieren – als »eine Lebensreise« verstanden, »die Eichendorff entwirft, eine Reise, die enden wird mit dem Segen des Abgeschiedenen« (Versuche über Eichendorff, S. 103). (Mit letzterem ist Diego, Antonios Onkel, gemeint: der Kommandant einer früheren Meerfahrt, von der in unserem Text auf die Weise einer Novelle in der Novelle erzählt wird.) Doch es empfiehlt sich, diese in summa natürlich nicht bestreitbare Sicht schärfer ins Auge zu fassen. Dabei fällt auf, daß es nicht die Fahrt des Alvarez oder Antonio, also keines einzelnen Menschen, sondern die Reise einer ganzen Gesellschaft ist. Herausgehoben aus der namenlosen Mannschaft werden der verantwortliche Lenker (Alvarez), der Vertreter der Wissenschaft und Jugend (Antonio) und der Anstifter zur Meuterei (Sanchez). Das Schiff selbst wird an strukturell erstrangiger Stelle, im Lied der gesamten Schiffsmannschaft, in die gleiche Funktion gesetzt wie die Arche zur Zeit der »Sündflut«: vor dem sicheren Untergang zu retten und (nach den letzten beiden Zeilen) das Paradies zu erreichen. Eine ekklesiologische Lesart liegt demnach nahe; nicht unwesentlich ist dabei, daß der hedonistische Sanchez mit dem Gesang einsetzt und sich somit auch als miles christianus erweist:

> Streckt nur auf eurer Bärenhaut
> Daheim die faulen Glieder,
> Gott Vater aus dem Fenster schaut,
> Schickt seine Sündflut wieder.
> Feldwebel, Reiter, Musketier,
> Sie müssen all' ersaufen,
> Derweil auf der Fortuna wir
> Im Paradies einlaufen.   (S. 142)

Es ist hier nicht der Ort, die auch ikonographisch reich bezeugte Vorstellung vom Schiff der Kirche zu entfalten. Es genügt für unsere Skizze auch, mit Ulrike Weber an das patristische Grundbild zu erinnern: »Seit Tertullian (De bapt. 9,4 [CChr I 284]) findet sich die Arche als häufig gebrauchtes Bild der Kirche. Die Kirche mit Christus als Retter einer neuen Heilsgemeinschaft wird zur ›zweiten‹ Arche des Heils« (LCI 4, Sp. 62). Und als eine der wichtigsten Einrichtungen wird »der Mastbaum (...) dem Kreuze gleichgesetzt.« Im Falle des Schiffbruchs aber »vermag die Schiffplanke, ebenfalls aus dem Holz des Kreuzes, als Symbol der Buße zu retten und das in der Taufe geschenkte Heil zu erneuern« (ebd., Sp. 61 und 62). Auch die letztgenannten Aspekte der Kirchen-Schiff-Allegorik sind in Eichendorffs Novelle von Bedeutung.

Hier erweist sich nun der Stellenwert der *Geschichte des*

Einsiedlers überschriebenen Novelle in der Novelle (S. 180 ff.). Deren Hauptheld, der jetzige Einsiedler und frühere Kapitän Diego (Antonios gesuchter Oheim), hatte vor dreißig Jahren gleichfalls eine Meerfahrt von Spanien aus in der Hoffnung unternommen, »das wunderbare Eldorado zu entdecken« (S. 181). Er steht indes nicht nur bei seinem »Venus«-Abenteuer vor einem Scherbenhaufen, sondern erleidet auch tatsächlich Schiffbruch. Er wird jedoch gerettet, weil er »im Todeskampf einen Mastbaum fest umklammert« (S. 198) hatte. Nach Eichendorffs Denken in lebendigen Allegorien hat Diego letztlich nichts anderes umfaßt als das Holz des Heiles, das Kreuz. Im Fortgang seiner Erzählung vollendet sich dann auch seine persönliche Erlösungsgeschichte, indem er innerlich umkehrt und als letzte Konsequenz zum geistlichen Stand des Eremiten findet. Vollziehbar und verstehbar ist dieser Vorgang für Eichendorff aber nur innerhalb der Heils- und Erlösungsgarantien der Kirche, die als Voraussetzung für letztere auch die entsprechende Buße einfordern kann.

Daß eine deutlich kirchenbezogene Sicht in der Erzählprosa zwischen den Revolutionen aufscheint, darf als auffällig bezeichnet werden. Ein Blick auf Eichendorffs Gesamtengagement in dieser Zeit läßt seine Besorgnis erkennen bezüglich der zahlreichen Probleme innerhalb des deutschen Katholizismus, die sich vor allem seit der Säkularisation anhäuften. Erinnert sei nur an die ultramontane Bewegung, die nachhaltig für die uneingeschränkte Leitungsautorität des Papstes über die Gesamtkirche eintrat. Gruppierungen mit der Tendenz zu nationaler Eigenständigkeit wie die sogenannten Deutschkatholiken stoßen auch bei Eichendorff auf Widerstand. In seinen diesbezüglichen Streitschriften, *Abhandlung* und *[Streitschrift gegen den Deutschkatholizismus]* 1845/46 in Danzig entstanden, hören sich (nebenbei bemerkt) nicht wenige Vorhaltungen an, als wären sie heute vorgebracht. Doch im Zusammenhang der *Meerfahrt*-Novelle geht es nur um Eichendorffs grundsätzlichen Standpunkt, und der ist eindeutig: »Nehmt der Kirche ihr Zentrum, das sie mit Vergangenheit und Zukunft in lebendigem Zusammenhange hielt, und sie wird von der Gegenwart säkularisiert werden, die der Staat repräsentiert. Der Staat hat jetzt (...) sich außerhalb der Kirche frischweg auf abstrakte Begriffe gesetzt, d.h. auf das wechselnde Dafürhalten der Gegenwart, er muß daher der Macht der letzteren, der öffentlichen Meinung, folgen, um ferner zu bestehen. In diesem Sinne kann aber die Kirche niemals mit der heutigen Zeit fortschreiten, sie ist eben berufen, in diesem Wechsel das Ewige festzuhalten. Jesus hat seine Kirche nicht auf die Woge der Zeit gebaut, sondern auf einen *Felsen*, daß er die Wogen breche« (Werke V, S. 411).

Dieser klare Positionsbezug in einer auch kirchen- und gesellschaftspolitisch brisanten Problemkonstellation jener Jahrzehnte unterstreicht, daß die *Meerfahrt*-Novelle auf den geistlichen Sinn der in ihr erzählten Ereignisse zielt, also (wie stets bei Eichendorff) auf eine die realistischen Vorgänge übergreifende Ebene. Daß dem späten Eichendorff das intakte »Schiff der Kirche« eine Herzensangelegenheit (und nicht nur ein zeitaktuelles Thema) ist, bezeugt aufs schönste das schon erwähnte VI. Sonett gleichen Titels aus dem *1848*-Zyklus. In poetischer Auffassung (also in für Eichendorff nicht mehr überbietbarer Artikulation) weisen die beiden Terzette das *Schiff der Kirche* (nach der von Untergang bedrohten Welt in den Quartetten) als einzigen Ort einer pax aeterna aus (Diego im Schlußteil der *Meerfahrt* ist der überzeugende Repräsentant dieser befriedeten Ordnung):

> Doch drüberhin gewölbt ein Friedensbogen,
> Wohin nicht reichen die empörten Wogen,
> Und unter ihm ein Schiff dahingezogen,
>
> Das weiß nichts von der Wasser wüstem Branden,
> Das macht der Stürme Wirbeltanz zuschanden –
> O Herr, da laß uns alle selig landen!

(BdK 21, S. 452)

491

Eine Bemerkung noch zur Zeitangabe 1540 im ersten Satz des Textes (der einzigen konkreten Jahreszahl in sämtlichen Erzählungen Eichendorffs!). *Eine Meerfahrt* wird denn auch gemeinhin als »die erste seiner historischen Erzählungen« (Schulz, S. 498) bezeichnet. Bedeutung gewinnt dieses Datum jedoch nur im Zusammenhang der *lebendigen Allegorie* vom Schiff der Kirche. Schon Oskar Seidlin hat »daran erinnert, daß in diesem Jahre die offizielle Anerkennung des Jesuitenordens durch den päpstlichen Stuhl erfolgte« (Versuche über Eichendorff, S. 286). Daß dies lediglich »als unverbindlicher Hinweis« (ebd.) aufzufassen sei, ist nur möglich unter Beschneidung des geistlich-konkreten Sinnes der Erzählung; denn es ist hinreichend bekannt, welche zentrale Rolle der Gründung der Societatis Jesu bei der Konsolidierung des Papsttums und damit (im Verständnis der Gegenreformation) einer befriedeten und wieder voll funktionsfähigen Kirche zukommt. Auch ikonographisch ist die herausragende Bedeutung der Jesuiten unter den anderen Ordensgemeinschaften bei der Verteidigung des Kirchen-Schiffes belegt (vgl. LCI 4, Sp. 66 f.). – Ob die allegorische Struktur dieses Textes in den gänzlich anders orientierten dreißiger Jahren des 19. Jahrhunderts noch von einer breiten Leserschicht erkannt werden konnte, mag Eichendorff selbst zweifelhaft erschienen sein. Hierin könnte man eine mögliche Erklärung dafür finden, daß *Eine Meerfahrt* zu seinen Lebzeiten ungedruckt blieb.

IV

Schwierigkeiten der letztgenannten Art weist die bekannteste, thematisch wie konzeptionell stimmigste, zudem die von der Philologie am häufigsten traktierte unter den späten Erzählungen, *Das Schloß Dürande,* allem Anschein nach nicht auf. Dieses novellistische Kabinettstück ist im Gegenteil nicht selten sehr eindeutig von den einen in die private Liebesgeschichte und von den anderen in die oft mißverstandene

Revolutionserzählung auseinandergerissen worden. Hier ist nicht der Ort, diese Debatten aufzunehmen. Kurz hingewiesen aber sei auf die verhaltene Faszination, die dieser Text ausübt.

Der Beginn der Novelle rückt das Schloß Dürande und das bescheidene Jägerhaus, die beide zugleich das Private und das geschichtlich Bedeutsame unauflöslich verbinden, nach den Erschütterungen, die Inhalt der anschließenden Erzählung sind, vor die Augen des Lesers: den Jetztzustand also. »In der schönen Provence liegt ein Tal zwischen waldigen Bergen, die Trümmer des alten Schlosses Dürande sehen über die Wipfel in die Einsamkeit herein; von der andern Seite erblickt man weit unten die Türme der Stadt Marseille; wenn die Luft von Mittag kommt, klingen bei klarem Wetter die Glocken herüber, sonst hört man nichts von der Welt. In diesem Tale stand ehemals ein kleines Jägerhaus, man sah's vor Blüten kaum, so überwaldet war's und weinumrankt bis an das Hirschgeweih über dem Eingang« (S. 209).

Gefühlsbetont, doch ohne die geringste Spur von Sentimentalität (im Sinn von Kitsch) zieht dieser Erzähleingang den Leser noch einmal in den Sog jener Waldeinsamkeit, die unverwechselbar romantisches Daseinsverständnis der ersten Stunde darstellte. Es ist jenes Spätzeitereignis, das ein anspruchsvolles Leben wie ein ebensolches Werk allererst als geglückt erscheinen läßt. Am prägnantesten hat die Unentbehrlichkeit eines solchen »Spätlings« Goethe im IX. Gedicht seiner *Chinesisch-Deutschen Jahres- und Tageszeiten* (in zeitlicher Nähe zu unserer Novelle) formuliert:

Nun weiß man erst was Rosenknospe sei,
Jetzt da die Rosenzeit vorbei;
Ein Spätling noch am Stocke glänzt
Und ganz allein die Blumenwelt ergänzt.

(BdK 34, S. 698)

Das unbezweifelbare Vorbei setzt überdies etwas frei, was nur auf den ersten Blick nichts als Atmosphärisches zu sein scheint: Wehmut. Für Eichendorff jedenfalls entfaltet in vielen seiner Texte diese Verfassung (selbst dort noch, wo sie zur Melancholie ausgreift) weittragende Kraft. An nicht vermuteter Stelle, in seiner Examensarbeit *Über die Folgen von der Aufhebung der Landeshoheit der Bischöfe und der Klöster in Deutschland* heißt es: »denn in dieser Wehmut ist unendliches Hoffen und freudige Zuversicht!« (Werke V, S. 20). Wie das?

Es überrascht doch einigermaßen, daß entgegen landläufiger Ansicht im Zusammenhang mit Wehmut nicht von Stagnation, Resignation oder gar von (letztlich lähmender) Rückwendung zum unrettbar Verlorenen die Rede ist, sondern von »freudiger Zuversicht«. Der Blick geht nicht zurück, sondern beschwingt nach vorn. So legt Wehmut auch im *Schloß Dürande* keinen Glorienschein um welche gute alte Zeit auch immer, sondern führt das unleugbar ruinierte Herrenhaus und das zugewachsene Jägerdomizil ohne Retusche vor. Doch storniert Eichendorff auch nicht den Stimmungswert des zu Bruch Gegangenen.

Bedenklich sind offenbar nicht die Einrichtungen als solche (das Grafenschloß ebensowenig wie das Jägerhaus), sondern vielmehr die Verfassung derer, die darin und damit umgegangen sind und schließlich alles zugrundegerichtet haben. Diese Anfangsvermutung wird nicht nur durch den Handlungsverlauf der Erzählung mit ihren diversen Ereignissen (unter anderem Renalds Pariser Erlebnisse) und Tableaus (etwa das Kloster-Leben) bestätigt, sondern auch nachhaltig durch die Novellenstruktur bekräftigt. Indem der letzte Abschnitt den Bogen zur Waldeinsamkeit des Anfangs zurückschlägt, schließt sich der Kreis zur Befindlichkeit der Erzählgegenwart: »Das sind die Trümmer des alten Schlosses Dürande, die weinumrankt in schönen Frühlingstagen von den waldigen Bergen schauen.« Dem läßt der Erzähler aber noch einen Aufruf folgen, der den markantesten Schlußsatz einer Eichendorffschen Erzählung überhaupt darstellt: »Du aber hüte dich, das wilde Tier zu wecken in der Brust, daß es nicht plötzlich ausbricht und dich selbst zerreißt« (S. 259). Dies ist keineswegs bloß, wie man gemeint hat, »ein

494

wenig beruhigender, trügerisch-frommer Wunsch« (Korte: Das Ende der Morgenröte, S. 165). Diese Warnung verweist vielmehr auf die Wurzel aller Übel – (*Schloß Dürande* ist im wörtlichen Sinne radikal) –: die Hydra der entfesselten Subjektivität. Die Revolution hat ihre Vielgestaltigkeit (vom »wilden Tier« des Hochmuts, der schrankenlosen Freiheitsforderungen über die scheinbar harmlosere Gestalt einer tatenlosen Melancholie bis zum Rückzug vor den weltlichen Turbulenzen ins Kloster) schlagartig offenbart.

Die gewiß für die *Dürande*-Erzählung nicht unwichtige Erfahrung mit der Juli-Revolution, die ihrerseits mannigfache Debatten um die gewalttätigere Revolution von 1789 wiederbelebt hatte, ist jedoch insofern nicht das eigentliche Thema der Novelle, als Eichendorff nicht in erster Linie seinen Blick auf die sozialen Spannungen, die gemeinhin als Auslöser des Aufruhrs angesehen werden, richtet, sondern auf die problematischen Subjekte: angefangen vom alten Dürande über den jungen Grafen Hippolyt bis zu Renald und selbst der Priorin, die im Kloster »wie auf eine selige Insel verschlagen« die gewandelte Zeit »nicht mehr verstand« (S. 215/216).

In diesem Zusammenhang wäre auf einen weiteren faszinierenden Aspekt dieser und anderer Erzählungen Eichendorffs aufmerksam zu machen: den von ihm selbst ins Spiel gebrachten Kleist-Bezug. Hier muß es beim bloßen Hinweis sein Bewenden haben. Daß Renald Erinnerungen an Michael Kohlhaas weckt, ist früh bemerkt worden. Näheren Aufschluß könnte jedoch nur ein umfassender Vergleich beider Texte bringen. Für die hier angeschnittene Problematik des entfesselten Subjekts ist Eichendorffs direkter Hinweis auf die Person des *Kohlhaas*-Dichters im Kleist-Kapitel seiner *Geschichte der poetischen Literatur Deutschlands* weiterführend. Im Blick auf den Protestantismus (Uhlands) konstatiert er: »Die ursprüngliche Freudigkeit der Romantik löste sich fortan immer mehr wieder in die alte, spürende Unruhe auf, aus dieser Unruhe entstand der Zweifel und die Ungenüge und aus der Ungenüge jene Zerrissenheit, die zuletzt als Karikatur, ganz wider ihre Absicht, komisch wurde. Und so sehen wir sogleich in einem der besten unter ihnen, in *Heinrich v. Kleist*, ein großes Talent sich zwischen Hochmut und Verzweiflung an den unglücklichen Geschikken seines Vaterlandes krankhaft zu Tode arbeiten, weil er den Glaubensmut nicht mehr hatte, die Welt und ihre Erscheinungen, wie die Romantik allerdings verlangte, nur an dem *Höchsten* zu messen. Diese Zerrissenheit blickt düster und dräuend aus seinem Leben sowohl als aus allen seinen Dichtungen« (Werke III, S. 868/869).

Von Eichendorffs Kleist-Bild her gewinnt die Schlußwarnung der *Dürande*-Novelle auch Bedeutung für den Poeten und die Poesie selber. Für den mit *Glaubensmut* versehenen Dichter, der alles an dem *Höchsten* mißt, ist der vorgetragene Aufruf eben kein »trügerisch-frommer Wunsch«. Er hat im Gegenteil auch und gerade seine Verpflichtung zu erkennen, der für den romantischen Künstler vielleicht größten unter allen denkbaren Gefahren zu begegnen, der Faszination durch die Kunst selbst. Spezifisch: dem Cardillac-Zwang nicht zu verfallen; grundsätzlich: unter dem Übergewicht an subjektiver Phantasie sich nicht buchstäblich aufzulösen. Denn seine wichtigste Aufgabe bliebe dann unerledigt: den Ausbruch wilder Bestialität in sich selbst und in der Gesellschaft, in der er lebt, mittels der Poesie zu unterbinden. Sonst werden auch weiterhin so anziehende Gestalten wie die dem Kleistschen *Käthchen von Heilbronn* verwandte Gabriele (eine lebendige Allegorie argloser Unschuld und selbstloser Liebe, der als höchste poetische Auszeichnung fast alle Lieder der Novelle anvertraut sind) untergehen müssen.

Die beiden auf *Das Schloß Dürande* noch folgenden Erzählungen, *Die Entführung* und *Die Glücksritter,* haben sich zu keiner Zeit aus dem Schatten der faszinierendsten Novelle des späten Eichendorff zu lösen vermocht.

496